中国人民大学经济学人才培养基地系列教材

研究生用西方经济学

（宏观部分）

主　编　高鸿业　吴易风　吴汉洪

撰写者　（以撰写章次为序）

高鸿业　吴汉洪

于　泽　王　健

朱　勇　杨　斌

易定红　方福前

刘凤良

经济科学出版社

图书在版编目(CIP)数据

研究生用西方经济学(宏观部分)/高鸿业,吴易风,吴汉洪主编.—北京:经济科学出版社,2006.7

ISBN 978-7-5058-5780-3

Ⅰ.研… Ⅱ.①高…②吴…③吴… Ⅲ.现代资产阶级经济学-研究生-教材 Ⅳ.F091.3

中国版本图书馆CIP数据核字(2006)第095870号

序　言

本书是一本供经济类各专业研究生用的西方宏观经济学教科书,基本上反映了西方高等学校研究生用宏观经济学教材的内容。编写本书是我们的初次尝试,希望得到同行们的批评和指正。

本书由中国人民大学经济学院西方经济学教研室的部分教师和该教研室部分毕业的博士生编写。本书撰稿人(以撰写章次为序)是:高鸿业(撰写引言部分)、吴汉洪(撰写第一章和第九章)、于泽(撰写第二章)、王健(撰写第三章)、朱勇(撰写第四章和第十章)、杨斌(撰写第五章和第六章)、易定红(撰写第七章和第八章)、方福前(撰写第十一章和第十二章)、刘凤良(撰写第十三章和第十四章)。

吴易风、吴汉洪担任本书的总体设计以及组织、协调工作。

本书为中国人民大学"985 工程"建设项目"中国经济学创新平台建设"成果之一。

最后,编者非常感谢经济科学出版社第三编辑中心吕亚亮主任的大力帮助和他给予编写本书的足够耐心。同时,也感谢凌敏女士在本书编辑过程中的认真、仔细和高效率的工作。

编　者

2006 年夏于中国人民大学

目　录

引　言

本书是为研究生编写的西方经济学教材。在编写时，我们假设读者已经具备了本科水平的西方经济学和评析西方经济学的基础。这里，有必要对什么是研究生用西方经济学教材加以说明。要想做到这一点，首先要说明什么是西方经济学。

一、什么是西方经济学

西方经济学是一个内容相当广泛而松散的名词。它可以泛指大量与经济问题有关的各种不同的文献、资料和统计报告，其中包括课程教材、官方文件、私营经济记录、专业或非专业著作、报刊杂志的文章和报道等等。这些不同的文献、资料和统计报告一般说来至少应含有下列三种类别的内容。

第一，企事业的经营管理方法和经验，如行情研究、存货管理、产品质量控制、车间生产流程布局等。这类主题着重使用运筹学、数理统计和其他的方法来研究经营企事业的有效手段和总结企事业的营运经验。例如，市场分析是使用经济计量学或其他的研究方法来对某一种商品市场（如香烟）或某一类市场（如金融）进行剖析，报道该市场的一般情况，估计进入该市场的困难程度和盈利的可能性。存货管理是研究如何用最低的成本来储备最优数量的设备零件、生产原料和制成品或半成品，以便能随时满足有关部门的良好运行所需要的数量。产品质量控制则论述如何使用数理统计或其他的方法来检验和控制产品的质量以及各种控制方法的效益和成本，等等。

这一类别的内容可以牵涉到现代西方经济理论，也可与它关系不大。是否牵涉到或在多大的程度上牵涉到经济理论，往往取决于被研究的问题的性质。例如，行情分析与经济理论具有轻微程度的关系，而车间生产流程布局则是一个纯技术的问题,与经济理论完全无关。总之,这一方面的内容偏重于纯粹的企业管理技术,较少涉及到与意识形态密切相关的经济理论。正是由于这一原因,与这一方面有关的课程和著作往往被认为是属于经济管理专业的范围。

第二,对一个经济部门或领域的问题的集中研究成果,如资源经济学、商业经济学、农业经济学、石油经济学,对税收、财政、通货膨胀问题的论述等。它们的研究对象关系到经济生活中的某一特定部门或领域。例如,石油经济学考察世界石油的资源、市场、成本、利润、开采的技术、面临的问题等,农业经济学则对农业作出类似研究。对税收问题的论述可以涉及到税收的种类、征收的方法等与税收有关的一切方面。

由于研究对象的性质的差异,在这一类别的西方经济学中,纯技术分析比第一方面少,经济理论的成分则比第一方面要大。对于一个部门或某一问题的全面研究不能局限于对该部门或该问题的纯技术的论述,而必须涉及它与整个社会经济的联系以及管理它的经济政策。例如,石油经济学不能单纯论述石油资源分布、石油开采等技术事项,还必须对国际石油市场、各国的石油政策作出理论的分析,而税收问题的研究往往牵涉到各种赋税的利弊和税收政策。因此,有关第二种类别的西方经济学的课程和著作一般被放在经济学专业的领域之内,被当作这一专业的理论的应用部分。

第三,经济理论的研究和考察,如微观经济学、宏观经济学、数理经济学、动态经济学、福利经济学、经济思想史等。这一方面的主要内容为经济理论,以及根据经济理论而制定的经济政策和有关问题的解决途径。例如,宏观经济学企图建立理论或模型,以便说明社会经济中的各个总量之间的关系,从而为宏观经济政策奠定理论基础。

很显然,和上述第一、第二种类别相比,第三种在理论上具有更大的比重,纯粹技术的部分则相对减少,仅限于一些分析的概念和方法,以及某些具体的论点。例如,数理经济学和动态经济学的全部内容都属于经济理论的范围,只有它们所使用的数学方法或某些概念和个别论点才能被当作纯技术的部分。有关这一方面的课程和著作通常被看做经济学专业的基础和核心,是这一专业的最重要的组成部分。

上述三种类别不但没有明确的界限,而且还缺乏统一的划分标准,它不过是一种粗略的区别方式。然而,从这种概括的划分方式中我们可以看到,按照第一、第二和第三的顺序,纯技术的内容越来越少,而经济理论,即有关意识形态的成分则越来越多。本书所涉及的西方经济学系指第三个方面,也就是说,我们在这里所论述的主要是现代西方经济学中偏于理论的部分。即使就这个方面而言,内容仍然相当广泛,因为西方经济学中存在着许多不同的派别,其中一些派别组成了居于统治地位的流行的说法,其他一些派别则处于次要和受到冷遇的地位。本书的内容主要包括居于统治地位的流行说法,它构成西方院校所讲授的经济学概论课程的基本内容,也被认为是西方经济学中的最基本和最重要的部分。

二、什么是研究生用西方经济学

西方经济学的理论部分大致可以被分为三个层次:

第一个层次可以被称为“论文层次”。西方经济学的新说法往往最先以论文的形式出现于西方的专业杂志或学术刊物。新说法的内容不外乎包括两个方面:其一为原有理论的数学化,其二是西方学者提出的新论点。这些数学化的理论和新出现的论点被登载于西方经济学的专业杂志和学术刊物,其数量约有数十种,其中比较重要的有美国的《美国经济评论》、《政治经济学杂志》,英国的《经济学杂志》和国际性的《计量经济学杂志》等等。出现于这些杂志和刊物中的论文以西方专业理论工作者,如教学和经济研究人员为读者对象,因此,它们一般具有高度专业化的内容,并且使用较为简练的语言和只在专业人员之间通用的术语。由于这些事实,论文层次的西方理论著作对一般读者来说是很难看懂的,其原因往往并不是由于这一层次著作具有特别深奥之处,而主要是由于不熟悉这些著作所涉及的内容,包括它所涉及的问题的重要性、问题的来龙去脉、争论的关键之处等等。这种难于看懂的情况,很像在戏剧开场很久以后才到达剧场的观众难以看懂剧情一样。由于他对已经演出过的故事缺乏了解,所以只有经过了解故事的过程之后,才能理解目前演出的场景的意义。同样,只有对西方经济学的某一方面的问题经过较长时期的研究和了解之后,才能理解论文层次的著作的内容,即使是西方经济理论的专业学者也往往只能比较容易地看懂涉及他自己研究的特殊领域的论文,而对其他领域的作品,还是会感到难以理解。

上述情况,再加上数学方法的使用,使得一般读者理解论文层次的西方经济学著作更加困难,而理解的困难又容易使读者对西方经济学产生莫测高深的感觉。

第二个层次可以被看做为“专著层次”。当论文层次的著作出现一段时间以后,它们会被积累到一定的数量,它们对问题的讨论会达到一定的阶段。这时，一些西方学者便会把涉及某一领域已出现的论文层次的著作加以整理、归纳和总结，并且把取得的成果以专著的形式予以出版。这里所说的整理、归纳和总结不外乎是把论文层次中经过一段时间考验后而为社会所接受的论点提取出来，调和它们之间的细微差别，并且把它们系统地表达出来。例如，论文层次的有关宏观经济学的微观基础的论述大致开始于1970年前后，到了1979年，出现了威因特鲁柏的同一主题的专著《微观基础》。该书是《剑桥大学经济学文献概览丛书》中的一本，而该《丛书》所包含的全部著作均具有专著性质，它在内容简介中指出："经济学的文献发展迅速，许多领域在数年中已经面目全非。考虑到了解各个领域中的面目日新月异的现状对初学者和专业经济学者所要求的大量时间，本丛书旨在于帮助解决这一问题"①。当然，专著层次的著作为数众多，形式不一，它们并不限于丛书的形式，单独出版的专著也大量存在。

从上面《丛书》的引文中可以看到，专著层次著作的读者对象比论文层次较为宽广，前者除了照顾到专业理论人员以外，也考虑到经济界的一般工作者和高级知识分子的需要。因此，专著层次的著作的表达方式比后者较为浅显易懂，它不但对偏僻的术语和晦涩的文句加以说明，而且也尽量避免高深数学的使用。

第三个层次则为"教科书层次"。专著性质的著作又经历了一段时间的考验以后，在较广泛的程度上为社会所接受的内容往往首先被新出现的中级经济学教科书所吸收，而最终进入于初级的教材之中。这样，开始于论文层次的论点，经历了一段时间的淘汰和修正的过程之后，其中一部分内容最后成为基础教科书的组成部分。再以上面提到的宏观理论的微观基础为例，这一思想在1984年出版的一本中级《宏观经济学》里已经出现②。在此以后，它最终被收入初等教科书之中。1992年出版的一本较重要的西方经济学初级教材写道："整个经济学界已经相信：宏观的变化必须以微观经济学为基础，经济学的理论只有一套，而非两套"③。

教科书层次的著作，特别是初级教材，当然是为了初学者学习的方便。因此，它的内容力求通俗易懂；不但对西方经济学的术语和繁难之处以图表和事例反复加以说明，而且还尽量避免数学的使用，即使在必要的

---

① 威因特鲁柏：《微观基础》，剑桥经济学概览丛书，1979年第一版，封面内页说明。

② 巴罗：《宏观经济学》，威利父子公司，纽约，1984年版。

③ 斯蒂格利茨：《经济学》，诺顿公司，纽约，1992年版，序言。

场合,也把数学的使用限制于较低的水平。

当然,上面三个层次仅仅是一种粗略的划分方式,它们之间界限并不明确,而且存在着许多相互重叠的地方。然而,仅就上面的粗略划分方式而言,我们可以看到,三个层次具有下列三种差别:

第一,时间的差别。上面已经提到,论文层次首先出现,其次出现的是专著,最后则为教科书。三者出现的时间间隔并没有一定的成规,它取决于论点本身是否符合时代要求,它的难易程度、它的说法是否有吸引力等等。从第一到第三层次,其间隔约在 10 多年至 20 年左右。以上面提到的“微观基础”的理论为例,其间隔大致为 20 余年,而凯恩斯主义的出现和教科书的采纳仅需要 10 多年的时间。

第二,联系现实的密切程度的差别。从表面看来,西方经济学力求尽量联系现实。这里之所以特别指出“从表面看来”的原因在于它所企图联系的现实存在着是否为表面现象,以及是否为片面或细枝末节的问题。关于这一点,我们在下面还将有所论述。抛掉现实本身的问题不谈,仅以西方经济学所企图联系的现实而论,大体说来,第一层次,即论文层次,由于偏向于纯理论的探讨,所以它与现实之间的联系最为疏远。随着层次的改变,西方经济学与现实之间的联系越来越为密切。论文层次很少对现实问题进行论述,甚至完全不直接涉及现实,例如,诺贝尔奖金得奖者列昂惕夫发现,在 1972 ~ 1976 年和 1977 ~ 1981 年间,出现于《美国经济评论》的论文中所包含的完全没有数据的数学模型占全部模型数量的 50% 和 54%;①而在教科书层次,有关现实的数据、图表、论述等比比皆是。

第三,难易程度的差别。我们前面已经指出,由于论文层次的读者对象为专业理论工作者,所以它往往使用简练的语言、偏僻的术语和高深的数学。与此相反,教科书层次的著作则力求使初学者能理解它的内容,它总是不厌其烦地使用各种易于理解的办法来达到这一目的,对它所使用的数学方法也加以详细的说明。

综上所述,西方经济学的著作可以区分为论文、专著和教科书三个层次。按照这三个层次的序列,它们出现的时间由先到后;它们联系现实的程度由疏到密;而对它们的理解则由难到易。我们之所以对西方经济学的三个层次加以论述,原因在于对它们的了解有助于说明研究生用西方经济学教材的内容。

大致在 30 年以前,世界上不存在研究生用西方经济学教材,仅具备

① 柯兰德和布伦纳:《经济学教育》,美国密歇根大学出版社,1992 年版,第 27 页。

供大学本科学生使用的中级和初级教科书。在那时,主讲研究生课程的教师往往发给学生一张论文阅读目录,并且按照阅读目录进行讲授和讨论。可以看出,那时的研究生教材就是论文层次的西方经济学。

在此以后,由于信息传递速度的提高,出版事业的发展以及教材市场的竞争,西方世界逐渐出现了专供研究生学习的教科书。这种教材逐渐取代了原有的阅读书目的地位,它之所以能做到这一点,是由于它能以最迅速和有系统方式把论文层次的内容表达出来。由此可见,研究生用教材不过是论文层次的西方经济学的系统化,其地位大致处于论文层次和专著层次之间;其内容的难度也和论文层次相距不远,即比论文层次稍低的原有理论的数学化和新出现的说法。既然这样,那么,研究生用教材也具有和论文层次著作相同的特点:和本科生教材相比,它较为新颖、较为远离现实,并且较为难懂,特别就使用高深的数学方面更是如此。我们认为,洞悉本书的这些内容和特点是重要的,因为,它们有助于解决两个问题,即如何看待和为什么学习研究生水平的西方经济学的问题。下面将对这两个问题顺次加以论述。

三、如何看待研究生用西方经济学教材

西方经济学的理论和观点具有十分鲜明的双重性质,它既是资本主义的意识形态,又是市场经济运行的总结。作为资本主义的意识形态,它与社会主义是相互对立的。作为市场经济的运行总结,由于资本主义市场经济与社会主义市场经济在市场经济这一点上存在若干共同或相似之处,所以西方经济学对我国具有借鉴意义。关于上述种种,现已出版的关于西方经济学的一些著作,特别在初等的教材中,已经详加论述①,这里不再重复。

然而,由于上一节论述的内容和特点,西方经济学的双重性质在研究生教材中的表现与它在初等教材中的表现并不相同。对此必须加以说明。

先从意识形态的方面来看,研究生教材宣传西方意识形态的表现较为间接和较为隐蔽,而不像初等教材那样直接和明显。关于这一点,美国诺贝尔经济学奖获得者索洛的话是适用的。他写道:“社会科学家和其他

① 高鸿业、吴易风:《现代西方经济学》,经济科学出版社,1990 年版,第一章;高鸿业主编《西方经济学》,中国经济出版社,1996 年版,第一章。

人一样,也具有阶级利益、意识形态的倾向以及一切种类的价值判断。但是,所有的社会科学的研究和材料力学或化学分子结构的研究不同,都与上述的利益、意识形态和价值判断密切有关。不论社会科学家的意愿如何,不论他是否觉察到这一切,甚至他力图避免它们,他对研究主题的选择,他提出的问题、他没有提出的问题、他的分析框架、他使用的语言很可能在某种程度上反映了他的利益、意识形态和价值判断"①。

研究生教材虽然很少直接涉及意识形态问题,但是,它研究的范围、它提出的问题、它不提的问题等等,确实反映了资产阶级的利益、意识形态和价值判断。例如,它把研究的范围局限于私有制的市场经济,从而暗示这种经济制度的永恒存在;一般均衡论对这种经济制度能达到帕累托最优状态的证明,间接地论证了这一制度的优越性;它在垄断厂商的考察中拒绝对垄断的权力和政治影响提出问题,这就掩盖了垄断资本对现实世界的真正的作用。这些实例表明,研究生教材系以比较间接的方式来达到意识形态的宣传目的。

除此以外,研究生教材的难于被看懂的特点,特别是高深数学的使用,使人们对西方经济学产生莫测高深的感觉。这种莫测高深的感觉也起着一定的意识形态的作用。它一方面使人们难于发现西方经济理论中的错误和不当之处;另一方面也易于使人们对它产生盲目的崇拜,以致把它的意识形态的宣传当作为真理而全盘接受。关于这一点,一位颇为知名的西方经济学教授布伦纳写道:"广告界的一条老成规说,如果你没有办法让人们记住广告的内容,那么,就用歌声把它表示出来。按照相同的原则,如果你的作品没有什么新的内容,那么,就用最晦涩的手法把它写出来。"②研究生教材对意识形态的宣传就是使用比较间接和比较晦涩的手法。

再从双重性质的市场经济运行的总结方面而论,由于研究生教材具有远离现实的特点,所以它所含有运行总结方面的内容不多。它的大部分篇幅都被用之于逻辑推理、数学推导、对事物的细枝末节的论述等方面,而很少真正涉及现实。对此,布伦纳教授写道:"我可以用一段话来说明包括本科生和研究生水平在内的对微观经济学教学的缺点。除了少数的例外情况,被选用为教材的教科书和论文主要涉及经济学家之间对各

---

① 索洛:《经济学中的科学和意识形态》,载于克伦道尔与埃考斯编:《当代经济问题论文集》,利特尔·布朗公司,波士顿,1972年版,第11页。

② 柯兰德与布伦纳:《经济学教育》,美国密歇根大学出版社,1992年版,第37页。

自论点的意见,面很少,甚至完全不涉及事实。”[①]当然,由于上面已经指出的原因,研究生教材脱离现实的情况比本科生教材要远为严重。缺乏事实根据的纯理论探讨的教材把西方高等院校经济学的研究生误导到如此的地步,以致对这些研究生的一次调查研究表明,当他们被问及要想在经济学上取得成功,哪一个因素最为重要时,仅有百分之三的研究生的回答为“对整个经济社会的彻底了解”,而与此同时,却有百分之五十七的人把数学的能力当作为最重要的因素[②]。由此可见,在研究生教材中,经验总结部分所占的比重比较轻。在这里,我们顺便指出:实践是判别真理的惟一标准,而一门学科是否有用主要取决于它能否解决实际问题。根据这一原则,远离现实,仅致力于逻辑推理的研究生教材究竟具有多少科学价值和现实意义是值得考虑的。

综上所述,研究生教材正和一般的西方经济学一样,具有意识形态和经验总结这种双重性质。因此,我们对它也应采取和对一般西方经济学相同的态度,即:对它宣传资本主义的整个理论体系采取否定的态度,而与此同时,又要在它的经验总结部分中看到他的值得借鉴之处。只有这样,才能去其糟粕、取其精华,达到洋为中用的目的。这种学习态度在本科生程度的西方经济学教材中已经加以说明,在这里不再多加论述。

虽然研究生教材具有和一般西方经济学相同的双重性质,但是,本节的论述也告诉我们:双重性质在二者中的表现并不完全相同。在研究生教材中,意识形态的表现比较间接,而经验总结的表现则比较轻微。双重性质在表现上的差异使得研究生教材和本科程度的西方经济学的学习目标并不完全相同。

四、学习研究生教材的目的

在西方国家设有经济系的院校中,培养学生的目标是造就西方经济学家,而在我国,学习西方经济学的目的当然不同于此。我们的培养目标绝不是培养西方经济学家,而应该是造就能识别西方经济学在意识形态上的有害作用,同时又能借鉴它在经验总结上的有用之处的人才[③]。不

① 柯兰德与布伦纳:《经济学教育》,美国密歇根大学出版社,1992 年版,第 97 页。

② 柯兰德与布伦纳:《经济学教育》,美国密歇根大学出版社,1992 年版,第 27 页。

③ 关于我国学习西方经济学的目标,我国的某些本科水平的西方经济学教材已经加以较详细的论述。例如,可以参阅高鸿业主编:《西方经济学》上册,中国经济出版社,1996 年版,第一章第五节。

论是本科生还是研究生,培养目标均应如此。本科学生学习的具体目标大致有四点[①],即:(1)明辨是非,区别西方经济学的有利和有害之处;(2)结合国情,恰当地认识它在我国的有用之处;(3)了解它在西方世界的应用,以便洞悉西方的国情;(4)为学习西方经济的其他课程铺设道路。

由于研究生教材的特点,学习这一教材的目标除了上述四点以外,还必须增加下列两点:

第一,彻底认识西方经济学的面貌,以便消除对它的莫测高深的感觉,而这种感觉又可能引起人们对它的盲目崇拜。为了消除它的貌似深奥的外表,就有必要学习研究生用西方经济学。

然而,达到上述目标远非易事。要想理解研究生用教材中的较偏僻的术语、较晦涩的文字、较含混的论点、特别是较高深的数学工具,必须付出艰苦的劳动和消耗掉冗长的时间。马克思在他所生活的时代,也经历过类似的事例。他在致恩格斯的一封信中写道:"你如和我一样,被迫去看拉罗、斯宾塞·赫伯特、麻克劳德等诸君在'韦斯敏斯德评论'等等上面所写的经济论文,那你一定看到,一切经济学上的琐屑之点堆得齐颈,并且也会知道,它们的读者也就尝够了,而他们且极力用伪哲学或伪科学的隐语去美化这种渣滓。那种虚伪的性质使事件(它本身=0)更不容易懂得。恰恰相反。妙处就在使读者神秘莫测,使读者费尽脑力,才终于心安理得地发现,这些难深的字句只是通常话的假面具。"[②]在今天,研究生教材的有关情况和马克思所指的当时的论文相比,似乎差别并不十分悬殊。在西方,尽管存在着大量的经济学方面的论文和著作,它们究竟具有多大现实意义是很值得怀疑的。很可能像一位西方学者所指出的那样:"大量理论作品的出现并不代表学科力量的强大和健全,而仅仅表明:社会科学家缺乏真知灼见。"[③]

尽管如此,我国的西方经济学专业工作者,至少其中的一部分,仍有必要付出必要的代价来揭开它的莫测高深的面纱。当然,在这里也必须指出,并不是所有的研究生教材的介绍部分都是没有价值的东西。

第二,了解西方经济学的最新说法。西方学者几乎一致公认,他们的学科是一种"演变式"的学科。这就是说,由于时代需要不同的经济学的

---

① 关于我国学习西方经济学的目标,我国的某些本科水平的西方经济学教材已经加以较详细的论述。例如,可以参阅高鸿业主编:《西方经济学》上册,中国经济出版社,1996 年版,第一章第五节。

② 《马克思恩格斯通信集》,第四卷,三联书店 1958 年版,第 67 页。

③ 柯兰德与布伦纳:《经济学教育》,美国密歇根大学出版社,1992 年版,第 37 页。

理论,所以随着时代的进展,新的学说逐渐取代原有的说法。论文层次的西方经济学代表它的最新出现的论点,因此,接近于论文层次的研究生教材可以提供许多西方经济学的最新说法。

为什么要了解这些新说法?因为,正如前面指出的那样,新说法的出现往往与时代的要求有关。因此,了解新说法有助于使我们较为深入地理解西方社会出现的新问题。例如,以被认为是属于微观经济学领域中的说法而论,科斯在1937年发表了题为《厂商的性质》①的论文。该文在发表后的30年中受到冷遇,而在其后突然成为研究的热门,而成为科斯获得诺贝尔奖的一个理由。科斯论文的命运突然转变的重要原因之一在于西方企业规模的持续扩大。这一现实情况使得西方微观经济学的传统的说法出现了漏洞。按照传统的说法,市场价格制度是协调个人行动和配置资源的最有效率的手段,因此,传统的厂商论把整个厂商当作为和单个人一样的行为主体,而忽视了厂商内部的组织问题,因为,在厂商的内部,个人行动和资源都是按照命令而不是通过价格来进行协调和配置的。这一套说法在企业组织微小时尚能勉强说得过去,但是,在垄断资本主义时代,当企业内部的规模已经成为庞然大物时,厂商内部不用价格信号来协调行动和配置资源的事实显然和传统的价格制度效率最优的说法相抵触,而在此情况下,科斯提出的厂商内部组织可以节约交易成本的学说可以为这种抵触之处提供解释。科斯的论文突然受到重视的重要原因之一即在于此。在这里,了解科斯的学说可以加深我们对垄断资本主义的认识。

必须指出,西方经济学的新说法和自然科学的新理论具有重大的不同之处。后者一般代表最先进的优于或可以补充原来已经存在的科学真理,而前者不过是能适合时代要求的说法。随着时代的进展,新的说法又会被其他的说法所代替,甚至反过来被它以前排挤掉的旧说法所代替。因此,由于新说法本身未必具有科学意义,在研究生教材中学习西方经济学的新说法,其目的主要并不在于了解新说法本身,而是通过对新说法的了解来考察西方社会的现实情况,因为,正如上面已经提到的那样,新说法未必是真理,而且往往不是真理。

① 《经济学刊》,1937年,第4期。

五、数学的使用

前面已经指出,研究生教材的一个显著特点是使用较高深的数学。因此,在这本教材开始的时候,有必要对数学在西方经济学的使用稍加论述。

数学是一个有用的研究工具。在正确的使用下,它能以准确的方式来表达思想、表示研究的成果、检验研究的成果是否与假设条件相矛盾等等。马克思本人也曾经企图用数学来表示他的研究成果。他在致恩格斯的一封信中写道:“你知道那些表格,内中表现价格、贴现等等在它们长年运动中上下升降的曲线。我为着分析危机,已屡次企图把这些升降算作不规则的曲线,并且相信(我还相信,有充足的经过选择的材料,这是可能的)由此用算式确定危机的主要规律。如说过的,穆尔认为这件事暂时办不到,我已决定目前把它搁置起来”①。很显然,如果计量经济学那时已经出现的话,马克思肯定会加以使用。

虽然数学是一个有用的工具,但是,作为一个工具,它对研究工作只能起着辅助作用,并不能决定研究工作或研究成果的正确或错误的性质,因为,既然它只能起着辅助作用,它可以辅助正确的研究工作,从而加强由此而得到的正确的结论;它同样也可以辅助错误的研究工作,从而加深错误成果的作用。换言之,数学可以对正确的内容进行论证,也可以为错误的内容披上一层科学的外衣。由此可见,一门学科或一种理论是否科学,应该取决于其内容,而不是它是否使用数学方法,或使用多么高深的数学方法。关于这一点,我们用一个简单的例子加以说明。

假设某研究人员企图研究两个经济变量 X 和 Y 之间的关系(例如 X 代表收入,Y 代表消费);A、B、C 三点代表研究人员所收集到的 X 与 y 之间的关系的数据或他所观察到的事实。这三点代表的数值如下表所示。

	A	B	C
X	1	3	6
Y	2	5	4

这三点的数值也可以用图 1 表示出来。

① 《马克思恩格斯通信集》,第四卷,三联书店,1958 年版,第 459 页。

现在假设研究人员想根据图 1 所表示的数据而找出 X、Y 之间的具体的关系,即寻找 X、Y 之间的关系的规律。该规律代表西方经济学的内容。

研究人员必须首先决定 X、Y 之间的关系是线性的(即直线的关系)还是非线性的(即曲线的关系)。不论他所作出的决定是线性或非线性关系,他都可以使用回归的数学方法来找出表示这种关系的参数,即找出表示二者的关系的具体规律。

如果该研究人员把二者的关系确定为线性的,那么,根据回归法而得出的线性方程为:

$$Y = 2.73 + 0.28X$$

这一方程的图形为图 2 所示。

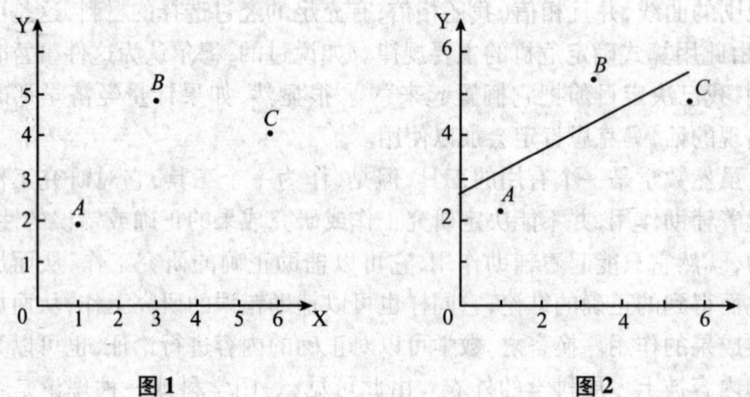

图 1　　　　图 2

如果该研究人员把二者的关系确定为非线性的,那么,他根据回归法而得出的非线性方程为:

$$Y = 2.7 + 0.62X - 0.07X^2$$

这一方程的图形为图 3 所示。

上面的例子表明:如果 X、Y 之间的关系确实是线性的,即代表西方经济学内容是正确的,那么,这里的回归法(数学方法)可以为正确的内容进行论证,即求出它的方程和图形。与此同时,同样的回归法也可以为代表错误内容的非线性关系披上一件科学的外衣,即求得非线性关系的方程和图形。数学在西方经济学中误用的例子为数众多,这里不再一一列举。[①]

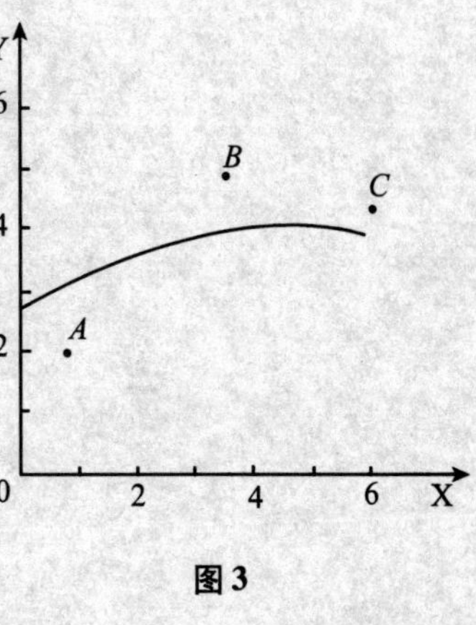

图 3

关于数学在西方经济学中的应用,20世纪最重要的西方经济学家凯恩斯写道:"近来出现的绝大多数的'数理经济学'不过是一些拼凑而成的东西,其不精确的程度和它们赖以建立的假设条件相同。这些东西使其作者能在一堆杂乱的徒有其表而又无用的数学符号中忽视掉现实世界中的复杂性和相互依赖性。"[②]对于这本教材介绍部分中的数学分析,凯恩斯的话是值得我们注意的。

① 有兴趣的读者可以参阅布赖特:《经济学者如何误用数学》,载于埃克纳编《经济学为什么还不是科学》,夏普公司,纽约,1983 年版,第 166 ~ 186 页。

② 凯恩斯:《就业、利息和货币通论》,哈考特布赖斯公司,纽约,1936 年版,第 298 页。

第一篇　宏观经济学的基本发展线索

宏观经济学与微观经济学相比，是一门年轻的学科。凯恩斯在20世纪30年代出版的《就业、利息和货币通论》一书标志了现代宏观经济学的诞生。随着时间的推移，在宏观经济学领域不断提出新的理论和新的学说。本篇从现代宏观经济学演进基本历程的角度论述宏观经济学的基本发展线索。

本篇由三章构成：第一章介绍凯恩斯主义经济学，这是现代宏观经济学讨论的起点；第二章考察新古典宏观经济学；第三章介绍新凯恩斯主义经济学。

第一章 凯恩斯主义经济学

现代宏观经济学始于1936年凯恩斯(John Maynard Keynes)发表的《就业、利息和货币通论》(以后简称《通论》)一书。它一经出现,很快就取代了当时占正统地位的"古典"宏观经济理论或"古典"宏观经济模型。所谓"古典"宏观经济理论是指凯恩斯以前在西方经济学界占统治地位的边际主义学派关于整个社会的产量、就业、消费、储蓄、投资、利率、工资和价格水平的理论。凯恩斯主义经济学既是从传统的宏观经济理论演变而来,又是以传统的宏观经济理论为批评对象。因此,为了更好地了解凯恩斯主义经济学和宏观经济学的后续发展,有必要考察"古典"宏观经济模型。

第一节 "古典"宏观经济模型

一、经济主体的行为

"古典"宏观经济模型描述了在一个封闭经济中产出量的决定以及它的使用。设经济在一定时间内生产的产出量为 Y。从产出的最终用途考虑,经济的产出可分为家庭的实际消费 C、厂商的实际投资 I、政府的实际购买 G 和实际资本折旧 δK 四个部分。即有:

$$Y = C + I + G + \delta K \tag{1.1}$$

方程(1.1)是将总产出和它的组成部分联系在一起的收入恒等式。根据这一恒等式,要决定国民收入或总产出,就必须研究消费、投资和政府购买。为此就要研究厂商行为、家庭行为和政府行为。在经济中,厂商雇用劳动力和资本来生产产出;政府通过税收和发行货币、债券来得到收入,以满足自己的支付;家庭拥有政府的债券、货币和股票,提供劳动力,获取收入,以满足自己的消费。现在分别考察这些经济主体的行为。

1. 厂商行为

设经济中存在 n 个完全竞争的厂商，每个厂商都按照相同的生产函数生产同样的、单一的商品。设厂商 i 的生产函数为：

$$Y_i = F(K_i, L_i), \quad i = 1, 2, \cdots, n \tag{1.2}$$

其中，K_i 和 L_i 分别为第 i 个厂商所雇用的资本和劳动，Y_i 为第 i 个厂商的产出。为了进行后面的动态分析，这些变量均应视为时间的函数。因假定全部厂商拥有同一生产函数，故这里略去 F 的下标 i。

假定生产函数(1.2)具有下列性质：

性质1　对于 $K>0$ 和 $L>0$，有 $F_K>0$、$F_L>0$ 和 $F_{KK}<0$、$F_{LL}<0$、$F_{LK}>0$。其中 $F_K>0$ 和 $F_L>0$ 表示函数 $F(\cdot,\cdot)$ 关于变量是非降的，即投入越多，产出也越多。而 $F_{KK}<0$ 和 $F_{LL}<0$ 则表示资本和劳动的边际产量都是递减的。

性质2　对所有的 $\lambda>0$，$F(\lambda K, \lambda L)=\lambda F(K,L)$，即函数 $F(\cdot,\cdot)$ 呈现出不变的规模报酬，也就是当把所有投入同时变动 λ 倍，产出也会相应变动 λ 倍。

性质3　函数 $F(\cdot,\cdot)$ 满足如下的稻田(Inada)条件：

$$\lim_{K\to 0} F_K(K,L) = \lim_{L\to 0} F_L(K,L) = \infty$$

$$\lim_{K\to \infty} F_K(K,L) = \lim_{L\to \infty} F_L(K,L) = 0$$

这一性质的含义是随着资本(或劳动)趋于零，资本(或劳动)的边际产品趋于无穷大；随着资本(或劳动)趋于无穷大，资本(或劳动)的边际产品趋于零。

设处在竞争性市场中的厂商的产品价格为 p，现行的货币工资为 W，则典型厂商的利润函数 π_i 可表示为：

$$\pi_i = pF(K_i, L_i) - WL_i - (r - \pi + \delta)pK_i \tag{1.3}$$

其中，r 为名义利息率，π 为资本品价格的预期上涨率。因此 $(r-\pi+\delta)$ 是厂商使用资本的边际成本。若存在资本的租赁市场，则 $(r-\pi+\delta)p$ 就是用货币表示的租金率。

在资本存量暂时不变的情况下，厂商将选择劳动力以使单位时间内的利润最大化，相应的最优性条件，即一阶条件为：

$$\frac{\partial \pi_i}{\partial L_i} = pF_{L_i}(K_i, L_i) - W = 0$$

即

$$F_{L_i}(K_i,L_i)=\frac{W}{p} \tag{1.4}$$

方程(1.4)表示了厂商对劳动力的需求,它表示在资本存量给定的条件下,厂商选择劳动水平使得劳动的边际生产力等于实际工资水平$\frac{W}{p}$。

因假设厂商的生产函数相同并且面对完全竞争的产品和劳动市场,所以厂商的利润最大化行为也一样。这说明经济中存在着一个总量生产函数,设经济中的总产量为 Y,它定义为:

$$Y=\sum_{i=1}^{n}Y_i=\sum_{i=1}^{n}F(K_i,N_i)$$

根据欧拉定理,有:

$$\sum_{i=1}^{n}Y_i=\sum_{i=1}^{n}[F_{K_i}(K_i,L_i)K_i+F_{L_i}(K_i,L_i)L_i]$$

在厂商的生产函数是规模报酬不变的假定下,则资本和劳动的边际产品只取决于资本－劳动比率,在厂商相同的情况下,这一比率对每一厂商都是相同的,从而它们也等于总量资本与总量劳动量的比率 $\sum_{i=1}^{n}K_i/\sum_{i=1}^{n}L_i$,于是有:

$$Y=F_K(K/L,1)K+F_L(K/L,1)L$$

其中,$K=\sum_{i=1}^{n}K_i,L=\sum_{i=1}^{n}L_i$。

将欧拉定理应用于上式中的 F 上,则 Y 的上述表达式可写为:

$$Y=F(K,L) \tag{1.5}$$

对总量生产函数(1.5)式来说,同(1.4)式相对应的关系:

$$F_L(K,L)=\frac{W}{P} \tag{1.6}$$

描述了整个社会对劳动的需求,其中 P 为经济中的价格水平。

下面考察厂商资本积累的行为。根据微观经济理论,只要厂商资本的边际产品 F_K 超过(小于)资本的边际成本 $r+\delta-\pi$,厂商就会增加(减少)资本需求量。为此,将厂商的资本积累行为用下式描述:

$$\frac{\mathrm{d}K}{\mathrm{d}t}=I=I\left(\frac{F_K-(r+\delta-\pi)}{r-\pi}\right),\quad I'(\cdot)>0 \tag{1.7}$$

方程(1.7)称为厂商的投资函数,它表示资本的边际产品越高,实际利率$(r-\pi)$越低,则厂商投资会增加;反之,则会减少。

为方便起见,将(1.7)式写为:

$$I = I(q-1),\quad I'(\cdot) > 0 \tag{1.8}$$

其中，q 定义为：

$$q = \frac{F_K - (r + \delta - \pi)}{r - \pi} + 1 = q(K, L, r - \pi, \delta) \tag{1.9}$$

从微观经济学中知道，当厂商选择资本存量使其利润最大化时，得到最优的 q 值为 $q = 1$。当$q > 1$时，则资本的边际产量大于边际成本，因而厂商可以增加资本来得到更多的利润；反之，当 $q < 1$ 时，即资本的边际产量小于边际成本，这时厂商可以减少资本来得到更多的利润。因此，q 是一个能合理控制厂商资本积累行为的重要相对价格。由于 F_K 依赖于资本劳动比，故 q 是一个关于 K、L 和$(r - \pi)$的函数。

因为假定每个厂商的生产函数都是相同的，所以同前面讨论劳动需求一样，讨论厂商的行为和讨论总量的行为是一致的。因此关系式(1.8)也就是描述一个经济的总量投资函数。

2. 政府行为

政府向消费者和厂商征税，并从发行货币和债券的活动来支持自己的花费，于是政府的预算约束为：

$$G = T + \frac{\dot{B}}{P} + \frac{\dot{M}}{P}$$

其中，G 为政府购买，T 为净税收，即税收减去政府的转移支付，B 和 M 分别为债券和货币。其中 $\dot{B} = \frac{\mathrm{d}B}{\mathrm{d}t}$，$\dot{M} = \frac{\mathrm{d}M}{\mathrm{d}t}$，分别为债券和货币随时间的变化率，$P$ 为价格水平。

假定政府也进行公开市场业务，因此货币供给的增加意味着债券的减少，即 $\mathrm{d}M = -\mathrm{d}B$。

3. 消费者行为

消费者的行为包括三个方面，即劳动供给、消费需求和货币需求。下面分别来讨论。

设消费者的效用是消费者收入 Y 和闲暇 l 的函数，即 $u(Y, l)$，设消费者总的时间 $\bar{L}$ 给定，其劳动力供给为 L^s。对消费者而言，其劳动的实际工资水平$\frac{W}{P}$是给定的，因此消费者的收入为 $Y = L^s \cdot \frac{W}{P}$。这样，消费者在劳动市场中的行为就是选择其劳动力水平和闲暇水平最大化其效用。因此，消费者在劳动市场中的行为可描述为：

$$\begin{cases}\max\limits_{L^s,l} u(Y,l)\\ \text{s. t.}\quad l=\bar{L}-L^s,\quad Y=\dfrac{W}{P}L^s\end{cases}$$

这一问题的最优性条件为：

$$u_1\frac{W}{P}=u_2$$

其中，u_i 为效用函数关于第 i 个变元的偏导数，$i=1,2$。上式表明，当达到效用最大化时，闲暇的边际效用等于消费的边际效用。从上面的最优性条件，可得劳动的供给函数为：

$$L^s=L(W/P)\tag{1.10}$$

这里 $L'(\cdot)>0$，即劳动供给是实际工资的增函数。

下面考虑消费者的消费行为。一般地，消费者的消费需求与消费者的可支配收入和实际利率有关，因此描述消费者消费行为的消费函数可表示为：

$$C=C(Y_D,r-\pi),\quad 0<C_1<1,C_2<0\tag{1.11}$$

其中，Y_D 为可支配收入。C_1 为可支配收入的边际消费倾向，它介于0和1之间。C_2 为消费关于实际利率$(r-\pi)$的偏导数，它小于零的原因在于，实际利率越高，消费的成本越高，使消费者的消费水平降低。

现在看一下可支配 Y_D 的构成。一般地，消费者的收入来源有两部分，即工资收入$\frac{W}{P}L$和持有公司股票的收入$(Y-\frac{W}{P}L-\delta K)$。消费者除消费以外的支出有三部分：一是政府的(净)税收 T；二是持有货币和政府债券的实际损失$\frac{M+B}{P}\cdot\pi$；三是消费者购买的厂商为筹资发行的股票 $\dot{K}$，这一投资带来的实际股票价值变化为 $q\dot{K}+K\dot{q}$①，若不考虑 q 随时间的变化，则消费者这一投资的净回报为 $q\dot{K}-\dot{K}=(q-1)\dot{K}$。因此，消费者的可支配收入 Y_D 可表示为：

$$Y_D=Y-\delta K-T-\frac{M+B}{P}\pi+(q-1)\dot{K}$$

从而消费函数(1.11)可写为：

$$C=C\left(Y-T-\delta K-\frac{M+B}{P}\pi+(q(K,L,r-\pi,\delta)-1)I,r-\pi\right)\tag{1.12}$$

现在考虑消费者对货币的需求。设消费者的资产有三种形式：货币、

① 见后面公式(1.13)的注释。

债券和股票。设消费者持有的名义货币量为 M,则实际货币量为$\frac{M}{P}$,持有货币没有任何利息回报,即它的名义回报率为零。考虑到通货膨胀因素,则货币的实际回报率即为通货膨胀率 $\pi=\frac{\dot{P}}{P}$的负数值。

消费者持有政府债券可以看作为其储蓄,记消费者持有的债券量为 B,债券的名义利率为 r,则消费者持有债券的名义回报为 rB。消费者持有的实际债券为$\frac{B}{P}$,则它的实际回报率即为名义利率减通货膨胀率,即$r-\pi$。

对资本存量和劳动分别为 $K(t)$、$L(t)$ 的厂商来说,在支付工资报酬和资本折旧后,剩余的资产就是厂商得到的资产净值。这些资产净值对于一个其所有投资都通过发行股票来融资的厂商来说就是厂商股票的名义价值。今设在时刻 s 厂商的资产净值为:

$$P(s)F(K(s),\quad L(s))-W(s)L(s)-\delta P(s)K(s)$$

则在时刻 t,厂商股票的名义价值用 $V(t)$ 表示,就是:

$$V(t)=\int_t^{\infty}\left[P(s)F(K(s),\quad L(s))-W(s)L(s)-\delta P(s)K(s)\right]\mathrm{e}^{-r(s-t)}\mathrm{d}s$$

其中,r 为利率,设其为常数。

假定价格和工资按下列路径变化:

$$P(s)=P(t)\mathrm{e}^{\pi(s-t)},\quad W(s)=W(t)\mathrm{e}^{\pi(s-t)}$$

其中,π 为通货膨胀率,则上述 $V(t)$ 可写作:

$$\begin{aligned}V(t)&=\left[P(t)F(K(t),\quad L(t))-W(t)L(t)-P(t)\delta K(t)\right]\int_t^{\infty}\mathrm{e}^{-(r-\pi)(s-t)}\mathrm{d}s\\&=\frac{P(t)Y(t)-W(t)L(t)-P(t)\delta K(t)}{r-\pi}\\&=\frac{P(t)\left(Y(t)-\frac{W(t)}{P(t)}L(t)-F_K(t)K(t)\right)}{r-\pi}\\&\quad+\frac{(F_K-(r+\delta-\pi))P(t)K(t)}{r-\pi}+P(t)K(t)\end{aligned}$$

根据就业的边际生产力条件式(1.6)及欧拉定理,上述表达式的第一部分为零。故股票名义价值的表达方式为:

$$V(t)=\left(\frac{F_K-(r+\delta-\pi)}{r-\pi}+1\right)P(t)K(t)$$

根据(1.9)式,上式化为:

$$V(t)=q(t)P(t)K(t) \tag{1.13}$$ ①

由此又可得：

$$\frac{\dot{V}}{V}=\frac{\dot{q}}{q}+\frac{\dot{P}}{P}+\frac{\dot{K}}{K}$$

在均衡时，q 为常数，这时可知厂商股票名义价值的变化来自于已经存在的股票价格的改变和厂商投资所带来的股票数量的增加。

记消费者总的实际财富为 W，它是消费者持有的实际货币、实际债券和实际股票价值之和，即：

$$W=(V+B+M)/P \tag{1.14}$$

设消费者对这三种资产的需求可表示为：

$$M^D/P=m(r,Y,W) \tag{1.15}$$

$$(V^D+B^D)/P=b(r,Y,W) \tag{1.16}$$

另一方面，对所有的 r、Y 和 W，都有：

$$W=(V^D+B^D+M^D)/P \tag{1.17}$$

对上式求全微分，并结合(1.15)和(1.16)式，得：

$$\mathrm{d}W=(m_r+b_r)\mathrm{d}r+(m_Y+b_Y)\mathrm{d}Y+(m_W+b_W)\mathrm{d}W$$

其中带有下标的表达式，表示有关函数对有关变量的偏导数，例如 $m_Y=\frac{\partial m}{\partial Y}$，等等。上式又变形为：

$$(m_r+b_r)\mathrm{d}r+(m_Y+b_Y)\mathrm{d}Y+(m_W+b_W-1)\mathrm{d}W=0$$

上式的成立与 r、Y 和 W 是无关的，从而得：

$$m_r+b_r=0,\ m_Y+b_Y=0,\ m_W+b_W=1$$

资产组合的均衡条件表示货币的需求等于供给，债券和股票的需求等于其供给，故有

$$M^D/P=\frac{M}{P},\ (B^D+V^D)/P=(B+V)/P$$

注意到(1.14)和(1.17)式，则知，用以上任一方程来表示资产组合均衡都是有效的。例如，假定货币市场的均衡条件成立，则由 $M^D/P=M/P$ 有：

$$(B^D+V^D)/P=W-\frac{M}{P}=\frac{B+V}{P}$$

从而得到了债券市场和股票市场的均衡。

---

① 由(1.13)式得 $V(t)/P(t)=q(t)K(t)$，此为厂商实际股票价值表达式，由这一表达式可知厂商实际股票价值变化为 $q\dot{K}+K\dot{q}$。

这样，在考察消费者在资产市场行为时，用任何一个市场均衡条件即可。人们通常采用货币市场均衡条件，这时就有：

$$M/P = M^D/P = m(r, Y, W) \tag{1.18}$$

假定 $m_r < 0, m_Y > 0, m_W = 0$，即货币需求随着名义利率的增加而下降，随着收入的增加而上升，但货币需求不随消费者财富水平的变化而变化。在上述假定下，货币需求关系表写为 $m(r, Y)$。

二、“古典”宏观经济模型及其性质

完整的“古典”宏观经济模型由前面论述的 7 个方程给出，它们是：

$$\frac{W}{P} = F_L(K, L) \tag{1.19}$$

$$L = L\left(\frac{W}{P}\right) \tag{1.20}$$

$$Y = F(K, L) \tag{1.21}$$

$$C = C\left(Y - T - \delta K - \frac{M+B}{P}\pi + (q(K, L, r-\pi, \delta) - 1)I, r - \pi\right) \tag{1.22}$$

$$I = I(q(K, L, r-\pi, \delta) - 1) \tag{1.23}$$

$$Y = C + I + G + \delta K \tag{1.24}$$

$$\frac{M}{P} = m(r, Y) \tag{1.25}$$

在这一“古典”模型中，政府行为是外生给定的，具体而言，货币量 M、债券 B、税收 T、政府购买 G 均为外生变量。进一步地，折旧率 δ、资本存量 K 和通货膨胀率 π 也视为外生变量。在这些条件下，上述 7 个方程可以决定 7 个内生变量，它们是均衡时的就业水平 L、实际工资水平 $\frac{W}{P}$、产出水平 Y、消费水平 C、投资水平 I、名义利率 r 和价格水平 P。下面就开始有关的分析。

1. 模型的全微分形式

对由方程(1.19)～(1.25)构成的“古典”模型进行全微分，可得：

$$\mathrm{d}(W/P) = F_{LL}\mathrm{d}L + F_{LK}\mathrm{d}K \tag{1.26}$$

$$\mathrm{d}L = L'\mathrm{d}(W/P) \tag{1.27}$$

$$\mathrm{d}Y = F_L\mathrm{d}L + F_K\mathrm{d}K \tag{1.28}$$

$$\begin{aligned}\mathrm{d}C =& C_1\mathrm{d}Y - C_1\mathrm{d}T - C_1\delta\mathrm{d}K - C_1\frac{M+B}{P}\mathrm{d}\pi - C_1\pi\left(\frac{(\mathrm{d}M+\mathrm{d}B)}{P} - \frac{(M+B)}{P}\frac{\mathrm{d}P}{P}\right)\\ &+ C_1[(q-1)\mathrm{d}I + Iq_L\mathrm{d}L + Iq_K\mathrm{d}K + Iq_{r-\pi}\mathrm{d}r\\ &- Iq_{r-\pi}\mathrm{d}\pi] + C_2\mathrm{d}r - C_2\mathrm{d}\pi\end{aligned} \tag{1.29}$$

$$dI = I'q_L dL + I'q_K dK + I'q_{r-\pi} dr - I'q_{r-\pi} d\pi \tag{1.30}$$

$$dY = dC + dI + dG + \delta dK \tag{1.31}$$

$$\frac{dM}{P} - \frac{M}{P}\frac{dP}{P} = m_r dr + m_Y dY \tag{1.32}$$

将上面的方程组写成矩阵形式,并利用公开市场业务的约束 $dM + dB = 0$,得:

$$\begin{bmatrix} 1 & -F_{LL} & 0 & 0 & 0 & 0 & 0 \\ -L' & 1 & 0 & 0 & 0 & 0 & 0 \\ 0 & -F_L & 1 & 0 & 0 & 0 & 0 \\ 0 & -C_1 Iq_l & -C_1 & 1 & C_1(1-q) & -(C_1 Iq_{r-\pi} + C_2) & -C_1\pi(M+B)/P^2 \\ 0 & -I'q_L & 0 & 0 & 1 & -I'q_{r-\pi} & 0 \\ 0 & 0 & 1 & -1 & -1 & 0 & 0 \\ 0 & 0 & m_Y & 0 & 0 & m_r & M/P^2 \end{bmatrix} \begin{bmatrix} d(W/P) \\ dL \\ dY \\ dC \\ dI \\ dr \\ dP \end{bmatrix}$$

$$= \begin{bmatrix} F_{LK} dK \\ 0 \\ F_K dK \\ -C_1 dT - C_1 \delta dK - C_1 \dfrac{M+B}{P} d\pi + C_1 Iq_k dK - (C_1 Iq_{r-\pi} + C_2) d\pi \\ I'q_k dK - I'q_{r-\pi} d\pi \\ dG + \delta dK \\ dM/P \end{bmatrix}$$

2. 模型的性质

“古典”宏观经济模型有两个性质,第一个性质被称为中性。为此,先介绍一下中性的含义。假定有一个宏观经济模型,它由包括 m 个内生变量 $z_1, z_2, \cdots, z_m$ 和 n 个外生变量 $x_1, x_2, \cdots, x_n$ 的 m 个结构性方程所组成。又假定起初的 m_1 个内生变量用货币性的记账单位表示,也即用某一货币单位(例如每单位产出的货币值,或每小时工作的货币值)加以表示,其余的 $(m - m_1)$ 个内生变量用“实际”单位来计量,即不用货币性的记账单位。同样假定起初的 n_1 个外生变量以货币为单位计量,余下的 $(n - n_1)$ 个外生变量则不使用货币性单位。m 个结构性方程的系统可写为:

$$\left.\begin{aligned} g_1(z_1, z_2, \cdots, z_m, x_1, x_2, \cdots, x_n) &= 0 \\ g_2(z_1, z_2, \cdots, z_m, x_1, x_2, \cdots, x_n) &= 0 \\ &\vdots \\ g_m(z_1, z_2, \cdots, z_m, x_1, x_2, \cdots, x_n) &= 0 \end{aligned}\right\} \tag{1.33}$$

对系统(1.33)来说,对外生变量的特定值 $x_1^0, x_2^0, \cdots, x_n^0$ 而言,若求得的

内生变量 $z_1^0, z_2^0, \cdots, z_m^0$ 满足方程组(1.33),则系统被认为是均衡的。如果对于任何的 $\lambda>0$,特定值 $\lambda z_1^0, \lambda z_2^0, \cdots, \lambda z_{m_1}^0, z_{m_1+1}^0, \cdots, z_m^0$ 和 $\lambda x_1^0, \lambda x_2^0, \cdots, \lambda x_{n_1}^0, x_{n_1+1}^0, \cdots, x_n^0$ 也满足方程组(1.33),则称由(1.33)描述的模型具有中性的特征。中性的实际含义是,从一个均衡位置出发,用一个正的系数乘以以货币单位计量的所有外生变量和内生变量,则系统仍可保持均衡状态。

我们所考察的"古典"宏观经济模型便具有中性的特征。事实上,对由方程(1.19)~(1.25)构成的系统,用 λ 乘上所有以名义或货币为单位计量的变量,如果系统最初均衡时,价格水平为 P_0,工资水平为 w_0,则由所给系统就可以得到一个价格水平为 λP_0 和工资水平为 λw_0 的均衡,同时 Y、L、C、I 和 r 的均衡值保持不变。根据这一特征,用大于零的系数 λ 乘以 M、B、W 和 P,并不会改变模型所决定的实际变量的均衡值,"古典"模型所决定的实际变量有 Y、L、C、I、r、W/P 和 M/P。

"古典"模型的第二个性质是,在一定的条件下,模型所确定的均衡是稳定的,即若系统发生偏离,则随着时间的推移,系统总有一种恢复均衡的趋势。"古典"宏观经济模型在说明这一问题时,是把所考虑的系统纳入一个动态系统来加以讨论。具体地,假定当商品的总供给和总需求出现差异时,商品价格水平就会去调节,同时,如果实际货币余额的总需求和总供给不相等时,利率就会去调节。为此用下面两个微分方程来反映这一点,这里 s 是一个时间变量:

$$\frac{\mathrm{d}P}{\mathrm{d}s}=\alpha[C(Y_D,r-\pi)+I(q-1)+G+\delta K-F(K,L)],\alpha'>0,\alpha(0)=0$$

$$\frac{\mathrm{d}r}{\mathrm{d}s}=\beta[m(r,Y)-\frac{M}{P}],\quad \beta'>0,\quad \beta(0)=0$$

上面第一个方程说明,当总需求超过总供给时,价格水平将上升,第二个方程说明,当货币需求超过货币供给时,利率将上升。

设(P_0,r_0)表示系统均衡时的价格水平和利率水平,在 $M+B=0$ 的假定下,则在均衡点附近将上面动态系统线性展开可得下面的线性系统:

$$\frac{\mathrm{d}P}{\mathrm{d}s}=\alpha'\{C_2+I'q_{r-\pi}+C_1[(q-1)I'q_{r-\pi}+Iq_{r-\pi}]\}(r-r_0)$$

$$\frac{\mathrm{d}r}{\mathrm{d}s}=\beta' m_r(r-r_0)+\beta'\frac{M}{P^2}(P-P_0)$$

上述方程组的矩阵形式为:

$$\begin{pmatrix} \mathrm{d}P/\mathrm{d}s \\ \mathrm{d}r/\mathrm{d}s \end{pmatrix} = \begin{pmatrix} 0 & \alpha' H \\ \beta' M/P^2 & \beta' m_r \end{pmatrix} \begin{pmatrix} P - P_0 \\ r - r_0 \end{pmatrix}$$

其中,$H = C_2 + I' q_{r-\pi} + C_1 q_{r-\pi}[(q-1)I' + I]$,假定 $H<0$,即经济中的消费与投资对利率的斜率之和为负。对上述线性微分方程组,其特征方程为:

$$\begin{vmatrix} -\lambda & \alpha' H \\ \beta' M/P^2 & \beta' m_r - \lambda \end{vmatrix} = \lambda^2 - \beta' m_r \lambda - \alpha' \beta' (M/P^2) H = 0$$

由代数中的韦达定理,若记 λ_1,λ_2 为上述一元二次方程的根,则有:

$$\lambda_1 + \lambda_2 = \beta' m_r < 0$$

$$\lambda_1 \lambda_2 = -\alpha' \beta' \left(\frac{M}{P^2}\right) H > 0$$

故知,两个特征根均为负,由微分方程的稳定性理论知,所考虑的经济系统均衡点是稳定的。

三、“古典”宏观经济模型的主要命题

命题 1　在“古典”宏观经济模型中,均衡的就业水平是充分就业的水平,均衡的产量是充分就业的产量。

为了理解上述命题,注意到在“古典”模型的全微分的矩阵表达式中,前两个方程中只含有变量 $\mathrm{d}(W/P)$ 和 $\mathrm{d}L$,其余变量的系数均为零。结果,这两个方程形成一个可以确定 $\mathrm{d}(W/P)$ 和 $\mathrm{d}L$ 独立的子集,余下的变量对确定这两个变量没有作用。进一步地,这一系统的前三个方程可以独立于模型中的其他四个方程而像确定 $\mathrm{d}(W/P)$ 和 $\mathrm{d}L$ 那样确定 $\mathrm{d}Y$。用图形来说明就是,对既定的生产函数和劳动供给曲线,对给定的资本存量,有如下图形,见图 1.1。

按照“古典”宏观经济模型的解释,经济中的就业水平是由劳动市场决定的,“古典”模型假定,货币工资和价格具有完全的伸缩性,这使得劳动市场可以出清,在劳动市场达到均衡时,所确定的实际工资使得厂商对劳动的需求量等于工人愿意提供的劳动量,这时不存在任何非自愿性失业,因为就业量总是等于现行工资下所能提供的劳动供给,所有在现行工资下愿意工作的人都得到了工作。这样,图 1.1 中的均衡就业量 L_0 即为充分就业的就业水平。将均衡的就业水平 L_0 代入到生产函数即可得均衡的产量 Y_0,Y_0 即为充分就业的产量。

命题 2　财政政策和货币政策对产出水平、实际工资和就业水平不产生影响。随着资本存量的增加,产出水平、实际工资和就业水平都会增加。

命题 2 中的第一个结论可以从命题 1 的推证过程中派生出来。既然

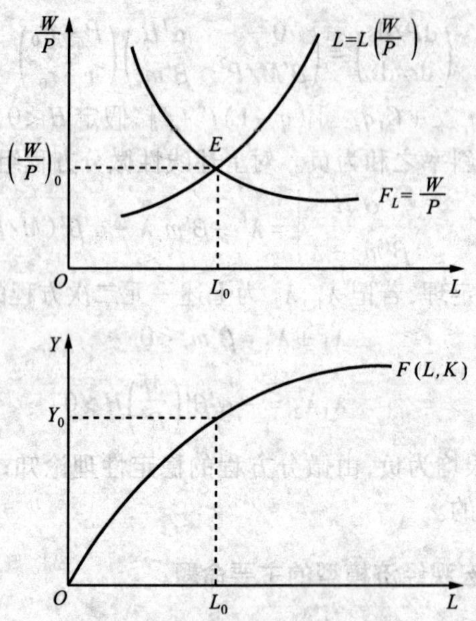

图 1.1　"古典"模型中就业与产出的决定

模型中的产出、实际工资和就业只由生产函数和劳动供给函数决定，而无论是财政政策变量还是货币政策变量均不影响生产函数和劳动供给函数，故结论为真。

命题中的第二个结论可以从方程(1.26)～(1.28)得到说明。将(1.27)代入(1.26)得：

$$\mathrm{d}\left(\frac{W}{P}\right)=\frac{F_{LK}}{1-F_{LL}L'}\mathrm{d}K \tag{1.34}$$

将(1.34)代入(1.27)得：

$$\mathrm{d}L=L'\frac{F_{LK}}{1-F_{LL}L'}\mathrm{d}K \tag{1.35}$$

最后把(1.35)代入(1.28)得：

$$\mathrm{d}Y=\left(F_K+\frac{F_L L' F_{LK}}{1-F_{LL}L'}\right)\mathrm{d}K \tag{1.36}$$

方程(1.34)～(1.36)给出了资本存量改变对产出水平、实际工资和就业水平的影响，由假定 $F_{LK}>0$、$F_{LL}<0$、$L'>0$ 可知：

$$\frac{\mathrm{d}(W/P)}{\mathrm{d}K}>0,\quad \frac{\mathrm{d}L}{\mathrm{d}K}>0,\quad \frac{\mathrm{d}Y}{\mathrm{d}K}>0$$

结论得证。

对于“古典”模型,除了上面论述的主要结论外,还可以讨论财政政策和货币政策对利率水平、投资水平、消费水平和价格水平的影响,因篇幅所限,有关的一些结论不再此叙述了。

第二节 凯恩斯主义模型

如本章开头所说,凯恩斯主义经济理论既是从传统的宏观经济理论演变而来,又是以传统的宏观经济理论为批评对象。第一节较系统地论述了“古典”宏观经济模型,因此,对凯恩斯主义模型的介绍,可以以“古典”宏观经济模型为起点。

一、一般分析

封闭经济条件下完整的凯恩斯主义模型包括下列6个方程:

$$\frac{W}{P}=F_L \tag{1.37}$$

$$Y=F(K,L) \tag{1.38}$$

$$C=C\left(Y-T-\delta K-\frac{M+B}{P}\pi,r-\pi\right) \tag{1.39}$$

$$I=I(q(K,L,r-\pi,\delta)-1) \tag{1.40}$$

$$Y=C+I+G+\delta K \tag{1.41}$$

$$\frac{M}{P}=m(r,Y) \tag{1.42}$$

上述凯恩斯主义模型与上一节的“古典”宏观经济模型有两个不同之处。一个是凯恩斯主义模型中的消费函数所依赖的可支配收入比较简单,具体而言,根据(1.39)式,这一可支配收入表示为 $Y-T-\delta K-[(M+B)/P]\pi$,它没有考虑由于资本存量的变动带来的企业资产净值的改变对消费者收入的影响。这一差异被认为不是本质上的,只是为了讨论更为紧凑。

凯恩斯主义模型与“古典”模型的第二个不同是本质上的,即它没有一条与劳动市场均衡条件结合在一起的劳动供给曲线。按照凯恩斯的观点,“古典”模型中的劳动供给曲线是不成立的,理由是,第一,按照劳动供给曲线,劳动供给量的大小应取决于实际工资的高低。由于实际工资取决于货币工资和价格水平,所以一定的实际工资决定一定的劳动供给量的说法就意味着,在货币工资不变的情况下,价格水平稍有提高会减少劳动的供给量，凯恩斯认为这不符合事实。第二，工人与雇主进行工资协议时，他们所协议的工资只能是货币工资，至于由此导致的实际工资的高低还要取决于其他因素，如价格水平。既然无从确定实际工资的高低，也就谈不上劳动的供给量取决于实际工资高低的传统劳动供给曲线。

从技术上说，由于凯恩斯主义模型比“古典”模型少一个方程，它就只能决定 6 个内生变量而不像“古典”模型能决定 7 个内生变量。为了完善凯恩斯主义模型，货币工资 W 在这里被看作是一个外生变量。

因此，凯恩斯主义模型由包括 P、Y、L、r、C 和 I 这 6 个内生变量的 6 个方程组成。W、M、G、T、π、δ 和 K 这 7 个外生变量仍是决定各个曲线形状的参数。

现对方程(1.37)～(1.42)进行全微分开始进行分析。在 $\mathrm{d}K=\mathrm{d}\delta=0$ 的假定下，可得到下面 6 个全微分方程组：

$$\frac{\mathrm{d}W}{W}-\frac{\mathrm{d}P}{P}=(F_{LL}/F_L)\mathrm{d}L \tag{1.43}$$

$$\mathrm{d}Y=F_L\mathrm{d}L \tag{1.44}$$

$$\mathrm{d}C=C_1\mathrm{d}Y-C_1\mathrm{d}T-C_1\frac{M+B}{P}\mathrm{d}\pi-C_1\pi\left[\frac{\mathrm{d}M+\mathrm{d}B}{P}-\frac{\mathrm{d}P(M+B)}{P^2}\right]+C_2\mathrm{d}r-C_2\mathrm{d}\pi \tag{1.45}$$

$$\mathrm{d}I=I'q_L\mathrm{d}L+I'q_{r-\pi}(\mathrm{d}r-\mathrm{d}\pi) \tag{1.46}$$

$$\mathrm{d}Y=\mathrm{d}C+\mathrm{d}I+\mathrm{d}G \tag{1.47}$$

$$\frac{\mathrm{d}M}{P}-\frac{\mathrm{d}P}{P}\cdot\frac{M}{P}=m_r\mathrm{d}r+m_Y\mathrm{d}Y \tag{1.48}$$

在引入公开市场业务的约束 $\mathrm{d}M+\mathrm{d}B=0$ 之下，上面方程组可用矩阵表示为：

$$\begin{bmatrix} 1 & -F_L & 0 & 0 & 0 & 0 \\ 0 & F_{LL}/F_L & 0 & 0 & 0 & \dfrac{1}{P} \\ -C_1 & 0 & 1 & 0 & -C_2 & -C_1\pi(M+B)/P^2 \\ 0 & -I'q_L & 0 & 1 & -I'q_{r-\pi} & 0 \\ 1 & 0 & -1 & -1 & 0 & 0 \\ m_Y & 0 & 0 & 0 & m_r & M/P^2 \end{bmatrix}\begin{bmatrix}\mathrm{d}Y\\ \mathrm{d}L\\ \mathrm{d}C\\ \mathrm{d}I\\ \mathrm{d}r\\ \mathrm{d}P\end{bmatrix}$$

$$
= \begin{bmatrix} 0 \\ \mathrm{d}W/W \\ -C_1\mathrm{d}T - \{C_2 + C_1[(M+B)/P]\}\mathrm{d}\pi \\ -I'q_{r-\pi}\mathrm{d}\pi \\ \mathrm{d}G \\ \mathrm{d}M/P \end{bmatrix}
$$

对上述凯恩斯主义模型,这里沿着经典的 $IS-LM$ 分析的框架展开。先看 IS 曲线的全微分。IS 曲线是满足方程(1.41)的利率和产出组合点的轨迹。将(1.45)、(1.46)代入(1.47),可得:

$$
C_1\mathrm{d}Y - C_1\mathrm{d}T - C_1\frac{M+B}{P}\mathrm{d}\pi + C_1\pi\frac{M+B}{P}\frac{\mathrm{d}P}{P} + C_2\mathrm{d}r - C_2\mathrm{d}\pi + I'q_L\mathrm{d}L + I'q_{r-\pi}\mathrm{d}r - I'q_{r-\pi}\mathrm{d}\pi + \mathrm{d}G = \mathrm{d}Y \tag{1.49}
$$

解(1.44)求得 $\mathrm{d}L$,解(1.43)和(1.44)求得 $\mathrm{d}P/P$,则有:

$$
\mathrm{d}L = \frac{1}{F_L}\mathrm{d}Y, \qquad \frac{\mathrm{d}P}{P} = \frac{\mathrm{d}W}{W} - \frac{F_{LL}}{F_L^2\mathrm{d}Y}
$$

将以上两式代入(1.49),则有:

$$
C_1\mathrm{d}Y - C_1\mathrm{d}T - C_1\frac{M+B}{P}\mathrm{d}\pi + C_1\pi\frac{M+B}{P}\left(\frac{\mathrm{d}W}{W} - \frac{F_{LL}}{F_L^2}\mathrm{d}Y\right) + C_2\mathrm{d}r - C_2\mathrm{d}\pi + I'\frac{q_L}{F_L}\mathrm{d}Y + I'q_{r-\pi}\mathrm{d}r - I'q_{r-\pi}\mathrm{d}\pi + \mathrm{d}G = \mathrm{d}Y
$$

上式即为 IS 曲线的全微分。经整理,得:

$$
\left(1 - C_1 - I'\frac{q_L}{F_L} + C_1\pi\frac{M+B}{P}\frac{F_{LL}}{F_L^2}\right)\mathrm{d}Y = (C_2 + I'q_{r-\pi})\mathrm{d}r - C_1\mathrm{d}T + \mathrm{d}G + \left(-I'q_{r-\pi} - C_2 - C_1\frac{M+B}{P}\right)\mathrm{d}\pi + C_1\pi\frac{M+B}{P}\frac{\mathrm{d}W}{W} \tag{1.50}
$$

当 $M+B=0$ 时,上式化为:

$$
\left(1 - C_1 - I'\frac{q_L}{F_L}\right)\mathrm{d}Y = (C_2 + I'q_{r-\pi})\mathrm{d}r - C_1\mathrm{d}T + \mathrm{d}G - (I'q_{r-\pi} + C_2)\mathrm{d}\pi \tag{1.51}
$$

于是 IS 曲线的斜率为:

$$
\left.\frac{\mathrm{d}r}{\mathrm{d}Y}\right|_{IS} = \frac{1 - C_1 - I'\frac{q_L}{F_L}}{C_2 + I'q_{r-\pi}} \tag{1.52}
$$

由已做出的假定,上式右侧的分母为负,分子的符号不定,但若:

$$1-C_1>I'\frac{q_L}{F_L}$$

则分子就大于零,从而 *IS* 曲线的斜率为负数值。可以验证,$(1-C_1)$为可支配收入的边际储蓄倾向,而表达式 $I'\frac{q_L}{F_L}=\frac{\partial I}{\partial q}\cdot\frac{\partial q}{\partial L}\cdot\frac{\partial L}{\partial Y}=\frac{\partial I}{\partial Y}$是收入的边际投资倾向,因而不等式$(1-C_1)>I'\frac{q_L}{F_L}$的经济含义就是边际储蓄倾向大于收入的边际投资倾向。如果这一条件得到满足,则 *IS* 曲线总是向右下方倾斜的。

为了确定 *IS* 曲线如何随着外生变量的变化而变化,用(1.51)式计算 r 关于每一外生变量的偏导数,同时令 $\mathrm{d}Y=0$,算得:

$$\frac{\partial r}{\partial T}=\frac{C_1}{C_2+I'q_{r-\pi}}<0,\quad \frac{\partial r}{\partial G}=\frac{-1}{C_2+I'q_{r-\pi}}>0,\quad \frac{\partial r}{\partial \pi}=1$$

上面的表达式表明,当税收减少或政府购买增加时,*IS* 曲线向上方移动,当通货膨胀上升时,*IS* 曲线也向上移动,移动的幅度与通货膨胀率的变化数额相同。

LM 曲线描述了货币市场均衡时,利率和产出之间的组合关系。用(1.43)和(1.44)式来消去(1.48)式中的 $\mathrm{d}P$,可得 *LM* 曲线的微分,有:

$$\frac{\mathrm{d}P}{P}=\frac{\mathrm{d}W}{W}-\frac{F_{LL}}{F_L^2}\mathrm{d}Y$$

将上式代入(1.48)式中,得:

$$\frac{\mathrm{d}M}{P}-\frac{M}{P}\frac{\mathrm{d}W}{W}+\frac{M}{P}\frac{F_{LL}}{F_L^2}\mathrm{d}Y=m_r\mathrm{d}r+m_Y\mathrm{d}Y$$

解出 $\mathrm{d}r$,有:

$$\mathrm{d}r=\frac{1}{m_r}\left[\frac{\mathrm{d}M}{P}-\frac{M}{P}\frac{\mathrm{d}W}{W}+\left(\frac{F_{LL}}{F_L^2}\cdot\frac{M}{P}-m_Y\right)\mathrm{d}Y\right]\qquad(1.53)$$

从而 *LM* 曲线的斜率为:

$$\left.\frac{\mathrm{d}r}{\mathrm{d}Y}\right|_{LM}=\frac{1}{m_r}\left(\frac{F_{LL}}{F_L^2}\cdot\frac{M}{P}-m_Y\right)>0$$

即 *LM* 曲线是向右上方倾斜的。注意当 m_r 趋近于零时,*LM* 曲线趋向于垂直的状态,而当 m_r 趋于无穷大,也就是经济处于"流动陷阱"的状态时,*LM* 曲线的斜率趋向于零,即 *LM* 曲线变为水平状的。

从(1.53)式也容易看出,外生变量的变化如何移动 *LM* 曲线。令(1.53)式中的 $\mathrm{d}Y=0$,则有:

$$\mathrm{d}r=\frac{1}{m_r}\left(\frac{\mathrm{d}M}{P}-\frac{M}{P}\frac{\mathrm{d}W}{W}\right)$$

这一表达式说明，对一既定的收入水平，如果货币供给增加，则 *LM* 曲线向右方移动；而货币工资下降，则 *LM* 曲线也向右方移动。

以上分析表明，*IS* 曲线和 *LM* 曲线的相互作用决定了能够满足凯恩斯主义模型中 6 个方程的一个利率和收入水平。如图 1.2 所示。

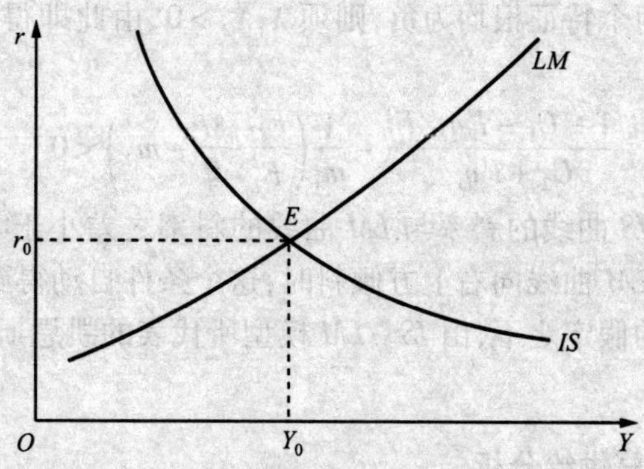

图 1.2　*IS*－*LM* 模型

只要 *IS* 曲线向右下方倾斜，*LM* 曲线向右上方倾斜，就能确知模型的均衡存在，并且惟一。下面讨论模型的稳定性。

二、模型的稳定性分析

同在"古典"模型中所做的那样，假定经济中若总供给超过总需求，价格水平就上升；如果货币需求超过货币供给，利率就会提高。写出价格水平和利率的动态变化方程为：

$$\frac{\mathrm{d}P}{\mathrm{d}s}=\alpha[C(Y-T-\delta K,r-\pi)+I(q(L,K,r-\pi,\delta)-1)+G+\delta K-Y],$$

$$\alpha'>0,\quad \alpha(0)=0$$

$$\frac{\mathrm{d}r}{\mathrm{d}s}=\beta\left[m(r,Y)-\frac{M}{P}\right],\qquad \beta'>0,\quad \beta(0)=0$$

要讨论上面非线性系统均衡点的稳定性，设系统的均衡点为 (P_0,r_0)，今在均衡点附近把上面的非线性系统线性化，并用矩阵形式表示为：

$$\begin{pmatrix}\dfrac{\mathrm{d}P}{\mathrm{d}s}\\ \dfrac{\mathrm{d}r}{\mathrm{d}s}\end{pmatrix}=\begin{pmatrix}\alpha'\left(1-C_1-I'\dfrac{q_L}{F_L}\right)\dfrac{W}{P^2}\dfrac{F_L}{F_{LL}} & \alpha'(C_2+I'q_{r-\pi})\\ \beta'\left(\dfrac{M}{P^2}-m_Y\dfrac{W}{P^2}\dfrac{F_L}{F_{LL}}\right) & \beta' m_r\end{pmatrix}\begin{pmatrix}P-P_0\\ r-r_0\end{pmatrix}$$

设上述线性微分方程组的两个特征根为 λ_1、λ_2，则由一元二次方程中的韦达定理，有：

$$\lambda_1+\lambda_2=\beta' m_r+\alpha'\left(1-C_1-I'\frac{q_L}{F_L}\right)\frac{W}{P^2}\frac{F_L}{F_{LL}}<0$$

$$\lambda_1\lambda_2=\alpha'\beta'\left[\left(1-C_1-I'\frac{q_L}{F_L}\right)\frac{W}{P^2}\frac{F_L}{F_{LL}}m_r-\left(\frac{M}{P^2}-m_Y\frac{W}{P^2}\frac{F_L}{F_{LL}}\right)(C_2+I'q_{r-\pi})\right]$$

如果要求两个特征根均为负，则须 $\lambda_1\lambda_2>0$，由此即得到稳定的条件是：

$$\frac{1-C_1-I'q_L/F_L}{C_2+I'q_{r-\pi}}-\frac{1}{m_r}\left(\frac{F_{LL}}{F_L^2}\frac{M}{P}-m_Y\right)<0$$

上式的含义为，*IS* 曲线的斜率与 *LM* 曲线的斜率之差小于零。当 *IS* 曲线向右下方倾斜，*LM* 曲线向右上方倾斜时，这个条件自动得到满足。因此，在我们所做出的假定之下，由 *IS－LM* 模型所代表的凯恩斯主义模型的均衡是稳定的。

三、总需求总供给分析

凯恩斯主义模型除了可以引入 *IS－LM* 分析外，还可以进行总需求总供给分析。总需求总供给分析的主要变量是产出和价格水平。对凯恩斯主义模型而言，方程(1.37)～(1.38)给出了总供给曲线，方程(1.39)～(1.42)决定了总需求曲线。我们通过把方程(1.43)～(1.48)简化成关于 dP 和 dY 的两个方程来进行分析。

从方程(1.43)和(1.44)可以导出：

$$\mathrm{d}Y=\frac{F_L^2}{F_{LL}}\frac{\mathrm{d}W}{W}-\frac{F_L^2}{F_{LL}}\frac{\mathrm{d}P}{P} \tag{1.54}$$

由此可得总供给曲线，即 *AS* 曲线的斜率为：

$$\left.\frac{\mathrm{d}P}{\mathrm{d}Y}\right|_{AS}=-\frac{PF_{LL}}{F_L^2}>0$$

即总供给曲线是向右上方延伸的。从(1.54)式知，当货币工资下降时，总供给曲线向右方移动，反之，则向左方移动。

对于方程(1.39)～(1.42)所决定的总需求曲线，可以通过方程(1.45)～(1.48)导出它的微分，运算结果如下：

$$\mathrm{d}Y\left(1-C_1-I'\frac{q_L}{F_L}+\frac{C_2+I'q_{r-\pi}}{m_r}m_Y\right)=-C_1\mathrm{d}T+\mathrm{d}G-(C_2+I'q_{r-\pi})\mathrm{d}r$$
$$+\frac{(C_2+I'q_{r-\pi})}{m_r}\frac{\mathrm{d}M}{P}-\frac{(C_2+I'q_{r-\pi})}{m_r}\frac{M}{P^2}\mathrm{d}P \tag{1.55}$$

由上式，算得总需求曲线，即 AD 曲线的斜率为：

$$\left.\frac{\mathrm{d}P}{\mathrm{d}Y}\right|_{AD}=-\frac{\left[m_r\left(1-C_1-I'\frac{q_L}{F_L}\right)+(C_2+I'q_{r-\pi})m_Y\right]P^2}{(C_2+I'q_{r-\pi})M}<0 \qquad (1.56)$$

即总需求曲线是向右下方倾斜的。利用(1.56)式还可得到下列极限：

$$\lim_{m_r\to 0}\left.\frac{\mathrm{d}P}{\mathrm{d}Y}\right|_{AD}=-m_Y\frac{P^2}{M}, \qquad \lim_{m_r\to -\infty}\left.\frac{\mathrm{d}P}{\mathrm{d}Y}\right|_{AD}=-\infty,$$

$$\lim_{C_2+I'q_{r-\pi}\to 0}\left.\frac{\mathrm{d}P}{\mathrm{d}Y}\right|_{AD}=-\infty$$

可知，当 $m_r\to\infty$ 时，AD 曲线在 P—Y 平面上变为垂直线，在这一"流动陷阱"的情况下，货币工资的下跌使得 P—Y 平面上的 AS 曲线向右方移动，但不能影响实际产量。利用关系式(1.55)，还可以考虑外生变量对总需求曲线的影响。一般而论，增加 G、π 和 M 以及降低 T 都会使 AD 曲线向右方移动。

利用总需求总供给分析可以方便地考察需求拉动的通货膨胀和成本推动的通货膨胀。如前所述，总供给曲线描述的是总产出与价格水平的关系，它可由(1.37)和(1.38)两式决定，总供给决定于经济中的资本存量、货币工资以及生产函数中的参数。影响总供给的这些因素，特别是货币工资的变化是引起价格水平变化的所谓成本推动的因素。如上所述，外生的货币工资增加将使总供给曲线向右移动，由总需求总供给分析，这会推动价格水平的上升，同时也引起产出、就业的下降。

而造成价格水平变化的所谓需求拉动因素源于那些影响总需求曲线位置的变量或参数的变化。如上所述，增加 G 和 M 以及减少 T 都使总需求曲线向右方移动，从而使价格水平上升的同时，产出和就业增加。

四、对经济波动的解释及政策含义

利用 AD 曲线和 AS 曲线构成的凯恩斯主义模型，可以对短期的宏观经济波动做出解释。如图 1.3 所示。

情形 1 充分就业的均衡。假定经济中的总需求曲线为 AD_0，它与总供给曲线 AS 在 E_0 处相交。这种情况代表了产品市场、货币市场和劳动市场的同时均衡，AD_0 与 AS 的交点决定的产量 Y_0 为充分就业的产量。

情形 2 低于充分就业的均衡。假定经济中的总需求曲线为 AD_1，AD_1 与总供给曲线 AS 相交于 E_1 点，尽管此时产品市场和货币市场是均衡的，但劳动市场并未达到均衡。AD_1 与 AS 的交点决定的产量 Y_1 低于

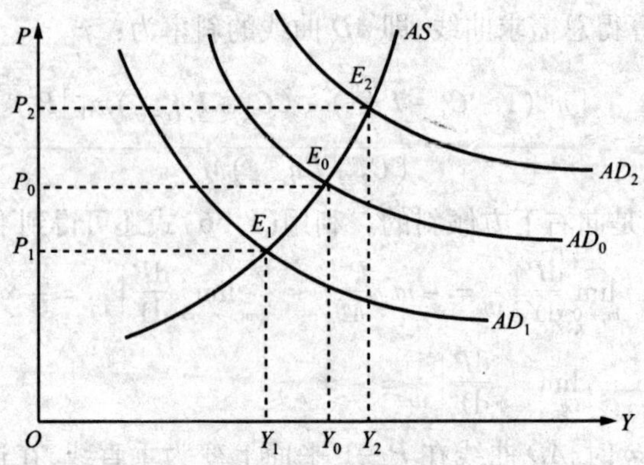

图 1.3　经济波动的解释

充分就业的产量 Y_0，这表明经济中存在着非自愿失业。在这里，失业的出现是由于货币工资的刚性。由于货币工资的刚性，当劳动市场出现供给大于需求时，货币工资并不下降，从而使劳动市场无法出清，这种劳动市场的不均衡使得经济处在低于充分就业的状态之中。

情形 3　价格水平过高的均衡。这种情形相当于图 1.3 中 E_2 点所处的状态，即为通货膨胀状态。已在上面对其作了说明。

由此可以引申出凯恩斯主义模型的政策含义，那就是可以通过对总需求的有效管理来达到和维持价格稳定的充分就业状态。具体来说，当经济处于低于充分就业的状态时，政府可以通过增加支出、增加货币供应量以及减税等手段把总需求曲线向右移动到 AD_0 的位置，从而达到提高产量，增加就业的目的；当经济处于通货膨胀的状态时，政府可以采取相反的措施，把总需求曲线向左移动到 AD_0 的位置，从而可以减轻或消除通货膨胀压力。

第三节　凯恩斯主义模型的动态分析

在前面的论述中，通货膨胀率 π 被看作是一个外生变量来处理的，对此的一个可行的解释是，π 是人们关于通货膨胀的预期。但预期又是如何形成的呢？当考虑到预期的形成问题时，就从凯恩斯主义模型的静态分析转到了动态分析。

一、带有适应性预期的模型

所谓通货膨胀的适应性预期是指通货膨胀率是由下列微分方程决

定：

$$\dot{\pi}=\beta\left(\frac{\dot{P}}{P}-\pi\right),\quad \beta>0 \tag{1.57}$$

其中变量上的点表示该变量关于时间 t 的微分。该微分方程的解为：

$$\pi(t)=\pi(t_0)\mathrm{e}^{-\beta(t-t_0)}+\beta\int_{t_0}^{t}\mathrm{e}^{-\beta(t-s)}\frac{\dot{P}(s)}{P(s)}\mathrm{d}s \tag{1.58}$$

下面描述在适应性预期下的凯恩斯主义模型。利用生产函数的性质，可以将生产函数表示为更为紧凑的形式：

$$Y/K=F(1,L/K)=f(L/K)$$

或者

$$y=f(l),\quad f'(l)>0,\quad f''(l)<0 \tag{1.59}$$

其中，$y=Y/K, l=L/K$。

这样，劳动市场的需求关系可以写为①：

$$\frac{W}{P}=f'(l) \tag{1.60}$$

凯恩斯主义的投资函数可以写为②：

$$\begin{aligned} i=I/K &=I(F_K-(r+\delta-\pi)) \\ &=I(f(l)-lf'(l)-(r+\delta-\pi)) \end{aligned} \tag{1.61}$$

假定这里的消费函数可以写成如下形式：

$$c=\frac{C}{K}=z\left(\frac{Y}{K}-\frac{T}{K}-\frac{\delta K}{K}\right)=z(y-\bar{t}-\delta) \tag{1.62}$$

其中，$\bar{t}=\frac{T}{K}$，$0<z<1$，z 为边际消费倾向。

利用以上记号和 $g=\frac{G}{K}$、$c=\frac{C}{K}$，收入恒等式可写为：

$$y=c+i+g+\delta \tag{1.63}$$

设货币市场的均衡条件取下列形式③：

$$M/PK=m(r,y) \tag{1.64}$$

其中，$y=\frac{Y}{K}$。

---

① 易知 $F_L=\frac{\partial F(K,L)}{\partial L}=\frac{\partial}{\partial L}\left(Kf\left(\frac{L}{K}\right)\right)$。

② 注意，$F_K=\frac{\partial F(K,L)}{\partial K}=\frac{\partial}{\partial K}\left(Kf\left(\frac{L}{K}\right)\right)=f\left(\frac{L}{K}\right)+Kf'\left(\frac{L}{K}\right)\left(-\frac{L}{K^2}\right)=f(l)-lf'(l)$。

③ 这只要假定货币需求函数关于产出 Y 是一次齐次的，就能做到这一点。

现引入下列菲利普斯曲线,用来描述货币工资的演进:

$$\frac{\dot{W}}{W}=h\left(\frac{L}{L^s}\right)+\pi,\qquad h'(\cdot)>0,h(1)=0 \tag{1.65}$$

其中,L^s 为劳动供给,对于给定的 π,方程(1.65)描述了相对于劳动供给而言就业率与工资上涨率之间的关系。容易看出,π 的提高将把菲利普斯曲线向上拉动。

最后,设经济的劳动供给是外生给定的,即有:

$$L^s(t)=L^s(t_0)\mathrm{e}^{n(t-t_0)} \tag{1.66}$$

其中,n 为劳动供给的增长率。至此,完成了整个模型的描述。完整的模型如下:

$$y=f(l) \tag{1.67}$$

$$\frac{W}{P}=f'(l) \tag{1.68}$$

$$i=I(f(l)-lf'(l)-(r+\delta-\pi))=\frac{\dot{K}}{K} \tag{1.69}$$

$$c=z(y-\bar{t}-\delta) \tag{1.70}$$

$$y=c+i+g+\delta \tag{1.71}$$

$$\frac{M}{PK}=m(r,y) \tag{1.72}$$

$$\frac{\dot{W}}{W}=h\left(\frac{lK}{L^s}\right)+\pi \tag{1.73}$$

$$L^s(t)=L^s(t_0)\mathrm{e}^{n(t-t_0)} \tag{1.74}$$

$$\pi(t)=\pi(t_0)\mathrm{e}^{-\beta(t-t_0)}+\beta\int_{t_0}^{t}\mathrm{e}^{-\beta(t-s)}\frac{\dot{P}(s)}{P(s)}\mathrm{d}s \tag{1.75}$$

对上述模型,如果给定初始条件 $W(t_0)$、$\pi(t_0)$、$K(t_0)$,以及 $t\geqslant t_0$ 时的外生变量 M、g 和 $\bar{t}$ 的时间路径,则模型就将能确定内生变量 y、l、K、W、P、r 和 π 的时间路径。

下面在 $IS-LM$ 分析的框架下对模型进行讨论。先看 IS 曲线。将方程(1.69)、(1.70)代入(1.71),有:

$$y=z(y-\bar{t}-\delta)+I(f(l)-lf'(l)-(r+\delta-\pi))+g+\delta \tag{1.76}$$

由于 $f'(l)>0$,由(1.67)式,有:

$$l=l(y),\quad l'(y)=\frac{1}{f'(l)}>0,\quad l''(y)=\frac{-f''(l)l'(y)}{[f'(l)]^2}>0$$

将上式代入(1.76)式,即得 IS 曲线为:

$$y=z(y-\bar{t}-\delta)+I\left(y-\frac{l(y)}{l'(y)}-(r+\delta-\pi)\right)+g+\delta \qquad (1.77)$$

由上式知，*IS* 曲线在 r—y 平面上的斜率为：

$$\left.\frac{\mathrm{d}y}{\mathrm{d}r}\right|_{IS}=\frac{-I'}{1-z-I'l(y)l''(y)/(l'(y))^2}$$

在上式中，$(1-z)$ 为边际储蓄倾向，而 $I'll''/l'^2$ 为收入的边际投资倾向，若假定它小于边际储蓄倾向，则可知 *IS* 曲线是向右下方倾斜的。由关系式（1.77）可知，*IS* 曲线的位置依赖于变量 g、$\bar{t}$ 和 π。特别地，π 的增加将使 *IS* 曲线以同样的增加量向上移动。

再看 *LM* 曲线。将（1.68）写为：

$$P=Wl'(y)$$

将其代入（1.72）式，则得 *LM* 曲线为：

$$M=Wl'(y)Km(r,y) \qquad (1.78)$$

由方程（1.78）可知，*LM* 曲线的斜率在 r—y 平面上为正。并且 *LM* 曲线的位置依赖于变量 M、W 和 K。

IS 曲线和 *LM* 曲线的交点决定了系统的瞬时均衡。为了考虑系统的稳态，根据（1.69）和（1.71）式，资本的增长率为：

$$i=y-z(y-\bar{t}-\delta)-g-\delta$$

因为$\dfrac{\left(\dot{\dfrac{K}{L}}\right)}{\left(\dfrac{K}{L}\right)}=\dfrac{\dot{K}}{K}-\dfrac{\dot{L}}{L}=i-n$，有：

$$\frac{\left(\dot{\dfrac{K}{L}}\right)}{\left(\dfrac{K}{L}\right)}=y-z(y-\bar{t}-\delta)-g-\delta-n$$

在上式中，令$\left(\dot{\dfrac{K}{L}}\right)=0$，求得：

$$y^*=\frac{n+g+\delta(1-z)-z\bar{t}}{1-z}$$

这就是产出－资本比的数值，这一数值是不随时间而变化的，今将 y^* 表示为图 1.4 中的一条垂直线。

如果厂商愿意以速度 n 增加资本存量，这意味着 $i-n=0$，即：

$$I\left(y-\frac{l(y)}{l'(y)}-(r+\delta-\pi)\right)-n=0 \qquad (1.79)$$

如果系统在 y 处处于稳态的话，则上式可以解出 $(r+\delta-\pi)$ 的值，对

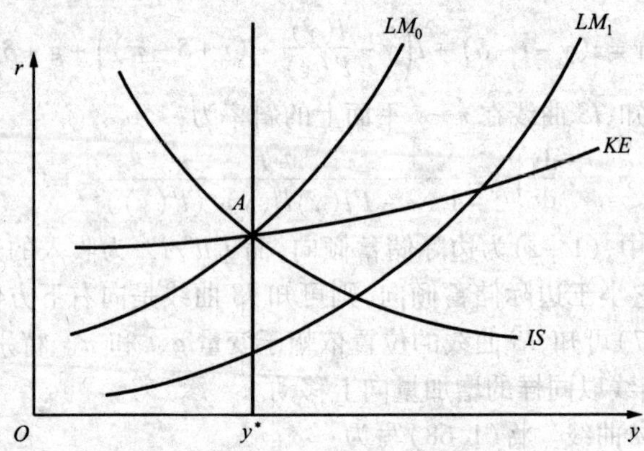

图 1.4　凯恩斯主义模型的动态调整

上式求全微分,并整理可得:

$$\frac{\mathrm{d}(r+\delta-\pi)}{\mathrm{d}y}=\frac{l''l}{l'^2}>0$$

上式即为在 r—y 平面上满足(1.79)式的点的轨迹的斜率,该斜率为正,说明资本的边际产品同向依赖于产出－资本比率。称(1.79)式为资本市场均衡的曲线,并记其为 KE。容易知道,π 的增加会引起 KE 曲线以完全相同的增量向上移动。

将(1.79)中的 $I(\cdot)$ 代入前面的 IS 曲线表达式,可得:

$$y=z(y-\bar{t}-\delta)+n+g+\delta$$

或

$$y=\frac{n+g+\delta(1-z)-z\bar{t}}{1-z}$$

这正是前面关于 y^* 的表达式。用曲线的语言来说,就是在图 1.4 中,IS 曲线与 KE 曲线相交于稳态的产出－资本比率 y^* 处。如果 IS 曲线和 LM 曲线相交于 KE 曲线下方的 r—y 组合点,这时资本就要以大于 n 的速度增加。这一模型的内在机制随着时间的推移把 IS 曲线和 LM 曲线的交点推向 IS 曲线和 KE 曲线的交点处。

为了说明模型是如何运行的,设系统的初始状态为图 1.4 中的 A 点,在 A 点所示的稳态均衡处,IS、LM 和 KE 曲线都相交于 y^*。假定 $\dot{M}/M=n$,由稳态的含义,这时 r 和 y 从而 $m(r,y)$ 均不随时间变化,由(1.72)式知,M/PK 亦不随时间变化,从而有 $\dot{M}/M-\dot{P}/P-\dot{K}/K=0$,或者 $\dot{M}/M-\dot{P}/P-n=0$,系统处于稳定状态,因此在该状态下 LM、IS 和 KE 曲线也不随时间而发生变化,因为在这一状态下 $\dot{W}/W=\dot{P}/P=\pi=\dot{M}/M-n=0$,从而均衡的通货膨胀率为零。由菲利普斯曲线(1.65)式知，$\frac{L}{L^s}=1$。现在假设在 $\dot{M}/M$ 不变的情况下使 M 发生一个增加，为简单起见，设 π 在系统移向一个新的稳态过程中保持在稳态值 $\pi=0$ 不变，也假定 g 和 $\bar{t}$ 不随时间变化。在这种情况下，货币供给的增加在图 1.4 中表现为 LM 曲线向右移动，如移到 LM_1，其结果产量因而就业和资本－产出比率均发生瞬时的跳跃。就业现在超过了劳动供给，这就促使货币工资随时间变化而向上调整，如菲利普斯曲线方程(1.73)所示。此外，名义利率下降导致扩大了的资本边际产品和实际利率之间更大的缺口。这时厂商所作的反应是以超过 n 的比例增加资本存量。由于资本增长的速度比货币供给的增长速度快，以及货币工资随时间的推移而上升，于是 LM 曲线会向上移动，表现在图 1.4 中就是 LM 曲线随时间推移从 LM_1 移动到 LM_0。为了说明这点，注意对一个固定的 y 值，LM 曲线关于时间的微分为：

$$\dot{r}\Big|_{LM}=\frac{m(r,y)}{m_r}\left[\frac{\dot{M}}{M}-\frac{\dot{K}}{K}-\frac{\dot{W}}{W}\right] \tag{1.80}$$

如果上式方括号中的值为负，则对每一个 y 值，维持货币市场均衡的利率 r 就会随时间的推移而上升。即 LM 曲线随时间的推移回到 LM_0，从而 y 和 r 恢复到它们的初始值。但调整尚未完成。当 LM 曲线回到 LM_0 时，y 和 l 的值就处于其初始值。但既然在整个调整时期 $\dot{K}/K$ 都超过 n，又知道由于$\frac{\dot{W}}{W}=0$，从而初始值为 1 的$\frac{L}{L^s}>1$。由于$\frac{L}{L^s}=\frac{lK}{L^s}$，$l$ 已经回复到它的初始值，但在任一调整时期 K 都比 L 增加得快，因此$\frac{L}{L^s}>1$ 继续存在，从而由菲利普斯曲线这意味着$\frac{\dot{W}}{W}>0$，也就是说 LM 曲线会随着时间的推移继续向上移动。当工资提高且 LM 曲线移动到 KE 曲线之上与 IS 曲线相交时，$y<y^*$，根据 KE 曲线的性质，当出现这种相交时，$\dot{K}/K<n$，这有助于提高 $\dot{M}/M-\dot{K}/K-\dot{W}/W$，因而倾向于扭转 LM 曲线随时间变化运动的方向。如果此时是稳定的，这一作用最终会控制住上升的工资把 LM 曲线向左移动的趋势，所以 LM 曲线开始向右方移动。另一方面，当 l 下降以及比率 K/L^s 随时间推移而下降时(只要 LM 曲线与 IS 曲线的交点位于 KE 曲线之上，K 的增长速度就慢于 L^s 的增长速度)，则 L/L^s 进而 $\dot{W}/W$

就随着时间的推移而下降,这种情况有可能使$\frac{L}{L^s}<1$, 这时 $\dot{W}/W<0$。这意味着 W 已经过度调整使其跨过了新的稳态且会再次上升,这就进入了另一轮 $L/L^s>1$ 的“繁荣”时期。

如果当 LM 曲线再次移向它的初始位置时,W 正在下降(且 $L/L^s<1$),LM 曲线必定继续向右移动,再一次产生一个大于 y^* 的 y。因此,回到稳态的过程有可能是振荡的,经济调整的特征是繁荣和萧条时期的交替。从这个意义上说,这里的模型暗含着一个短期经济波动的理论。

另一种可能的情况是 y 作如下的初始跳跃,即 y 只过度调整使其超过 y^* 一次。当 LM 曲线向左移动且经过与 IS 曲线在 y^* 处的交点时,W 能够在向着新的稳态值接近的过程中不断上升且不能调整到超过新的稳态值,所以在调整过程中 $L/L^s\geqslant 1$。在这种特有的情形下,“繁荣”之后就不会出现萧条。在这种情况中,“稳定”的力量是由 LM 曲线与 IS 曲线相交于 KE 曲线之上时的 $\dot{K}/K<n$ 保证的,它有助于使 LM 曲线向上移动,使系统趋向于稳定状态。

总之,M 一次改变的最终影响是,一旦系统调整到稳定状态,所有实际变量都将保持不变,价格水平和货币工资将与货币供给成比例地提高。变量 r 和 y 的稳态值由 IS 曲线和 KE 曲线的交点决定,它们不受 M 一次改变的影响。在新的稳态中 $\dot{W}/W=0$,这意味着 $L/L^s=1$,由于 l 为初始稳态值,$L/L^s=1$ 也意味着 K/K^s 必为它的初始稳态值。

以上的分析表明,尽管模型在调整过程中的行为具有凯恩斯主义的特征,即经济在一定的冲击下显示了短期经济波动,但从货币供给没有影响实际变量的意义上说,它的稳态或长期特性都是“古典”式的。

二、理性预期

现在用关于通货膨胀的预期是理性预期来代替前面的适应性预期,将方程(1.75)用下面的方程来代替:

$$\pi(t)=\frac{\dot{P}(t)}{P(t)} \tag{1.81}$$

将(1.81)代入(1.73),可得:

$$\frac{\dot{W}}{W}=h\left(\frac{lK}{L^s}\right)+\frac{\dot{P}}{P} \tag{1.82}$$

对(1.68)式取对数后,再关于时间微分,得:

$$\frac{\dot{W}}{W}=\frac{f''(l)}{f'(l)}\dot{l}+\frac{\dot{P}}{P} \tag{1.83}$$

由(1.82)和(1.83)可得：

$$h\left(\frac{lK}{L^s}\right)=\frac{f''(l)}{f'(l)}\dot{l} \tag{1.84}$$

式中$f''(l)/f'(l)<0$。上式是关于就业－资本比率l的微分方程，从理论上说，根据K和L^s的过去值，解这个方程可以求出l。为说明这点，假定$f(l)$是柯布－道格拉斯型的，这时：

$$y=f(l)=Al^{1-\alpha}$$

从而有：

$$f'(l)=A(1-\alpha)l^{-\alpha},\qquad f''(l)=-\alpha(1-\alpha)Al^{-\alpha-1},$$

$$\frac{f''(l)}{f'(l)}=\frac{-\alpha}{l}$$

再假定$h(lK/L^s)$为如下形式：

$$h\left(\frac{lK}{L^s}\right)=\beta\ln\frac{L}{L^s}=\beta\ln L-\beta\ln L^s,\quad \beta>0$$

于是(1.84)化为：

$$\beta\ln L-\beta\ln L^s=-\alpha\frac{\dot{l}}{l}=-\alpha\ln\dot{L}+\alpha\ln\dot{K} \tag{1.85}$$

即

$$\alpha\ln\dot{L}+\beta\ln L=\beta\ln L^s+\alpha\ln\dot{K} \tag{1.86}$$

这是关于$\ln L$的一阶线性微分方程，其解为：

$$\ln L(t)=\frac{\beta}{\alpha}\int_{-\infty}^{t}\mathrm{e}^{(s-t)\frac{\beta}{\alpha}}\ln L^s(s)\,\mathrm{d}s+\int_{-\infty}^{t}\mathrm{e}^{(s-t)\frac{\beta}{\alpha}}\frac{\dot{K}(s)}{K(s)}\mathrm{d}s \tag{1.87}$$

如果给定t时由(1.87)所决定的L的值，并且已给K的数量，产出就由(1.67)决定，实际工资由(1.68)决定，c由方程(1.70)决定。如果给出了c和y，则(1.71)式就决定了i。如果给出了i和l，方程(1.69)就决定了t时的$(r-\pi)$。方程(1.73)决定了$\dot{W}/W-\dot{P}/P$。

这样，就已确定了所有实际变量，但需确定t时的P和$\frac{\dot{P}}{P}$的值。为此，可以用货币市场均衡条件。设货币市场均衡条件(1.72)具体为如下形式：

$$M/PK=\mathrm{e}^{\sigma r}y,\qquad \sigma<0 \tag{1.88}$$

对(1.69)式作逆运算，得：

$$r = f(l) - lf'(l) - \delta + \pi + \xi(i), \quad \xi' < 0$$

将上式代入(1.88)式,有:

$$\frac{M}{PK} = y\exp\sigma[f(l) - lf'(l) - \delta + \pi + \xi(i)]$$

或者

$$\ln M - \ln P - \ln K = \ln y + \sigma[f(l) - f'(l)l - \delta + \pi + \xi(i)]$$

用 $\dot{P}/P$ 代替 π,重新整理上式后得:

$$\frac{1}{\sigma}\ln P + \ln\dot{P} = \frac{1}{\sigma}[\ln M - \ln K - \ln y] - \sigma[f(l) - lf'(l) - \delta + \xi(i)]$$

这一微分方程的解为:

$$\ln P(t) = \frac{-1}{\sigma}\int_t^{\infty} e^{(s-t)/\sigma}\{\ln M(s) - \ln K(s) - \ln y(s) - \sigma[f(l(s)) - l(s)f'(l(s)) - \delta + \xi(i(s))]\}ds \quad (1.89)$$

方程(1.89)把当期的价格水平表示成货币供给、资本存量、就业-资本比和投资率全部未来路径的一个函数。这一方程也决定了 π 值,即对(1.89)式关于时间微分就得到了 π 值。

下面考虑未预期到的货币供给变化与预期到的货币供给变化对模型的含义。先考虑前者。假定经济系统初始处于稳定状态且 $\dot{M}/M = n$,而 $\dot{W}/W = \dot{P}/P = \pi = 0$。设货币供给在当前发生了没预期到的增加,但没有改变 $\dot{M}/M$。根据所考虑的模型,所造成的惟一结果就是所有的实际变量不变,而 P 和 W 与 M 发生同比例的变动。

具体地,假定货币供给对数的初始路径为:

$$\ln M(s), \quad s \geqslant t$$

又设货币供给对数的新路径为:

$$\phi + \ln M(s), \quad s \geqslant t, \phi > 0$$

根据(1.89)式,在其他因素不变的情况下,新的价格水平 $p'(t)$ 不同于原来的初始价格水平:

$$\begin{aligned}\ln P'(t) - \ln P(t) &= -\frac{1}{\sigma}\int_t^{\infty} e^{(s-t)/\sigma}[\ln M(s) + \phi]ds \\ &\quad + \frac{1}{\sigma}\int_t^{\infty} e^{(s-t)/\sigma}\ln M(s)ds \\ &= -\frac{1}{\sigma}\int_t^{\infty}\phi e^{(s-t)/\sigma}ds = \phi\end{aligned}$$

因此,价格水平与货币供给发生变动的因子 ϕ 是一样的。

现在考虑经济系统对预期到的货币供给变动做出的反应。假定货币供给遵循着下列路径：

$$\ln M(s)=\ln M(t_0)+b(s-t_0),\quad t_0+\theta>s$$

$$\ln M(s)=\ln M(t_0)+\phi+b(s-t_0),\quad t_0+\theta\leqslant s$$

这意味着货币供给在时刻 $t_0+\theta$ 发生跳跃,并一直会如此。应用(1.89)式且略去实际变量的项,计算 $t<t_0+\theta$ 的价格路径如下：

$$\begin{aligned}\ln P(t) &= -\frac{1}{\sigma}\int_t^{t_0+\theta} e^{(s-t)/\sigma}b(s-t_0)\,ds\\ &\quad -\frac{1}{\sigma}\int_{t_0+\theta}^{\infty} e^{(s-t)/\sigma}[b(s-t_0)+\phi]\,ds+\text{其他项}\\ &= -\frac{1}{\sigma}\int_t^{\infty} e^{(s-t)/\sigma}b(s-t_0)\,ds\\ &\quad -\frac{\phi}{\sigma}\int_{t_0+\theta}^{\infty} e^{(s-t)/\sigma}\,ds+\text{其他项}\\ &= -\frac{1}{\sigma}\int_t^{\infty} e^{(s-t)/\sigma}b(s-t_0)\,ds+\phi e^{(t_0+\theta-t)/\sigma}+\text{其他项},\end{aligned}$$

$$t_0\leqslant t\leqslant t_0+\theta$$

当 $t\geqslant t_0+\theta$ 时,价格水平的解为：

$$\ln P(t)=-\frac{1}{\sigma}\int_t^{\infty} e^{(s-t)/\sigma}\,b(s-t_0)\,ds+\phi+\text{其他项}$$

因此,价格水平的值反映了 $t_0+\theta$ 时货币供给的跳跃。上面的计算说明,价格水平仍处于 $t_0+\theta$ 时的水平,所以当 M 发生变动时,P 并没有相应的变动。上面的讨论表明,用理性预期假设(1.81)代替适应性预期假设(1.75)所产生的影响是,使具有凯恩斯主义货币行为的模型变为一个带有“古典”货币行为的模型。在具有理性预期的系统中,不论是在瞬时还是在长期中,货币都是一层“面纱”。货币供给的变动并不能像适应性预期系统中所发生的那种实际变动。

本章对凯恩斯主义理论的讨论都是在封闭经济条件下展开的。凯恩斯主义模型还可以扩展到开放经济中,按照本书的安排,这一部分我们放到后面第十三章和第十四章中。

第四节　结　束　语

凯恩斯主义经济学是20世纪30年代经济大萧条的直接产物,也是国家垄断资本主义的必然产物。20世纪30年代的经济危机引起了“古典”宏观经济学的危机。凯恩斯在经济危机和“古典”宏观经济学危机中进行思考，他批判“古典”宏观经济学，并对资本主义经济危机的根源和摆脱危机的办法提出自己的看法和主张。

从经济思想发展进程的角度讲，理解凯恩斯主义经济学的一个适宜方式是先理解“古典”宏观经济模型，而本章第一节的安排正是这一考虑的体现。如本章所指出的，凯恩斯主义模型与“古典”模型的本质不同在于前者没有一条与劳动市场均衡条件结合在一起的劳动供给曲线。这暗含着凯恩斯主义与信奉“古典”教条的非凯恩斯主义争论的焦点主要是在劳动市场。

凯恩斯主义者不断改变凯恩斯主义基本理论的表示方式，本章主要考察了静态的 *IS－LM* 模型、*AD－AS* 模型以及引入预期因素后的动态分析。虽然在分析形式上稍显复杂，但其暗含的经济思想应该说并不难理解。

凯恩斯主义经济学及建立在其上的宏观经济政策虽然曾在第二次世界大战后在西方学术界和政界辉煌过，但随着西方“滞胀”的出现，凯恩斯主义经济学也出现了理论和政策上的危机。这一方面导致它的批判者和反对者新古典宏观经济学的形成和发展，另一方面导致它的维护者和发展者新凯恩斯主义经济学的形成和发展。本书第二章和第三章将分别论述新古典宏观经济学和新凯恩斯主义经济学。

本章参考书目

1.［美］萨金特著，王小明等译：《宏观经济理论》，中国经济出版社，1998 年版。

2.［美］罗默著，苏剑、罗涛译：《高级宏观经济学》，商务印书馆，1999 年版。

3.［英］肖恩著，吴汉洪等译校：《动态经济学》，中国人民大学出版社，2003 年版。

4.［美］布兰查德、费希尔著，刘树成等译：《宏观经济学：高级教程》，经济科学出版社，1998 年版。

5.［美］萨金特著，苏剑译：《动态宏观经济理论》，中国社会科学出版社，1997 年版。

6.［美］托洛维斯基著，王根蓓译：《宏观经济动态学方法》，上海财经大学出版社，2002 年版。

7.［美］托洛维斯基著，王根蓓译：《国际宏观经济动态学》，上海财经大学出版社，2002 年版。

第二章 新古典宏观经济学

凯恩斯主义宏观经济模型在20世纪60年代占据了主导地位。很多经济学家和社会公众都认为凯恩斯主义模型为控制宏观经济运行提供了足够的工具。例如,失业是由于总需求不足,通货膨胀是总需求刺激过度。这一切都可以利用货币政策和财政政策控制总需求解决。惟一需要公众担心的是政府会在反映了通货膨胀和失业率之间替代关系的菲利普斯曲线上选择哪一点。然而,70年代的经济衰退和高通货膨胀提醒人们经济周期并没有被消灭。很明显,基本的凯恩斯主义模型已经不能够用于理解经济现实,也不能够提供实践中可行的政策来改善经济运行状况。经济学家开始反思凯恩斯主义模型。他们认为,凯恩斯主义模型的根本缺陷是没有稳固的微观基础。首先,在没有微观基础的模型中,先验的行为模式不能反映政策改变的后果。在人们的决策过程中,预期发生着很大的作用。对于预期的形式,不能有任何先验的规定,而是一个模型的内生变量,是“理性预期”。其次,缺乏微观基础也阻碍了凯恩斯模型的动态化。基本凯恩斯模型是一个静态的产出和就业决定模型。经济周期理论应该反映产出的时间路径,说明对于经济的冲击是如何从当前传递到未来,从一个部门传递到另一个部门。基本凯恩斯模型的动态因素仅仅是加速数机制和价格与工资的调整方程。这些方程是从一些每个研究者任意做出的关于经济当事人行为模式的假定出发的。这缺乏统一性。为了解决这些问题,新古典宏观经济学家试图从严格的微观基础出发,重构宏观经济学。他们认为,研究经济周期应该从一个动态经济体系出发,同时,为了反映理性预期,经济应该是一个一般均衡模型。所以,在新古典宏观经济学家眼中,经济状况是一个动态一般均衡模型的结果。为了实现这个基本想法,新古典宏观经济学经历了两个阶段。首先是卢卡斯揭开的理性预期革命。在这个阶段,理性预期走上了宏观经济分析舞台的中心。在第二个阶段,真实经济周期理论开始构建随机动态一般均衡模型，利用生产率冲击等因素解释经济周期。本章对这两个阶段进行简单的介绍。首先讨论卢卡斯模型，然后分析了真实经济周期模型。

第一节　卢卡斯模型

卢卡斯模型有三个要素：理性预期、持续市场出清和总供给曲线，本节分别讨论这三点。

一、理性预期

预期是经济当事人对与当前决策有关的经济变量的未来值所作的预测。因为当事人在制定当前决策的时候需要依赖于一些变量的未来值，所以预期在经济当事人的决策中起着重要作用。例如，厂商在决定产量的时候需要考虑这种商品生产出来后的价格。消费者在决定当前消费量的时候需要考虑自己未来的收入水平。如果消费者认为自己在未来可以获得很高的收入，那么现在就可以增加消费量，即使借款也是允许的；如果感觉到自己未来的收入会下降，那么现在就应该减少消费量，增加储蓄量。

为了理解预期的作用以及讨论预期的形成方式，采用蛛网模型作为一个分析工具。

考虑一个农产品市场。农场主需要在播种季节开始的时候决定耕作多少土地。在这个决策做出后，不考虑天气等干扰因素，在收获季节农产品的产量就是确定的。由于农产品不太容易储藏，所以农场主需要在市场中将所有商品都销售掉。所以，这个时候市场的供给量就是一定的。这个供给和需求一起决定了市场出清价格。根据这个价格，每个农场主获得了自己的收入。为了使的收入最高，农场主需要预测收获季节产品的价格，并根据这个预测的价格决定播种面积。我们可以将 t 时期这个农产品市场的需求写作：

$$q_t^d = \alpha - \beta p_t \tag{2.1}$$

其中，q_t^d 表示 t 时期的需求量，p_t 表示市场价格，α、β 是正常数。农产品的市场供给可以写作：

$$q_t^s = \gamma + \delta p_t^e + u_t \tag{2.2}$$

其中，q_t^s 表示 t 时期的供给量，γ、δ 是正常数，p_t^e 表示农场主对于 t 时期市场价格的预期，u_t 是一个随机变量，表示天气等外在因素对于农产品产

量的影响。由于市场出清,供给和需求相等,$q_t^d = q_t^s$,所以,可以将均衡市场价格表示为价格预期的函数:

$$p_t = (\alpha - \gamma)/\beta - (\delta/\beta)p_t^e - (1/\beta)u_t \qquad (2.3)$$

根据市场价格决定方程(2.3),我们可以看出两点:首先,价格的预期影响市场价格的动态过程,这表明内生变量的预期值影响内生变量的动态变化。这与人们对于外生变量的预期相区分。人们对于外生变量的预期会影响人们的行为,但是不会影响外生变量取值。这是因为依据定义,外生变量是在模型之外决定的。其次,为了获得模型的解,我们需要给出预期价格的表达式。这个表达式实际上表示了预期的形成过程,是这种形成预期的方式在这个模型中的具体应用。所以,预期形成的方式是超越这个模型的,其本身就具有独立的意义。

在新古典宏观经济学中,经济当事人利用理性的方式形成预期。理性预期是由穆斯(Muth)在1961年发表在《计量经济学》杂志上的文章《理性预期和价格运动的理论》中首次提出的。他认为,由于预期是对未来事件进行的有信息依据的预测,所以它们在本质上与相关经济理论的预测是一样的。这个想法意味着,信息是不足的,经济体系一般不浪费信息,经济当事人在形成预期的时候利用一切可能获得的信息。在这些信息中,人们尤其关注自己所处经济体系的特征,即经济结构,所以,理性的当事人将运用他们有关经济体系结构的知识来形成预期。

这个想法意味着两点:首先,经济当事人对于经济变量的主观预期等于这些变量的条件数学期望。令${}_{t-1}x_t^e$为人们利用$t-1$时期的信息集I_{t-1}对于变量x在t时刻取值的预期,那么,这个预期可以表示为:

$${}_{t-1}x_t^e = E(x_t | I_{t-1}) \qquad (2.4)$$

其中,$E(x_t|I_{t-1})$表示在信息集为I_{t-1}的条件下变量x_t的数学期望。这样,人们的主观信念就与实际情况有了一个良好的对应关系。这是理性预期方法的实质。其次,经济当事人对于经济变量的预期值成为了模型的内生变量。由于预期值等于这个变量的条件数学期望,表示条件的信息集包括经济当事人对于经济体系结构的信息,即包括经济模型的信息,所以,这个条件期望就是在模型中求取的,从而当事人的预期值成为了模型的内生变量。

我们可以利用上面的蛛网模型对这两点进行一个例证。在理性预期条件下,上面的模型就变为:

$$q_t^d = \alpha - \beta p_t \qquad (2.5)$$

$$q_t^s = \gamma + \delta p_t^e + u_t \tag{2.6}$$

$$q_t^d = q_t^s \tag{2.7}$$

$$p_t^e = E_{t-1}(p_t) \tag{2.8}$$

其中，$E_{t-1}(\cdot)$ 利用 $t-1$ 时期的信息集所求取的条件数学期望。为了求解理性预期变量，我们可以分为两步：首先，将预期看作是给定的，求取这个经济的均衡价格，得到：

$$p_t = (\alpha - \gamma)/\beta - (\delta/\beta)E_{t-1}(p_t) - (1/\beta)u_t \tag{2.9}$$

然后，对(2.9)两边利用 $t-1$ 时期的信息集求取条件数学期望，可以得到：

$$p_t^e = (\alpha - \gamma)/\beta - (\delta/\beta)p_t^e - (1/\beta)E_{t-1}(u_t)$$

预期价格为：

$$p_t^e = (\alpha - \gamma)/(\beta + \delta) - 1/(\beta + \delta) \cdot E_{t-1}(u_t) \tag{2.10}$$

要继续求解这个模型就需要依赖于随机冲击 u_t 的概率分布。假设 $\{u_t\}$ 是序列相关的。那么，这一序列过去值就包含了可以预测未来的信息。可以假设：

$$u_t = \rho u_{t-1} + v_t$$

其中，ρ 为介于 0 和 1 之间的常数，$\{v_t\}$ 为均值为 0 的、相互独立的随机变量序列。那么，通过后向迭代，可以将一阶自回归的 $\{u_t\}$ 表示为移动平均形式：

$$u_t = \sum_{i=0}^{\infty} \rho^i v_{t-i}$$

那么，将这个形式的 u_t 代入(2.10)，可以得到：

$$p_t^e = (\alpha - \gamma)/(\beta + \delta) - 1/(\beta + \delta) \cdot \left(\sum_{i=0}^{\infty} \rho^i v_{t-i}\right) \tag{2.11}$$

这就表明了，虽然预期是外生随机序列 $\{v_t\}$ 的函数，但是，这些随机变量前面的系数都是模型中的参数，预期是依赖于模型的，是模型的内生变量①。

农场主在实现这个预期的时候实际上进行了一个思想实验。他会考虑应该期望一个什么样的价格，以致即使其他农场主也预测到了同样的价格，这个价格对于大家平均来说还是正确的。这就是说，这个农场主考

① 一个模型内生变量的解都是这个模型外生变量的函数，但这并不说明这些变量也是外生决定的。这就是因为在内生变量解中的参数值都是模型的参数值，所以是由模型的结构决定的，而外生变量与模型结构无关。因此，这些变量是模型的内生变量。

虑其他农场主都预测一个价格的时候市场价格会是多少。由于所有人都会进行这样的思想实验，最后平均说来所有农场主的预期就是上面的预期价格。他们的行为就好像他们具有一个完全竞争模型一样。

理性预期具有两个性质：无偏性和有效性。所谓无偏性就是预测误差的期望值等于零。这是因为 $E(x_t - {}_{t-1}x_t^e | I_{t-1}) = E(x_t | I_{t-1}) - E(x_t | I_{t-1}) = 0$。所谓有效性是预测误差的方差小于其他预测值预测误差的方差。这是条件数学期望的基本性质。

二、市场出清

新古典宏观经济学另一个基本假设是市场连续出清。在最初的时候，这个假设认为，在每一个时点上，产品市场和劳动市场都是出清的。我们所观察到的结果是市场均衡状态。经济当事人根据他们感知到的价格进行最优反应。消费者根据他们面临的价格购买消费品，劳动者根据市场提供的劳动价格供给劳动，厂商根据他们感知的价格销售产品、雇用劳动。经济处于一种持续均衡状态。正是在这个意义上，新古典模型被认为是一种均衡模型，是“瓦尔拉斯”思想在宏观经济学中的体现。在后面的发展中，我们还会看到，这种市场出清从一个时点被推广到所有时点，这就将经济从静态均衡推广到动态一般均衡。

这个假说是备受争议的。传统的凯恩斯主义认为，由于工资和价格调整缓慢，市场可能不能出清，从而，经济处于一种持续的不均衡状态。同时新凯恩斯主义提供了一系列的微观机制来说明为什么工资和价格调整缓慢。这一点尤其适用于劳动市场。新古典经济学家对此坚决反对。他们认为任何想工作的人都会以市场的均衡工资找到工作，因此，失业是一种自愿的现象。可以说，市场出清假说是新古典宏观经济学和正统凯恩斯主义的争论焦点。

三、供给曲线

新古典宏观经济学发展的第一个阶段是通过不完全信息来解释经济波动。在这个解释中，波动的起源是总需求扰动。总需求通过货币市场出清获得，来自传统凯恩斯的 *IS－LM* 曲线。总需求扰动可以来自货币冲击，也可以来自财政政策的冲击，还可以来自出口需求的变化。总需求扰动通过不完全信息导致的卢卡斯供给曲线产生了实际后果。

卢卡斯供给曲线是理性预期和市场出清在不完全信息环境中应用的结果。这个思想来自费尔普斯（Phelps）在 1970 年出版的专著《失业和通货膨胀理论的微观基础》。费尔普斯认为，如果市场是相互分离的，每个市场中的参与人对于其他市场的信息是不完全的，那么这些参与人会错误的理解价格信号，并对一些在信息完全条件下不会做出反应的冲击做出反应。卢卡斯在 1973 年发表在《美国经济评论》上的文章《关于产出——通货膨胀替代关系的一些国际证据》中对这个思想进行了正式的描述。

这个经济有许多相互分离的竞争市场组成，利用费尔普斯的术语，这些市场被称作"小岛"。在每一期，需求在各个市场间的分布是不均匀的，这导致了产品之间的相对价格和总体价格水平同时产生变动。由于当事人只知道自己市场的价格，所以从每个经济当事人的角度看这个经济和从知道所有信息的外部观察者角度看这个经济结论是截然不同的。我们考察一下从当事人角度如何看待这个经济。

每个市场中的供给可以看作两部分之和，一个对于所有市场都一样的标准部分和一个对于每个市场都不相同的周期部分。这样，市场供给就可以写作：

$$y_t(z) = y_{nt} + y_{ct}(z) \tag{2.12}$$

参数 z 表示了市场的代号。这里面的变量都是变量本身的对数值。例如，$y_t(z)$ 表示了 t 时期市场 z 实际产出的对数值。y_{nt} 表示了标准部分产出，这部分产出反映了资本积累和人口增长，可以表示为：

$$y_{nt} = \alpha + \beta t \tag{2.13}$$

每个市场都不相同的那部分 $y_{ct}(z)$ 表示的周期性产出由市场参与人感知的相对价格和周期性产出的滞后值决定：

$$y_{ct}(z) = \gamma\left[p_t(z) - E(p_t \mid I_t(z))\right] + \lambda y_{c,t-1}(z) \tag{2.14}$$

$p_t(z)$ 是在市场 z 的实际价格，$E(p_t \mid I_t(z))$ 表示依赖于 t 时期市场 z 的信息集 $I_t(z)$ 所预期的一般价格水平。由于价格用对数表示，所以(2.14)式中的价格差表示了市场 z 的实际价格相对于一般价格水平的状况。

市场 z 中供给者的信息集来自于两个方面。一个来源是市场 z 的供给者知道过去需求的移动状况，知道当期的标准产出部分 y_{nt}，知道过去的周期性产出 $y_{c,t-1}(z)$、$y_{c,t-2}(z)$ 等。这些信息还不足以使得供给者确切知道一般价格水平的对数值 p_t，但是可以知道一个对于所有市场的供给者都相同的一般价格水平的先验分布。为了分析的方便，卢卡斯假定一般价格服从正态分布，均值为 $\bar{p}_t$，方差为 σ^2。另外一个信息来源是假定供给者知道市场 z 的价格 $p_t(z)$ 与一般价格水平的偏离 z 服从独立于

p_t，均值为0，方差为 τ^2 的正态分布。即：

$$p_t(z) = p_t + z \tag{2.15}$$

这个价格偏离 z 实际上就表示了相对价格。因此，t 时期市场 z 的信息集 $I_t(z)$ 包括观察到的价格 $p_t(z)$ 和总结了历史数据的 $\bar{p}_t$。

利用贝叶斯法则，可以知道供给者对于价格的预期为：

$$E(p_t \mid I_t(z)) = E(p_t \mid p_t(z), \bar{p}_t) = (1-\theta)p_t(z) + \theta\bar{p}_t \tag{2.16}$$

其中，$\theta = \tau^2/(\sigma^2+\gamma^2)$。

利用(2.12)、(2.14)和(2.16)可以获得市场 z 的供给曲线为：

$$y_t(z) = y_{nt} + \gamma\theta[p_t(z) - \bar{p}_t] + \lambda y_{c,t-1}(z) \tag{2.17}$$

加总所有市场的供给曲线，得到总供给曲线为：

$$y_t(z) = y_{nt} + \gamma\theta[p_t(z) - \bar{p}_t] + \lambda[y_{t-1} - y_{n,t-1}] \tag{2.18}$$

总供给曲线的斜率随着的 θ 变化而变化。当单个市场的价格变化非常紧密地围绕着一般价格水平的时候，即 τ^2 比较小，供给曲线接近垂直。这是由于这个时候人们很少会将一般价格水平的波动归为相对价格变动，从而不会错误地改变产量。当一般价格的波动性很小的时候，即 σ^2 比较小，供给曲线接近水平。这个时候人们会将单个市场的价格变动基本上都归为相对价格的变动，从而很大规模地改变产量。这就是卢卡斯价格惊讶供给曲线的含义。

第二节　真实经济周期的基本模型[①]

一、兴起背景

在卢卡斯供给曲线中，由于产出仅仅与当期没有预期到的货币供给量有关，所以在这个模型中货币对与产出的效果只能维持一个时期，从而货币冲击没有持久性。这是与实际数据不吻合的。为此，后来的研究引入了一些因素已增加货币影响的持久性。这包括两类方法：首先，如果货币冲击影响了经济中的状态变量，那么，当事人在进行下一期决策的时候就会受到这些变量的影响，从而增长了货币影响的时间。例如，卢卡斯自己构造了一个模型，在这个模型中，信号的错误提取导致厂商同时增加产

① 本章的真实经济周期模型以金(King)、普罗瑟(Plosser)和里贝罗(Rebelo)1988 年的《生产、增长和商业周期：基本的新古典模型》为基准，文章载于《货币经济学杂志》。

量和投资,由于资本存量增加,在以后各期也会导致更高的产出水平[1]。布林德(Blinder)与费希尔(Fisher)和萨金特强调了存货和雇用工作的调整成本在延迟货币冲击影响方面的作用[2]。其次,泰勒(Taylor)强调了如果关于名义冲击的信息即使在事后也是不可以得到的,那么大的货币存量变动会在很长一段时间内被感知为相对价格的变动,从而延迟货币冲击效果[3]。卢卡斯也表明了这种情况的可能性。

除了延迟问题外,卢卡斯模型还需要回答是什么因素使得对相对价格的错误感知导致了实际观察到的巨大的产出变化。研究者将之归因于劳动力供给的巨大的跨时替代效应。众所周知,当工资上升的时候,由于替代效应和收入效应的方向是相反的,相对力量是模糊不清的,所以对于劳动力供给量的影响也不是很清楚,一般假设为正向影响,但是影响相对较小。所以,当工资永久性变动后,工人提供的劳动力只会有少量的上升。但是,当工资变化是暂时的时候,工人为了抓住有利时机,就会在很大程度上提高劳动力的供给量,从而提高产出。

在回答了这两个问题后却有一个更为严重的问题出现了。那就是解释这两个问题的因素是相互矛盾的。假设由于巨大的跨时替代效应产出增加了,那么在下一个时期冲击结束后,工人就会增加闲暇的需求,从而降低产出,这样产出就是负相关的,没有冲击的持久性效果。同时,如果由于调整成本冲击具有了持久性,那么在每一期的调整就不会很快,因此,产出也难以在短时期内有大的增加,从而与实际数据也发生了矛盾。由于这些问题,虽然卢卡斯模型引入了理性预期和一般均衡的思想,这个模型还是有很多不足。真实经济周期理论(RBC 模型)从理性预期和动态随机一般均衡出发,构建了一个从实际因素出发研究经济周期的模型。

二、理论特征

真实经济周期理论继承了卢卡斯利用包含理性预期一般均衡来解释经济周期的方法。这个思想最早的阐述者是希克斯。他认为,要分析非均衡的程度和后果,就必须知道理想的动态一般均衡具有什么性质[4]。

---

① 卢卡斯:《一个商业周期的均衡模型》,载于《政治经济学杂志》,1975 年。

② 布林德和费希尔:《存货、理性预期和商业周期》,载于《货币经济学杂志》,1981 年。萨金特,《宏观经济学》,纽约科学出版社,1979 年。

③ 泰勒:《转向理性预期中的货币政策》,载于《政治经济学杂志》,1975 年。

④ 这篇文章在约翰·希克斯的《经济理论文集》,第二卷《货币、利率和工资》中重印,文章名称为《均衡和周期》。

这个思想是十分重要的。如果人们不知道在不存在市场失灵的情况下，经济是否会产生波动，以及如果有波动，这种波动是什么性质，那么，直接将经济波动归因于市场失灵是一种十分鲁莽的做法，而且在逻辑上也是不合理的。真实经济周期理论发展了一系列分析工具讨论随机动态一般均衡是否会产生经济波动以及如果有波动，这种波动与实际经济的波动情况是否符合。在这个过程中，调整成本和货币等因素都被放弃了，仅仅考虑了生产率冲击，所以，这种一般均衡模型不同于卢卡斯的货币驱动经济周期模型，而被称为“真实经济周期理论”。

真实经济周期理论将宏观经济变量，例如产出、失业率，看成在一定的资源约束条件下追求效用最大化的经济当事人行为总和的结果。具体说来，真实经济周期理论考虑的问题是：追求最大化的理性经济当事人如何对于经济环境的动态变化做出反应？这些反应对于宏观经济变量的均衡结果有什么影响？这样，真实经济周期理论就是一个具有微观基础的动态一般均衡模型。

真实经济周期理论包含两个基本假设。首先是关于偏好的假设。真实经济周期理论假设，在任何给定的价格下，任何时点上的各种商品（包括消费者的闲暇）都是正常商品。这意味着两点。在给定的价格下，如果消费者的收入增加，那么他们愿意同时提高各种消费品和闲暇的需求量。同时，消费者会考虑自己的终身消费量的配置。由于在任何时点上的各种消费品和闲暇都是正常品，所以消费者在面对收入上升的时候，他们也会提高各个时点上的消费量。这就要求消费者提高当期的储蓄，从而为以后的消费量提供资金支持。这两点意味着，从需求的角度，各种商品的需求量会有同方向的变化和持久的变化①。从这个角度看，经济周期好像已经发生了。不过，舞台还需要另一个演员。经济均衡总是偏好和生产可能性二者相互对抗的产物。消费者想要的受到了资源稀缺的限制。当需求提高后，价格也会变化。对于偏好的分析是依赖于价格不变假定的。而价格是会受到资源稀缺影响而变化的，因此，我们就需要考虑资源的稀缺性。这就是生产函数假定。真实经济周期理论对于生产的假定是，利用资本的迂回式生产方式是可行的和有效的。同时，生产函数是规

① 这两点对应于消费数据共同运动性（comovement）和持久性（persisitence）。这是经济周期最基本的特征。前者说明各个部门的产品的消费量具有共同的变化方向，即其相关系数为正。后者说明消费量的自相关系数为正，表明了消费的变化会持续一段时间，一个正向偏离会接着一个正向偏离。

模报酬不变的、要素投入之间可以平滑替代、边际生产率递减。此外,每一种商品可以有多种用途,例如,即可以投资也可以用于消费。在这些假设下,生产函数就允许很多种期内替代和跨时替代,从而消费偏好的两个属性——共同运动性和持久性——就是可行的,并且具有很大的选择余地。

偏好假定导致了经济当事人可以在价格水平恒定的条件下,面对真实产出冲击产生类似于经济周期的行为。同时,由于效用函数的连续性,这个行为在价格水平变化不大的条件下也会成立。由于真实经济周期模型对于生产函数的假设保证了很大的替代性,所以在发生真实冲击后,出清市场所需要的相对价格变化幅度受到一定限制。这个限制足够保证经济当事人产生类似于经济周期的选择行为,即面对产出增加,增加当期和未来各期中各种商品的消费量。这样,我们就观察到了作为经济当事人最优选择的经济周期行为。因此,在真实经济周期理论中,经济周期行为是经济当事人的最优选择,这不会带来福利损失,任何试图改变经济周期的行为都会给经济当事人带来福利损失。

总之,基于这两个基本假设,真实经济周期理论的周期产生原因是技术冲击等真实冲击,延迟机制[①]主要是平滑消费、劳动跨期替代和投资滞后。平滑消费和劳动跨期替代因素主要是来源于偏好中任何时点上的各种商品(包括消费者的闲暇)都是正常商品这个假设。投资滞后来源于生产函数是利用资本的迂回式生产方式这个假设。由于生产过程中需要大量资本,而资本从建设到投入使用需要一段时间的,这就导致了在一段时间内产量都会较高。

三、基本模型

我们已经知道,真实经济周期模型利用随机动态一般均衡模型来分析经济周期行为。一个最基本的动态一般均衡模型是拉姆齐(Ramsey)经济增长模型。所以,真实经济周期模型一般是在拉姆齐模型的基础上扩展得到的。真实经济周期模型对于拉姆齐模型的扩展包括两方面。首先,经济周期是产出和就业发生波动,要分析就业,就必须引入内生的劳动供给。在传统的拉姆齐增长模型中,劳动供给是外生的,所以,需要在拉姆齐模型中引入内生劳动供给。达到这个目的的方法是在经济当事人的效用函数中引入劳动的负效用。其次,为了产生经济波动,我们需要一

① 所谓延迟机制就是使得消费、就业等变量产生持久性运动的因素。

个扰动源,否则拉姆齐模型会导致稳态增长。在真实经济周期模型中,这个扰动源主要是生产率冲击①。

在包含了这两个改进之后,真实经济周期理论的基本模型如下。

在这个经济中,许多长生不老的参与人生活在一起。每个参与人利用自己的劳动和资本生产一种产品。这种产品既可以消费,也可以投资。经济当事人在生产可能性和资源禀赋的约束下选择一个对其而言最优的消费—投资路径。由于所有当事人都是相同的,这条路径就可以看作人均均衡的消费和投资路径。所有的这些活动都可以看作单期活动的不断重复。在每一期开始的时候,当事人需要选择这一期消费的商品量和享受闲暇的时间。这样,就决定了期末劳动供给量和资本存量,结合外生技术波动,就确定了下一期期初的产量。从而循环这个过程。

经济当事人的偏好为消费和闲暇的函数。可以表示为:

$$U = \sum_{t=0}^{\infty} \beta^t u(C_t, L_t) \tag{2.19}$$

其中,C_t 是当事人在 t 期的消费量,L_t 为 t 期享受的闲暇量。由于假定消费品和闲暇都是正常品,所以即期效用函数 $u(C_t, L_t)$ 是消费和闲暇的增函数。可以假定,即期效用函数是严格凹的,二次连续可微。同时满足稻田条件,这保证了消费和劳动的最优解都是内点解。

我们假定生产函数为:

$$Y_t = F_t(K_t, N_t) \tag{2.20}$$

其中,K_t 是资本存量,N_t 是劳动供给量。我们假定生产函数是规模报酬不变的,这样就可以方便地把所有经济当事人的生产加总。注意,我们的生产函数是 $F_t(\cdot)$,这是一个随着时间可变的生产函数。在这些变化中,既包括生产率的暂时性“冲击”,也包括永久性的技术进步。此外,我们还假定生产函数是凹的,二次连续可微。同时满足稻田条件。

在这个简单的新古典经济中,仅有一种产品。这种产品既可以用于消费,也可以用于投资。资本的演化方程可以表示为:

$$K_{t+1} = (1-\delta)K_t + I_t \tag{2.21}$$

其中,I_t 表示总投资,即当前产出被储存起来的部分,δ 表示资本折旧率。

在每一期,经济当事人面临两种资源约束:第一,当事人劳动时间和

① 当然,真实经济周期理论中还有许多其他冲击来源,例如政府税收、消费者偏好等。

闲暇时间的总和不能超过每天的时间禀赋。这个禀赋我们可以规范化为1。第二,当事人用于消费和用于投资的产品总和不能超过他的收入。这两个禀赋约束可以表示为:

$$L_t + N_t \leqslant 1 \tag{2.22}$$

$$C_t + I_t \leqslant Y_t \tag{2.23}$$

经济当事人就在资源约束和生产函数约束下追求效用最大化。

四、模型约束

真实经济周期理论是对拉姆齐增长模型的扩展。而拉姆齐模型需要保证稳态增长需要对于偏好和生产函数进行限制。所以,真实经济周期理论也包含一些对于偏好和生产函数的限制。

首先考察生产函数。要保证稳态增长,生产函数中的技术进步需要是劳动型的。假设生产函数可以写作 $Y_t = AF(X_{Kt}K_t, X_{Nt}N_t)$,其中 A 表示暂时性的生产率冲击,X_{Kt} 表示资本型技术进步,X_{Nt} 表示劳动型技术进步。资本型技术进步和劳动型技术进步的增长率分别为 γ_{XK} 和 γ_{XN}。因此,产出的增长率满足:

$$\gamma_Y \cdot \frac{Y_{t+1}}{Y_t} = \frac{X_{K,t+1}K_{t+1}}{X_{K,t}K_t} \cdot \frac{F(1, Z_{t+1})}{F(1, Z_t)}$$

其中,$Z_t = X_{Nt}N_t / X_{Kt}K_t$。要保证稳态增长,需要 γ_Y 为一个常数,这就限制了生产函数的形式。要满足这个条件,可以分两种情况讨论。

首先,比率 Z_t 是一个常量。这样,产出增长率 γ_Y 就等于 $X_{K,t+1}K_{t+1} / X_{K,t}K_t$,即 $\gamma_{XK}\gamma_K$。这说明产出增长率和资本型技术进步率与资本增长率有关。资源约束(2.23)意味着:

$$\gamma_K = \frac{Y_t - C_t}{K_t} + (1 - \delta_K)$$

如果投资是严格为正的,那么要求资本增长率为常数就要求 Y_t / K_t 和 C_t / K_t 都是常数。Y_t / K_t 是常数就意味着 $\gamma_Y = \gamma_K$。这就意味着 $\gamma_{XK} = 1$。稳态增长要求没有资本型技术进步。

另外一种情况是比率 Z_t 不一定是一个常量,但是比率 $F(1, Z_{t+1}) / F(1, Z_t)$ 是一个常量。在这种情况下,生产函数是柯布-道格拉斯形式的。因此,技术进步总是可以写作劳动型的。也就是 $Y_t = A(X_{Kt}K_t)^{1-\alpha}(X_{Nt}N_t)^{\alpha}$ 总是可以写成这样的形式:

$$Y_t = AK_t^{1-\alpha}(\widetilde{X}_{Nt}N_t)^{\alpha}$$

其中,$\widetilde{X}_{Nt} = X_{Kt}^{(1-\alpha)/\alpha}X_{Nt}$。

综合这两种情况,要保证经济具有稳态增长,需要使得技术进步为劳动型的。同时,由于我们观察到,在长期内要素份额是稳定的,为了获得这个性质,真实经济周期理论一般假定生产函数为柯布－道格拉斯形式的。当然这不一定要如此,任何具有劳动型技术进步的规模报酬不变的生产函数都具有这个性质。为了分析的方便,人们还是假定生产函数是柯布－道格拉斯形式的。在劳动型技术进步生产函数的约束下,经济中的增长率都是相同的:

$$\gamma_Y = \gamma_C = \gamma_K = \gamma_I = \gamma_X$$

但是要注意一点,因为稳态时候的劳动投入在 0 和 1 之间,所以,稳态时候的劳动应该是一个常数,所以 $\gamma_N = 1$ 。所以在稳态时候的生产函数为 $AF(K_t, X_t N)$ 。

下面,我们需要考察稳态增长对于偏好具有什么样的约束。为了分析这个问题,我们看一下经济当事人的最优化问题。经济当事人需要在资源约束(2.20)~(2.23)的约束下求取效用的最大值。因此,这个问题的拉格朗日函数可以构建为:

$$L = \sum_{t=0}^{\infty} \beta^t u(C_t, 1 - N_t) + \sum_{t=0}^{\infty} \lambda_t [F_t(K_t, N_t) + (1 - \delta_K)K_t - C_t - K_{t+1}]$$

所以,一阶条件可以表示为:

$$\beta^t D_1 u(C_t, 1 - N_t) - \lambda_t = 0 \tag{2.24}$$

$$-\beta^t D_2 u(C_t, 1 - N_t) + \lambda_t D_2 F_t(K_t, N_t) = 0 \tag{2.25}$$

$$\lambda_{t+1}[D_1 F_{t+1}(K_{t+1}, N_{t+1}) + (1 - \delta_K)] - \lambda_t = 0 \tag{2.26}$$

$$F_t(K_t, N_t) + (1 - \delta_K)K_t - K_{t+1} - C_t = 0 \tag{2.27}$$

其中, D_i 表述对于函数的第几个变量求导数,所以, $D_1 u(C_t, 1 - N_t)$ 就表示消费的边际效用。这些条件对于所有 $t = 0, 1, 2, \cdots, \infty$ 都成立,同时满足横截条件 $\lim_{t \to \infty} \lambda_t K_{t+1} = 0$ 。考察稳态增长对于效用函数的约束就是考察在什么条件下稳态增长满足经济当事人的最优条件(2.24)~(2.27)。采用这种方法的原因是,如果从生产技术角度讲可行的稳态增长不能和这些均衡条件相吻合,那么这个稳态增长就是没有意义的,因为这样的稳态增长是不可能成为经济的竞争均衡的。所以,我们利用这些均衡条件看一下偏好需要受到什么样的约束。

因为在(2.24)~(2.27)中包含边际劳动产品 $D_2 F_t(K_t, N_t)$ 和边际资本产品 $D_1 F_{t+1}(K_{t+1}, N_{t+1})$,所以我们需要先看一下在生产函数的约束下,这两个边际产品如何变化。由于生产函数的形式为 $AF(K_t, X_t N)$,所以我们可以求得劳动边际产品为 $X_t A D_2 F(K_t, X_t N)$,由生产函数的性质

我们知道 $AD_2F(K_t, X_tN)$ 对于 X_t 是零次齐次的，所以劳动边际产品的增长率是 γ_X。同理，由于 $AD_1F(K_t, X_tN)$ 对于 X_t 是零次齐次的，所以资本边际产品可以表示为 $AD_1F(K_t/X_t, N)$。由于 $\gamma_K = \gamma_X$，所以资本的边际产品为常量。

由于资本的边际产品为常量，所以(2.26)意味着拉格朗日乘子——资本的影子价格——在稳态的时候增长率为常量，可以记做 γ_λ。利用这一点，我们就可以考察效用函数应该有什么限制。

首先，效用函数中消费的跨期替代弹性应该对于消费规模是不变的。我们来看一下原因。(2.24)意味着边际效用的增长率为：

$$\frac{D_1u(C_t, 1-N_t)}{D_1u(C_{t+1}, 1-N_{t+1})} = \frac{\beta}{\gamma_\lambda}$$

这说明消费边际效用的增长率为常量。令 k_t 表示 K_t/X_t。从资源约束中可以知道消费应该为：

$$C_t = X_0(\gamma_X)^t[AF(k, N) + (1 - \delta_K - \gamma_X)k]$$

因此，如果对于任何的 X_0，消费的边际效用增长率都是常量，那么一定有：

$$\frac{D_{11}u(C_t, 1-N_t)C_t}{D_1u(C_t, 1-N_t)}\frac{\mathrm{d}X_0}{X_0} = \frac{D_1u(C_{t+1}, 1-N_{t+1})C_{t+1}}{D_1u(C_{t+1}, 1-N_{t+1})}\frac{\mathrm{d}X_0}{X_0}$$

这意味着 $\dfrac{D_{11}u(C_t, 1-N_t)C_t}{D_1u(C_t, 1-N_t)}$ 为常量。这表示了边际效用对于消费的弹性——定义为 σ_C——为常量，与消费水平无关。所以，通过积分，效用函数可以表示为：

$$\tilde{u}(C, L) = C^{1-\sigma_C}v_1(L) + v_2(L), \quad 0<\sigma_C<1, \quad \sigma_C>1$$

或者为：

$$\tilde{u}(C, L) = \log(C)v_1(L) + v_2(L), \quad \sigma_C = 1$$

其中，$v_1(L)$ 和 $v_2(L)$ 是闲暇消费 L 的任意函数。

其次，(2.24)和(2.25)意味着消费和劳动的边际替代率等于边际转换率。两边取对数可以得到：

$$\log(D_1u(C_t, L_t)) + \log(X_tAD_2F(K_t, NX_t)) = \log(D_2u(C_t, L_t))$$

令 ξ_{lc} 表示劳动边际效用对消费边际效用的弹性。利用上面的分析结论，即在稳态水平，有效劳动的边际产品为常量，技术增长率是 γ_X，边际效用的增长率为 $(\gamma_C)^{-\sigma_C}$，同时 $\gamma_X = \gamma_C$。所以，在稳态的时候，ξ_{lc} 是常量，同时等于 $1-\sigma_C$。这就产生了对于偏好的另一个限制。这意味着在 $\tilde{u}(C, L)$ 在非对数的情形下，$v_2(L)$ 是常数，在对数情形下，$v_1(L)$ 是常

数。我们将这些常数规范化为一,就可以得到效用函数为:

$$u(C,L) = \frac{1}{1-\sigma_C}C^{1-\sigma_C}v(L), \quad 0<\sigma_C<1, \sigma_C>1$$

$$u(C,L) = \log(C) + v(L), \quad \sigma_C = 1$$

为了保证我们最初假设的消费和闲暇都是正常品,效用函数是凹的,我们还需要做一些限制。当效用函数是非对数形式的时候,我们要求在 $0<\sigma_C<1$ 的时候,$v(L)$ 是增函数和凹函数;在 $\sigma_C>1$ 的时候,$v(L)$ 是减函数和凸函数。同时,要求 $-\sigma_C[LD^2v(L)/Dv(L)] > (1-\sigma_C)\cdot[LDv(L)/v(L)]$ 以保证效用函数是凹的。当效用函数是对数形式的时候,要求 $v(L)$ 是增函数和凹函数。

这样,我们就获得稳定增长条件下生产函数和效用函数。这是真实经济周期模型对生产函数和效用函数的基本假设。所以,我们在各种文献和教科书中都看到上述所述的生产函数和效用函数。

第三节　经济当事人的劳动供给

我们已经看到,在真实经济周期模型中,主要的延迟因素是劳动的跨期替代。所以,在分析真实经济周期的一般模型之前,本节对经济当事人的决策先作一个简短说明和强调。

一、劳动跨期替代

在分析劳动的跨期替代时候采用类似于罗默(Romer)的处理方式①。首先考虑经济当事人只能存活一期,且没有最初财富。根据前面的分析,效用函数可以假设为:

$$u(C,L) = \log(C) + \frac{\theta}{1-\eta}(L^{1-\eta}-1)$$

其中,η 表示了劳动供给弹性,θ 表示了闲暇在效用函数中的重要程度。令 w 表示经济当事人的工资,所以预算约束为 $C = w(1-L)$。因此效用最大化的求解可以通过简单的拉格朗日方法得到,令拉格朗日函数为

$$L = \log(C) + \frac{\theta}{1-\eta}(L^{1-\eta}-1) + \lambda(w - wL - C)$$

一阶条件为:

---

① 罗默:《高级宏观经济学》,1996 年,纽约麦克格鲁 - 希尔公司。

$$C^{-1} = \lambda$$
$$\theta L^{-\eta} = \lambda w$$
$$C = w(1 - L)$$

所以可以得到;

$$L^{\eta} = \theta(1 - L)$$

由此式可以看出,劳动力供给量独立于工资 w。这是因为效用是消费的对数,且家庭没有初始财富,这使得工资变动的收入效应和替代效应彼此抵消,所以,在面临工资变化的时候,劳动供给量没有变化。这样看来,劳动跨期替代似乎不可能在我们的效用函数中发生了,不过,情况并不如此。

假设经济当事人没有初始财富,存活两期,且不存在不确定性。此时效用函数为 $U(C_1, C_2, L_1, L_2) = \log(C_1) + \frac{\theta}{1-\eta}(L_1^{1-\eta} - 1) + \beta[\log(C_2) + \frac{\theta}{1-\eta}(L_2^{1-\eta} - 1)]$,其中 β 代表时间偏好或效用的贴现。假设 r 表示实际利率,预算约束可以表示为 $C_1 + \frac{1}{1+r}C_2 = w_1(1 - L_1) + \frac{1}{1+r}w_2(1 - L_2)$。利用拉格朗日方法求解效用最大化的一阶条件,我们可以得到:

$$\theta L_1^{-\eta} = \lambda w_1$$
$$\beta\theta L_2^{-\eta} = \frac{\lambda w_2}{1+r}$$

由两式进行合并消去 λ ,得到:

$$\frac{L_1}{L_2} = \left[\frac{1}{\beta(1+r)}\frac{w_2}{w_1}\right]^{\frac{1}{\eta}}$$

这个表达式意味着第二期的劳动力供给会随着第二期工资的相对变化而发生变化。例如,w_2 相对 w_1 上升,则经济当事人在第一期的闲暇消费会相对于第二期上升,在第二期相对于第一期供给更多的劳动。同时,利率的上升会使得经济当事人在第一期相对于第二期减少闲暇消费,增加劳动供给,创造更多的劳动收入,利用利率上升这个机会增加收入,从而增加总的福利。这样我们就看到了随着工资的增加,可以产生劳动跨期替代。在下一节,我们会看到工资是和生产率冲击正相关的,所以,当生产率冲击发生后,劳动发生跨期替代,起到了延迟机制的作用。

二、消费和劳动供给间的替代关系

我们在上一节还谈到了平滑消费作为一种延迟机制。由于经济当事人不仅要选择每期的消费，还要选择劳动供给。因此，效用最大化问题的另一个一阶条件需要联系当期消费和劳动供给之间的关系。我们利用扰动法看一下这个条件和其含义。

假设经济当事人在第 t 期劳动供给增加一个微小的 ΔL，并将由此产生的劳动收入增加量用于这一期的消费。在效用最大化的要求下，效用需要保持不变。第 t 期增加劳动，从而减少闲暇带来的负效用为 $\beta^t\theta L_t^{-\eta}$，所以增加劳动供给 ΔL 带来的效用减少 $\beta^t\theta L_t^{-\eta}\Delta L$。增加这一劳动供给使得收入提高 $w_t\Delta L$，从而消费也提高了 $w_t\Delta L$，所以效用增加 $\beta^t\dfrac{1}{C_t}w_t\Delta L$。令消费的正效用与闲暇减少的负效用两者相等，得到：

$$\beta^t\theta L_t^{-\eta}\Delta L = \beta^t\frac{1}{C_t}w_t\Delta L$$

所以

$$\frac{C_t}{L_t^{\eta}} = \frac{w_t}{\theta}$$

这说明在工资上升的时候，消费相对于闲暇上升，从而产生了平滑消费的延迟机制。

第四节　一般模型

一、转换的经济

我们在第二节中说明了真实经济周期理论经常采用的生产函数和技术。这一节开始研究这个经济的动态性质。在这之前，对这个经济做一个变换会使得以后的分析更加方便，这个变换是经济增长领域经常采用的技巧之一。因为除了劳动以外，所有的经济变量在稳态的时候都和技术进步的增长率一样，所以可以将这些变量规范化为：

$$c = \frac{C}{X},\quad k = \frac{K}{X},\quad i = \frac{I}{X},\quad y = \frac{Y}{X}$$

这样，改变后的经济就类似于没有技术进步的经济，更加容易分析。

在做了这样的规范化后，资本累计方程(2.21)就变为：

$$\gamma_X k_{t+1} = \frac{K_{t+1}}{X_{t+1}} \cdot \frac{X_{t+1}}{X_t} = (1-\delta_K)k_t + i_t = (1-\delta_K)k_t + A_t F(k_t, N_t) + c_t \tag{2.28}$$

同时,效用函数也要发生类似的变化:

$$U = \sum_{t=0}^{\infty} \beta^t u(C_t, L_t) = \sum_{t=0}^{\infty} \beta^t u(c_t X_t, L_t)$$

$$= \begin{cases} (X_0^{1-\sigma_C}) \sum_0^{\infty} (\beta^*)^t \left[\frac{1}{1-\sigma_C} c_t^{1-\sigma_C} v(L_t) \right], & 0<\sigma_C<1, \sigma_C>1 \\ \sum_0^{\infty} (\beta^*)^t [\log(c_t) + v(L_t) + \log(X_t)], & \sigma_C = 1 \end{cases}$$

其中,我们定义β^*为$\beta(\gamma_X)^{1-\sigma_C}$。为了保证效用和收敛,我们假定$\beta^* < 1$。由于效用函数是序数的,所以我们可以忽略$X_0^{1-\sigma_C}$和$\sum_0^{\infty}(\beta^*)^t [\log(X_t)]$,这不影响转换后变量的效用排序。

利用转换后的经济,我们可以建立这个问题的拉格朗日函数:

$$L = \sum_{t=0}^{\infty} (\beta^*)^t u(c_t, L_t) + \sum_{t=0}^{\infty} (\beta^*)^t \Lambda_t [A_t F(k_t, N_t) - c_t - \gamma_X k_{t+1} + (1-\delta_K)k_t] + \sum_{t=0}^{\infty} (\beta^*)^t \omega_t [1 - L_t - N_t]$$

这个问题的一阶条件为:

$$D_1 u(c_t, 1-N_t) - \Lambda_t = 0 \tag{2.29}$$

$$D_2 u(c_t, L_t) = \omega_t \tag{2.30}$$

$$\Lambda_t A_t D_2 F(k_t, N_t) = \omega_t \tag{2.31}$$

$$\beta^* \Lambda_{t+1} [A_{t+1} D_1 F(k_{t+1}, N_{t+1}) + (1-\delta_K)] - \Lambda_t \gamma_X = 0 \tag{2.32}$$

$$A_t F(k_t, N_t) + (1-\delta_K)k_t - \gamma_X k_{t+1} - c_t = 0 \tag{2.33}$$

$$N_t + L_t = 1 \tag{2.34}$$

这些条件对于$t = 1, 2, \cdots, \infty$都成立。经济的初始条件是给定k_0,这个问题的横截条件为$\lim_{t\to\infty}\Lambda_t k_{t+1} = 0$。对于一个给定的技术冲击路径$\{A_t\}_{t=0}^{\infty}$,这就决定了最优人均数量,即消费$\{c_t\}_{t=0}^{\infty}$、劳动$\{N_t\}_{t=0}^{\infty}$、资本存量$\{k_t\}_{t=0}^{\infty}$和影子价格$\{\Lambda_t\}_{t=0}^{\infty}$与$\{\omega_t\}_{t=0}^{\infty}$在真实经济周期模型中,(2.29)~(2.34)这些类似于拉姆齐增长模型的条件表示了一个"一般均衡"。消费、劳动和资本积累是相互依赖的。这不单单是在一个时点上成立,还是一个跨期的结果。资本累计量依赖于消费和劳动的未来值。同时,利用这些变量可以构造出劳动和最终产品的价格序列。劳动的价格就是劳动的边际产品,为$\{\Lambda_t A_t D_2 F(k_t, N_t)\}_{t=0}^{\infty}$,很明显,真实工资序列和生产率

序列 $\{A_t\}_{t=0}^{\infty}$ 正相关,这就会产生在上一节说明的劳动跨期替代。冲击最终产品的价格就是影子价格 $\{\Lambda_t\}_{t=0}^{\infty}$,这是因为(2.29)表示了消费的边际效用与价格之间的关系,这正是消费均衡条件。所以,如果这些价格为市场价格,那么消费者也会对之做出同样的反应,需求同样数量的商品,供给同样数量的劳动。这样,我们从拉姆齐的社会计划者模型出发扩展的真实经济周期基本模型与动态一般均衡等价。在真实经济周期理论中,由于这种等价性,求解模型的时候这两种方法是同时存在的,不过,后面一种方法的应用范围更大,这是由于在某些情况下,社会计划者问题不等价于动态一般均衡,经济产生扭曲。所以,在最准确的意义上,真实经济周期理论应该是一个动态一般均衡模型。我们这里为了说明真实经济周期模型的基本含义,采用了社会计划者的分析方法。

我们的目的是分析消费、劳动和资本存量的动态数量路径,所以,我们需要将(2.29)~(2.34)化简为线性期望差分方程组,同时利用两个边界条件,即 k_0 和 $\lim\limits_{t\to\infty}\Lambda_t k_{t+1}=0$,就可以获得我们想要的结果。要完成这个任务,我们需要对(2.29)~(2.34)进行对数线性化。

二、对数线性化

对数线性化是将一个方程在稳态点近似。将方程的变量改变为其与稳态值的对数离差的形式。假设变量 X 的稳态水平用 $\overline{X}$ 表示,$\hat{x}$ 表示 $\log X$ 和 $\log\overline{X}$ 之差,即 $\log\dfrac{X}{\overline{X}}$,这就是所说的对数离差。我们首先看一下如何确定稳态点,然后考察如何在稳态点附近近似方程。

稳态点就是变化率为零的点。消费、劳动、资本等变量的稳态点就是最优条件(2.29)~(2.34)没有了时间下标的变量取值。例如,我们考察条件(2.32)。将变量和外省冲击的下标取缔,将之看作常量,我们得到:

$$\beta^*\Lambda[AD_1F(k,N)+(1-\delta_K)]-\Lambda\gamma_X=0$$

整理可得:

$$AD_1F(k,N)=\frac{\gamma_X}{\beta^*}-1+\delta_K \tag{2.35}$$

如果生产函数是规模报酬不变的,那么资本的边际产品就仅仅依赖于资本-劳动比率,而不是依赖于这二者的具体水平。因此条件(2.35)就决定了资本-劳动比率的稳态值。

将一个方程对数线性化需要利用三个关系式。首先,由于 $\hat{x}$ 表示 $\log X$ 和 $\log\overline{X}$ 之差,所以变量 X 就可以表示为 $\overline{X}e^{\hat{x}}$ 。将 $\overline{X}e^{\hat{x}}$ 在 $\hat{x}$ 等于0的位置一

阶泰勒展开,那么有 $X \approx \bar{X} + \bar{X} \cdot \hat{x}$ 。这样, X 就近似等于 $\bar{X}(1+\hat{x})$ 。这是对数线性化的一个基本方程。

其次,将函数 $f(X)$ 线性化的方法与之类似:

$$\begin{aligned} f(X) &= f(\bar{X}) + f'(\bar{X})(X-\bar{X}) + o(X-\bar{X}) \\ &\approx f(\bar{X}) + f'(\bar{X})[\bar{X}(1+\hat{x}) - \bar{X}] \\ &= f(\bar{X})\left(1 + \frac{f'(\bar{X}) \cdot \bar{X}}{f(\bar{X})}\hat{x}\right) \end{aligned}$$

第一个等式是对函数 $f(X)$ 在其自变量的稳态水平处的一阶泰勒展开。$\frac{f'(\bar{X}) \cdot \bar{X}}{f(\bar{X})}$ 表示了函数 $f(X)$ 在变量 X 的稳态水平处的弹性,利用符号 η 表示这个弹性,那么函数 $f(X)$ 可以对数线性化为 $f(\bar{X})(1+\eta\hat{x})$ 。这是对数线性化的第二个常用关系式。

最后一个关系式表示了两个变量的对数线性化。考虑两个变量 X 和 Y,稳态水平分别表示为 $\bar{X},\bar{Y}$。那么 $X \cdot Y$ 可以对数线性化为:

$$XY \approx \bar{X}\bar{Y}[(1+\hat{x})\cdot(1+\hat{y})] = \bar{X}\bar{Y}(1+\hat{x}+\hat{y}+\hat{x}\hat{y}) \approx \bar{X}\bar{Y}(1+\hat{x}+\hat{y})$$

这里面假定了变量对于其稳态水平的偏离不是太远,从而 $\hat{x}$ 和 $\hat{y}$ 接近为零。因此,乘积 $\hat{x}\hat{y}$ 就是接近于零,可以忽略。这就是对数线性化的第3个基本方程。我们就可以利用这三个关系将经济当事人的最优决策条件对数线性化。

三、模型对数线性化

我们要对最优条件(2.29)~(2.34)对数线性化,那么首先也需要找到稳态点。为了找到稳态点,我们需要对于函数的形式做出假定。我们假定效用函数是对数形式的:

$$u(c_t, L_t) = \log(c_t) + \frac{\theta}{1-\eta}(L_t^{1-\eta} - 1)$$

其中, η 表示了劳动供给弹性, θ 表示了闲暇在效用函数中的重要程度。生产函数假定为柯布-道格拉斯形式的, $Y_t = A_t K_t^{1-\alpha}(N_t X_t)^{\alpha}$ 。在真实经济周期理论中,最核心的假定是生产函数中的随机因素——生产率冲击 A_t 可以假定为一阶自回归形式:

$$\log(A_t) = \rho\log(A_{t-1}) + \varepsilon_t$$

真实经济周期理论之所以做出这个假定来自于对索洛残差的研究。利用产出、劳动和资本的数据可以计算索洛残差:

$$\log SR_t = \log Y_t - \alpha\log N_t - (1-\alpha)\log K_t$$

这样,索洛残差就可以测量经济生产率的变动。通过柯布－道格拉斯形式的生产函数,索洛残差还可以表示为:

$$\log SR_t = \log A_t + \alpha\log X_t = \log A_t + \alpha\log X_{t-1} + \alpha\log \gamma_X$$

这样,我们就可以利用索洛残差的数据来估计生产率冲击的形式。参数 ρ 表示了生产率冲击的持久程度,ε_t 的标准差记为 σ_ε。

利用条件(2.35)可以得到稳态资本－劳动比为:

$$\frac{k}{N} = \left[\frac{(1-\alpha)A}{\gamma_X/\beta^* - 1 + \delta_K}\right]^{\frac{1}{\alpha}}$$

所以稳态资本－产出比为:

$$\frac{k}{y} = \frac{k/N}{y/N} = \frac{k/N}{A\,(k/N)^{1-\alpha}} = \frac{1}{A}(k/N)^{\alpha}$$

类似地,稳态投资－产出比为:

$$\frac{i}{y} = (\gamma_X - 1 + \delta_K)\frac{k}{y}$$

所以稳态消费－产出比 c/y 为 $1 - i/y$。

不过,我们还需要参数的具体取值,然后代入上面的表达式,即可获得稳态经济变量的具体取值。我们采用下面的参数值:

β	σ_C	δ_K	θ	η	γ_X	α	ρ	σ_ε
0.984	1	0.025	3.48	1	1.004	0.667	0.979	0.0072

下一步我们在这些点周围对于经济当事人的最优化条件对数线性化。我们强调(2.30)、(2.31)和(2.34)的对数线性化。利用对数线性化的三个公式,我们得到:

$$-\eta\hat{L}_t = \hat{\Lambda}_t + \hat{\omega}_t \qquad (2.36)$$

$$\hat{A}_t + (1-\alpha)(\hat{k}_t - \hat{N}_t) = \hat{\omega}_t \qquad (2.37)$$

$$(N)\hat{N}_t + (L)\hat{L}_t = 0 \qquad (2.38)$$

其中(2.37)可以看成劳动需求方程。由于 ω_t 表示劳动的影子价格——真实工资,(2.37)说明真实工资受到生产率和资本－劳动比的正向影响。这类似于完全竞争市场中厂商对于劳动力的需求和其边际产品相关。表达式(2.36)和(2.38)表示了劳动供给方程。结合这两个式子,我们得到:

$$\hat{N}_t = \frac{L}{\eta N}(\hat{\Lambda}_t + \hat{\omega}_t)$$

这说明劳动供给与产品价格和劳动价格正相关。这与我们在前一节中看到的劳动跨期替代是一致的。当劳动生产率(劳动的真实工资)上升后,当事人在这一期增加劳动。

利用这些线性化后的方程,我们就得到了描述经济动态性质的一个线性系统。可以计算这个线性系统的统计特征,我们得到:

	标准差	一阶自相关	与产出的相关系数
Y	1.39	0.72	1.00
C	0.61	0.79	0.94
I	4.09	0.71	0.99
N	0.67	0.71	0.97
Y/N	0.75	0.76	0.98

可以看出,我们前面谈到的经济周期具有的两个基本特性——持久性和共同运动性都在这个基本的真实经济周期模型中体现了出来。这反映在经济变量的一阶自相关和与产出的相关系数都是正的。

第五节　真实经济周期模型的扩展

在前面三节我们看到了真实经济周期模型对于经济周期现象的解释。不过,这个基本模型中还有很多不足,新古典宏观经济学家对这个基本模型进行了一些扩展,以解释更多的现象。

一、货币模型

标准的真实经济周期模型中没有货币,这样就无法说明现实中货币存量和产出间的正向关系。新古典宏观经济学家试图通过引入货币到标准形式的模型中加以解决。假设交易或金融服务可以比商品和其他服务更快生产,这样这类服务就被企业和家庭使用,用以节约时间。当发生了生产率的正向冲击后,产出增加,这也就同时增加了经济当事人对于金融服务的需求。因此,这一模型通过一种逆向因果关系来解释金融服务随着产出的变动而发生变动,而不是卢卡斯模型中货币导致产出变动。这种模型认为,内生货币比外生的货币与产出联系更为紧密。

除此之外,真实经济周期理论还分析了能否在我们上面谈到的基础模型中讨论货币与产出波动性之间的关系。例如,可以通过货币数量影响人们交易的方式来在真实经济周期模型中引入货币,或者直接假设人们要购买商品就必须先支付货币,即货币现行约束。但是所有的研究都认为,在真实经济周期模型中不能得到货币冲击显著影响产出波动性的结论。

因此,由于这些方法都不能在真实经济周期模型中得到货币与产出波动性的显著关系,所以似乎必须脱离瓦尔拉斯范式而允许经济中存在某些名义摩擦。我们可以考虑这样一种情况,经济当事人在购买商品的时候受到现金先行约束。货币工资在一期或超过一期以前制定,制定方式是让其等于预期的市场出清工资。假定商品市场价格灵活。在这样一个经济中,任何没有预料到的货币供给波动都会引起相对工资的改变,从而产生实际效应。

在真实经济周期模型引入某种名义粘性意义重大。原因有两点:首先,模型的结果显示这些名义粘性很可能是标准真实经济周期模型忽视掉的重要因素。其次,这类模型将凯恩斯主义特征引入到真实经济周期分析中,进而为宏观经济学两大思想流派的分歧提供融合的途径,也被某些真实经济周期模型批评者所接受。

通过引入货币到标准真实经济周期模型中可以解决货币和产出同时变化的关系,但是以上研究结果也表明,如果不引入名义粘性,真实经济周期模型就无法解释货币供给的变化如何导致实际变量的正向变动。

法马(Farmer)提出一种引入货币的真实经济周期模型,试图在不借助名义摩擦的条件下解释货币冲击的实际变量效果①。他将持有货币的动机作为一个(实际)货币余额构造到效用函数中。这并非说货币具有的交易媒介的作用是直接很大的,实际上,个体交易者的成本很小。增加1%的消费所获得的效用增加比增加1%货币余额所增加的效用大百倍。但是,其他交易者需要使用货币意味着使用货币会通过影响价格水平而导致外部性。因此,如果一个交易者持有更多的名义余额,则均衡价格水平必然相应地高于保持相同的实际余额的价格水平。不过,价格的上升降低了其他人持有的名义货币的价值,从而导致他们对于第一个交易者的行为采取应对措施。

在模型中,持有货币的机会成本低于产出的0.2%,这是因为假设在美国许多企业和家庭使用高利率的支票账户进行消费,而这一账户的利率稍低于财政部证券的利率。在此模型中,效用函数并非在各因素间简单可分,这使得消费的边际效用和劳动的负效用对于实际余额的持有非

① 法马:《真实经济周期模型中的货币》,载于《货币、信贷和银行杂志》,1997年,第29卷。

常敏感(因为家庭持有多余的实际余额,则均衡实际工资增加,从而导致家庭提供更多的劳动)。因此,实际余额的较小增加会导致均衡水平中分配给生产的劳动巨大增加,从而产量巨大增加。

二、劳动市场

在我们的基本模型中,如果要产生劳动供给的高变动性,我们需要很高的劳动供给弹性。同时,在真实经济周期的货币模型中,我们也需要很高的劳动供给弹性以保证厂商对于货币冲击的反应较弱。但是,微观调查数据表明,劳动供给弹性不大。为此,新古典宏观经济学家努力寻找这样一种机制,使得单个劳动者不大的劳动供给弹性会产生很大的总量劳动供给弹性。

目前的真实经济周期理论采用的是汉森－罗格森机制①。在这种机制中,劳动是不可分的。工人把所有时间,例如8小时,都用于工作,要么就完全不工作。在这种模型中,总量劳动供给产生很大的供给弹性,而且,这个供给弹性不依赖于每个工人的劳动供给弹性。其原因是,在这种机制中,劳动供给量的变化完全依赖于工人进入或者退出劳动力大军,而不能由于每个工人调整一部分劳动时间而改变。因此,由于工人不能选择劳动时间,所以单个工人的劳动供给弹性就与总量劳动供给弹性完全不相关,从而可以在单个劳动者的劳动供给弹性不大的情况下产生很大的总量劳动供给弹性。

汉森－罗格森模型还产生了一个副产品。在真实经济周期模型中,厂商雇用工人,在竞争均衡中没有失业。而汉森－罗格森模型产生了失业。但是这个模型中对于劳动参与就是完全工作或者完全不工作的假设并不能完全令人满意。为此,现在真实经济周期理论正在试图尝试利用搜寻——匹配模型来解释失业的动态性质。这可能是未来的一个主要发展方向。

三、经济波动的国际传导

标准真实经济周期模型中没有国际部门,因此无法解释现实中的贸易方式和国际间的经济相关性。真实经济周期模型的开放经济扩展成功地解释了许多与开放相关的现象,例如,贸易收支逆周期运动、贸易收支

① 汉森(Hansen):《不可分劳动和经济周期》,载于《货币经济学杂志》,1985年。
罗格森(Rogerson):《不可分劳动,彩票和均衡》,载于《货币经济学杂志》,1988年。

与贸易条件(出口商品与进口商品的相对价格)正相关、储蓄和投资在开放经济内正相关。不过,这类模型还有许多不足之处,后继的研究就是针对这些问题进行的。

首先,真实经济周期的开放模型认为不同国家之间的消费相关性比产出大,这与事实矛盾。带有贸易商品的真实经济周期模型通常假设,虽然不同国家之间的技术冲击可能存在相关关系,但是,每个国家经历不同的技术冲击。因此,每个国家的产出也就不同。不过,由于经济当事人可以进入国际资本市场借贷,从而就不再受到国内产出的约束。在这种国际风险分担机制中,消费将会比封闭经济下更为平滑。这样,即使不同国家经济当事人的收入不同,他们的消费还是会近似的,所以,不同国家间消费的相关性大大高于产出的相关性。其次,贸易条件比真实经济周期模型预测的具有更大的波动性和持久性。

为了解释不同国家间消费的相关性比产出低,构造的模型要求一些特征。首先是闲暇和消费需要在效用中有良好的替代关系,其次是在本国发生的持续生产率冲击能够增加本国劳动的边际产量,减少闲暇。如果闲暇和消费具有良好的替代关系,则本国均衡的消费将比外国的消费增加更多,或减少更少。从而,不同国家间消费的联系就会变得较弱。

斯托克曼(Stockman)和德拉斯(Dellas)通过在真实经济周期模型的开放经济版本中引入非贸易品来解释消费现象①。模型假设有两个国家,生产两种完全专业化的贸易品,并且每个国家还存在一种非贸易品。假设本国的非贸易产品部门受到一个正的生产率冲击。本国非贸易品的消费和产出都将上升,同时由于产出上升,本国贸易品的消费也将上升,所以本国的消费比本国产出的增长多。外国对贸易品的消费下降,因此冲击将导致本国和外国的消费沿相反方向运动。当类似的冲击被重复并与贸易品生产率冲击相结合时,国家间的消费相关性就表现为正的,但比产出的相关性低。

外国对贸易品的消费提高了这些产品计算的实际利率,而(通过跨时替代)增加了外国的产出。因此,两国的产出共同运动。产出表现出国际间的正向传递,尽管消费是负向的。这一冲击也会导致母国的贸易逆差,而这也与现实数据一致。

① 斯托克曼和德拉斯:《国际资产组合非分散化和汇率波动性》,载于《国际经济学杂志》,1989 年。

第六节　结　束　语

本章讨论了新古典宏观经济学对于经济周期现象的解释。新古典宏观经济学的发展经历了两个阶段:首先是从 1972 ~ 1982 年由卢卡斯开创的信息不完全模型。在这个阶段,新古典宏观经济学的理性预期和动态一般均衡都已经具备了雏形,只是由于周期理论的延迟机制和放大机制存在问题,理论结果与实际数据还有一段距离。从 1982 年以后,真实经济周期理论开始了对于经济周期的另外一种解释。在这种解释中,理性预期和动态随机一般均衡保留了下来,但是经济周期的冲击来源变为实际因素,例如生产率冲击等,同时,经济波动中的延迟机制和放大机制也有了相应的改变。不过,真实经济周期的基本模型还是有很多现象不能解释,所以,后来的研究者进行了一系列扩展,提高了真实经济周期模型的解释力。

新古典宏观经济学的理论贡献就在于在经济分析中引入理性预期概念和动态随机一般均衡方法。不过,新古典宏观经济学在资产价格、货币、多重均衡和开放经济等领域还有很多问题没有解决。

本章参考书目

1. 卡特和麦道克:《理性预期:八十年代的宏观经济学》,上海译文出版社,1988 年。

2. 谢弗林:《理性预期》,商务印书馆,1990 年。

3. Blinder, A. S. and S. Fisher, 1981, Inventories, Rational Expectations and the Business Cycles, *Journal of Monetary Economics*, Vol. 8, pp. 277 - 304.

4. Farmer, Roger E. A., 1997, Money in a Real Business Cycle Model, *Journal of Money, Credit and Banking*, Vol. 29, pp. 568 - 611.

5. Hansen, G. D., 1985, Indivisible Labor and the Business Cycle, *Journal of Monetary Economics*, Vol. 16, pp. 309 - 327.

6. Hicks, John, 1933, Equilibrium and the Cycle, Reprinted In Hicks, John, *Collected Essay On Economic Theory, Vol. Ⅱ. Money, Interest And Wages.* Oxford: Basil Blackwell Ltd.

7. King, R. G., Charles I. Plosser and Sergio T. Rebelo, 1988, Production, Growth and Business Cycles: the Basic Neoclassical Model, *Journal of Monetary Economics*, Vol. 21, pp. 195 - 232.

8. King, R. G., Charles I. Plosser and Sergio T. Rebelo, 2002, Production, Growth and Business Cycles: Technical Appendix, *Computational Economics*, Vol. 20, pp. 87 - 116.

9. Lucas, Robert E. Jr., 1973, Some International Evidence on Output-Inflation Tradeoffs, *American Economic Review*, Vol. 63, pp. 326 - 334.

10. Lucas, Robert E. Jr., 1975, An Equilibrium Model of the Business Cycle, *Journal of Political Economy*, Vol. 83, pp. 1113 - 1144.

11. Muth, J. F. 1961, Rational Expectations and the Theory of Price Movements, *Econometrica*, Vol. 29, pp. 315 - 335.

12. Phelps, E. 1970, *Microeconomic Foundations of Employment and Inflation Theory*, New York: Norton.

13. Plosser, C. I., 1989, Understanding Real Business Cycles, *Journal of Economic Perspectives*, Vol. 3, pp. 51 - 78.

14. Rebelo, S. T., 2005, Real Business Cycle Models: Past, Present and Future, Working Paper.

15. Rogerson, Richard, 1988, Indivisible Labor, Lotteries and Equilibrium, *Journal of Monetary Economics*, Vol. 21, pp. 3 - 16.

16. Romer, D. H., 1996, *Advanced Macroeconomics*, New York: McGraw-Hill.

17. Sargent, T. J. 1979, *Macroeconomic Theory*, New York: Academic Press.

18. Stadler, G. W., 1994, Real Business Cycles, *Journal of Economic Literature*, Vol. 32, pp. 1750 - 1783.

19. Stockman A. C. and Dellas H., 1989, International Portfolio Nondiversification Exchange Rate Variability, *Journal of International Economics*, Vol. 26, pp. 271 - 290.

20. Taylor, J. 1975, Monetary Policy During a Transition to Rational Expectations, *Journal of Political Economy*, Vol. 83, pp. 1009 - 1022.

第三章 新凯恩斯主义经济学

新凯恩斯主义经济学源于凯恩斯主义。20 世纪 40 年代起，凯恩斯主义曾在西方宏观经济学领域长期处于主流经济学地位。但是，自 20 世纪 60 年代末 70 年代初以后，凯恩斯主义由于不能解释当时的滞胀现象而受到与其对立的经济学派的批评。凯恩斯主义无力应付现实和理论的挑战而陷入困境，从主流派正统经济学宝座上跌落下来。凯恩斯主义失去主流经济学地位后，经济自由主义风行一时。在凯恩斯主义备受冷落、经济自由主义思潮席卷西方宏观经济学各领域时，一批被帕金（M. Parkin）称为“新凯恩斯主义者”[①]的中青年学者敢于反经济自由主义潮流，坚持凯恩斯主义的基本信条，以独辟蹊径的研究方法和新颖的理论观点复兴了凯恩斯主义。他们在经济研究中引入大量新的分析方法，对各种有用的经济理论观点，包括论敌的观点兼收并蓄，并提出了许多新颖的观点，取得了大批研究成果。在他们的不懈努力下，新凯恩斯主义经济学开始崭露头角。

“新凯恩斯主义经济学”在英语中是 New Keynesian Economics。新凯恩斯学派在英语中是 New Keynesians 或 New Keynesian School。需要指出的是，这里的新凯恩斯学派在英文文字和含义上都不同于也曾译作新凯恩斯学派的 Neo-Keynesian Economists，在西方经济学文献中后者指托宾、莫迪利安尼、索洛等经济学家，或指罗宾逊夫人、卡尔多、帕西内蒂、斯拉夫等经济学家。

新凯恩斯经济学派的主要成员有：哈佛大学的格雷戈里·曼丘和拉里·萨墨斯、麻省理工学院的奥利维尔·布兰查德和朱利奥·罗泰姆伯格、哥伦比亚大学的艾德蒙·费尔普斯、伯克利加州大学的乔治·阿克洛夫和珍妮特·耶伦、斯坦福大学的约瑟夫·斯蒂格利茨、威斯康星大学的

① Parkin Micheal(1984), “The Keynesian Theory of Aggregate Supply”, Macroeconomics, Englewood Cliffs, NJ, Prentice-Hall, pp. 365 – 375.

马克·格特勒,以及普林斯顿大学的本·伯南克等人。格雷戈里·曼丘和戴维·罗默主编的《新凯恩斯主义经济学》两卷集是有代表性的新凯恩斯主义论文集。

新凯恩斯主义经济学在西方经济学界的影响日益扩大,这个学派的大部分理论已被写入西方经济学教科书,更新了西方经济学的理论体系。新凯恩斯主义正在逐渐成为新的官方经济学,其理论被克林顿政府所接受,新凯恩斯主义的代表人物斯蒂格利茨曾是克林顿政府经济顾问委员会成员,世界银行首席经济学家。目前,新凯恩斯主义和新古典宏观经济学是西方经济学界两大主流学派。

新凯恩斯主义的假设条件主要有三:第一,非市场出清假设,这一假设来自凯恩斯主义。非市场出清假设使新凯恩斯主义和凯恩斯主义具有相同的基础。非市场出清的基本含义是,在出现需求冲击或供给冲击后,工资和价格不能迅速调整到使市场出清的状态。缓慢的工资和价格调整使经济回到实际产量等于正常产量的状态需要一个很长的过程,例如,需要几年时间,在这一过程中,经济处于持续的非均衡状态。新凯恩斯主义和凯恩斯主义都坚持非市场出清的假设,但两者的非市场出清理论存在着重大差别,其表现为:凯恩斯主义非市场出清模型假定名义工资刚性;而新凯恩斯主义非市场出清假设认为工资和价格有粘性,即工资和价格不是不能调整,而是可以调整的,只是调整十分缓慢,需耗费相当的时日。第二,经济当事人最大化假设,即厂商追逐利润最大化和家庭追求效用最大化,这一假设源于传统的微观经济学。第三,理性预期假设,这一假设来自新古典宏观经济学。新凯恩斯主义模型增添了经济当事人最大化原则和理性预期的假设,使新凯恩斯主义在坚持凯恩斯信条的基础上发展了凯恩斯主义的理论。

新凯恩斯主义经济学的理论特征有二:第一,否认古典的两分法。根据新古典学派的理论,古典两分法是指经济中的名义变量对实际变量没有实质性影响。经济中的变量可以分为两类:一类是名义变量,如货币数量、名义价格、名义工资等;另一类是实际变量,如就业、实际产量等。货币等名义变量变化只影响名义价格等名义变量,对产量和就业等实际变量没有实质性的影响,国家干预经济的政策是无效的。而新凯恩斯学派认为,货币等名义变量的变动会导致产量和就业量等实际变量的波动,所以,古典的二分法失效,国家干预经济是有效的。第二,经济是非瓦尔拉斯均衡的。按新古典经济学的观点,市场是完全竞争的,市场机制是有效的,价格、工资等都有弹性,市场会出清,经济能够实现瓦尔拉斯均衡。而新凯恩斯主义认为工资和价格有粘性,出现粘性的原因是由于市场不完全竞争、经济人只能获得有限信息和相对价格刚性等原因引起的,所以市场是非出清的,有明显的非瓦尔拉斯均衡特征。因此,凡是否认古典两分法,认为市场是不完全竞争的、有非瓦尔拉斯特征的经济理论,都属于新凯恩斯主义学派。

新凯恩斯主义的理论很多,本章着重介绍新凯恩斯主义四个典型理论:菜单成本和经济周期论;交错调整价格论;交易搜索和市场协调失灵论;信贷配给论。

第一节　菜单成本和经济周期论

新凯恩斯主义者提出的菜单成本论,又被称为有成本的价格调整论。这一理论认为,经济中的垄断厂商是价格的决定者,能够选择价格,而菜单成本的存在阻碍了厂商调整价格,所以,价格有粘性。所谓菜单成本是指厂商每次调整价格要花费的成本,这些成本包括研究和确定新价格、重新编印价目表、将新价目表通知销售点、更换价格标签等所花费的成本。因为产品价格的变动如同餐馆的菜单价目表的变动,所以,新凯恩斯主义者将这类成本称为菜单成本。这些成本是厂商在调整价格时实际支出的成本。另有一类成本是厂商调整价格的机会成本,它虽不是厂商实际支出的成本,但同样阻碍着厂商调整价格,也被称为菜单成本。厂商只有在调整价格后的利润增加量大于菜单成本时,才会调价,否则,厂商将保持价格不变。小菜单成本的存在,使厂商不愿意经常地变动价格,所以价格水平有粘性。在价格有粘性的情况下,厂商对需求变动的反应是改变产出,因此,总产出随总需求的变动而变化,经济中出现大的经济波动。

本节概述的菜单成本和经济周期论是菜单成本论的代表性理论。这一理论①首先以一个垄断厂商价格决策模型对经济进行局部均衡分析;然后将模型拓展为一般均衡分析模型;最后,说明经济中价格粘性和经济波动的成因及政府经济政策的作用。

一、局部均衡分析

局部均衡模型。假设垄断市场中厂商的成本函数 C 为:

① N. Greogory Mankiw,"Small Menu Costs and Large Business Cycles, A Maroeconomic Model of Monopoly", Quarterly Journal of Economics 100 (May 1985), pp. 529 - 539.

$$C = kqN \tag{3.1}$$

厂商的反需求函数 P 为：

$$P = f(q)N \tag{3.2}$$

式中，k 为常数，q 是产量，P 是名义价格，N 是名义规模变量，代表总需求的水平，可以是货币存量或名义国民生产总值。厂商的名义成本 C 和名义价格 P 与名义需求的水平成比例地增加。将以上两式联立用图解法求得垄断厂商的最优化问题的解，解得最优价格为 P_m，最优产量为 q_m，见图3.1。名义规模变量的递增，等比例地移动了成本函数和需求函数，因此，P_m 的递增不影响厂商的产出 q_m。

令 $c = C/N$，$p = P/N$，那么，上述两式可改写为：

$$c = kq \tag{3.1'}$$

$$p = f(q) \tag{3.2'}$$

由这两个式子可知，单位产品成本 c 和价格 p 不随 N 而变，换言之，厂商的价格决策和总需求是相互独立的。运用这两个式子求得厂商最大化利润的解见图 3.2。厂商名义价格为 p_m。厂商赚得的利润是 k 和 p_m 之间的长方形，即$(p_m - k)q_m$，它是生产者剩余。消费者剩余的大小是利润以上的三角形。消费者剩余和生产者剩余之和是总剩余，它是衡量社会福利的尺度。

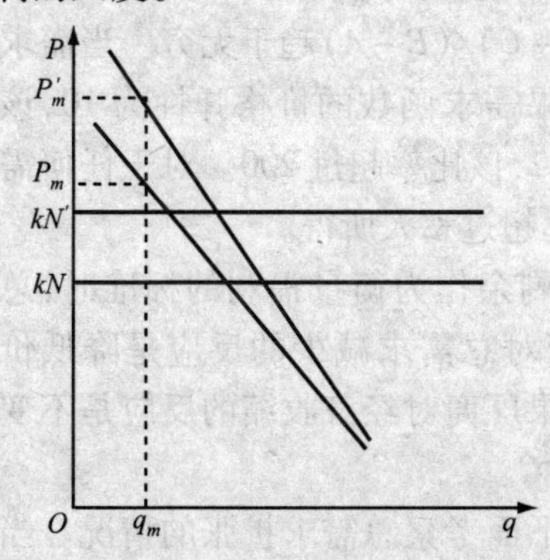

图 3.1　厂商最优化行为

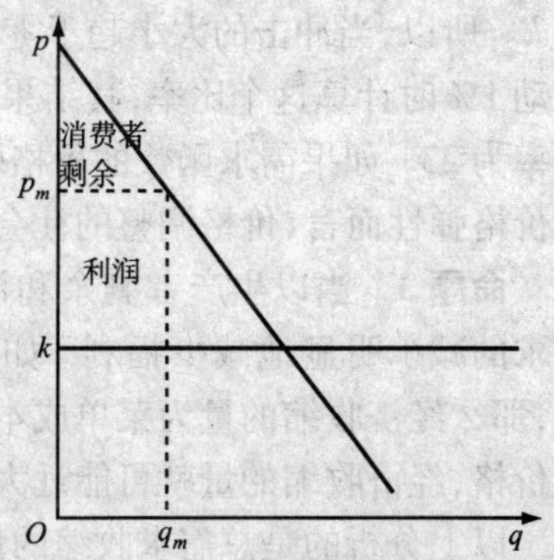

图 3.2　厂商最大化利润

假定厂商在总需求预期值 N^e 的基础上调整名义价格。如果总需求预期值与实际值一致，那么观察价格 $p_0 = p_m$；如果预期值不正确，那么，观察价格 $p_0 = p_m(N^e/N)$。当实际需求 N 小于期望值 N^e 时，p_0 高于 p_m，见图 3. 3。厂商估计利润与实际利润有差别，其差的大小是图中$B - A$的面积。总剩余减少由 $B + C$ 的面积来度量，而厂商利润只下降 $B - A$。因此，由于总需求的收缩，福利的减少大于厂商利润的下降。

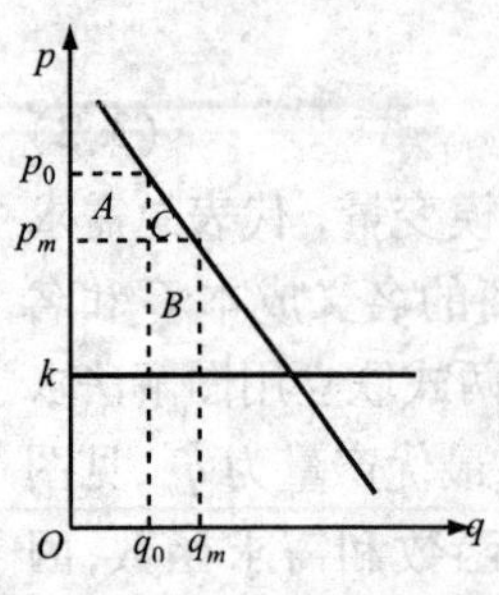

图 3.3　厂商的需求

如果厂商改变价格时有菜单成本 Z，那么，它在调价以前要将利润的减少与菜单成本作比较。当且仅当 $B-A>Z$ 时，厂商才会调整价格。而从社会观点来看，当且仅当 $B+C>Z$ 时，厂商才应该将价格从 p_0 降到 p_m。由此可得以下命题形式的结论：

命题 1　在经济收缩时，如果厂商降价，那么社会是最优的。

证明：如果厂商降价，那么 $B-A>Z$，因此，$B+C>Z+A+C>Z$，所以，降价是社会最优的。

命题 2　在经济中总需求收缩后，如果 $B+C>Z>B-A$，那么，即使降价是社会最优的，厂商也不会将价格削减到 p_m。

这个命题说明了经济中为什么存在价格向下的刚性。对消费者来说，调整价格有一个外加的收益 $C+A$。经济中的外生性由调整价格后的社会获益 $B+C$ 对厂商私人收益 $B-A$ 的比率来度量，这个比率依赖于需求冲击的大小。因为当福利的增量 $B+C$ 为一阶时，利润的增量 $B-A$ 是二阶的，厂商会将其价格调整到最大化利润价格 p_m，而不是一阶最优价格 k。所以，当冲击的大小趋于零时，$(B+C)/(B-A)$ 趋于无穷。当需求变动 1% 时计算这个比率，其结果为：如果需求函数的价格弹性为 10，该比率为 23；如果需求函数的价格弹性为 2，该比率超过 200。对于任何需求价格弹性而言，价格调整的社会所得远超过私人所得。

命题 3　当以生产者剩余和消费者剩余作为衡量福利的标准时，总需求的减少明显地减少福利。如果厂商对总需求减少的反应是降低价格，那么经济收缩的量为菜单成本 Z；如果厂商对经济收缩的反应是不变动价格，经济收缩的量就可能远大于 $B+C$。

以上分析的是总需求收缩的情况，下面考察总需求扩张的情况。当总需求扩张时，$N>N^e$，所以 $p_0<p_m$。先令 $p_0>k(N/N^e<p_m/k)$，如图3.4。厂商利润减少 $D-F$，总剩余增加 $E+F$。如果厂商调整价格能增加利润，厂商会调整价格。当且仅当 $D-F>Z$ 时，价格回升到 p_m。

命题 4　在需求扩张、且 $N/N^e<p_m/k$ 出现时，如果厂商调整价格，由于菜单成本的存在使总剩余减少；如果厂商不调整价格，总剩余增加 $E+F$。

如果 $N/N^e>p_m/k$，那么在需求扩张后，$p_0<k$（见图 3.5）。总剩余减少量是 $I-J$，它可能为正，也可能为负。所以，社会福利效应增加还是减

少,是不清楚的。厂商利润减少 $G+H+I$。如果 $G+H+I>Z$,厂商重新将价格调整到 p_m;如果 $I-J>Z$,厂商调价不仅对个人来说是最佳的,对社会来说也是最优的。

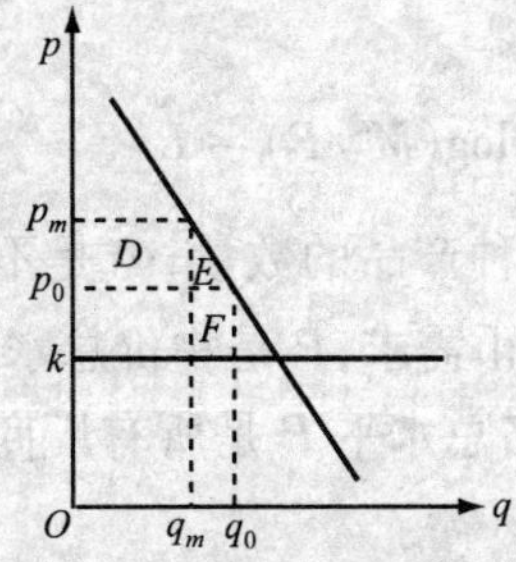

图 3.4　厂商需求的扩张(一)

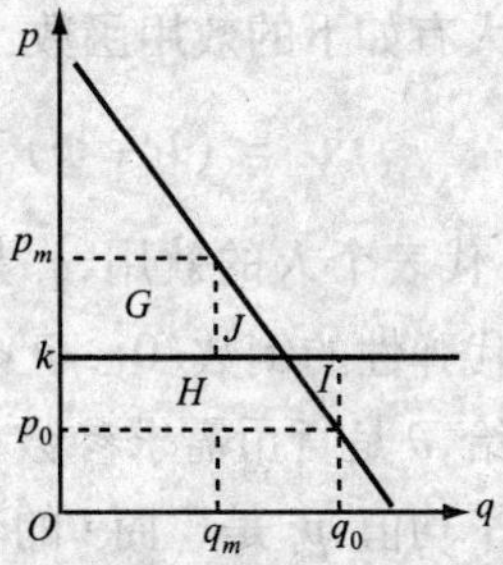

图 3.5　厂商需求的扩张(二)

命题 5　在需求扩张时,有 $N/N^e>p_m/k$,在需求扩张后,如果厂商重新调价,总剩余由于菜单成本而减少;如果厂商不调整价格,总剩余增大还是减少,是不确定的。但是,可以肯定的是,总剩余的减少不会大于菜单成本。

证明:如果厂商不调整价格,就会有 $G+H+I<Z$,这隐含着 $I-J<Z-J-G-H<Z$,因此,总剩余的减少量 $I-J$ 小于菜单成本 Z。

命题 6　总需求扩张时,福利损失小于菜单成本,也可能增加福利。总需求收缩肯定减少社会福利,而且社会福利的减少远大于菜单成本。该命题是对以上 5 个命题的总结。

二、一般均衡分析

局部均衡分析仅仅考察了产品市场,在现实经济中,劳动市场起着重要作用,劳动市场和产品市场之间存在着复杂的相互关系。工人在既定的工资水平上出卖自己的劳动力,在既定的价格下购买商品;厂商在既定的工资水平上购买劳动,在产品市场上出售产品,厂商在产品市场上有部分市场力。因此局部均衡模型应拓展为包括劳动市场和产品市场的一般均衡模型,模型中仍然考虑菜单成本的作用。

一般均衡模型。假设厂商和个人的概率分布都是归一化函数,所有的个人都是相同的,因此,个人的行为可以由典型的单个人来代表。各厂商生产有差别的产品,厂商之间的菜单成本殊异。所以,在经济中受到货币冲击后,有些厂商改变他们现有的价格,有的厂商不改变价格。

经济由劳动市场、产品市场和货币市场构成。劳动市场和货币市场都是出清的市场。产品市场是非出清的,连续地、无成本地调整价格的瓦尔拉斯拍卖者被有菜单成本和有价格调整能力的厂商所取代。

个人有如下的效用函数:

$$U = (1 - \Phi)^{-1}\int_0^1 q_i^{\ 1-\Phi}\mathrm{d}i + \theta\log(M^d/P) - L \tag{3.3}$$

其中,U 代表个人的效用,q_i 是个人消费 i 种产品的数量,Φ 是不同产品之间替代弹性的倒数($0<\Phi<1$),M^d 是货币需求,P 是物价总水平,L 是劳动供给,θ 是货币需求参数($\theta>0$)。价格总水平 P 是所有厂商价格 p_i 的几何平均值,p_i 是厂商 i 的名义价格,即:

$$P = \exp(\int_0^1 \log p_i \mathrm{d}i) \tag{3.4}$$

在所有的价格 p_i 和名义工资 W 既定的情况下, 个人最大化效用函数 U 服从如下的预算约束:

$$\int_0^1 p_i q_i \mathrm{d}i + M^d = WL + M + \text{利润} \tag{3.5}$$

其中,M 是货币供给,它是起始时个人所拥有的货币量。WL 是厂商利润向个人转移,在最大化问题中,利润为常量。

在(3.5)式的约束下,效用最大化的一阶条件给出产品需求和货币需求函数:

对所有的 i 都有 $q_i = (p_i/W)^{-1/\Phi}$ (3.6)

$$M^d = \theta W \tag{3.7}$$

与产品市场和货币市场相联系的劳动供给可以从(3.5)、(3.6)、(3.7)推导出来。

货币市场均衡时,货币供给等于货币需求,即:

$$M = M^d \tag{3.8}$$

由(3.6)和(3.7)可得:

$$p_i = \theta^{-1} M q_i^{\ -\Phi} \tag{3.9}$$

$$W = \theta^{-1} M \tag{3.10}$$

方程(3.9)是方程(3.3)的反需求函数。需求价格弹性为 $1/\Phi$。

每个厂商将(3.9)式作为需求函数,其生产函数为:

$$q_i = L_i \tag{3.11}$$

L_i 是第 i 厂商所需要的劳动量。从(3.10)和(3.11)式得到名义成本函数 C_i:

$$C_i = WL_i = \theta^{-1}Mq_i \tag{3.12}$$

厂商利润函数 π_i 为：

$$\pi_i = (q_i^{1-\Phi} - q_i)\theta^{-1}M \tag{3.13}$$

每个厂商利润最大化产出 q_m 为：

$$q_m = (1-\Phi)^{1/\Phi} \tag{3.14}$$

与最大化产出相对应的最优价格 p_m 为：

$$p_m = \theta^{-1}M(1-\Phi)^{-1} \tag{3.15}$$

设 θ 为常数，那么最优价格仅是货币供给量的函数。

如果经济中每个厂商都处在最优产出为 q_m 的状态，货币供给为 M_0。与之相对应的价格为：$p_m = \theta^{-1}M_0(1-\Phi)^{-1}$。在货币供给突然从 M_0 增加到 M_1 时，所有厂商的起始价格都在 p_m 处不动。然后，由货币市场均衡式(3.10)可知名义工资从 $\theta^{-1}M_0$ 变动到 $\theta^{-1}M_1$，需求式(3.11) 决定了所有厂商产出从 q_m 变动到 $q_0 = (M_1/M_0)^{1/\Phi}q_m$。

厂商改变价格的菜单成本为：

$$Z_i = g(i)W = g(i)\theta^{-1}M \qquad g' > 0 \tag{3.16}$$

厂商是否调整价格，取决于菜单成本与调整价格后利润增量之比，即依据(3.13)式计算利润增量 $\Delta\pi_i$，然后与 Z_i 比较。当 $\Delta\pi_i > Z_i$ 时，厂商调整价格；反之，不调整价格。决定是否调整价格的边际厂商 I 满足以下条件：

$$I = g^{-1}(\Delta\pi/W) = g^{-1}[(q_m^{1-\Phi} - q_0^{1-\Phi}) - (q_m - q_0)] \tag{3.17}$$

如果 $i<I$，那么厂商会发现，在有菜单成本时，将价格调整到 p_o 是有利可图的，这些厂商的产量为 q_o。如果 $i>I$，那么，厂商维持价格 p_m，产量也为 q_m。因此，总产出 Q 为：

$$Q = \int_0^1 q_i \mathrm{d}i = Iq_m + (1-I)q_0 \tag{3.18}$$

一般价格水平为：

$$P = \exp(\int_0^1 \log p_i \mathrm{d}i) = \exp[I\log p_m + (1-I)\log p_0] \tag{3.19}$$

调整价格后的劳动需求 L 为：

$$L = Q + \int_0^1 g(i)\mathrm{d}i \tag{3.20}$$

调整价格后的效用为：

$$\begin{aligned} U = {} & (1-\Phi)^{-1}[Iq_m^{1-\Phi}(1-I)q_0^{1-\Phi} + \theta\log M] \\ & - \theta[I\log p_m + (1-I)\log p_0] \\ & - [Iq_m + (1-I)q_0 + \int_0^1 g(i)\mathrm{d}i] \end{aligned} \tag{3.21}$$

局部均衡分析指出，最大化利润的厂商在需求变动后做出的调整价格的决策不是社会有效的。在一般均衡模型中有相同的结论。考虑一个代表社会利益的规划者能指导厂商调整价格，换言之，I 不再由（3.17）式内生地决定，而是由规划者外生地决定。规划者选择最优的 I^* 以最大化效用，效用最大化的一阶条件为：

$$dU/dI = 0 \tag{3.22}$$

对一阶条件求解得最优的 I^* 为：

$$I^* = g^{-1}[(1-\Phi)^{-1}({q_m}^{1-\Phi} - {q_0}^{1-\Phi}) - \theta\log(p_m/p_0) - (q_m - q_0)] \tag{3.23}$$

当货币供给增加时，$p_m > p_0$，且有 $q_m < q_0$。将（3.17）和（3.23）比较可得，$I^* < I$，社会规划者为了追求社会福利最大化，只让少数的厂商调整价格。相似地，当货币供给紧缩时，$p_m < p_0$，$q_m > q_0$，因此 $I^* > I$，社会规划者让更多的厂商调整价格。对单个厂商来说，在货币供给扩张时，会产生较大的调整价格的激励；在货币紧缩时，刺激厂商调整价格的激励较小。所以，价格有向下的刚性。

三、菜单成本和经济周期波动

局部均衡和一般均衡分析的主要结论是：如果厂商在总需求冲击后不改变原先的价格，垄断厂商必然有小的菜单成本，这些菜单成本阻碍厂商调整价格，厂商不是通过变动价格来适应需求的变化，而是通过变动产出来适应需求变化，总产出呈现大的波动。所以，虽然菜单成本很小，但会引起经济大幅度的周期性波动。厂商不调整价格的决策是次优的，社会福利的损失远超过菜单成本。

模型还说明了总需求收缩和扩张之间的非对称性。在总需求扩张后，厂商有较大的调整价格的激励，而在总需求收缩后，厂商只有较小的调整价格的刺激。从社会观点来看，正常价格水平可能会盯在较高的水平上，但绝不会盯在较低的水平上。价格有向下的刚性而没有向上的刚性。而且，厂商对总需求变动的非对称性会与总需求收缩时的无效率的低产出相联系；而总需求的扩张一般不会与无效率的过度生产相联系。

局部均衡和一般均衡模型都说明：在垄断市场中，价格有粘性。特别地，厂商之间的购买将强化价格刚性。单个厂商不能追随总需求的收缩去降低价格，价格有粘性，所以，小菜单成本的确对经济有重要的影响。

有市场力的厂商通过数量变化而不是价格变化吸纳需求的变化，对市场施加影响。这样的价格策略对厂商来说是最优的，对社会来说是无效的。因此，经济中的实际产出均衡低于最优均衡，通常低于充分就业的均衡，总产出处于较低的水平，经济中不存在驱策经济从低产出的无效均衡态向有效均衡态运动的机制，市场机制失灵。

当市场机制失灵时，政府干预能提高社会资源利用率。在厂商调整价格后，有关需求外生性的信息对货币当局还是有效的，那么，政府制定有对称性的经济政策能稳定产出。如果货币当局对需求的冲击无动于衷，外生的需求冲击会引起产出和就业的无效率的波动。虽然厂商处于利润最优状态，但是，它们的价格决策不是社会最优的。特别地，当价格对总需求变化的反应过于迟钝时，就不能逆转总需求的冲击，经济处于无效率状态。只有政府干预，推行与需求变动相适应的工资、价格和收入政策，才能改变经济中的无效状态，推动经济向高产出的均衡态移动。

第二节　交错调整价格论

交错调整价格论是新凯恩斯主义价格理论的分支。交错调整价格论以理性预期为假设前提，建立价格调整模型，根据模型来阐释价格和工资的惯性，说明不完全市场中有理性预期的企业以交错方式调整价格，会导致价格总水平持续，进而影响社会福利。该理论还阐明，即使在经济中存在理性预期，政府政策仍有积极作用。

交错调整价格论①首先提出一个价格调整模型作为理论分析的框架；其次，说明价格调整方式和附加信息的关系；然后确定调整价格的最优策略；最后，分析以不同方式调整价格时经济均衡问题。

一、价格调整模型

设经济中有许多厂商，每个厂商销售的产品有差别；厂商可能在奇数期或偶数期调整其价格，价格调整后在两个时期内保持价格不变；厂商只了解几种需求冲击的总和效应，而不能把这几种冲击区别开来；经济人既是生产者又是消费者，他用自己的劳动去生产有差别的产品，然后卖掉自己的产品，买进其他厂商生产的产品，进行消费；厂商之间相对价格已知；假定在劳动市场不变的条件下分析产品市场的价格调整。在这些假定下，产品市场价格调整模型由效用函数、生产函数和

① Laurence Ball and Stephen G. Cecchetti, "Imperfect Information and Staggered Price Setting", American Economic Review 78 (December 1988), pp. 999 – 1018.

价格函数构成。

1. 效用函数

经济中行为者 i 的效用函数 U_i 为：

$$U_i = C_i - (\varepsilon - 1)L_i^r/(\varepsilon r) \tag{3.24}$$

其中，$C_i = N[(1/N)(\sum \Phi_j C_{ij})^{(\varepsilon-1)/\varepsilon}]^{\varepsilon/(\varepsilon-1)}$。式中 N 为行为者数量，C_{ij} 是行为者 i 消费 j 种产品的数量，C_i 是第 i 个消费者消费各种商品的指数，L_i 是行为者 i 的劳动供给，Φ_j 是对 j 种产品消费偏好的冲击，ε 是任意两种商品的替代弹性，$\varepsilon>1$，r 度量劳动的边际负效用递增性，$r>1$。

2. 生产函数

设生产函数是线性的，则生产函数的最简单形式为：

$$Y_i = L_i \tag{3.25}$$

其中，Y_i 是 i 个厂商的产出。

3. 价格函数

总消费需求 Y 与平均货币存量 M 的关系为：

$$Y = M/P \tag{3.26}$$

其中，$Y = (1/N)\sum_{j=1}^{N} P_j Y_j/P$，$P = [(1/N)\sum_{j=1}^{N}(P_j\Phi_j)^{1-\varepsilon}]^{1/(1-\varepsilon)}$。式中 P_j 是 j 种产品价格，P 是消费品价格指数。

效用函数确定了对第 i 种产品的需求，经济人 i 的需求是总支出的一部分，用对数写出这种关系，得：

$$y_i - y = -\varepsilon(p_i - p) + u_i \tag{3.27}$$

其中，$y = \ln Y$，$p = \ln P$，$u = (\varepsilon - 1)\ln\Phi$。因为 $y = m - p$，代入上式得：

$$y_i = (m - p) - \varepsilon(p_i - p) + u_i \tag{3.28}$$

(3.28)式为价格函数。由该式可知，确定经济人 i 的产品需求变量为：平均实际货币量，它确定了总需求；产品相对价格和由商品替代性确定的替代弹性；由消费者偏好确定的消费冲击 u_i。

4. 最优价格

若经济人 i 在每个周期内都根据完全信息调整价格，他将选择使效用函数最大化的价格，即在 (3.25)和(3.28)式的约束下，求(3.24)式最大化。而且，他的收入还必须等于他的消费，即 $PC_j = P_iY_i$。有约束的效用最大化问题为：

$$\max\ U_i = C_i - (\varepsilon - 1)Y_i^r/(\varepsilon r)$$
$$\text{s.t.}\ Y_i = M/P(P/P_i)^{\varepsilon}\Phi^{\varepsilon-1}$$

$$PC_j = P_i Y_i$$

用拉格朗日乘子法求得效用最大化,最优价格的一阶条件为:

$$Y_i + u(\varepsilon/P_i)Y_i = 0$$

$$P_i + \lambda[(\varepsilon - 1)/\varepsilon]Y_i^{r-1} + \mu = 0$$

$$-P + \lambda = 0$$

从以上三式中消去 λ 和 μ,得最优价格为:

$$P_i^* = P[(M/P)(P/P_i)^{\varepsilon}\Phi^{\varepsilon-1}]^{r-1}$$

对该式两边取对数得对数形式的最优价格为:

$$p_i^* = v(m + u_i) + (1 - v)p \tag{3.29}$$

其中,$v = (r-1)/(1 + r\varepsilon - \varepsilon)$。

将生产函数和需求函数代入效用函数(3.24)式,可以从效用函数求得以价格表示的间接效用函数。设 P^* 和 Y^* 是最大化效用时的解,$(p_i - p_i^*)^2$ 与 $(y_i - y_i^*)^2$ 成比例,所以,可以用 $(p_i - p_i^*)$ 近似地代表间接效用函数,下面的分析就集中于求 $(p_i - p_i^*)^2$ 最小化的问题。

经济人在 t 或 $t+1$ 时调整价格可以利用 $t-1$ 之前所有的信息。忽略贴现率,行为者最小化损失函数为:

$$L_i = E_{t-1}^i[(p_{it} - p_{it}^*)^2 + (p_{it} - p_{it+1}^*)^2] \tag{3.30}$$

其中,p_{it} 是经济人 i 在 t 时期内价格的对数,E_{t-1}^i 是 $t-1$ 时信息的条件期望。对上式最小化所隐含的价格调整法则为:

$$p_{it} = [E_{t-1}^i p_{it}^* + E_{t-1}^i p_{it+1}^*]/2 \tag{3.31}$$

根据单个经济人 i 的个别价格 p_{it},就可以求得总价格水平的近似表达式 p_t 为:

$$p_t \approx (1/N)\sum_{i=1}^{N} p_{it} \tag{3.32}$$

式(3.29)中的货币冲击 m 可能是随机的,m_t 的随机运动为:

$$m_t = m_{t-1} + \delta_t \tag{3.33}$$

其中,δ_t 服从 $(0,\sigma_m^2)$ 的正态分布。

经济人受到的局部需求冲击 u_i 包括厂商特殊冲击分量和邻域内厂商冲击分量。设单个厂商是属于 n 个厂商的一个相邻厂商,$n < N$,n 是个小量。经济中包括许多相邻厂商 I。厂商 i 是相邻厂商 I 中的一个成员,则局部冲击可写为:

$$u_{it} = \theta_{It} + \theta_{It-1} + \eta_{it} \tag{3.34}$$

其中,θ_I 与某一相邻厂商有关,但与其他相邻厂商无关,η_i 与其他所有的厂商无关。相邻冲击 θ 和厂商特殊冲击 η 都是均值为零,方差为 σ_θ^2 和

σ_{η}^{2} 的白噪声。

每个相邻厂商可以被解释为一个产业或一个区域。厂商产品的需求更多地联系于相邻厂商的需求,而不是所有厂商的需求。厂商从观察同一地区相邻厂商或同一行业的厂商价格中得到的信息,要比从经济中其他厂商价格中得到的信息重要得多。

二、交错调整价格和附加信息

设厂商以两种方式调整价格:一是同步调整,即所有的厂商都在同一时期,譬如说,偶数期内调整价格;二是交错调整价格,每个厂商都想观察到其他厂商的价格决策后再调整价格,但没有一个厂商能坚持到其他厂商的价格都变动后,最后调整价格,企业调整价格的时间有先有后,形成一个调整价格的时间序列。在最简单的情况中,经济中有一半厂商在偶数期调整价格,而另一半厂商在奇数期调整价格。由(3.28)式可知,$t-3$ 时期的需求冲击反映在 $t-1$ 时期厂商的价格上。厂商能在 $t-1$ 时观察到价格总水平 P,再根据自身的价格、产品销售量和价格总水平,厂商就能推断出总需求 $m+u_i$。

如果价格是同步调整的,$m+u_i$ 是厂商 i 在 $t-1$ 时观察到的总需求,它反映了 $t-3$ 时的信息。如果价格调整是交错的,$t-1$ 时价格调整不仅依赖于 $t-3$ 时的信息,还可以获得 $t-2$ 时的总需求信息 $m_{t-2}+u_{it-2}$。这是同步调整中所没有的信息,是交错调整价格所获得的附加信息。交错调整价格还能得到 $t-2$ 时的相邻冲击 θ_{lt-2} 的信息,这有助于从总需求中区别出 m 和 u_i 两种分量。

下面分别以不考虑相邻冲击的简单模型和考虑相邻冲击的一般模型来分析价格调整、与价格调整相关的信息集。在每个模型中都对同步调整价格和交错调整价格方法作一对比。

1. 简单模型

简单模型是不考虑行业中其他企业和同一地区相邻厂商等相邻冲击影响的价格调整模型。

(1)同步调整价格的方式。

设厂商都在偶数期改变价格,奇数期价格不变,这意味着 $p_t=p_{t+1}$ 和 $E_{t-1}^{i}p_t=E_{t-1}^{i}p_{t+1}$。因为货币冲击是随机地运动,所以,$E_{t-1}^{i}m_{t+1}=E_{t-1}^{i}m_{t-1}=E_{t-1}^{i}m_t$。在简单模型中 $u_i=\eta_i$,且 η_i 是序列无关的,则 $E_{t-1}^{i}u_{it}=0$。将这些式子代入厂商价格调整式(3.31)和最优价格方程式(3.29),得同步

调整时厂商价格 p_{it}^{s} 为：

$$p_{it}^{s} = vE_{t-1}^{i}m_{t-1} + (1-v)E_{t-1}^{i}p_{t} \tag{3.35}$$

该式说明以同步方式调整价格时的厂商价格决定于厂商 i 对 m_{t-1} 和 p_t 的估计值。因为 m_{t-3} 是可以知道的，对 m_{t-1} 的估计简化为对货币存量变动时的两个变量 $\delta_{t-1}+\delta_{t-2}$ 的估计值。厂商 i 在 $t-2$ 和 $t-1$ 时的销售反映了这两个时期的总需求 $m_{t-2}+u_{it-2}$ 和 $m_{t-1}+u_{it-1}$，再加上 m_{t-3} 为已知，所以，估计 $\delta_{t-1}+\delta_{t-2}$ 的重要信息为：

$$Z_1 = \delta_{t-1}+\delta_{t-2}+\eta_{it-1} \tag{3.36}$$

$$Z_2 = \delta_{t-2}+\eta_{it-2} \tag{3.37}$$

因为 δ_s 服从正态分布，δ_s 的期望是由线性投影给出的 Z_1 和 Z_2 的条件期望：

$$E_{t-1}^{i}(\delta_{t-1}+\delta_{t-2}) = a_1Z_1 + a_2Z_2 \tag{3.38}$$

$$a_1 = (\sigma_m^2 + 2\sigma_\eta^2)/(\sigma_m^2 + 3\sigma_\eta^2 + \sigma_\eta^4/\sigma_m^2)$$

$$a_2 = \sigma_\eta^2/(\sigma_m^2 + 3\sigma_\eta^2 + \sigma_\eta^4/\sigma_m^2)$$

$$E_{t-1}^{i}m_{t-1} = m_{t-3} + a_1Z_1 + a_2Z_2 \tag{3.39}$$

该式说明，预期的货币量依赖于最近政府公布的货币存量 m_{t-3} 和最近的货币量变化的信息。

（2）交错调整价格的方式。

当一半厂商在偶数期内调整价格而另一半厂商在奇数期内调整价格时，$p_t \neq p_{t-1}$，由（3.29）和（3.31）式决定的交错调整价格时厂商 i 的调整价格 p_{it}^{v} 为：

$$p_{it}^{v} = vE_{t-1}^{i}m_{t-1} + (1-v)(E_{t-1}^{i}p_{t} + E_{t-1}^{i}p_{t-1})/2 \tag{3.40}$$

厂商的价格调整依赖于对 m_{t-1} 的估计值，现在这个估计值比同步调整时更准确。厂商可以用 $t-1$ 时的价格调整推断出 m_{t-2}。因此，对 m_{t-1} 的估计简化为对单一冲击 δ_{t-1} 的估计，而不是像同步调整价格那样要估计 $\delta_{t-1}+\delta_{t-2}$ 的值。

现在，在 $t-1$ 时的价格调整是 $t-2$ 时的价格调整加上 $t-2$ 和 $t-3$ 时货币冲击的线性组合。厂商在知道 $t-2$ 和 $t-3$ 时的货币存量的情况下调整价格，为了估计 δ_{t-1} 和 m_{t-1} 的未知部分，厂商可以从市场信息推导出下式：

$$Z_3 = \delta_{t-1}+\eta_{it-1} \tag{3.41}$$

将 δ_{t-1} 向 Z_3 上作投影则有：

$$E_{t-1}^{i}m_{t-1} = m_{t-2}+bZ_3 \tag{3.42}$$

其中，$b=\sigma_m^2/(\sigma_m^2+\sigma_\eta^2)$。将该式与同步调整价格时的估计式相比，现在对 m_{t-1} 的估计优于同步调整价格时的估计值，因为厂商从交错调整价格中得到了有用的信息，交错调整价格对 $m-1$ 估计的方差小于同步调整价格。

2. 一般模型

当局部冲击包括一个相邻冲击成分，厂商面临的价格调整问题变得复杂化。在交错调整价格中能得到一个二级信息，这可能导致交错有一个稳定的均衡。对一般模型，也分别考察同步和交错两种方法下的价格调整。

(1)同步方式调整价格。

在有相邻冲击的一般模型中，厂商同步调整价格由(3.29)和(3.31)式确定，调整后的厂商 i 的产品价格 p_{it}^s 为：

$$p_{it}^s = vE_{t-1}^i m_{t-1} + (1-v)E_{t-1}^i p_t^s + (v/2)E_{t-1}^i \theta_{It-1} \tag{3.43}$$

p_{it}^s 取决于 $t-1$ 时厂商 i 对总需求和相邻冲击的估计。估计 $t-1$ 和 $t-2$ 时的货币存量变动和相邻冲击的重要信息为：

$$Z_1^N = \delta_{t-1} + \delta_{t-2} + \theta_{It-2} + \theta_{It-1} + \eta_{it-1} \tag{3.44}$$

$$Z_2^N = \delta_{t-2} + \theta_{It-2} + \eta_{it-2} \tag{3.45}$$

厂商通过 δ_{t-1}、δ_{t-2}、θ_{It-1} 在 $Z_1{}^N$ 和 $Z_2{}^N$ 上的投影来估计这些值：

$$E_{t-1}^i \delta_{t-1} = a_1^N Z_1^N + a_2^N Z_2^N \tag{3.46}$$

$$E_{t-1}^i \delta_{t-2} = a_3^N Z_1^N + a_4^N Z_2^N \tag{3.47}$$

$$E_{t-1}^i \theta_{It-1} = a_5^N Z_1^N + a_6^N Z_2^N \tag{3.48}$$

其中：

$$a_1^N = [1+(\sigma_\theta/\sigma_m)^2+(\sigma_\eta/\sigma_m)^2]/D_1$$

$$a_2^N = -[1+(\sigma_\theta/\sigma_m)^2]/D_1$$

$$a_3^N = (\sigma_\eta/\sigma_m)^2/D_1$$

$$a_4^N = [1+(\sigma_\theta/\sigma_m)^2+(\sigma_\eta/\sigma_m)^2]/D_1$$

$$a_5^N = (\sigma_\theta/\sigma_m)^2 a_1^N$$

$$a_6^N = (\sigma_\theta/\sigma_m)^2 a_2^N$$

$$D_1 = [2(1+\rho_1^2)+\rho_2^2](1+\rho_1^2+\rho_2^2)-(1+\rho_2^2)^2$$

$$\rho_1 = \sigma_\theta/\sigma_m,\quad \rho_2 = \sigma_\eta/\sigma_m$$

由此可求得 m_{t-1} 的估计值为：

$$E_{t-1}^i m_{t-1} = m_{t-3} + (a_1^N + a_3^N)Z_1^N + (a_2^N + a_4^N)Z_2^N \tag{3.49}$$

设 p_t^s 是厂商价格 p_{it}^s 的算术平均值。因为同步调整时的局部冲击均值为零，只有货币变动影响总物价水平 p_t^s，所以，总物价水平的通解形式为：

$$p_t^s = m_{t-3} + \pi_1\delta_{t-1} + \pi_2\delta_{t-2} \tag{3.50}$$

为了求解该式的系数 π_1 和 π_2，将该式代入(3.43)式，再应用(3.46)～(3.48)式，通过比较系数法可得：

$$\pi_1 = [v(a_1^N + a_3^N) + (v/2)a_5^N + (1-v)a_3^N\pi_2]/[1-(1-v)\ a_1^N]$$

$$\pi_2 = \{v(a_2^N + a_4^N) + (v/2)a_6^N + [(1-v)a_2^N + 1]\pi_1\}/[1-(1-v)a_4^N]$$

利用(3.48)、(3.29)和(3.50)可以得到厂商价格 p_{it}^s 的显函数表达式。

(2)交错方式调整价格。

在有相邻冲击的模型中，一半厂商在 t 时调整价格，另一半厂商在 $t-1$ 时调价，$p_t \neq p_{t-1}$。由(3.29)和(3.31)式确定的交错调整价格时厂商产品价格为：

$$p_{it}^u = vE_{t-1}^i m_{t-1} + [(1-v)/2](E_{t-1}^i p_t^u + E_{t-1}^i p_{t+1}^u) + (v/2)E_{t-1}^i\theta_{It-1} \tag{3.51}$$

由于采用交错方式调整价格的厂商可以从 $t-1$ 时价格变化推导出 m_{t-2}。所以，他们仅需估计 δ_{t-1} 和相邻冲击 θ_{It-1}，与这两个量相联系的信息为：

$$Z_3^N = \delta_{t-1} + u_{it-1} = \delta_{t-1} + \theta_{It-1} + \theta_{It-2} + \eta_{it-1} \tag{3.52}$$

当相邻冲击出现时，存在着由相邻厂商价格提供的附加信息。厂商 i 的相邻厂商在 $t-1$ 时所作的价格调整 p_{it-1} 由 $m_{t-2} + u_{jt-2}$ 来决定。在交错调整价格时 m_{t-2} 是已知的，所以，$t-2$ 时的相邻冲击 $u_{jt-2} = \theta_{It-2} + \theta_{It-3} + \eta_{jt-2}$ 也可从 p_{jt-1} 中分离出来。已知 $t-3$ 时相邻冲击，这意味着厂商知道 $t-2$ 时的相邻冲击 $\theta_{It-2} + \eta_{jt-2}$。厂商从它自己的销售中也可推导出 $\theta_{It-2} + \eta_{it-2}$。因此，厂商估计值的有用信息为：

$$Z_4^N = \theta_{It-2} + \bar{\eta}_{it-2} \tag{3.53}$$

其中，$\bar{\eta}_{it-2}$ 是 η_{jt-2} 和 η_{it-2} 的加权平均值。Z_4^N 是从交错调整中得到的二阶信息。在同步调整中，$t-1$ 时没有价格调整，所以，厂商不能构造出 Z_4^N。交错价格调整得到的超额信息是 Z_4^N。Z_4^N 在估计 θ_{It-2} 时也有用处。由于相邻冲击的持久性，θ_{It-2} 是 u_{it-1} 的一部分，因此，关于 θ_{It-2} 的信息有助于厂商分辨出 u_{it-1} 并将 δ_{t-1} 与 u_{it-1} 分开。

厂商通过 δ_{t-1} 和 θ_{It-1} 在 Z_3^N 和 Z_4^N 上的投影来估计未知冲击 δ_{t-1} 和 θ_{It-1}：

$$E_{t-1}^i\delta_{t-1} = b_1^N Z_3^N + b_2^N Z_4^N \tag{3.54}$$

$$E_{t-1}^i\theta_{It-1} = b_3^N Z_3^N + b_4^N Z_4^N \tag{3.55}$$

其中，$\bar{\eta}$ 与相邻厂商有关，所以 $\sigma_{\bar{\eta}}^2 = \sigma_\eta^2/[(n/2)+1]$，$n$ 增加使得 $\bar{\eta}$ 的方差减小，Z_4^N 是 θ_{It-2} 的较好的估计值。式中系数为：

$$b_1^N = [(\sigma_\theta/\sigma_m)^2 + 2(\sigma_\eta/\sigma_m)^2/(n+2)]/D_2$$

$$b_2^N = -\rho_1^2/D_2$$

$$b_3^N = \rho_1^2 b_1^N \qquad b_4^N = \rho_1^2 b_2^N$$

$$\rho_1 = \sigma_\theta/\sigma_m \qquad \rho_2 = \sigma_\eta/\sigma_m$$

$$D_2 = (1 + 2\rho_1^2 + \rho_2^2)[\rho_1^2 + 2\rho_2^2/(n+2)] - \rho_1^4$$

厂商 i 对 m_{t-1} 的估计值来自于 $E_{t-1}^i \delta_{t-1}$，所以，

$$E_{t-1}^i m_{t-1} = m_{t-2} + b_1^N Z_3^N + b_2^N Z_4^N \tag{3.56}$$

交错调整价格时的信息多于同步调整价格，以交错方式调整价格对 m_{t-1} 和 θ_{It-1} 的估计值的方差也小于同步调整价格。

交错调整价格时，一半厂商在 t 时调整价格，另一半厂商在 $t-1$ 时调整价格，所以，交错调整价格的价格总水平 p_t^T 为：

$$p_t^T = (p_t^u + p_{t-1}^u)/2 \tag{3.57}$$

该式说明价格总水平 p_t^T 是 t 时调整价格的均值。p_t^u 的通解形式为：

$$p_t^u = \lambda_0 p_{t-1}^u + \lambda_1 m_{t-1} + (1 - \lambda_0 - \lambda_1) m_{t-2} \tag{3.58}$$

为了求得系数，将(3.57)与(3.58)代入(3.51)式，对式(3.51)求和后再与(3.58)式比较，利用比较系数法可求得系数表达式为：

$$\lambda_0 = (1 - \sqrt{v})/(1 + \sqrt{v})$$

$$\lambda_1 = b_1^N[4v + 2v(b_3^N/b_1^N) + (1-v)(1-\lambda_0)]/[4 - b_1^N(1-v)(2+\lambda_0)]$$

且有 λ_0、$\lambda_1 > 0$，将系数代回(3.58)式，结合(3.57)式可得 t 时价格为：

$$p_t^T = \lambda_0 p_{t-1}^u + [\lambda_1 m_{t-1} + (1-\lambda_0) m_{t-2} + (1 - \lambda_0 - \lambda_1) m_{t-3}]/2 \tag{3.59}$$

该式是交错调整价格时价格总水平的公式。它说明价格水平有惯性。即价格总水平对于冲击的反应是价格的缓慢调整。价格惯性的大小依赖于 λ_0。当 v 较小时，λ_0 比较大。

三、价格调整的最优策略

厂商可以选择用同步化的方式调整价格，也可以选择交错方式调整价格，根据损失函数能确定哪种方式是最优的。损失函数由(3.30)式确定，厂商在同步调整价格时的损失函数 L^s 为：

$$L^s = E_{t-1}^i[(p_{it}^s - p_{it}^*)^2 + (p_{it}^s - p_{it+1}^*)^2]$$

厂商在交错调整价格时的损失函数 L^u 为：

$$L^u = E_{t-1}^i[(p_{it}^u - p_{it}^*)^2 + (p_{it}^u - p_{it+1}^*)^2]$$

若 $L^s < L^u$，那么同步调整价格是最优策略，反之，交错调整价格是最

优价格变动策略。将(3.43)和(3.50)代入 L^s 的表达式,可以具体地估算同步调整价格的损失函数。相似地将(3.51)和(3.58)代入 L^u,可估计交错调整价格的损失函数的具体表达式。下面分别考察简单模型和一般模型中调整价格的策略选择。

1. 简单模型

在没有相邻冲击的简单模型中,损失函数 L^s 和 L^u 的相对大小决定于两个参数 v 和 ρ,其中 $\rho=\sigma_u/\sigma_m$ 是相邻冲击和总冲击的标准方差的比率。在 ρ 和 v 平面上,能做出 $L^s=L^u$ 的轨迹线,见图 3.6 中的上面一条线。在这条线的上方,$L^s>L^u$,交替方式调整价格的策略是最优的,在这条线的下方,同步调整价格是最优策略。

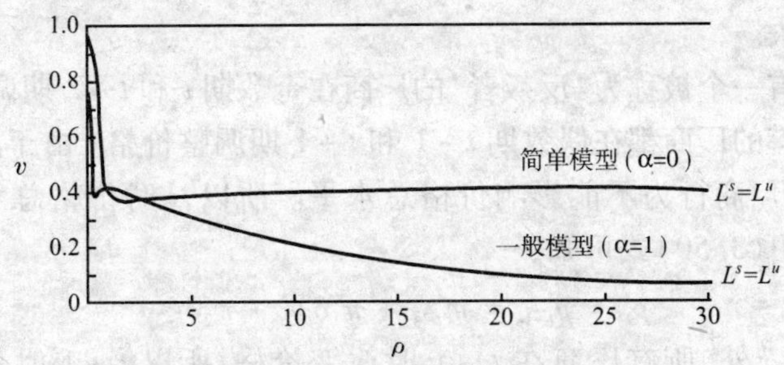

图 3.6 价格调整的简单模型和一般模型

交错调整价格和同步调整价格各有利弊。交错调整价格的好处是改进了信息。但其代价有二:一是价格水平惯性;二是当某些产品价格调整而另一些产品价格不变时,会引起相对价格比的意外变动,从而恶化了总需求的波动。当交错调整价格的代价过高、从附加信息中的所得不能弥补交错调整价格的成本时,则应采用同步方式调整价格。

当 $\rho=0$ 时,没有相邻冲击,同步调整是最优的,这时厂商能得到完备的信息,厂商从交错调整中不能得到新的信息,所以,交错调整是不适宜的。

2. 一般模型

一般模型由于增加了参数 $\alpha=\sigma_\theta/\sigma_\eta$ 而变得比较复杂,此时相邻冲击和厂商特殊冲击都是重要的,当 $\alpha=0$ 时退化成简单模型。图 3.6 中下面一条线是一般模型中 $L^u=L^s$ 的轨迹,在这条线的上方交错调整价格是最优的,而在这条线的下方,同步调整价格是最优的。

一般模型的结果和简单模型相似,差别是 ρ 变得重要。简单模型中只要 $\rho>1$,那么 $L^s=L^u$ 的轨迹线为一水平线,而现在是一条向横轴逼近的渐近线。当ρ增大到一定值后，对于所有的v值，交错调整价格都是最优的。

四、价格调整的均衡和最优化

厂商采取交错方式还是同步方式调整价格，对经济的影响是不同的，下面分析同步调整价格和交错调整价格时的经济均衡和最优化。

1. 同步调整的均衡

由一般模型可知，同步调整价格时，经济处于纳什均衡。简单模型也有相似的结论。以下仅分析一般模型。当经济处于纳什均衡时，除一个厂商外，所有的厂商都在偶数期调整价格，则该厂商在奇数期调整价格将会有损失。

设只有一个被称为“反叛者”的厂商在奇数期t和$t+2$期调整价格，而其他所有的厂商都在偶数期$t-1$和$t+1$期调整价格。由于厂商数目众多，单个厂商行为不能影响价格总水平。所以，t时价格总水平仍为$p_t^s=p_{t-1}^s$，由(3.50)式可知：

$$p_t^s = p_{t-1}^s = m_{t-4} + \pi_1\delta_{t-2} + \pi_2\delta_{t-3} \tag{3.60}$$

除“反叛者”外，所有厂商在$t+1$时改变价格，所以$t+1$时价格总水平为：

$$p_{t+1}^s = m_{t-2} + \pi_1\delta_t + \pi_2\delta_{t-1} \tag{3.61}$$

由于$p_t \neq p_{t+1}$，所以对“反叛者”来说，它有着与交错调整价格的厂商相似但不相同的信息。(3.60)意味着厂商可以从$t-1$时的价格调整判断出m_{t-2}，因为p_{t-1}^s依赖于m_{t-2}和以前的货币存量，这些信息都可以从政府或行业协会的公告中获得。在m_{t-2}已知时，“反叛者”仅需估计δ_{t-1}和θ_{It-1}，估计这些参数的有用信息为：

$$Z_3^N = \delta_{t-1} + \theta_{It-1} + \theta_{It-2} + \eta_{it-1}$$

$$Z_4^N = \theta_{It-2} + \overline{\eta}_{it-2}$$

将δ_{t-1}和θ_{It-1}向Z_3^N和Z_4^N投影的结果不同于交错方式中投影的结果。在交错方式下$\overline{\eta}_{it-2}$的方差为$\sigma_\eta^2/(n/2+1)$，现在$\overline{\eta}_{it-2}$有较小的方差，为σ_η^2/n，这是因为“反叛者”是这个集合中惟一在t时调整价格的厂商，它能观察到n个经济人的决策行为。

引入“反叛者”的损失函数L^R，由(3.51)、(3.60)和(3.61)可以求得L^R函数的表达式，在v和ρ平面上可以做出$L^R=L^s$线，见图3.7，在这条线以下的部分$L^R>L^s$，同步调整价格是纳什均衡，“反叛者”不同步调整价格会给自己带来更大的损失。

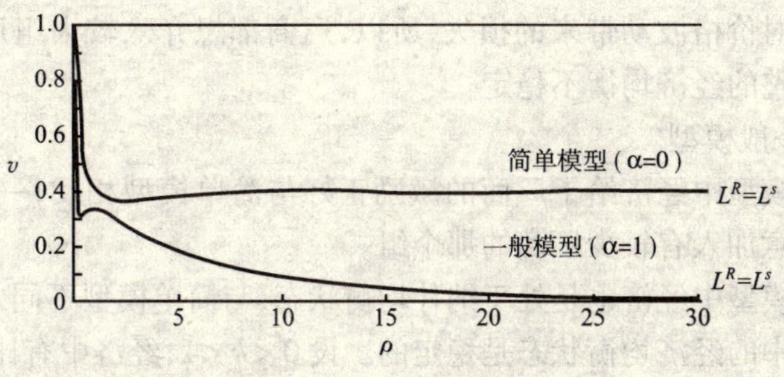

图 3.7　价格调整模型

当同步调整达到纳什均衡时，社会福利达到最优。就单个“反叛者”而言，他虽然可以从交错调整中得到附加信息，从而获益，但这引起了该厂商产品价格相对于其他厂商产品价格的大波动。这种波动给厂商带来损失，损失大于从信息中的得益，所以，厂商从经济中得到的社会福利低于其他厂商，为了保持厂商的社会福利不低于其他厂商，它的最佳策略是与其他厂商同步调整价格。

2. 交错调整的均衡

以交错方式调整价格时，简单模型和一般模型的结果有很大差别。下面分别考察两种情况下经济的均衡状态。

(1)简单模型。

在简单模型中，在交错调整价格时，经济处于纳什均衡状态。在奇数期和偶数期时，经济中都有一半厂商在调整价格，所以，这两群厂商的损失函数是相同的。同时，因为经济规模很大，若单个厂商从一个群体移到另一个群体，这些损失函数几乎未变，没有一个厂商有改变调整价格时间的刺激。所以，经济总是处于纳什均衡。

为了进一步分析经济均衡的稳定性，先给出一个交错调整稳定性的定义：当经济中两组厂商受到扰动，每组人数偏离一半后，较大组中的厂商能运动到较小群体中，使两组厂商数重趋相等，这被称为稳定均衡。

在简单模型中，交错调整价格时的经济均衡是不稳定的。在简单模型中，每个厂商都想尽可能地与其他厂商同步地调整价格，以避免相对价格波动给厂商带来的损失。当经济受到扰动后，较大组中的厂商观察到不足50%的厂商调整价格的信息，而较小组厂商观察到超过50%的厂商的信息。由于厂商数量众多，较大组和较小组厂商的价格调整提供同样的信息,处于较小组的厂商不能通过交错调整增加厂商的利益,相反,却要忍受相对价格波动带来的损失,所以,厂商都想介入较大组厂商群,导致交错调整的经济均衡不稳定。

(2)一般模型。

一般模型中经济给予厂商的激励正好与简单模型相反,一般模型中的厂商愿意加入有较少厂商的那个组。

一般模型中经济也是处于纳什均衡状态,与简单模型不同之处在于,一般模型中的经济均衡状态是稳定的。设 $0<k<1$,经济中有比例为 k 的厂商在偶数期调整价格,有 $1-k$ 的厂商在奇数期调整价格,以 p_t^{ET} 代表偶数期价格总水平,p_{t+1}^{OT} 代表奇数期价格总水平,p_t^{E} 代表偶数期调整价格的那部分企业价格所形成的价格,p_t^{O} 表示奇数期调整价格的那部分企业价格所形成的价格,则偶数期和奇数期的价格总水平为:

$$p_t^{ET} = kp_t^{E} + (1-k)p_{t-1}^{O}$$

$$p_t^{OT} = (1-k)p_{t+1}^{O} + kp_t^{E}$$

将以上两式与(3.29)和(3.31)综合可推导得偶数期调整价格的损失函数 L^E 和奇数期调整价格的损失函数 L^O。在 v 和 ρ 坐标图上可画出 $L^E=L^O$ 的轨迹,见图3.8,在这条线的上方,均衡是稳定的。

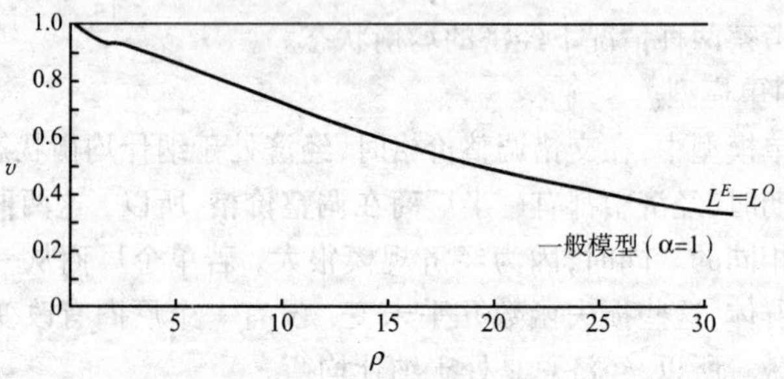

图3.8 交错价格调整模型

交错调整价格时均衡能稳定,是因为较小组厂商有较好的信息。一个在 t 时调整价格的厂商可以观察到 $t-1$ 时价格调整的信息。这些信息揭示 θ_{It-2} 和 $\bar{\eta}_{it-2}$。较小组厂商在 $t-1$ 时观察了更多的价格调整信息,所以,该组的 $\bar{\eta}_{it-2}$ 有较小的方差,而且 $\bar{\eta}_{it-2}$ 的信息有助于厂商区别相邻冲击和总需求变动。这些信息对较小组厂商调整价格是有利的,其好处超过了较小组厂商未与较大组厂商同时调整价格的损失。所以,较小组厂商宁愿留在本组内,而不涌入较大组;相反,较大组厂商却更愿意进入较小组。因此,交错调整价格时的经济均衡是稳定的。

3. 稳定均衡和最优

同步调整和交错调整稳定均衡的条件不同于两种调整方式中的最优条件。具体情况见图3.9,它综合了图3.6～3.8的一般模型的几条轨迹。在图3.9中最低的两条线之间的区域是交错调整的最优区间，也是同步调整的均衡区间。在最高线和最低线之间,交错调整是最优策略，但无法实现稳定均衡。图中的几条线的相对位置不是一成不变的，会随着收集信息的成本的大小而变化。

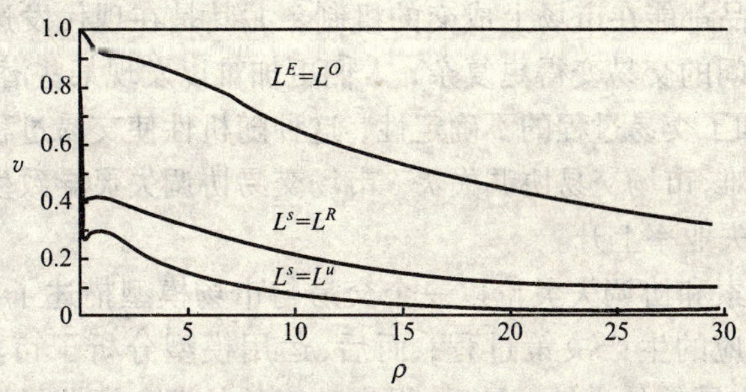

图3.9　交错调整价格与同步调整价格的均衡

交错调整价格能使社会福利增加。交错调整给厂商提供了附加信息,它叠加于企业所拥有的有限的信息上,使企业信息接近于完全信息,厂商行为近似理性化。厂商通过交错调整价格做出的近似理性的价格决策,不但厂商从市场得益,而且增进了社会福利。

交错调整价格的缺陷是,引入了价格水平惯性,恶化了总需求的波动,所以,交错调整价格论的政策建议是:减少交错调整价格，克服价格水平的惯性。如通过长期贸易合同减少价格惯性，但有可能导致社会福利的减少。

以上模型还能说明,当厂商接近完全竞争或相邻冲击很小时，同步调整最可能出现,而交错调整最不可能出现。将模型应用于某个行业时,可以说明行业调整价格的方式。对那些替代弹性很强的产品,经济冲击可能均等地影响所有的厂商，结果该行业厂商采用同步方式调整价格。而对那些产品有较少替代性的行业来说，如街头巷尾的小杂货铺的特色产品,产品的替代弹性较小，生产和销售这些产品的厂商往往采用交错调整价格的方式。

综上所述，交错调整价格论在近似理性的基础上说明了价格水平有惯性,所以价格有粘性,价格粘性加剧了总需求的周期波动。需要国家干预才能平滑经济的波动。

第三节　交易搜索和市场协调失灵

以交易搜索论为基础的市场协调失灵理论是由新凯恩斯主义者戴蒙德(Diamond)①提出的,其主要观点是:在由许多经济人构成的经济中,交易的协调是困难的。商品所有者必须耗费时间和费用在市场上寻找到愿意购买该商品的交易者后,商品交易才能成功。市场中不存在一个保证所有的商品都能在市场上成交的机制。尤其是在现代发达的经济中,多种商品之间的交易变得更复杂,人们更加难以发现某些潜在的交易机会,从而增加了交易过程的不确定性,这种随机性使交易过程变幻莫测,交易变得困难,市场交易协调失灵。市场交易协调失灵导致生产下降,生产下降引起失业率上升。

交易搜索和协调失灵论以一个交易与市场模型描述了有搜索过程的交易及相应的生产决策过程;而后,运用模型分析了市场多重稳态均衡,说明交易的外生性;最后,提出政府的长期和短期经济政策。

一、交易和生产模型

交易和生产模型中定义:失业,是指某些没有产品用于销售、正在寻找生产机会的人们;就业,是指那些拥有产品、并试图出售这些产品的人们。处于就业的人有购买力,而处于失业的人没有购买力。若将生产视为个人时间的耗费,搜索交易需要时间,那么个人就处于失业、就业或交易三种状态中的一种状态。

模型假设经济人之间进行的是以货易货交易,经济人要在市场上寻找到潜在交易者后,交易才能进行。市场交易由一个随机配对过程协调。所有的经济人都相同,都是风险中性的行为者。对个人行为有两个限制:一是个人不能消费他们自己的产品,但能以自己的产品与他人产品交换后,消费由他人生产的产品;二是经济人只有在出售其产品后才能从事生产活动,所有交易都是在持有商品者之间进行。在上述定义和假定下,模型由以下几部分构成。

1. 效用函数

设个人产品的消费量为 y,生产成本(劳动的负效用)为 c,则个人效

---

① Diamond, P., "Aggregate Demand Management in Search Equilibrium", Journal of Political Economy (1982): pp. 881 - 894.

用函数 u 为：

$$u = y - c \tag{3.62}$$

由于个人是风险中性的，可以忽略没有明显或隐形工资保险的情况。未来的效用可以折算为当前的效用，由于生产和交易是在离散时间中发生的，所以，长期效用函数为：

$$V = \sum_{i=1}^{\infty} \exp(-rt_i)u_{ti} \tag{3.63}$$

其中，r 为贴现率，个人在工作时间和消费都是随机变量的情况下，追求个人效用最大化。

2. 生产过程

设想生产是连续进行的，生产机会的到达是一个服从泊松分布的连续过程。每个行为者的生产机会由一个表征生产机会到达率的泊松分布函数中的参数 a 来表示。每个生产机会都有 y 单位的产出和 c 单位的成本耗费，$c \geq \underline{c} > 0$，其中 $\underline{c}$ 为生产可能成本，即最小成本，低于此成本生产无法进行。对所有生产过程来说，其产出都为 y，而成本却随不同的生产过程而变化，其分布状况由 $G(c)$ 来描述。

3. 交易过程

对个人来说，搜索交易者的过程是个随机过程，个人在市场中找到潜在交易者的概率为 $b(e)$，$b' > 0$，$b(e)$ 服从参数为 e 的泊松分布。参数 e 是就业人口的比率。这部分就业者拥有可以用作交易的商品与他人进行交易。在市场交易中，寻找潜在的交易者需要时间，从持有商品到商品售出，有一个时间滞后，交易过程的滞后表示商品销售所需要的时间，也是商品库存时间。交易者商品库存的平均时间随销售率的下降而延长。由于泊松分布的期望等于参数 e，所以市场上随机搜索到交易者的平均概率为 e，等于就业率。一个无指导的交易者，在市场中遇到交易者的概率随 e 的增加而提高。e 越大，说明市场上可供交易的产品越多，人们达成交易的可能性就越大。

4. 就业率方程

当经济系统足够大时，虽然交易者不能确切地预言单个行为者之间的生产和交易状态，但整个经济系统潜在的生产和交易机会的期望概率能应用泊松分布公式估算出来，潜在的生产和交易概率的平均值是可能知道的。就业率随每对已完成的交易而下降，先前的就业者在出售产品后变为有资格从事生产，取得了从事生产的机会。若这些有资格从事生产的人得到的生产成本低于 c^* 的生产机会，就业率满足下列微分方程：

$$de/dt = a(1-e)G(c^*) - eb(e) \tag{3.64}$$

其中,$(1-e)$是平均失业率,a 是生产机会概率,$G(c^*)$为接受生产成本 c^* 的概率,$b(e)$是成功地进行交易的概率。由该式可求得均衡就业率。当 $e=0$,即稳态均衡。稳态就业率将随成本 c^* 的增加而提高,且下式成立:

$$(de/dc^*)\big|_{de/dt=0} = [a(1-e)G'(c^*)]/[b(e) + b'(e) + aG(c^*)] > 0 \tag{3.65}$$

5. 个人选择

个人选择是做出决策,选择从事那种生产项目的机会。对稳态均衡来说,这种个人决策是一个简单的动态规划问题。根据 $de/dt=0$,可以求得稳态均衡就业率。再以 W_e 和 W_u 代表折合为现值的就业和失业的长期效用,并以效用贴现率 r 乘以 W_e 和 W_u,它们均为即期效用流量的期望值加上一个来自状态变化的资本报酬期望值:

$$rW_e = b(y - W_e + W_u)$$
$$rW_u = a\int_0^{c^*}(W_e - W_u - c)dG(c) \tag{3.66}$$

一个就业者有一个概率为 b 的贸易机会,并在交易完成后,由就业向失业转变。每个接受生产机会的失业者有一个数量为 $-c$ 的即时效用,并从失业转向就业。一个失业者接受任何能提高其期望效用的机会,所以,有如下判据:

$$c^* = W_e - W_u = [by + a\int_0^{c^*}cdG]/[r + b + aG(c^*)] \tag{3.67}$$

该式是解(3.66)式得到的。它决定 c^* 值,根据 c^* 就能做出个人的最优生产决策。只要生产数量为 y 的成本小于等于 c^*,那么,就应该选择生产。当所有的人都采取这种策略时,就业率是最高的。就业率提高,总需求增加,销售的概率也由于潜在交易者的增加而提高。市场不能驱策经济人都采取这种策略,所以经济中出现多种就业稳定均衡状态。下面进一步研究稳态均衡的多重性。

二、多重均衡

借助于交易和生产模型,可以说明生产和交易的理性预期稳态均衡不是惟一的,而是多重的。综合(3.64)和(3.66)式,可以推导理性预期的多重稳态均衡。对(3.67)式求一阶和二阶导数得:

$$dc^*/de = [(y - c^*)b']/[r + b + aG]$$

$$d^2c^*/de^2 = [(y - c^*)b'' - 2b'(dc^*/de) - aG'(dc^*/de)^2]/(r + b + aG) \quad (3.68)$$

其中一阶微分大于零。因为只有产出大于投入 c^*，人们才会从事生产，所以，$(y - c^*) > 0$，其余各项都大于零，所以，一阶微分必大于零。类似地，可分析 $d^2c^*/de^2 > 0$。所以 $c^*(e)$ 曲线是一条递增的下凹曲线，见图 3.10。

令 $\dot{e} = 0$ 时，就业率不会发生变动，由(3.65)及二阶条件可知，$de/dt = 0$ 在图中是一条递增的上凹曲线。

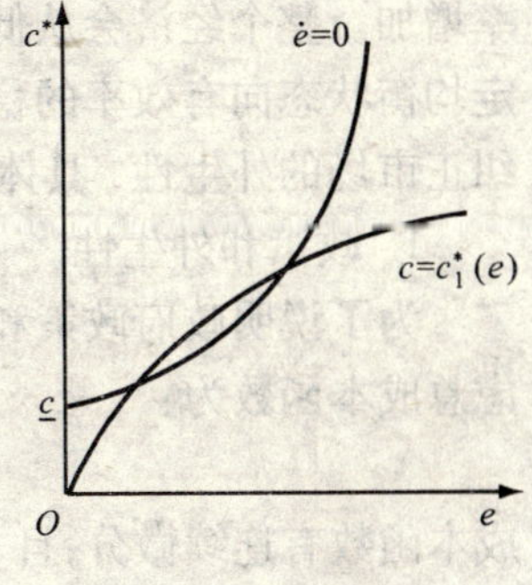

图 3.10　多重均衡

由于 e 和 c^* 是正相关，由(3.67)式的最优决策和 $de/dt = 0$ 的就业率来表示的就业稳定均衡有多种可能性。除了整个经济停止活动，全体人员都失业时的特殊就业均衡外，还有多重均衡。当平均就业率 e 趋于 0 时，交易率 b 趋于零，最优策略成本 c^* 趋于 0；反之，当就业率 e 提高时，最优决策成本 c^* 也增加。若所有的生产机会都被接受，那么 $G = 1$，就业水平达到其上限。在 $c^* \leq \underline{c}$ 时，稳态就业率等于零，$\underline{c}$ 为最低可能生产成本。在 c^* 大于 $\underline{c}$ 及 $G = 1$ 之间的 c^* 值域上存在多重就业均衡。

若经济总是在最优稳态生产决策方程(3.67)的曲线上运行，均衡的移动由关于 de/dt 的方程来确定。在图 3.10 中，可以完全预期最高就业均衡和零就业均衡是稳定的，其余的均衡是不稳定的。

模型可以被扩展为分析随机冲击对经济的影响。冲击出现后，经济中会出现多重稳定均衡状态。多重稳定均衡的存在，说明经济在暂时冲击消失后，仍会维持在受冲击时的某一稳定均衡态，而不是恢复到受冲击以前的经济均衡态。经济可能处于较低产出水平的均衡状态。

相似地可以分析理性预期问题。当多重理性预期稳态均衡出现时，隐含着经济从初始状态开始运动后，会有多条理性预期路径达到不同的理性预期稳定均衡态。市场中的交易需要交易者去搜索，搜索成功的概率与潜在交易者的数量有关。而且，在众多的经济人构成的市场中，潜在的交易机会不能被充分地认识，没有一个信息机制能保证每个人都能准确地预言交易时间，对交易时间预言的误差特别可能出现在由初始状态到某个理性预期均衡的路径上，这样的路径又有多条，从而导致经济可能处在低效率的均衡状态。理性预期出现非理性。

三、政府刺激经济的政策

当政府干预经济刺激总需求增加时,市场上潜在交易者会增加,潜在交易者的增加使交易变得容易,促使销售率提高。高销售率使生产更加有利可图,人们的理性预期的产出水平因而提高,愿意从事生产的概率增加。整个经济会从低产出均衡向高产出均衡运动,或从无效率的稳定均衡状态向有效率的稳定均衡移动。政府调整协调机制,是通过政策纠正市场的外生性,具体政策有长期刺激政策和短期稳定政策。

1. 政策和外生性

为了说明政府政策和市场外生性的关系,将上述模型稍作简化。考虑总成本函数为:

$$c = f(y) \tag{3.69}$$

成本函数有连续微分,且$f'>0$,$f''>0$。$p(y)$为销售概率,它是总产出水平的函数。未销售出去的产品是浪费,不能产生效用。所以效用函数为:

$$u = yp(y) - c \tag{3.70}$$

从社会角度看,效用函数可视为社会福利函数,最优化的生产和销售条件为:

$$p(y) + yp'(y) = f'(y) \tag{3.71}$$

政府运用津贴生产成本的政策,能将分散的专业化生产的经济系统引导到满足社会福利最优化的均衡点上进行生产和交易。

上述简化模型可以扩展为包括公共产品的模型,扩展后的模型可以反映乘子效应。若政府只采用扩大公共产品的需求政策,g是产出中用于公共产品的数量,$v(g)$是从消费公共产品得到的社会福利。设公共产品的费用来源于总额税,税收是对个人收入的扣除,那么,消费公共产品的成本是附加于个人生产成本之上的。有公共产品后社会福利函数为:

$$u = yp(y+g) - g + v(g) - c \tag{3.72}$$

若p被当作参数,则社会最优化生产条件为:

$$p(y+g) = f'(y) \tag{3.73}$$

设y是p的连续函数,对上式进行微分,得:

$$\mathrm{d}y/\mathrm{d}g = -p'/(p' - f'') \tag{3.74}$$

当产量增加时,生产的边际成本f'比销售的概率$p(y)$增长得更快,那么,就有$p'-f''<0$,此时有$\mathrm{d}y/\mathrm{d}g>0$,即政府公共物品乘数大于零。政府公共产品的乘数通常大于1。

经济中的外生性被解释为:在市场中,交易的成功率会随着潜在交易者的增加而提高。外在性源于经济中协调机制失灵,不能通过市场交易所形成的网络将全部产品配置给个人,因而产品积压,市场不能出清,形成社会福利损失。政府干预能降低经济中的外生性。政府公共消费的扩大,增加了社会总需求,社会总需求由原来的 y 提高到 $y+g$。总需求提高后,潜在交易者增加,交易变得容易,从而提高了销售概率,即 $p(y+g)>p(y)$。随着销售概率的增加,生产的机会增加,产出也由无效的低水平跃入有效率的高水平。

政府根据模型制定减少外生性的政策,通过诱导经济人的行为达到改变宏观经济状态的目的。对长期来说,发展是主要目标,长期要制定刺激经济的政策,而短期是求稳定,需要稳定经济的政策。

2. 长期刺激政策

根据(3.64)~(3.67)的动态模型,能探讨政府长期刺激经济的政策。设政府有足够的政策工具去控制人们的生产决策。当经济不受外界干扰时,模型能分析 c^* 的小量变化对稳定均衡的影响。在某个稳态均衡中,人均即时效用流满足:

$$Q(t)=eb(e)y-a(1-e)\int_0^{c^*}c\mathrm{d}G(c) \tag{3.75}$$

其中,$eb(e)$ 是销售率,$a(1-e)G$ 是生产率,从事各类生产的平均成本为 $\int_0^{c^*}c\mathrm{d}G/G$。用人均长期效用函数来估计社会福利 W,则有:

$$W=\int_0^{\infty}\exp(-rt)Q(t)\mathrm{d}t \tag{3.76}$$

当 $e=0$,经济沿着最优生产决策动态路径开始运动时,社会福利 W 随 c^* 的变化过程满足下式:

$$\begin{aligned} r(\alpha W)/(\alpha c^*)=&-a(1-e)c^*G(c^*)+\left[y(b+eb')+a\int_0^{c^*}c\mathrm{d}G\right] \\ &\cdot\left[a(1-e)G'(c^*)\right]/\left[r+b+eb'+aG(c^*)\right] \end{aligned} \tag{3.77}$$

式中第一项说明 c^* 的小幅度变动引起稳态均衡的生产成本增加;第二项代表产出和生产成本沿着最优生产决策运动所引致的实际就业轨线的变化。在无干扰时,上式变为:

$$\begin{aligned} r(\alpha W)/(\alpha c^*)=&\left[a(1-e)G'eb'\right]/(y-c^*) \\ &\cdot(r+b+eb'+aG)>0 \end{aligned} \tag{3.78}$$

显然,当政府通过适当的经济手段使 c^* 增加时,会给人们提供更多的生产机会。c^* 越高,实际生产成本 c 低于 c^* 的可能性就越大,人们选择生产的机会就越多,产量也增加。产品数量越多,潜在的交易者增加,交易变得容易,销售率提高,这又刺激了生产的提高。形成了良性循环关系。这样,产出增加,就业率上升,社会福利提高。

3. 短期稳定政策

政府在短期内需要的是稳定政策,根据上述动态模型，可以推导出短期政策。短期稳定政策是追求由下式表示的社会福利函数最大化:

$$\max\int_0^\infty \exp(-rt)Q(t)\mathrm{d}t \tag{3.79}$$

$$Q(t)=e(t)b[e(t)]y-a[1-e(t)]\int_0^{c^*(t)} c\mathrm{d}G$$

$$\mathrm{d}e/\mathrm{d}t=a[1-e(t)]G[c^*(t)]-e(t)b[e(t)],e(0)=e$$

以 c 表征的短期最优稳定政策记为 c^{**},在最优稳定政策下,c^{**} 所引导的生产轨线使就业率达到最高,则:

$$\mathrm{d}c^{**}/\mathrm{d}t = rc^{**}-(y-c^{**})(b+eb)+a\int_0^{c^{**}}(c^{**}-c)\mathrm{d}g \tag{3.80}$$

在 $c^{**}=0$ 的条件下,对 c^{**} 求导,得:

$$\mathrm{d}c^{**}/\mathrm{d}e|_{c^{**}=0}=[(y-c^{**})(2b'+eb'')]/(r+b+eb'+aG) \tag{3.81}$$

$c^{**}=0$ 的曲线总是在 $c^*(e)$上方。其经济意义为,在任何初始时刻,最低失业率都是最优的选择。运用这些公式能给出补贴生产的政策表达式。

补贴生产政策。政府通过补贴生产成本,能诱导个人去选择低成本的生产项目。短期最优稳定态,是由调整(3.80)式中的 $c^{**}=0$、或调整(3.77)式的 $\alpha W/\alpha c^*$ 等于零来描述。设政府补贴生产成本的费用来自总额税。s 为完成某个项目的补贴,对个人来说,成本削减法则为:

$$c^*-s=W_e-W_u=[by+a\int_0^{c^*}(c-s)\mathrm{d}G]/[r+b+aG(c^*)] \tag{3.82}$$

短期渐近最优水平满足:

$$c^{**}=(by+eb'y+a\int_0^{c^{**}}c\mathrm{d}G)/[r+b+eb'+aG(c^{**})] \tag{3.83}$$

本式中以 c^* 代替 c^{**},并代入(3.82)式,然后对 s 求解得:

$$s=\{eb'[ry+a\int_0^{c^*}(y-c)\mathrm{d}G]\}/[(r+b)(r+b+eb'+aG)] \tag{3.84}$$

显然,$s>0$,政府给生产单位商品的生产者补贴 s,说明个人能以较低的生产成本 c 进行生产。当 c^* 不变时,个人生产成本 c 下降，其结果是增加了生产机会,使就业和产出维持在较高水平上。

综上所述,在一个复杂的现代经济系统中,总有些事物不能被认识,存在着未知的机会。在众多的经济人和多种商品构成的纷繁复杂的经济中,个人需要通过搜索来认识某些潜在的机会,获得信息,找到交易者并达成交易。经济人无法找到所有的潜在机会,交易协调失灵。市场不能有效地协调经济人的交易行为,出现市场协调失灵。此时,政府的政策将有效地扩大潜在的交易机会,刺激交易和个人生产、矫正协调失灵。当经济由于协调失灵而处于某种无效稳定均衡状态时,政府能通过适当的政策引导经济沿着最优轨线向有效的稳定均衡态运动。

第四节　信贷配给论

信贷配给论分析了利率和贷款抵押的选择效应,说明在不完全信息信贷市场中存在多重均衡,在信贷市场处于均衡时,可能存在信贷配给。

信贷配给论从以下几方面来展开其论点:利率的反向选择效应;利率的激励机制;贷款抵押效应和有限可靠性;借款者差别和信贷市场均衡。

一、利率的反向选择效应

利率的反向选择效应是指,较高的贷款利率会使那些有良好资信的借款者不再申请贷款,而那些资信差又从事风险项目的借款者继续借款,从而降低了还款概率,会导致银行收益下降。银行为提高收入,往往不愿意轻易提高利率,而在较低的利率上发放贷款,提高还款概率,以实现银行利润最大化。利用利率的反向选择效应可以将利率作为一个检测装置,确定借款者还款概率,从而推知贷款的风险性。

1. 作为检测机制的利率

设银行能区别一组投资项目。对每个项目 θ 都对应着总收益 R 的概率分布,并且短期中借款者行为不能改变这种概率分布。不同的厂商有不同的收入概率分布。银行能根据每个项目的平均收益来区别项目,但不能辨别出各项目的风险性。设收益分布为 $F(R,\theta)$,其密度函数为 $f(R,\theta)$。在平均有限分布意义上,较大的 θ 对应着较大的风险,即对于 $\theta_1>\theta_2$ 有:

$$\int_0^\infty Rf(R,\ \theta_1)\,\mathrm{d}R=\int_0^\infty Rf(R,\theta_2)\,\mathrm{d}R \tag{3.85}$$

则 $y\geqslant 0$ 时有:

$$\int_0^y F(R,\ \theta_1)\,\mathrm{d}R \geqslant \int_0^y F(R,\ \theta_2)\,\mathrm{d}R \tag{3.86}$$

设每个人借款的数量为 B，借款利率为 r，贷款抵押为 C。当下式成立时：

$$C + R \leqslant B(1 + r) \tag{3.87}$$

则称这个借款者在贷款中有欺诈行为。因为借款者收入加上贷款抵押 C 不足以或恰好能补偿借款的本利。显然，这个借款者认为不还贷款的风险不大，可以拖欠或不还这笔贷款。而对银行来说，这笔贷款的风险就变大了。

借款者的收入 $\pi(R,r)$ 可写为：

$$\pi(R,\ r) = \max(R - (1 + r)B,\ - C) \tag{3.88}$$

银行的贷款收益 $\rho(R,r)$ 为：

$$\rho(R,\ r) = \min(R + C,\ B(1 + r)) \tag{3.88'}$$

假设：借款者和贷款者都是风险中性的；借者持有一定数量的证券，这些证券的数量不能再增加了；银行的贷款供给不受银行索要利率的影响；投资的项目是不可分的，项目的成本是固定的；每个项目所需的贷款额相同；贷款申请者数量分布与贷款申请者的货币价值量分布相同。

在上述假定下，可得如下的 6 个定理，这些定理说明，利用利率的反向选择效应，可以将利率视为一种检测机制。

定理 1　对于既定的利率 r，存在一个临界值 θ^*，当且仅当 $\theta > \theta^*$ 时，厂商从银行借款。

定理 1 的经济意义见图 3.11。利润是 R 的凸函数。此时期望利润 π 随着风险而递增。期望利润为 0 的 θ 值满足下式：

$$\pi(r,\ \theta^*) = \int_0^\infty \max[R - (r + 1)B - C]\,\mathrm{d}F(R,\ \theta^*) = 0 \tag{3.89}$$

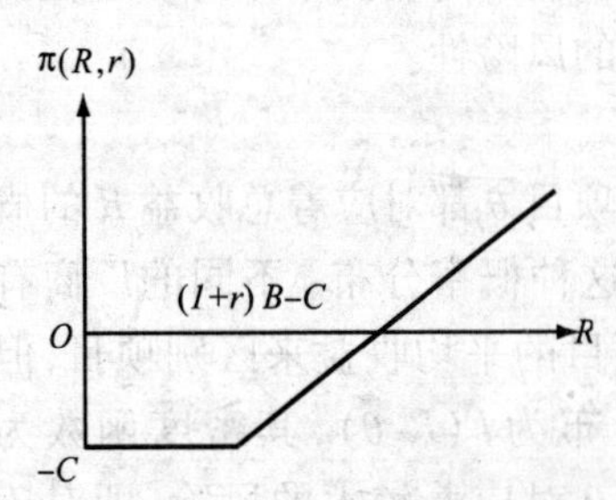

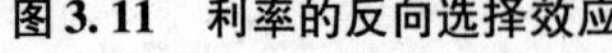
图 3.11　利率的反向选择效应

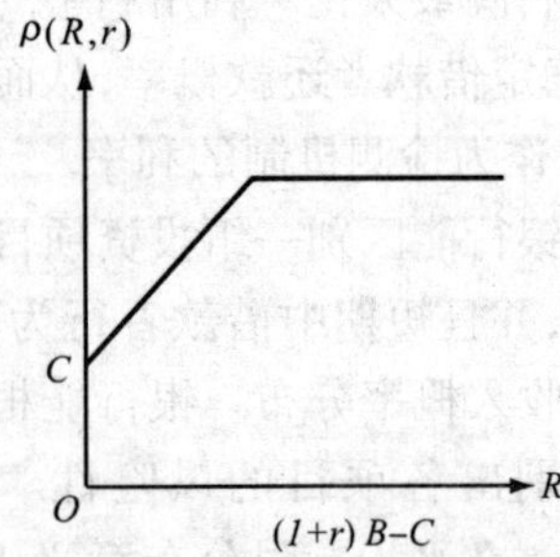

图 3.12　利率的反向选择效应

定理 2　当利率提高时，θ 低于临界值 θ^* 的借者，不再申请贷款。利率的这种反向选择效应，可能引起银行收入随利率的提高而减少。此时，低风险厂商不再借款,高风险厂商在借款者中的比重上升。而高风险厂商借款导致还款率下降,银行利润减少。对(3.89)式微分得:

$$d\theta^*/dr = [B\int_{(1+r)B-C}^{\infty} dF(R,\theta^*)]/(\partial\pi/\partial\theta^*) > 0 \qquad (3.90)$$

该式说明期望利润随 θ 递减。

定理 3　银行贷款的期望收益是贷款风险的递减函数。

证明:从(3.88′)式可知,$\rho(R,r)$ 是 R 的凹函数,即风险越高,拖欠款概率越高,银行收入越低,结果见图 3.12。

定理 2 和定理 3 隐含着利率的反向选择效应。通常利率增加能提高银行的收益,这是利率的正向选择效应,是利率对收入的直接影响。而定理 2 和定理 3 说明,利率的增加还可能减少银行收入,这被称为利率的反向选择效应。它与利率对收入的直接影响方向相反。

利率的反向选择效应可能超过正向选择效应。设有两组借款者,一组是“安全组”;另一组是“风险组”。安全组厂商在利率低于 r_1 时借款,而风险组厂商在利率低于 r_2 时借款,$r_1 < r_2$,见图 3.13。显然,当利率低于 r_1 时,两组厂商都借款。银行难以区别哪些借款者是风险组的,哪些借款者是属于安全组的。银行可以通过改变利率来分辨风险组与安全组厂商。银行将利率提高到 r_1 以上,但小于 r_2,此时,所有安全组厂商都退出信贷市场,不再向银行借款,只有风险组厂商仍在申请贷款。

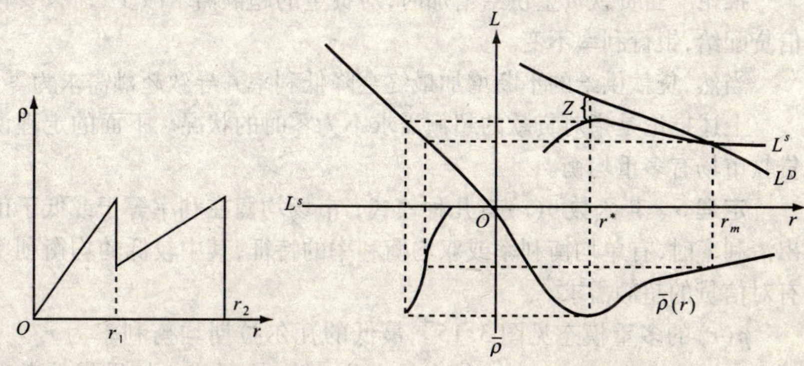

图 3.13　利率的反向选择效应　　**图 3.14　信贷市场均衡**

定理 4　如果存在离散数量的潜在借款者或各种类型的借款者,各类借款者有不同的风险 θ,那么 $\bar{\rho}(r)$ 将不是 r 的单调函数。当各类厂商连续地退出市场时,$\bar{\rho}(r)$ 的下降有间断点。

$\bar{\rho}(r)$ 是银行利率为 r 时,从一组申请者中得到的平均收益。下面的定理 5 和定理 6 说明了这种非单调性的重要性。

定理 5　不论何时 $\bar{\rho}(r)$ 都有一个内在模式，在模式内的资金供给函数使得竞争均衡伴有信贷配给。

定理说明信贷市场中存在着一个低于瓦尔拉斯均衡利率的利率，这个利率也能使信贷市场均衡，且均衡时银行收入高于瓦尔拉斯均衡利率时的收入。图 3.14 描述了存在信贷配给时的均衡。

图 3.14 说明，使市场出清的利率是 r_m，但 r_m 不是实际市场均衡点，信贷市场的实际均衡点处于 r^* 点，此时，信贷市场处于需求大于供给的状态。对资金的需求依赖于银行利率 r，对贷款的需求 L^D 是利率的递减函数，见图中右上方的象限的 L^D 线。银行利率 r 与银行期望收益的非单调性关系由图中右下方的 $\bar{\rho}(r)$ 线描述。左下方的象限描述了信贷资金供给 L^s 与贷款期望收益的关系。若银行自由竞争地争夺储户，$\bar{\rho}$ 将是储户们能接受的利率。通过 r 影响贷款的期望收益，可在右上方的象限中作贷款供给是利率 r 的函数，在利率 $\bar{\rho}$ 上，银行能提供有吸引力的贷款。因此，在 $\bar{\rho}=r^*$ 的点上，银行能获得最大化的利润。此时尽管信贷市场上存在超额信贷需求 Z，但却是信贷市场的实际均衡点。在 r^* 点上，银行可以吸引更多的低风险的借款者，而在 r_m 点只能吸引那些从每笔贷款中得到较大利润却伴随较大风险的借款者，这些借款者的拖欠率很高，会减少银行的利润。由此可得出如下推论：

推论　当贷款资金供给增加时，对资金的超额需求减少，但只要存在信贷配给，银行利率不变。

当然，贷款供给的不断增加最终会降低利率并导致超额需求为零。

上述推论是指对贷款的超额需求不为零时的状况。下面的定理说明贷款市场有多重均衡。

定理 6　若函数 $\bar{\rho}(r)$ 有几种模式，市场均衡在利率等于或低于市场出清利率时，有单均衡利率或双均衡利率的特征，其中较低的均衡利率伴有对信贷的超额需求。

$\bar{\rho}(r)$ 的多重模态见图 3.15。最低的瓦尔拉斯均衡利率为 r_m。由 r 代表最大化 $\bar{\rho}(r)$ 的利率。如果借款者理性地借款的利率为 r，$r<r_m$，对定理 5 的分析不受多重模态的影响，在 r 存在信贷配给。那些愿意从事较高风险性项目的投资者不能通过支付较高的利率来取得贷款。另一方面，若 $r>r_m$，借者可以在 r_1 或 r_2 点上得到贷款。r_1 是 $r<r_m$ 时最大化 $\bar{\rho}(r)$ 的利率，

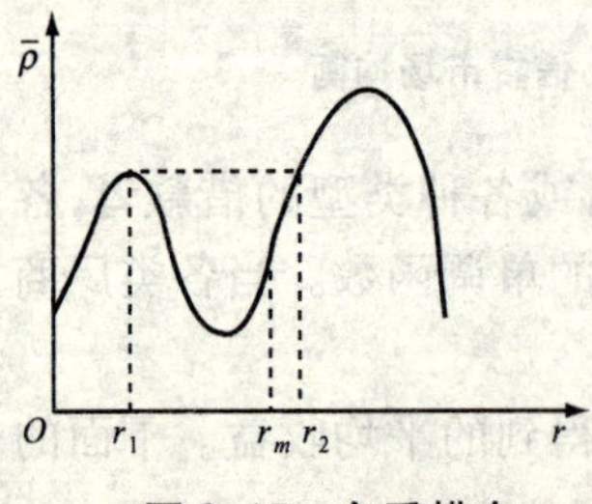

图 3.15　多重模态

r_2 是 $r>r_m$ 使得 $\rho(r_2)=\rho(r_1)$ 的利率。从 r_m 的定义及下斜的贷款需求函数,在 r_1 时有一个对贷款的超额需求。只有当 $r_1=r_m$ 时,没有信贷配给。很明显,在 r_1 时,ρ 是局部最大化点,没有偏离 r_1 的激励存在。

2. 配给最优的充分条件

(1)信贷配给的充分条件。

设 $L(\theta)$ 是有风险项目的连续分布,$\rho(\theta,r)$ 是风险为 θ、利率为 r 的银行贷款的期望收益,在利率为 r 时,贷款的平均收入为:

$$\rho(r)=\left[\int_{\theta^*(r)}^{\infty}\rho(\theta,r)\mathrm{d}G(\theta)\right]/\left[1-G(\theta)\right] \tag{3.91}$$

由定理 5 可得,信贷配给的充分条件是 $\mathrm{d}\rho/\mathrm{d}r<0$。

设 $\rho(\theta^*,r)=\rho^*$,所以有:

$$\begin{aligned}\mathrm{d}\bar{\rho}/\mathrm{d}r=&-[g(\theta^*)](\rho^*-\bar{\rho})(\mathrm{d}\theta^*/\mathrm{d}r)/[1-G(\theta)]\\&+\left\{\int_{\theta^*}^{\infty}[1-F(1+r)B-C,\theta]\mathrm{d}G(\theta)\right\}/[1-G(\theta^*)]\end{aligned} \tag{3.92}$$

由定理 1～3 可得,式中代表申请贷款者组合变化的第一项是负的。而第二项,即表述潜在贷款申请者保持不变,提高利率能增加收入的项是正的。若银行在利率为 r 时的贷款平均收益与厂商以利率 r 借款后投资于最安全的项目所得的收入之间差额比较大,第一项的绝对值就比较大,$\mathrm{d}\bar{\rho}/\mathrm{d}r$就小于零。若 $[g(\theta^*)]/[1-G(\theta^*)](\mathrm{d}\theta^*/\mathrm{d}r)$ 比较大,第一项也比较大,即名义利率的小变化会引起申请贷款者人数的大变动。

(2)项目有双重结果时信贷配给的充分条件。

设某项目成功时的收益为 R,失败时的收益为 D。将所有的 B 正则化为1。所有项目的收益 R 服从约束 $S\leqslant R\leqslant K$。设贷款都是无抵押贷款,$C=0$,项目的期望收益为 T。以 $p(R)$ 表示成功时有收入 R 的概率,则有:

$$T=p(R)R+[1-p(R)]D \tag{3.93}$$

银行贷款出现坏账时的成本为 x,它等于厂商在项目失败时的厂房和设备的原价值与银行从失败的厂商手中得到的厂房和设备的现值之差。设项目价值的分布函数为 $G(R)$,其密度函数为 $g(R)$。设 $J=r+1$,当且仅当 $R>J$ 时,厂商才借款,则单位贷款的期望收益是:

$$\begin{aligned}\rho(J)=&\left(1/\int_J^K g(R)\mathrm{d}R\right)\left\{J\int_J^K P(R)g(R)\mathrm{d}R\right.\\&\left.+\int_J^K[1-p(R)](D-x)g(R)\mathrm{d}R\right\}\end{aligned} \tag{3.94}$$

利用(3.85)式和罗必达(I'Hopital's)法则,可求得 $\lim_{j\to K}(\partial\rho/\partial J)<0$

的充分条件，因此ρ是非单调的。

a. 当$\lim_{R\to K}g(R)\neq 0,\infty$，则充分条件是$x>K-D$，或等价地有$\lim_{R\to K}p(R)+p'(R)x<0$。

b. 若$g(K)=0, g'(K)\neq 0,\infty$，则充分条件是$2x>K-D$，或等价于$\lim_{R\to K}p(R)+p'(R)x<0$。

c. 若$g(K)=0, g'(K)=0, g''(K)\neq 0$，则充分条件是$3x>K-D$，或等价于$\lim_{R\to K}p(R)+3p'(R)x<0$。

条件a隐含着，若$r+1\to K$，在递增利率时，还款的概率被较大风险贷款的呆账损失所超过。银行将在小于$K-1$的利率上贷款才能降低呆账损失，最大化其利润。当$g(K)=0$时，银行采用内部最优化利率的条件是银根不太紧。

(3)银行最优化利率充分条件。

贷款申请者对待风险的态度有差别，这些差别将反映在项目选择上，并进而影响银行最优利率。较高的银行利率使得借款投资于较低收益项目变得不合适。但高利率对借款投资于高收益高风险的项目没有影响，银行在较大风险项目上的收益低于安全项目，因此，银行面对风险有差别的借款者要确立一个最优利率，以最大化银行利润。

假定人群中有比例为λ的人是无限风险厌恶者，他们只从事最安全的项目。在这组人群中，收益分布是$G(R)$，且有$G(K)=1$。其他组的人是风险中性的个人。人们都以概率p面对同样的风险项目。若成功，$R>K$，若失败，期望收入为零。若$R^*=(1+r)B$，银行的期望收益为：

$$\bar{\rho}(r)=\{1-[(1-p)(1-\lambda)]/[\lambda(1-G(R^*))+(1-\lambda)]\}(R^*/B) \tag{3.95}$$

因此，对于$R<K$，来自安全项目收益的上边界为：

$$\mathrm{d}\ln\bar{\rho}/\mathrm{d}\ln(1+r)=1-[(1-\lambda)(1-p)\lambda g(R^*)R^*]/\{[1-\lambda G(R^*)]\lambda[1-G(R^*)]+p(1-\lambda)\} \tag{3.96}$$

银行最优利率存在的充分条件是：

$$\lim_{r\to k}\partial\rho/\partial r<0$$

或 $$[1/(1-\lambda)]\lim_{R\to K}G(R)R^*>[p/(1-p)]$$

项目的风险越大，即p越低，就越有可能有最优利率。相似地，增加利率对风险中性者的影响越是相对小于风险厌恶者，则越有可能有内部银行最优利率。

二、利率的激励机制

利率不仅能作为检测机制来确定借款者还款的风险性，还有激励机制，能改变借款者的行为。借款者与贷款者利益一般不相同。借款者仅考虑厂商不破产时的投资收益。贷款者仅在厂商破产影响银行收益的范围内考虑厂商行为。由于这些原因和银行不能无成本地监督借款者的行为，银行必须考虑利率对借款者行为的影响。

利率的提高，使有较大风险的项目对厂商有吸引力，但银行的收益可能低一些。所以，利率的提高可能引起借款者与贷款者采取相反的行动。此时厂商愿意投资于风险较高的项目，但刺激银行对超额信贷需求采取信贷配给，将贷款分给那些接受低利率贷款但从事安全项目的厂商，而不是轻易提高利率。设厂商能在两个投资项目间作选择，以上标 1 和上标 2 来表示两个项目，此时厂商的策略由定理 7 来描述。

定理 7 如果给定名义利率 r，两个项目对风险中性的厂商来说无差别，那么利率的提高使厂商偏好较高风险的项目。

证明：第 i 个项目的期望报酬 π^i 为：

$$\pi^i = E\{\max[R^i - (1+r)B], (-C)\} \tag{3.97}$$

所以，

$$d\pi^i/dr = -B\{1 - F_i[(1+r)B - C]\} \tag{3.98}$$

因此，如果在某些 r 上有 $\pi_1 = \pi_2$，那么，利率 r 增长后，厂商从有较高还贷概率项目上获得的期望报酬小于较低还款概率的项目。

另一方面，若厂商在两个项目上有相同的平均收益，从定理 2 可知，银行宁可将资金贷给从事较安全项目的厂商。因此，将利率提高到 r 以上，会降低银行期望收益，增加银行贷款风险。证毕。

定理 8 如果利率为 r 时，厂商在项目 1 和项目 2 上无差别，项目 1 和项目 2 有分布函数 $F_1(R)$ 和 $F_2(R)$，项目 1 比项目 2 有较大的破产概率，那么存在着 $F_k(R)$，使得：(1) $F_1(R)$ 代表分布 $F_k(R)$ 的平均有限分布；(2) $F_2(R)$ 满足 $F_k(R)$ 的一阶支配关系，即对于所有的 R，有 $F_k(R) > F_2(R)$。

证明：借款者起始时对项目 1 和项目 2 无差别，因为项目 1 比项目 2 有较高的破产概率，由定理 7 可知，利率增加引起厂商偏好项目 1 而不是项目 2。由定理 3 和(1)可知，在一个服从 $F_1(R)$ 分布的项目上，银行的收入高于在项目 1 上的收入。对于(2)，银行在项目 2 上的收益高于服从 $F_1(R)$ 分布的项目的收益。证毕。

现以一个例子来说明定理 8。设所有的厂商都相同，能对两个项目做出选择。若在项目 1 和项目 2 上成功后的收益为 R^1 和 R^2，且有 $R^1 >$

R^2,成功的概率分别为 p^1 和 p^2,且 $p^1 < p^2$。设贷款抵押 $C=0$,若厂商在利率为 r 时,在两个项目上无差别,则有:

$$[R^1-(1+r)B]p^1=[R^2-(1+r)B]p^2 \tag{3.99}$$

即

$$B(1+r)=(p^2R^2-p^1R^1)/(p^2-p^1)=(1+r^*)B \tag{3.100}$$

式中 $r^*=[(p^2R^2-p^1R^1)/B(p^2-p^1)]-1$。银行的收入是 r 的函数,其经济意义见图3.16。

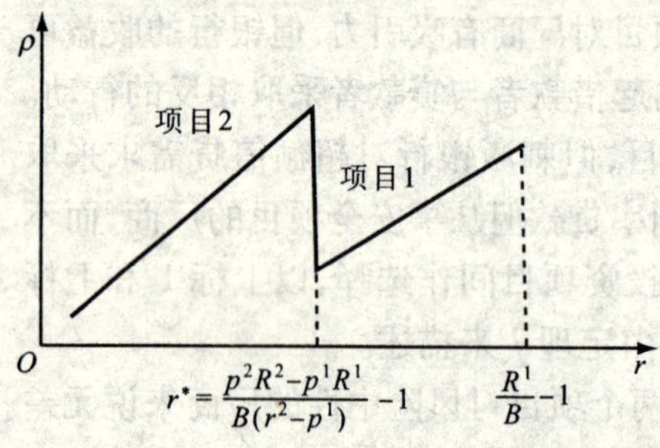

图3.16　利率水平与厂商风险偏好

当银行利率低于 r^* 时厂商选择安全项目,当利率处于 r^* 和 $(R^1/B)-1$ 之间时,厂商选择风险项目。银行能引致厂商投资于安全项目,又能使利润最大化的利率为 r^*。吸引厂商借款的最高利率是 $(R^1/B)-1$,此时,厂商只会投资于风险项目。因此,当银行索要贷款利率为 r^*,当且仅当下式成立时:

$$p^1R^1 < p^2(p^2R^2-p^1R^1)/(p^2-p^1)$$

银行的期望收益最大化。$p^2R^2>p^1R^1$,$1+r^*>0$ 和在 r 上 p 不是单调的条件成立,所以,存在信贷配给。

三、贷款抵押和有限可靠性

以上分析了利率的反向选择效应,现在考察贷款抵押的选择效应和还贷的有限可靠性。进一步说明银行为什么不通过增加贷款抵押,即降低借款者的债务－证券比率来分配贷款。

1. 贷款抵押的选择效应

贷款抵押有正向选择效应和反向选择效应。贷款抵押的正向选择效应是指,当信贷市场存在超额需求时,银行可以通过增加贷款抵押,减少借者对贷款的需求。同时,可以提高还贷的可靠性,减少坏账的风险,增加银行收入。

贷款抵押还有反向选择效应,即递增的贷款抵押会增加贷款的风险,降低还款的可靠性。贷款抵押的反向选择效应在以下两种情况中表现得特别明显:一是当所有的潜在借款者有相同数量的证券,并且较小的项目有较高的风险时,增加贷款抵押对银行来说不是最优的。提高贷款抵押即降低债务－证券比率，隐含着较多的借款者将对较小的项目投资，由于较小的项目失败的概率大，所以，贷款抵押的增加将导致还款的可靠性下降。二是所有潜在的借款者有不同数量的证券，而所有项目要求同样的投资，递增的抵押也会增加贷款的风险。能提供较多抵押的富人可能是过去冒险项目的成功者，他们比过去投资于相对安全证券的保守的个人有较少的风险厌恶。他们取得抵押贷款后会再次从事有较高风险的项目，增加了还款风险。除以上两种情况外，即使生产没有递增的规模收益，所有的个人都有同样的效用函数，贷款抵押也有反向选择效应。

假定所有的厂商有同样的效用函数 $u(w)$，他们都是风险厌恶者，$u'>0, u''<0$。但是每个人的初始财产 w_0 不同。每个项目成功后的收益是 R，成功的概率是 $p(R)$。若项目失败，$R=0$，且 $p'(0)<0$。每个厂商有一个可选择的安全投资机会收益 ρ^*。银行既不知道厂商的初始财产 w_0，也不知道厂商会投资于哪一个项目，只有一个与贷款抵押 C 和利率 r 有关的合同，则合同能作为一个检测机制：

定理9　合同(C,r)能作为一个检测机制：存在着临界值 w_{01} 和 w_{02}，如果存在一个递减的绝对风险厌恶，那么，所有的厂商都会以 $w_{01}<w_0<w_{02}$的财产作抵押申请贷款。

证明：若厂商不借款，就得不到足够的资金从事项目投资，也得不到效用 $u(w_0\rho^*)$，也无法通过自身融资来得到如下的期望效用：

$$V(w_0) = \max\{u(w_0-1)p^* + u[(w_0-1)\rho^*][1-p(R)]\} \tag{3.101}$$

式中假设贷款额都正则化为 1，$w_0 \geqslant 1$。

定义　　$$V_0(w_0) = \max\{u(w_0\rho^*), V(w_0)\} \tag{3.102}$$

对上式微分，有：

$$du(w_0\rho^*)/dw_0 = u'w_0\rho^* \tag{3.103}$$

$$dV(w_0)/dw_0 = [u_1'p + u_2'(1-p)]\rho^* \tag{3.104}$$

式中 u 的下标 1 表示成功的状态，下标 2 表示失败的状态。若存在递减的风险厌恶，则有：

$$du(w_0\rho^*)/dw_0 < dV(w_0)/dw_0$$

因此，存在着 w_0 的临界值 w_{02}，当 $w_0>w_{02}$时，厂商不再借款。在厂商愿意借贷的范围内，厂商借款能得到效用水平 $V_B(w_0)$：

$$V_B(w_0) = \max\{u(w_0\rho^* - (1+r) + R)p + u[(w_0-C)\rho^*](1-p)\} \tag{3.105}$$

当且仅当

$$V_B(w_0) \geqslant V_0(w_0) \tag{3.106}$$

厂商才会借款。对 V_B 微分,得:

$$dV_B/dw_0 = [u_1'p + u_2'(1-p)]\rho^* \tag{3.107}$$

显然,只要个人财产 w_0 大于贷款抵押 C,就能借款。假定存在 w_0 的代表值 w_{01},使得 $V_B(w_{01}) = u\rho^*(w_{01})$,在 w_{01} 时,以财产作抵押去借款再投资于项目的平均有限财产效用相等。由(3.107)和(3.104)式,当 $w_0 > w_{01}$ 时,$dV_B/dw_0 > dV_0/dw_0$,所以,当个人财产 $w_0 < w_{01}$ 时,个人不去从事项目投资。因此,仅当 $w_{01} < w_0 < w_{02}$ 成立时,所有拥有财产 w_0 的个人都会申请贷款。如图 3.17 所示。

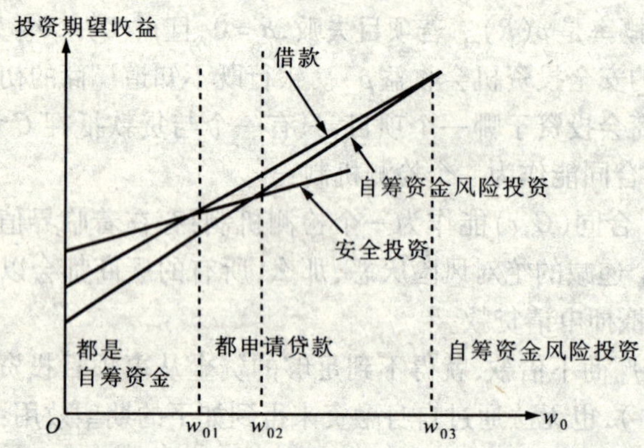

图 3.17　抵押水平与厂商风险偏好

对较富有的人来说,他们愿意从事任何较有风险的项目,定理 10 说明了这一特点:

定理 10　若存在递减的绝对风险厌恶,较富有的人从事较有风险的项目,即 $dR/dw_0 > 0$。

证明:从(3.105)式得 R 最大化的一阶条件为:

$$u_1'p + (u_1 - u_2)p' = 0 \tag{3.108}$$

对该式求导得:

$$[u_1''p + (u_1' - u_2')p']/(u_1'p) = -A_1 - (u_1' - u_2')/(u_1 - u_2) \gtrless 0 \tag{3.109}$$

有

$$dR/dw_0 \gtrless 0$$

由于　$\lim_{w_1 - w_2} -(u_1' - u_2')/(u_1 - u_2) = -u_1''/u_1' = A_1$

这隐含着若 $w_1 = w_2$,$dR/dw_0 = 0$

但是

$$\begin{aligned}\partial[A_1-(u_1'-u_2')/(u_1-u_2)]/\partial w_1 \mid &= -(u_2'-u_1')/(u_1-u_2)\\ &= -A_1-[u_1''/(u_1-u_2)]+u_1'(u_1'-u_2')/(u_1-u_2)^2\end{aligned}$$

当 $A_1' \lesseqgtr 0$ 有 $-A_1' \gtreqless 0$

因此,若 $A_1'<0$,则必有 $\mathrm{d}R/\mathrm{d}w_0>0$。

有了定理 9 和定理 10,很容易证明表述抵押贷款正向选择效应和反向选择效应的定理 11 和定理 12。

定理 11　贷款抵押增加了银行从贷款中得到的收益,即 $\mathrm{d}p/\mathrm{d}C>0$。

证明:对(3.108)式取符号函数;

$$\mathrm{sign}[\mathrm{d}R/\mathrm{d}C]=\mathrm{sign}[u_2'\rho^*p']<0$$

所以,　　$\mathrm{d}p/\mathrm{d}C>0$

定理 12　贷款抵押递增时有反向选择效应,即一般的借款者和边际借款者都会成为较有风险的借款者,即 $\mathrm{d}w_0/\mathrm{d}C>0$

证明:对(3.105)式微分即可证明本定理:

$$\mathrm{d}V_B/\mathrm{d}C=-u_2'\rho^*(1-p)<0$$

抵押增加时,借贷者从事较有风险的项目,其期望收益减少。

贷款抵押递增时,抵押的逆向选择效应可能超过它的正向选择效应。对有较多或较少财产的两组厂商来说,抵押贷款的增加在较少财产组厂商中没有反向选择效应,所以,银行收入是递增的。但贷款抵押的增加有个限度,达临界点以后,继续增加抵押,只有原来财产较多的厂商组才能通过抵押得到借款,而这些厂商又偏好高风险项目,抵押的反向选择效应显现出来。当抵押的反向选择效应大于正向选择效应时,银行的收益 ρ 减少,参见图 3.18。

2. 贷款抵押的动态效应

上述分析仅考虑了贷款抵押的静态效应,实际上,利率和贷款抵押都有动态效应。

不论是以利率还是以贷款抵押作为检测机制,银行对厂商的控制能力都是有限的,还贷的可靠性也是有限的。厂商对贷款供给增加的反应是要求银行在未来时期提供更多的贷款。

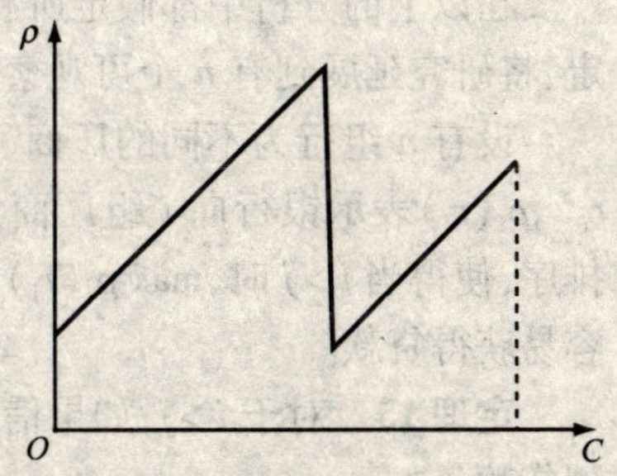

图 3.18　抵押贷款的选择效应

这就要考虑多期贷款对银行收入的影响。考虑一个简化的两个时期的模型。在第一时期,项目成功的概率为 p_1,项目成功时的收益为 R_1。如果项目在第一时期内不能成功,要么在第二时期再投资,要么完全放弃项目,收益为零。如果银行对追加投资所索要的利率 $r_2 < r_1$(第一期贷款利率),厂商将会以安全方式投资。如果银行对追加投资索要的利率 $r_2 > r_1$,厂商将会以风险方式进行投资。如果项目风险差异足够大,会导致银行以 r_2 的利率再贷款。如果厂商在第一个时期面临一组可选择的项目,但银行却无法辨识这些项目。而且,厂商只拥有单位证券无法再增加个人财产。这时,贷款额递减的效应将影响厂商行为,即影响项目的参数 R_1、R_2 和 M。设 R_2 已知,L 是第一期贷款额,当厂商在需要时能得到贷款 M,那么厂商的期望收益是:

$$p_1[R_1 - (1 + r_1)^2 L] + p\{R_2 - [(1 + r_1)^2 L + (1 + r_2)M]\}$$

式中 $p = p_2(1 - p_1)$。$(1 + r_1)^2$ 是第二时期结束时,第一时期贷款的回报率,r_2 是追加贷款 M 的利率。厂商选择 R_1,使得:

$$p_1 = p(1 + r_2)(\mathrm{d}M/\mathrm{d}R_1)$$

假定每个时期中银行资本的机会成本是 ρ^*,那么,贷款的期望收益为:

$$p_1(1 + r_1)^2 L + p[(1 + r_1)^2 L + (1 + r_2)M] - \rho^*[\rho^* L + (1 - p_1)M]$$

该式说明,虽然银行能控制第一期的贷款额,但是,它不能直接控制每个向它借贷厂商的行为,不能确定贷款额 $L + M(1 - p_1)$ 的期望收入价值的总和。当 r_1 和 r_2 都是最优利率,且 $\rho^* > p_2(1 + r_2)$ 也处于最优时,银行的收益是 M/L 的递减函数。因此,厂商对初始贷款递减的反应是 M 的递增,L 的递减实际上降低了银行的利润。

四、借款者差别和信贷市场均衡

在以上的分析中都假定所有的借款者都是相同的,现在放宽这个假定,将研究延展到有 n 个可观察可区分类别厂商的情况。

设有 n 组行为不同的厂商,银行对每组厂商都有一个内部最优利率 $r_i{}^*$,$\rho_i(r_i)$ 表示银行向 i 组厂商索要贷款利率 r_i 时的收益。对各组进行排序,使得当 $i > j$ 时,$\max \rho_i(r_i) > \max \rho_j(r_j)$。下面的定理说明 i 组厂商容易获得贷款。

定理 13　对于 $i > j$,如果信贷不配给 i 组厂商,那么,j 组厂商才能得到贷款。

证明:用反证法。如果出现相反的情况,因为给 j 组厂商贷款的收益最大值小于 i 组厂商的贷款收益,那么银行将会把资金贷给 i 组厂商而不贷给 j 组厂商能增加收益。所以,相反的情况不能成立。

定理 14　对于所有的 i、j,银行贷款收入为 $\rho_i(r_i)=\rho_j(r_j)$,则利率 r_i 和 r_j 是均衡利率。

证明:假设 $\rho_i(r_i)>\rho_j(r_j)$,银行宁愿将给 j 组厂商的贷款给 i 组厂商。如果银行贷款的均衡收益是 ρ^*,单位贷款利率等于可贷资金的成本,那么,对于所有的 i、j, 贷款的收益为 $\rho_i(r_i)=\rho_j(r_j)=\rho^*$。这个结果见图3. 19。

如果银行有一个贷款收益 ρ^*,那么第 1 组厂商将得不到借款。所有第 3 组厂商都希望以 $\hat{r}_3$ 来得到贷款,$\hat{r}_3<r_3$。$\hat{r}_3$ 最大化银行收益的利率。所以第 2 组部分厂商能得到贷款。而当银行收益降到 ρ^{**},所有第 2、3 组厂商得到贷款,部分第 1 组厂商得到追加贷款。

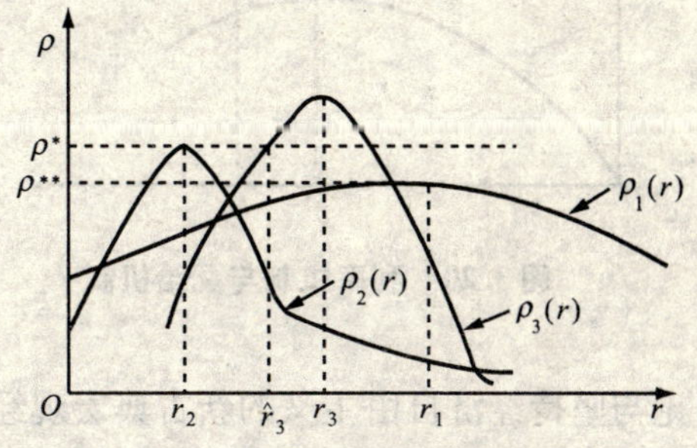

图 3.19　银行利率与信贷配给

第 1 组厂商可能被图中的一条由 ρ^{**} 限制性“红线”排除出信贷市场。因为在资金收益函数 ρ^{**} 以上没有任何利率水平可使他们获得贷款。可能的情况是,第 1 组厂商的投资有特别的风险,所以,虽然有 $\rho_1(r_1^*)<\rho_3(r_3{}^*)$,但第 1 组厂商投资的全部期望收益低于第 3 组厂商投资的期望报酬。因此,对银行来说,给第 1 组厂商贷款可能是无利可图的。

第 1 组厂商可能被排除出信贷市场的另一个原因是,第 1 组厂商可能有较多的可行项目,他们不仅从事对第 3 组厂商来说是可行的项目,而且还投资于对第 3 组厂商来说是不可行的、风险较高的项目。第 1 组厂商的利润函数有凸性, 或是愿意投资于有较高风险和较高期望收益的项目上,降低还贷概率,所以,银行不愿意将款贷给这些厂商。

总之,在可观察可识别厂商行为时,银行将贷款贷给某些厂商,而另一些厂商得不到贷款。有些厂商愿意付出比市场利率更高的贷款利息或提供更多的贷款抵押也借不到款,因为这些厂商会投资于风险项目,降低还款概率。银行宁愿将贷款贷给那些从事低风险项目的厂商,鼓励这些厂商投资,以增加银行利润。因此,信贷市场并不仅仅是在利率作用下实现均衡,而且还在数量限制的作用下达到均衡。在市场中存在超额信贷需求时,银行通常采用信贷配额的办法而不是采用提高利率的办法来使信贷市场达到平衡。反之,当信贷市场出现超额供给时,银行也不一定通过降低利率来实现信贷均衡。

五、小 结

信贷配给论提出利率和贷款抵押都有反向选择效应，信贷市场均衡有非惟一性，阐明了市场均衡时有信贷配给。由于利率有正向和反向选择效应，利率和银行利润的关系是非线性的而不是线性的，见图 3.20。银行利润在 r^* 时达到最大，此时虽然存在信贷的超额需求，但 r^* 却是实际均衡利率。利率机制和配给机制在信贷市场上共同起作用。

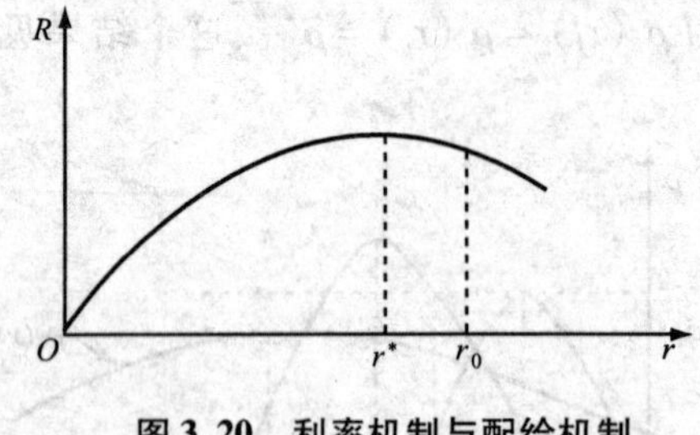

图 3.20　利率机制与配给机制

新凯恩斯主义的信贷配给论与坚持经济自由主义的新古典宏观经济学派的信贷市场理论是针锋相对的。新古典宏观经济学的观点认为，在信贷市场上起作用的仅是利率机制，当信贷市场上对贷款的需求大于供给时，利率会上升，这种上升趋势直到信贷市场供求相等时才停止。市场供求相等的利率是均衡利率，均衡利率是惟一的。按他们的观念来看，图 3.20 中的利率 r^* 不是均衡利率，一定还存在着一个大于 r^* 市场供求相等的均衡利率 r_0。在均衡利率 r_0 上信贷市场出清，不存在配给。信贷配给论认为，均衡利率是惟一的观点有缺陷，实际信贷市场的均衡利率是非惟一的，不仅 r_0 是均衡利率，r^* 也是均衡利率。因为，那些厌恶风险的厂商愿意以低利息借款，并投资于风险较小的项目上，还款的概率高。反之，银行提高利率后，要么是偏好风险的厂商贷款后从事高风险项目，要么刺激那些厌恶风险的厂商也去冒险从事高风险项目，这样，都会导致厂商还款的概率下降，引致银行利润减少。银行为了利润最大化，会以低于 r_0 的利率给厂商贷款，同时对贷款实行数量限制，将款贷给还款率高的且愿意以低利率借贷从事低风险项目的厂商，而不将款贷给那些愿意支付高利率但投资于高风险项目、只有低还款概率的厂商。所以，在利率 r^* 处也是信贷市场的均衡点。

信贷配给论还进一步地指出："供求定律实际上不是个定律，不应看作为分析经济的必要假设。"①价格能出清市场是经济学家们的理想和理论抽象，而不是经济现实。出清信贷市场的利率没有辨识效应，也没有激

① Joseph E. Stiglitz and Andrew Weiss, "Credit Ratoning in markets with Imperfect Information", American Economic Review 71 (June 1981), pp. 393 – 410.

励效应，既不能发挥检测机制的作用，也不能激励厂商从事能提高银行收入的项目。而非出清市场中的实际利率既有辨识作用，又有激励作用，会引致信贷市场出现信贷配给和多重均衡态，使银行利润最大化。这些是信贷市场的事实，而不是幻象。类似地，劳动市场中的价格实际也不等于市场出清的工资，所以，经济中存在失业的均衡，而且均衡失业态也是非惟一的。

第五节 结 束 语

新凯恩斯主义坚持了凯恩斯主义的基本信条，以独辟蹊径的研究方法和新颖的理论观点复兴了凯恩斯主义。新凯恩斯主义和凯恩斯主义都坚持非市场出清假设和市场不完全竞争的假设：否认古典经济学的两分法。新凯恩斯主义模型增添了凯恩斯主义模型所忽略的两个假设：经济当事人最大化原则和理性预期。

菜单成本和经济周期论认为，变动价格要耗费实际成本或考虑调整价格的机会成本。这类成本虽然很小，但会导致名义价格出现粘性，引起宏观经济周期波动。

交错调整价格理论通过价格调整模型说明，在不完全信息条件下，寡头或垄断竞争厂商采用交错方式调整价格是近似理性化的调整价格的行为，能增进社会的福利，但引起价格总水平的惯性，恶化了经济周期性波动。

交易搜索和市场协调失灵理论认为，在一个由许多经济人构成的经济中，经济人之间的行为相互联系、相互制约。单个经济人有一定的市场力，但是市场力很小，无力协调经济系统的行为，市场经济常处于协调失灵状态，只有国家干预才能消除协调失灵，提高经济效率。

信贷配给市场理论是新凯恩斯主义者提出的新理论，不仅很好地解释了金融市场的现实，还开辟了信贷市场研究的新领域。

新凯恩斯主义的理论在美国的影响日益广泛，它虽未完全恢复凯恩斯主义主流经济学的地位，但是，新凯恩斯主义和新古典宏观经济学已成为美国经济学界两大主流学派。

本章参考书目

1. Blanchard, O. J., and N. Kiyotaki, 1987, Monopolistic Competition and the Effects of Aggregate Demand, American Economic Review, Vol. 77, pp. 647-666.

2. Calvo, G. A., 1983, Staggered Prices In A Utility-Maximizing Framework, Journal of Monetary

Economics, Vol. 12(3), pp. 983 - 998.

3. Fisher, S. 1977, Long Term Contracts, Rational Expectations, and the Money Supply, Journal of Political Economy, Vol. 85, pp. 163 - 190.

4. Gali, j. and M. Gertler, 1999, Inflation Dynamics: A Structural Econometric Model, Journal of Monetary Economics, Vol. 44, pp. 195 - 222.

5. Mankiw, N. Gregory, 1985, Small Menu Costs and Large Business Cycles: A Macroeconomic Model of Monopoly, Quarterly Journal of Economics, Vol. 100, pp. 529 - 539.

6. Mankiw, N. Gregory & Romer, D. H., 1991, eds., New Keynesian Economics, The MIT Press.

7. Romer, D. H., 2001, Advanced Macroeconomics, 2nd Edition New York: McGraw-Hill.

8. Rotemberg, Julio, 1987, the New Keynesian Microeconomic Foundations, NBER Mactoeconomics Annual, pp. 69 - 114.

9. Shapiro, C. And J. E. Stiglitz, 1984, Equilibrium Unemployment as a Worker Discipline Device, American Economic Review, Vol. 74, pp. 433 - 444.

10. Taylor, J. 1980, Aggregate Dynamics and Staggered Contracts, Journal of Political Economy, Vol. 88, pp. 1 - 24.

11. Yellen, J. 1984, Efficiency Wage Models of Unemployment, American Economic Review, Vol. 74, pp. 200 - 205.

第二篇　宏观经济学的若干专题

在介绍完由本书前三章构成的宏观经济学的基本发展线索后，本篇主要论述现代宏观经济学的若干专题。其中，第四章介绍现代宏观经济学中的两个基本模型，即拉姆齐模型和交叠世代模型；第五章和第六章阐述作为宏观经济学微观基础的消费和投资；第七章也基本上是从微观基础的角度来对货币加以论述；第八章和第九章分别论述了宏观经济短期波动的两个专题，即失业和通货膨胀；第十章涉及宏观经济的长期问题，主要论述经济增长理论。

第四章 宏观经济学的两个基本模型

本章介绍现代宏观经济学的基础分析方法，它体现为两个基本的模型，即处理无限期界问题的拉姆齐模型和处理有限期界问题的交叠世代模型。

第一节 拉姆齐的无限期界模型

一、拉姆齐问题

拉姆齐(Ramsey,1928)在其最先提出的模型中研究了如下问题：一个国家的经济，怎样才能实现最优储蓄。从现代经济学的观点看，拉姆齐模型为研究经济资源在无限期界中的最优配置提供了一个重要的分析框架。

拉姆齐模型的推导建立在一系列假设条件下：

(1)生产的技术条件不变，即生产率不发生变化。

(2)人口以固定的速率 n 增长。

由于产出 Y_t 可以用于如下两方面：消费 C_t 和投资 $\frac{dK_t}{dt}$，因此产出可以表示为：

$$Y_t = F(K_t, N_t) = C_t + \frac{dK_t}{dt} \tag{4.1}$$

(3)生产函数是一阶齐次的，即生产的规模收益不变。

因此，(4.1)式又可以表示为人均形式：

$$f(k_t) = c_t + \frac{dk_t}{dt} + nk_t \tag{4.2}$$

(4)对于(4.2)式表述的人均产出，假定其满足稻田条件：

$$f(0) = 0, f'(0) = \infty, f'(\infty) = 0 \tag{4.3}$$

稻田条件的含义是:当经济的人均资本存量很低时,资本的边际产出很高;但是,当经济的资金存量很高,资本的生产效率将逐步降低,并最终趋近于零。

以上是拉姆齐模型关于生产函数方面的假设条件,该模型关于家庭效用函数方面也作了一些限制。家庭的跨时效用函数 U_s 可以表示为瞬时效用函数 $u(c_t)$ 的积分,即:

$$U_s = \int_s^{\infty} u(c_t)\exp[-\theta(t-s)]\mathrm{d}t \tag{4.4}$$

(5)拉姆齐模型关于效用函数所作的限制是:假定瞬时效用函数 $u(c_t)$ 为非负的凹形递增函数。时间偏好率(或称主观贴现率) θ 为正值。

假定存在一个其目标是使全社会福利最大化的中央计划者,则计划者面临的问题就是:在每一瞬间,一个典型家庭应该如何选择消费和储蓄,以使社会福利最大化。计划者的问题可以用公式表示为:

$$\max U_0 = \int_0^{\infty} u(c_t)\exp(-\theta t)\mathrm{d}t$$

$$\text{s. t.}\quad f(k_t) = c_t + \frac{\mathrm{d}k_t}{\mathrm{d}t} + nk_t$$

$$k_t \geqslant 0;\ c_t \geqslant 0 \tag{4.5}$$

上述社会计划者的最优化问题的解可以通过建立如下的汉密尔顿函数得到:

$$H_t = u(c_t)\exp(-\theta t) + \mu_t[f(k_t) - nk_t - c_t]\exp(-\theta t) \tag{4.6}$$

令 $\lambda_t = \mu_t\exp(\theta t)$,(4.6)式可以改写为:

$$H_t = \left\{u(c_t) + \lambda_t[f(k_t) - nk_t - c_t]\right\}\exp(-\theta t) \tag{4.7}$$

(4.7)式的解可以表示为如下的充分必要条件:

$$u'(c_t) = \lambda_t \tag{4.8}$$

$$\frac{\mathrm{d}\lambda_t}{\mathrm{d}t} = \lambda_t[\theta + n - f'(k_t)] \tag{4.9}$$

$$\lim_{t\to\infty} k_t u'(c_t)\exp(-\theta t) = 0 \tag{4.10}$$

将(4.8)式和(4.9)式合并,我们得到:

$$\frac{\mathrm{d}u'(c_t)/\mathrm{d}t}{u'(c_t)} = \theta + n - f'(k_t) \tag{4.11}$$

(4.11)式被称为凯恩斯-拉姆齐规则。它的含义是:消费的变化

$\frac{du'(c_t)/dt}{u'(c_t)}$，取决于资本边际产出 $f'(k_t)-n$ 与时间偏好率 θ 之差。即：资本边际产出与时间偏好率之差越大，降低目前的消费水平以便未来享受更高的消费越划算。

(4.10)式被称为横截性条件。它表示：随着时间的推移，最终消费的边际效用的现值 $u'(c_t)\exp(-\theta t)$ 应逐渐趋近于0。因为如果该现值为正，说明此时将现有的资本存量转而用于消费将使福利得以改善，所以此时经济并未处于最优状态。

对于经济最优路径的描述，可以分别从以下的稳定状态和动态两个方面进行。

在稳定状态下，人均资本存量、人均消费水平都是常量，将它们分别记为 k^*，c^*。

先回到(4.11)式，用 $\sigma(c_t)=-u'(c_t)/[u''(c_t)c_t]$ 代表瞬时替代弹性，(4.11)式可以改写为：

$$\frac{dc_t/dt}{c_t}=\sigma_t[f'(k_t)-\theta-n] \tag{4.12}$$

由于在稳定状态，$dc/dt=0$，代入(4.12)式中，得到修正的黄金定律：

$$f'(k^*)=\theta+n \tag{4.13}$$

根据(4.13)式，可以确定稳定状态下的人均资本存量 k^*，它取决于时间偏好率和人口增长率。

同时，与最优人均资本存量相应的最优人均消费水平 c^* 为：

$$c^*=f(k^*)-nk^* \tag{4.14}$$

以上说明了对于社会计划者问题而言，在稳定状态下均衡的人均资本存量和人均消费是如何决定的。下面则说明资本和消费的动态变化特征。

为说明资本和消费的动态变化，需要借助于相图。相图是由人均资本 k 与人均消费 c 构成的二维空间(见图4.1)。

在(k,c)空间上画出两条曲线 $dk/dt=0$ 和 $dc/dt=0$。

$dk/dt=0$ 曲线的轨迹从原点开始，在黄金率资本存量点 k_g 处(此时有 $f'(k_g)=n$)达到最大值，与横轴相交于A点(此时有 $f(k)=nk$)。

根据(4.13)式，曲线 $dc/dt=0$ 的轨迹在(k,c)空间上是一条垂直于横轴的直线，在该垂线上，有 $k=k^*$。

在(k,c)相图上，存在3个可能的均衡点：原点、E 点、A 点。可以证

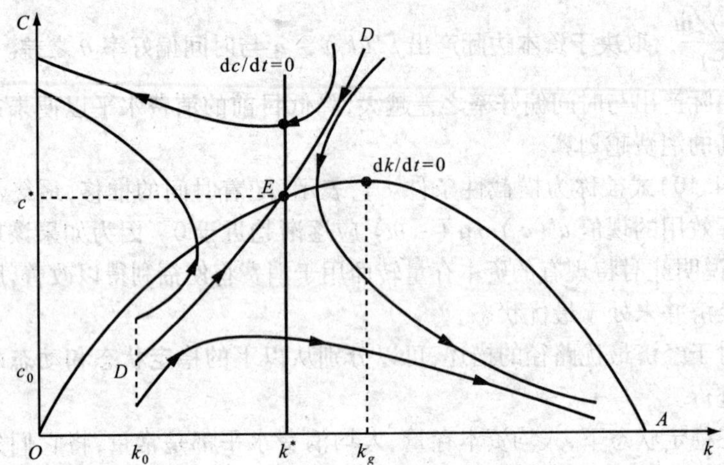

图 4.1　资本与消费的动态轨迹

明，只有收敛于鞍点 E 点的轨迹 DD，才既满足凯恩斯－拉姆齐规则，又满足横截性条件，从而是社会计划者问题的最优解。因此，经济的动态最优可以用路径 DD 来表示。

二、分散经济的动态均衡

在上面的拉姆齐问题中，我们是假定存在一个谋求经济福利最大化的社会计划者，并考察了经济的动态最优化问题的解。

下面我们放弃社会计划者的假定，转而在分散经济的假设条件下，考察经济的动态均衡解，并将分散经济的均衡解与社会计划者问题的最优解二者进行比较。

在分散经济条件下，假定存在两个生产要素市场：一个是劳动力市场，劳动力的工资水平为 w_t；另一个是资本品市场，资本的出租价格为 r_t。

存在两类经济主体：企业和家庭。家庭将劳动和资本出租给企业，后者用租得的生产要素进行生产。假定家庭和企业都拥有完全的预见力。因此，在家庭进行消费和储蓄决策、企业做出生产决策时，它们完全了解目前和未来的工资、资本利率序列 $\{w_t, r_t\}$，$t\in[0,\infty)$。

由于各家庭被假定是完全相同的，因此求解分散经济的均衡问题，等价于求解一个家庭在一系列约束条件下的跨时效用函数最大化问题。即家庭在任何时刻 s 时，将最大化其跨时效用函数 U_s：

$$U_s = \int_s^{\infty} u(c_t) \exp[-\theta(t-s)] \mathrm{d}t$$

上述最大化问题中相应的约束条件包括：

(1)企业生产技术条件。

$$f'(k_t) = r_t$$

$$f(k_t) - k_t f'(k_t) = w_t \tag{4.15}$$

(2)家庭预算约束。

$$c_t + \frac{\mathrm{d}a_t}{\mathrm{d}t} + na_t = w_t + r_t a_t \tag{4.16}$$

(4.16)式中，a_t 表示家庭的非人力资本，它被定义为资本存量 k_t 减去家庭债务 b_{pt} 。

(3)非蓬齐对策条件。

(4.16)式给出的家庭预算约束并未对借入债务加以限制，家庭的非人力资本可能为负值。这时，最大化问题的解是平凡解。即对于家庭而言，效用最大化的行为就是借入足够多的负债用于消费，以使消费的边际效用等于零。根据(4.16)式给出的家庭预算约束条件，每个家庭所选择的消费路径将是：借入越来越多的负债，用以偿还到期的债务利息。最终，每个家庭的净负债将以 $r_t - n$ 的速率增长。

为了避免出现这种情况，需要对家庭债务规模的增长速度加以限制。一个常用的限制条件被称为非蓬齐对策条件，它要求家庭债务的增长率不能高于利率，用公式表示为：

$$\lim_{t \to \infty} a_t \exp\left[-\int_0^t (r_v - n) \mathrm{d}v \geqslant 0\right] \tag{4.17}$$

在(4.16)式、(4.17)式的约束条件下，分散经济中家庭的最优化问题可以转化为求解相应的汉密尔顿函数。

汉密尔顿函数解要满足的充分必要条件是：

$$\frac{\mathrm{d}u'(c_t)/\mathrm{d}t}{u'(c_t)} = \theta + n - r_t \tag{4.18}$$

$$\lim_{t \to \infty} a_t u'(c_t) \exp(-\theta t) = 0 \tag{4.19}$$

在均衡状态下，家庭负债 b_{pt} 一定等于零，即家庭既无借入也无贷出，因此有 $a_t = k_t$ 。将该式及生产技术条件(4.15)式代入(4.16)和(4.18)式，我们得到：

$$f(k_t) = c_t + \frac{\mathrm{d}k_t}{\mathrm{d}t} + nk_t \tag{4.20}$$

$$\frac{\mathrm{d}u'(c_t)/\mathrm{d}t}{u'(c_t)} = \theta + n - f'(k_t) \tag{4.21}$$

因此,分散经济的动态均衡解要满足的充分必要条件是:(4.19)、(4.20)和(4.21)式。这与社会计划者问题的均衡特征(4.2)、(4.10)和(4.11)式完全相同。这表明,分散经济的动态行为与中央计划经济的动态行为特征是完全一致的,前面对于经济稳定状态、动态、鞍点均衡、增长路径的描述全部适用于分散经济的情形。

家庭具有完全预见力的假设,对于保证分散经济的动态行为与中央计划经济的动态行为相一致,是至关重要的。如果不预先知道工资与利率的变化序列,家庭就无法做出消费和储蓄决策。

对于一般形式的瞬时效用函数,通常无法得到家庭消费水平的显式解。但是,当效用函数采取一些特殊形式时,我们可以将消费表示为工资与利率的函数。

假定瞬时效用函数是常相对风险规避型(CRRA)的,用公式表示为:

$$u(c) = \begin{cases} \dfrac{c^{1-r}}{1-r} & r > 0 \text{ 且 } r \neq 1 \\ lnc, & r=1 \end{cases} \tag{4.22}$$

对于 CRRA 型效用函数,(4.21)式可以改写为:

$$c_t = c_0 \exp\left[\int_0^t \sigma(r_v - n - \theta)\mathrm{d}v\right]$$

式中初始消费水平 $c_0 = \beta_0(a_0 + h_0)$, $\beta_0^{-1} = \int_0^\infty \exp\{\int_0^t[(\sigma-1)(r_v - n) - \theta\sigma]\mathrm{d}v\}\mathrm{d}t$

因此,利率预期通过两种途径影响家庭的消费决策:一方面它影响人力资本 h_0;另一方面影响财富的消费倾向 β_0 (β_0 一般是预期利率的函数)。工资预期则通过影响人力资本 h_0 从而影响到初始消费 c_0。

如果家庭的预期与实际不符,那么家庭根据其预期所选择的消费储蓄决策将与在社会计划者问题中不同。当家庭意识到实际发生的事件与其预期不符时,它们将修改预期,并选择一条修改后预期下的最优路径。

三、分散经济中政府行为的影响

下面在分散经济模型中引入政府因素,并分析政府支出的变化,以及不同的财政收入方式等对经济均衡的影响。

1. 政府支出水平变化的影响

假定政府的人均支出需求 g_t 是外生变量。政府预算在任何时刻都保持平衡，政府征收一次总付税，人均税额为 $\tau_t = g_t$ 。

考虑了政府因素后，家庭的预算约束条件变为：

$$c_t + \frac{\mathrm{d}a_t}{\mathrm{d}t} + na_t = w_t + r_t a_t - \tau_t, a_t = k_t - b_{pt} \tag{4.23}$$

用 $R_t = \exp\left[-\int_0^t (r_v - n)\mathrm{d}v\right]$ 代表贴现因子，非蓬齐对策条件为：

$$\int_0^\infty c_t R_t \mathrm{d}t = k_0 - b_{p0} + \int_0^\infty w_t R_t \mathrm{d}t - \int_0^\infty \tau_t R_t \mathrm{d}t = k_0 - b_{p0} + h_0 - G_0 \tag{4.24}$$

根据(4.24)式，政府支出影响到了家庭的跨时预算约束，因而对家庭的消费储蓄决策和经济均衡都产生实际的影响。

当分散经济的初始资本存量很低时，动态均衡将不存在。当初始资本存量超过一定水平时(足以保证提供政府生产所需的资本)，经济将存在动态均衡，均衡点为 E' 。E' 点的位置与无政府情形下的分散经济均衡点 E 相比，处于后者垂直下方，二者的距离为 g(g 为政府耗费的人均资本存量)。这说明，存在政府的情形下，政府支出的效应是造成私人消费的完全挤出(即政府支出的增加造成人均消费等量的减少)，但是政府支出不影响经济中的资本存量。图 4.2 说明了政府支出对经济均衡的影响情况。

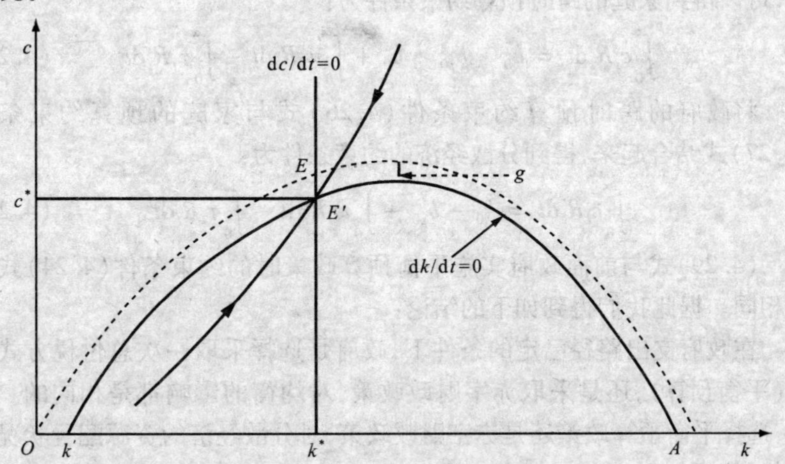

图 4.2　政府支出对经济均衡的影响

2. 政府债务

上面假定政府通过征税促使财政预算平衡。现在取消预算平衡假定，代之以假定政府除通过征税获得财政收入外，还可以举债向家庭借款。

令 b_t 为人均政府债务，政府面临的预算约束条件为：

$$\frac{\mathrm{d}b_t}{\mathrm{d}t} + nb_t = g_t - \tau_t + r_t b_t \tag{4.25}$$

将上式给出的预算约束条件与非蓬齐对策条件结合起来，得到政府的跨时预算约束条件为：

$$b_0 + \int_0^{\infty} g_t R_t \mathrm{d}t = \int_0^{\infty} \tau_t R_t \mathrm{d}t \tag{4.26}$$

政府的跨时预算约束条件(4.26)式表明，方程右边的税收现值必须等于政府的初始债务 b_0，加上政府支出的现值。方程右边表明，对于政府的预算约束而言，重要的是税收的现值。而不是每一时刻保持预算平衡。在某些时点上，政府可以实施减税政策，预算缺口则用举债解决。

由于政府债务的存在，家庭的预算约束条件也相应发生变化：

$$c_t + \frac{\mathrm{d}a_t}{\mathrm{d}t} + na_t = w_t + r_t a_t - \tau_t \tag{4.27}$$

式中，现在 a_t 被定义为资本存量 k_t 减去家庭债务 b_{pt} 再加上对政府的债权 b_t。

将家庭的预算约束条件(4.27)式与非蓬齐对策条件结合起来，求积分，可以得到家庭的跨时预算约束条件为：

$$\int_0^{\infty} c_t R_t \mathrm{d}t = k_0 - b_{p0} + b_0 + \int_0^{\infty} w_t R_t \mathrm{d}t - \int_0^{\infty} \tau_t R_t \mathrm{d}t \tag{4.28}$$

将政府的跨时预算约束条件(4.26)式与家庭的预算约束条件(4.27)式结合起来，得到分散经济的约束条件为：

$$\int_0^{\infty} c_t R_t \mathrm{d}t = k_0 - b_{p0} + \int_0^{\infty} w_t R_t \mathrm{d}t - \int_0^{\infty} \tau_t R_t \mathrm{d}t \tag{4.29}$$

(4.29)式与前面政府实施平衡预算政策时的约束条件(4.24)式完全相同。据此我们得到如下的结论：

在政府支出路径已定的条件下，政府是选择采取一次总付税方式筹资(平衡预算)，还是采取赤字财政政策，对均衡的影响都是相同的。因此，选择平衡预算政策还是赤字财政政策，对分散经济的资源配置状况没有任何区别。

3. 资本税的影响

假定政府按税率 τ_k 征收资本收益税，并且以一次总付税的形式将财政收入转移支付给家庭。则家庭的动态预算约束条件变为：

$$c_t + \frac{\mathrm{d}a_t}{\mathrm{d}t} + na_t = w_t + (1 - \tau_k) r_t a_t + z_t$$

式中，z_t 为家庭获得的人均转移支付。

在政府征收资本税的情形下，分散经济均衡问题的条件(4.21)式变为：

$$\frac{\mathrm{d}u'(c_t)/\mathrm{d}t}{u'(c_t)} = \theta + n - (1 - \tau_k)f'(k_t)$$

稳定状态下的资本存量为：

$$f'(k^*) = \frac{\theta + n}{1 - \tau_k} \tag{4.30}$$

在拉姆齐问题中，稳定状态的资本存量为：

$$f'(k^*) = \theta + n$$

比较(4.30)式与上式，容易知道，政府征收资本收益税的结果，是使均衡状态下的资本边际产量提高，这又意味着稳定状态的资本存量相应降低了。

资本收益税对经济均衡造成的影响如图4.3所示。资本收益率的征收，使稳定状态从 E 点移到 E' 点。与此相应地，稳定状态下的均衡资本存量和消费水平都有所降低。

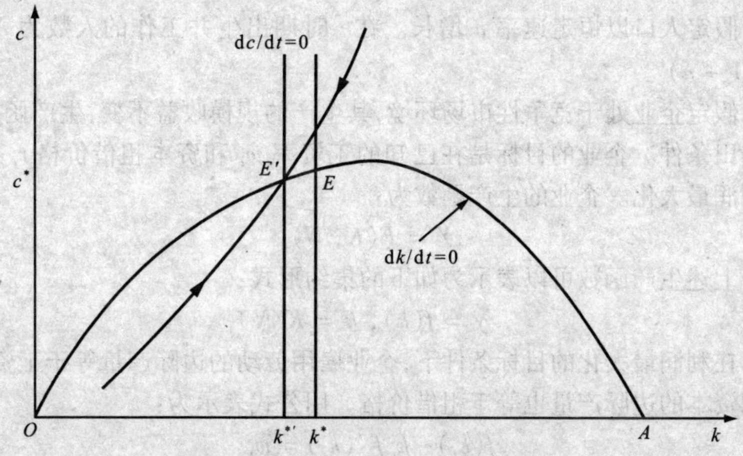

图4.3 资本税对经济均衡的影响

第二节 交叠世代模型

除了第一节所述的拉姆齐无限期界模型外，交叠世代模型也是宏观经济学广泛运用的基本分析模型。交叠世代模型假定，个人寿命是有限的,每个人在工作期间储蓄以供其退休期间消费;每一时刻有不同代的人存活,不同代的人之间进行交易。

运用交叠世代模型,可以分析个人储蓄的经济效应、政府政策对资本积累的影响、利他主义对经济均衡的影响等。另外,交叠世代模型的一个重要结果是:经济的竞争性均衡可能是无效的,竞争性均衡状态不是一种帕累托最优。

一、两期寿命的交叠世代模型

假定经济中的每个人存活两期:即工作时期和退休时期。在任何时刻,都存在并且仅存在两代人:年轻人和老年人。

在 t 时期出生的人,其在 t 时期的消费为 c_{1t},在 $t+1$ 时期的消费为 $c_{2(t+1)}$。个人的效用可以表示为:

$$u(c_{1t}) + (1+\theta)^{-1}u(c_{2(t+1)}),\ \theta>0,u'>0,\ u''<0$$

假定个人在其工作时期提供 1 单位的劳动,其劳动供给是无弹性的。他得到的实际工资 w_t 被用于第一期的消费和储蓄,其中的储蓄加上利息形成第二期的消费支出。

假定人口以恒定速率 n 增长。在 t 时期出生并工作的人数为 $N_t = N_0(1+n)^t$。

假定企业处于竞争性市场环境,其生产的规模收益不变,生产函数满足稻田条件。企业的目标是在已知的工资率 w_t 和资本租借价格 r_t 下使其利润最大化。企业的生产函数为:

$$Y = F(K,\ N)$$

上述生产函数可以表示为如下的集约形式:

$$y = f(k),\ k = K/N$$

在利润最大化的目标条件下,企业雇用劳动的边际产量等于工资率,租用资本的边际产量也等于租借价格。用公式表示为:

$$\begin{aligned} f(k_t) - k_t f'(k_t) &= w_t \\ f'(k_t) &= r_t \end{aligned} \tag{4.31}$$

在 t 时期出生的个人,其目标是使寿命期间总效用最大化,用公式表示为:

$$\max[u(c_{1t}) + (1+\theta)^{-1}u(c_{2(t+1)})]$$

个人所受的约束条件是:

$$\begin{aligned} c_{1t} + s_t &= w_t \\ c_{2(t+1)} &= (1+r_{t+1})s_t \end{aligned} \tag{4.32}$$

个人效用达到最大值的一阶条件是：

$$u'(c_{1t})-(1+\theta)^{-1}(1+r_{t+1})u'(c_{2(t+1)})=0$$

(4.32)式中的储蓄是工资率 w_t 和资本租借价格 r_t 的函数：

$$s_t=s(w_t,r_{t+1}),\ 0<s_w<1 \tag{4.33}$$

经济的均衡包括商品市场均衡和要素市场均衡两方面。其中要素市场的均衡条件已由(4.31)式给出。商品市场均衡则要求投资等于储蓄，即

$$K_{t+1}-K_t=N_t s(w_t,\ r_{t+1})-K_t \tag{4.34}$$

将(4.34)等式两边消去 K_t 后，可知商品市场均衡要求在时期 $t+1$ 的资本等于时期 t 时年轻人的储蓄。两边同除以 N_t，得到

$$(1+n)k_{t+1}=s(w_t,\ r_{t+1}) \tag{4.35}$$

(4.34)式被称为资本积累方程，它与(4.31)式一起，描述了资本的动态变化过程。上述两个方程决定的储蓄变化轨迹可以用(4.36)式和图4.4表示如下：

$$\frac{\mathrm{d}k_{t+1}}{\mathrm{d}k_t}=\frac{-s_w(k_t)k_t f''(k_t)}{1+n-s_r(k_{t+1})f''(k_{t+1})} \tag{4.36}$$

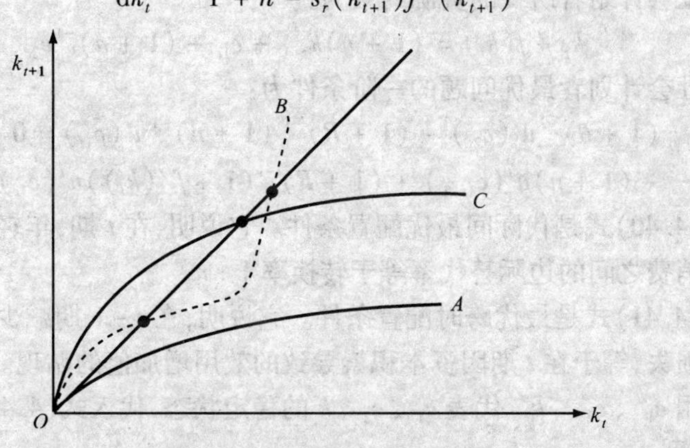

图4.4　储蓄的动态变化

图4.4描述了储蓄的动态变化轨迹。其中从原点出发的射线是45°线，在此直线上有 $k_{t+1}=k_t$，因此稳定状态必然落在该直线上。如图所示，3条曲线 A、B、C 代表了3种可能的储蓄轨迹。

轨迹 A 始终处于45°线的下方，因此该轨迹表示经济不存在稳定均衡。轨迹 B 与45°线有两个正值的交点，表示经济存在两个均衡点。轨迹 C 表示经济存在一个稳定的均衡状态。

因此，图4.4揭示出，经济可能不存在稳定均衡、也可能存在惟一

的稳定均衡点，还可能存在多重均衡。在未对经济的效用函数或生产函数施加更严格限制的情况下，经济稳态均衡的存在性和惟一性都没有保证。

假定经济存在资本存量为正时的均衡点 k^*。那么该均衡点是否是稳态均衡可以根据(4.36)式判断。根据(4.36)式，在均衡点附近的局部稳定性要求：

$$\left|\frac{-s_w k^* f''(k^*)}{1+n-s_r f''(k)}\right| < 1 \tag{4.37}$$

下面考察交叠世代模型中市场均衡是否是最优的。这首先取决于如何设立最优化的标准。

假设社会计划者以贴现率 R 对未来效用贴现，并且计划者只关心 $T+1$期及以后各期的效用。因此，社会福利函数可以表示为：

$$U=(1+\theta)^{-1}u(c_{2,0})+\sum_{t=0}^{T-1}(1+R)^{-t-1}\left[u(c_{1,t})+(1+\theta)^{-1}u(c_{2,t+1})\right] \tag{4.38}$$

社会计划者所受的资源约束为：

$$k_t+f(k_t)=(1+n)k_{t+1}+c_{1t}+(1+n)^{-1}c_{2t} \tag{4.39}$$

社会计划者最优问题的一阶条件为：

$$(1+\theta)^{-1}u'(c_{2t})-(1+R)^{-1}(1+n)^{-1}u'(c_{1t})=0 \tag{4.40}$$

$$-(1+n)u'(c_{1t-1})+(1+R)^{-1}(1+f'(k_t))u'(c_{1t})=0 \tag{4.41}$$

(4.40)式是代际间最优配置条件。它说明，在 t 期，年轻人消费和老年人消费之间的边际替代率等于转换率 $1+n$。

(4.41)式是最优跨时配置条件。它说明，在 $t-1$ 期减少消费导致的效用损失，等于在 t 期因资本积累导致的效用增加值的贴现。

用 c_1^*、c_2^*、k^* 代表 c_1、c_2、k 的稳定状态，代入式(4.40)和(4.41)中，得到：

$$(1+\theta)^{-1}u'(c_{2t}{}^*)=(1+R)^{-1}(1+n)^{-1}u'(c_{1t}{}^*) \tag{4.42}$$

$$1+f'(k_t^*)=(1+R)(1+n) \tag{4.43}$$

在(4.43)式中，如果贴现率 R 和人口增长率 n 不太大，那么边际产量$f'(k_t^*)$近似等于 $R+n$，因此均衡资本存量水平满足修正的黄金定律，这类似于拉姆齐模型中的情形，见(4.13)式。但是，在交叠世代模型中，稳态的资本存量取决于社会贴现率 R，而不是个人主观贴现率 θ。

在交叠世代模型中，修正黄金定律的经济含义可以表述为如下的大道定理：在有限期界的规划中，经济在大多数时间内接近于由修正黄金定律所确定的资本存量水平。

大道定理的证明如下：

根据(4.39)式、(4.40)式和(4.41)式，资本存量 k 与其稳态值 k^* 二者的差 $k-k^*$ 满足如下的二阶差分方程：

$$(k_{t+1}-k^*)-(2+R+a)(k_t-k^*)+(1+R)(k_{t-1}-k^*)=0 \tag{4.44}$$

式中 $a\equiv\left[\frac{f''(k^*)u'(c_1^*)}{(1+n)(1+f'(k^*))u''(c_1^*)}\right]\left\{1+\left[\frac{u''(c_1^*)(1+\theta)}{u''(c_2^*)(1+f'(k^*))(1+n)}\right]\right\}\geqslant 0$

上述差分方程的特征方程是：

$$x^2-(2+R+a)x+1+R=0 \tag{4.45}$$

方程(4.45)有两个特征根，一个介于0到1之间，另一个大于 $1+R$。因此，差分方程(4.44)的解可以表示为：

$$k_t-k^*=\mu_1x_1^t+\mu_2x_2^t \tag{4.46}$$

(4.46)式中，μ_1 与 μ_2 由初始条件和终端条件确定如下：

$$\begin{aligned}k_0-k^*&=\mu_1+\mu_2\\ k_{T+1}-k^*&=\mu_1x_1^{T+1}+\mu_2x_2^{T+1}\end{aligned} \tag{4.47}$$

由于 x_2 大于1，当T很大时，x_2^{T+1} 将很大。根据终端条件，μ_2 应接近0。根据初始条件，这又意味着 μ_1 应接近于 k_0-k^*。这时资本积累路径可以用图4.5表示如下：

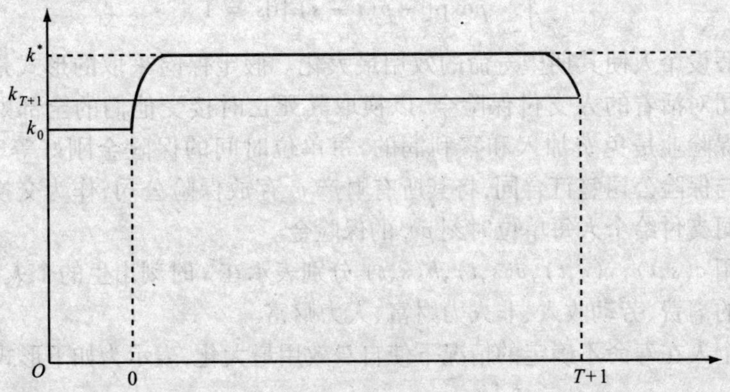

图4.5　资本积累路径的大道性质

因此，当 T 很大时，资本积累路径是：资本从初始值位置迅速上升到

接近 k^*（即修正黄金率）的水平；然后长时期维持在稳态水平附近；只是在接近终端时期时，资本水平才从稳态水平下降。资本积累最优路径的这种性质被称为大道性质。

资本积累方程(4.39)还可用于判明均衡的福利含义。

定义总消费 $c_t \equiv c_{1t} + (1+n)^{-1}c_{2t}$，因此在稳态时的 c 和 k 之间的关系如下：

$$f(k^*) - nk^* = c^*$$

因此，有：

$$\frac{\mathrm{d}c^*}{\mathrm{d}k^*} = f'(k^*) - n$$

因此，资本存量超过黄金率水平（即 $f'(k^*) = n$）的稳定状态一定不是帕累托最优。因为根据上式，如果资本存量超过黄金率水平，资本的减少将使稳态的消费增加，每个人都可以通过减少资本存量而生活更好。

二、永葆青春模型

下面介绍时间作为连续变量时的交叠世代模型。

假定每个人在整个生命中每单位时间的死亡概率 p 为常数，老年人预期将来的寿命与年轻人一样长。假定每一时刻都有一群人出生。每一群人数量足够多，在整个时段人群大小以 p 的比率减少。因此，在任何时刻总人口数量为：

$$\int_{-\infty}^{t} p\exp[-p(t-s)]\mathrm{d}s = 1$$

假设个人使其期望寿命的效用最大化。假定保险采取的形式是：保险公司对活着的人支付保险金，以换取其死亡时接受他们的全部财产。假设保险业是免费加入和零利润的，每单位时间的保险金刚好等于 p。个人与保险公司签订合同，将其所有财产 v_t 存放保险公司；作为交换，保险公司支付给个人每单位时刻 pv_t 的保险金。

用 $c(s,t)$，$y(s,t)$，$v(s,t)$，$h(s,t)$ 分别表示在 s 时刻出生的个人、在 t 时刻的消费、劳动收入、非人力财富、人力财富。

个人在寿命不确定的情况下使自身效用最大化，表示为如下形式：

$$E\left[\int_{t}^{\infty} u(c(z))\exp[-\theta(z-t)]\mathrm{d}z\right] \tag{4.48}$$

在 z 时刻，如果个人死亡，其效用为0；如果活着，其效用为 $u(c(z))$，假定个人效用函数采取对数形式，即 $u(c(z)) = \log c(z)$。在 z 时刻，个

人活着的概率为 $\exp[-p(z-t)]$ 。因此,目标函数(4.48)式又可以改写成:

$$\int_t^{\infty} \log c(z) \exp[-(\theta+p)(z-t)] \mathrm{d}z \tag{4.49}$$

个人拥有的非人力财富 $v(z)$ 可以得到利息是 $r(z)v(z)$,从保险公司得到的保险金是 $pv(z)$,因此,个人所受的动态预算约束条件是:

$$\frac{\mathrm{d}v(z)}{\mathrm{d}z} = [r(z)+p]v(z) + y(z) - c(z) \tag{4.50}$$

假定个人不能以高于有效利率(等于债务利率与保险金之和)的比率积累债务,即个人满足非蓬齐对策条件:

$$\lim_{z \to \infty} \exp\left\{-\int_t^z [r(\mu)+p] \mathrm{d}\mu\right\} v(z) = 0 \tag{4.51}$$

定义贴现因子 $R(t, z) \equiv \exp\left\{-\int_t^z [r(u)+p] \mathrm{d}u\right\}$, $h(t) \equiv \int_t^{\infty} y(z) \cdot R(t, z) \mathrm{d}z$,则个人所受的动态预算约束条件(4.50)式和非蓬齐对策条件(4.51)式又可以表示为如下的跨时预算约束:

$$\int_t^{\infty} c(z) R(t,z) \mathrm{d}z = v(t) + h(t) \tag{4.52}$$

因此,最大化问题可以表示为个人在(4.50)式和(4.51)式的约束条件下使目标函数(4.49)式达到最大;也可以表示为个人在(4.52)式的约束条件下使目标函数(4.49)式达到最大。最大化问题的一阶条件:

$$\frac{\mathrm{d}c(z)}{\mathrm{d}z} = \{[r(z)+p] - (\theta+p)\} c(z) = [r(z) - \theta] c(z) \tag{4.53}$$

对(4.53)式求解,得:

$$c(t) = (\theta+p)[v(t) + h(t)] \tag{4.54}$$

因此,个人消费既取决于个人的总财富,又取决于消费倾向 $\theta+p$ 。

定义总消费为各代人消费的总和,用C(t)表示,即:

$$C(t) = \int_{-\infty}^{t} c(s, t) p \exp[-p(t-s)] \mathrm{d}s$$

类似地,劳动收入 $Y(t)$ 、非人力财富 $V(t)$ 、人力财富 $H(t)$ 也表示各代人的总和。总消费可以简单地表示为:

$$C(t) = (\theta+p)[V(t) + H(t)] \tag{4.55}$$

假定劳动收入随着年龄的增长而减少,即:

$$y(s, t) = \frac{\alpha+p}{p} Y(t) \exp[-a(t-s)], \quad \alpha \geqslant 0 \tag{4.56}$$

则总人力财富 $H(t)$ 等于当前活着的人在将来自然增长的劳动收入的现值，即：

$$H(t) = \int_t^{\infty} Y(z) p \exp\left\{-\int_t^z [\alpha + p + r(\mu)] \mathrm{d}\mu\right\} \mathrm{d}z \tag{4.57}$$

将总人力财富 $H(t)$ 对时间求微分，得：

$$\begin{gathered}\frac{\mathrm{d}H(t)}{\mathrm{d}t} = [r(t) + p + \alpha] H(t) - Y(t) \\ \lim_{z\to\infty} H(z) \exp\left\{-\int_t^z [r(\mu) + p + \alpha] \mathrm{d}\mu\right\} = 0\end{gathered} \tag{4.58}$$

将非人力财富 $V(t)$ 对时间求微分，得：

$$\frac{\mathrm{d}V(t)}{\mathrm{d}t} = r(t)V(t) + Y(t) - C(t) \tag{4.59}$$

综上，经济的总体方程可以表示为：

$$C = (\theta + p)(V + H)$$

$$\frac{\mathrm{d}V}{\mathrm{d}t} = rV + Y - C$$

$$\frac{\mathrm{d}H}{\mathrm{d}t} = [r + p + \alpha] H - Y$$

$$\lim_{z\to\infty} H(z) \exp\left\{-\int_t^z [r(\mu) + p + \alpha] \mathrm{d}\mu\right\} = 0$$

以下分别考察 $\alpha = 0$ 与 $\alpha > 0$ 两种情况下一般均衡的特征。

当 $\alpha = 0$ 时，这时个人的劳动收入在总体中的份额为常数。假定经济中仅有资本与劳动两种生产要素，并且劳动力的大小为1。记折旧率为 δ，定义净生产函数 $F(K) \equiv F(K,1) - \delta K$。

经济的动态特征可以表示为：

$$\frac{\mathrm{d}C}{\mathrm{d}t} = [F'(K) - \theta] C - p(p + \theta) K \tag{4.60}$$

$$\frac{\mathrm{d}K}{\mathrm{d}t} = F(K) - C \tag{4.61}$$

图4.6描述了系统的动态特征。根据(4.61)式，$\mathrm{d}K/\mathrm{d}t = 0$ 曲线代表净生产函数。$\mathrm{d}C/\mathrm{d}t = 0$ 曲线是从原点出发的向上倾斜的凸曲线，并渐进地趋于垂线 $K_{\max}$。图中，$K_{\min}$ 代表使 $F' = \theta + p$ 的资本存量水平；K^* 代表均衡状态的资本存量；$K_{\max}$ 代表使 $F' = \theta$ 的资本存量水平；K_{GR} 代表使 $F' = 0$ 的资本存量水平、也就是使稳态消费最大的资本存量。

经济存在两个均衡点：原点与 E 点。其中，E 点是经济的稳态均衡点。可以证明，在 E 点处，资本存量 K^* 满足如下两个条件：

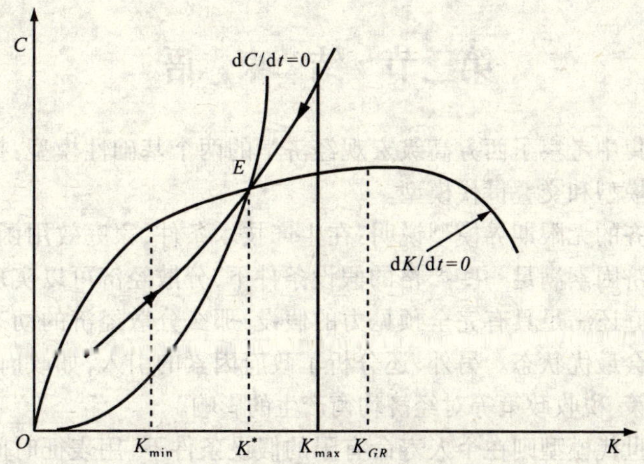

图 4.6　不确定寿命时的动态调整

第一,稳态资本存量 K* 满足不等式。

$$\theta < F'(K^*) < (\theta + p)$$

这说明,如果个人寿命是有限的,经济的利率水平 r 将高于主观贴现率 θ。

第二,稳态资本存量 K^* 是 p 的递减函数。p 增加时,曲线 dC/dt 将左移,K^* 因此减小。因此,当个人期望寿命越短、即 p 越高时,平均个人财富和资本存量就越少。

在 $\alpha = 0$ 时,均衡是动态有效的。但是,当 $\alpha > 0$ 时,均衡可能是动态无效的。

当个人预期其未来的劳动收入降低时,将会积累更多的资本,以备未来收入较低时之用。由于个人将利率路径视为既定的,因此经济的动态变化方程为:

$$\frac{dC}{dt} = [F'(K) - \theta + \alpha]C - p(p + \theta)K \tag{4.62}$$

$$\frac{dK}{dt} = F(K) - C \tag{4.63}$$

因此,在稳定状态,资本存量的边际产量将超过 $\theta - \alpha$。当 α 增加时,曲线 dC/dt 将下移,稳态的资本存量将增加。当 $\alpha > \theta$ 时,$\theta - \alpha$ 将小于0,这将使稳态资本存量高于黄金律水平,从而导致均衡成为动态无效的。

第三节　结　束　语

本章集中考察了西方高级宏观经济学的两个基础性模型:拉姆齐的无限期界模型和交叠世代模型。

拉姆齐的无限期界模型说明:在生产技术条件、家庭效用函数、人口变化等经济因素满足一些严格的假设条件下,分散经济可以实现动态均衡。老家庭还满足具有完全预见力的假设,那么分散经济的动态均衡还是一种社会最优状态。另外,还分析了政府因素的引入,如政府支出、财政预算政策、税收政策等对经济均衡产生的影响。

交叠世代模型则在个人寿命有限的假设条件下,用表征时间为分散变量的两期寿命模型和时间作为连续变量的永葆青春模型,分析了个人储蓄的经济效应、政府政策对资本积累的影响、利他主义对经济均衡的影响。

拉姆齐模型和交叠世代模型对宏观经济动态的解释方面存在差异,但都从各自的视角说明了宏观经济的动态变化。它们的重要性更体现在,上述模型均是构建在一定的微观基础之上的宏观经济分析模型。正是在这一意义上,主流西方经济学者认为它们构成了现代宏观经济学的分析基础。

尽管如此,拉姆齐模型和交叠世代模型的推导,特别是对于分散经济动态均衡的说明,都建立在一系列严峻的假设条件的基础之上,这无疑影响了模型的普适性,也一定程度上损害了模型的解释力。

本章参考书目

1. 布兰查德、费希尔:《宏观经济学》,经济科学出版社,1994年版。
2. Romer, D. 1996. Advanced Macroeconomics. McGraw-Hill Inc.
3. Turnovsky, S. J. 1995. Methods of Macroeconomic Dynamics. MIT Press.
4. Azariadis, C. 1993. Intertemporal Macroeconomics.

第五章 消 费

消费是国民生产总值的重要组成部分，在许多发达国家中，消费经常占到 GDP 的 2/3 左右。因此，关于消费的研究就构成了宏观经济学的一个不可或缺的领域。我们知道，现代宏观经济学始于凯恩斯的《通论》，在这本著作中，凯恩斯将消费视为总需求中的一个消极部分，主要依赖于当期的收入，并且假定消费的边际倾向小于平均倾向。此后，经济学家们为验证此种类型的消费函数做了大量的经验研究，结果表明，消费确实与收入正相关，同时边际消费倾向也确实小于 1。但是，让人不满意的是，对于这一结论用横截面数据估计出来的边际消费倾向要远远小于用时间序列资料估计出来的结果。当然，仅仅将消费假定为依赖于当期收入也过度简化了现实，因而凯恩斯之后关于消费的研究首先考虑将凯恩斯的静态模型扩展到动态。在现代宏观经济理论中，消费选择被认为是一个动态决策问题，它不仅仅取决于消费者的储蓄态度、风险偏好，而且也依赖于劳动供给、家庭结构以及生育选择等各方面的因素。同时，消费决策也就是储蓄决策，而储蓄水平又决定了一个经济长期的资本积累水平和投资水平。因此，消费对于理解资本市场的行为以及经济发展和经济增长也是至关重要的。

现代消费理论的发展首先要归功于莫迪利亚尼和弗里德曼的生命周期－持久收入假说（*LC-PIH*）。这一假说认为，出自持久收入的边际消费倾向的值要比出自暂时性收入的边际消费倾向的值大，从而人们在其一生中保持相对平稳的消费姿态。由此可知，人们的消费行为应当适应于其一生的收入和财富，而当期收入仅仅是决定消费支出的一个因素。在 20 世纪 70 年代以前，*LC-PIH* 是研究消费行为的主要分析工具，在那之后，大量的文献将理性预期假说和不确定性结合进来，其中包括卢卡斯、霍尔（R. Hall）等的重要工作。霍尔发现，在一定条件下，消费呈现出随机游走的特征，但这一结论遭到一些经验证据的反驳。近年来的研究发现,消费的一些其他特征,如消费的过度敏感性和过度平滑性,再加上预防性储蓄假说和流动性约束假说的一些新发展,可以构造出一些新的消费函数模型,这些模型在经验证据的支持方面获得了一定的支持。

第一节　确定性条件下的消费

一、基本模型

我们考虑一个处于非随机环境中的代表性消费者,他面临如下优化问题:

$$\max \sum_{t=1}^{\infty} \beta^{t-1} U(C_t) \text{ ,} (0 < \beta < 1)$$

$$\text{s. t.} \quad A_{t+1} = (A_t + Y_t - C_t)(1 + r_t)$$

$$A_1 \text{ 给定}$$

其中效用函数 $U(\cdot)$ 满足: $U''(\cdot) < 0 < U'(\cdot)$; Y_t 表示 t 期的劳动收入,是一个已知序列; r_t 表示 t 期的利率水平,事先给定; C_t 表示 t 期的消费, A_t 表示 t 期初的非劳动收入; β 是时间贴现因子。另外,为排除由不受限制的借债所支持的无限消费策略,我们假定: $\forall t \geqslant 1$,有

$$C_t + \sum_{j=1}^{\infty} \left(\prod_{k=0}^{j-1} (1 + r_{t+k})^{-1} \right) C_{t+j} = Y_t + \sum_{j=1}^{\infty} \left(\prod_{k=0}^{j-1} (1 + r_{t+k})^{-1} \right) Y_{t+j} + A_t \tag{5.1}$$

上述条件也称为非蓬齐(Ponzi)对策。

为找到代表性消费者的最优消费策略,我们将 t 期的价值函数定义为:

$$V_t(A_t) = \max \sum_{s=t}^{\infty} \beta^{(s-t)} U(C_s) \tag{5.2}$$

于是,上述动态规划问题的贝尔曼方程为:

$$V_t(A_t) = \max_{c_t} \left\{ U(C_t) + \beta V_{t+1}(A_{t+1}) \right\} \tag{5.3}$$

一阶必要条件为:

$$U'(C_t) = \beta(1 + r_t) V'_{t+1}(A_{t+1}) \tag{5.4}$$

本维尼斯特 – 沙因克曼(Benvenister-Scheinkman)公式告诉我们:

$$V'_t(A_t) = \beta(1 + r_t) V'_{t+1}(A_{t+1}) \tag{5.5}$$

因此,我们得到:

$$U'(C_t) = \beta(1+r_t)U'(C_{t+1}) \tag{5.6}$$

这就是关于 C_t 的欧拉方程(最优性条件),也称作凯恩斯-拉姆齐规则。它可以解释为:两期消费之间的边际替代率必须等于边际转换率。也就是说,如果代表性消费者在 t 期减少消费 dC_t 作为储蓄,则他在 t 期的效用损失为 $U'(C_t)dC_t$;另一方面,t 期消费的减少将允许 $t+1$ 期消费得更多,从而带来效用的增加,这一增量用 t 期的价值标准衡量将是:$\beta U'(C_{t+1})dC_{t+1}$,这里 $dC_{t+1} = (1+r_t)dC_t$。我们知道,沿着最优消费路径,必定有(5.6)式成立,否则就存在通过改变消费计划来提高效用水平的可能。

例1 取对数效用函数:

$$U(C_t) = \ln C_t \tag{5.7}$$

由消费的最优性条件得:

$$C_{t+j} = \beta^j \left(\prod_{k=0}^{j-1} (1+r_{t+k}) \right) C_t$$

代入(5.1)式得:

$$C_t = (1-\beta) \left[Y_t + \sum_{j=1}^{\infty} \left(\prod_{k=0}^{j-1} (1+r_{t+k})^{-1} \right) Y_{t+j} + A_t \right] \tag{5.8}$$

上式表明,当事人总是消费总财富的一个固定比例。若我们进一步假定 $Y_t = \lambda Y_{t-1}$ 和 $r_t = r$,则有:

$$\begin{aligned} C_t &= (1-\beta) \left[A_t + Y_t + (1+r)^{-1}\lambda Y_t + (1+r)^{-2}\lambda^2 Y_t + \cdots \right] \\ &= (1-\beta) \left[A_t + Y_t / (1 - \lambda(1+r)^{-1}) \right] \end{aligned} \tag{5.9}$$

这里我们要求 $\lambda < 1+r$,即假定收入的增长率小于利率。在上述策略下,消费随当期收入 Y_t 正向变动,随当期观察到的利率水平反向变动,随收入的增长率 λ 正向变动。

二、生命周期-持久收入假说

由(5.8)式可以看出,消费取决于人们在一生当中的总财富,而不仅仅是当期收入,这正是莫迪利亚尼和弗里德曼的生命周期-持久收入假说的主要观点。在莫迪利亚尼的生命周期假说中,他强调了在人的一生中面对收入的变动时该如何选择以维持稳定的生活水平;而弗里德曼的持久收入理论则重点预测消费者一生可望得到的收入水平。

1. 莫迪利亚尼的生命周期假说

莫迪利亚尼认为,人们的消费方式是根据整个生命周期来计划的,他们不仅花费当前收入,也花费过去的积累,即财富。一般来说,消费者会根据整个一生预期所能挣到的钱或者所能得到的各种收入,设计出一个最优的终身消费模式。在收入不稳定的情况下,人们力图通过储蓄来平滑消费路径。

假定某一代表性消费者的预期寿命为 L ,其工作年限为 N ,年龄为 T 。Y_a 表示整个生命周期中的平均收入, W 表示已积累的财富存量,它是以往收入中用于储蓄的部分。莫迪利亚尼假定消费函数的形式为:

$$C_t = \alpha W + \beta Y_a$$

其中, $\alpha = 1/(L - T)$, $\beta = (N - T)/(L - T)$ 。由此可知,随着年龄的增长,财富中被消费掉的比例逐年增加;而随着退休的临近,每一年的消费将是预期终身平均收入中一个越来越小的部分。

2. 弗里德曼的持久收入假说

弗里德曼提出,现期收入 Y_t 包括两个部分:持久收入 Y^P 和暂时收入 Y_t^T 。其中持久收入是指收入中人们预期可以持续到未来的那一部分,而暂时收入是指收入中人们并不预期可以持续的那一部分。也就是说,持久收入是平均收入,而暂时收入是对平均量的暂时偏离。由此可知,持久收入的现值总和应当等于总财富的现值总和,而暂时收入则是当期收入与持久收入之差,即: $\forall t \geq 1$,有

$$Y^P + \sum_{j=1}^{\infty} \left(\prod_{k=0}^{j-1} (1 + r_{t+k})^{-1} \right) Y^P = Y_t + \sum_{j=1}^{\infty} \left(\prod_{k=0}^{j-1} (1 + r_{t+k})^{-1} \right) Y_{t+j} + A_t \tag{5.10}$$

$$Y_t^T = Y_t + r_t A_t - Y^P \tag{5.11}$$

弗里德曼认为,消费是持久收入的函数,即

$$C_t = f(Y^P) \tag{5.12}$$

而持久收入是一生总财富的一种平均,因而消费是总财富的函数。

例 2　我们取 $f(Y^P) = Y^P$,则消费可表示为:

$$C_t = \left[1 + \sum_{j=1}^{\infty} \left(\prod_{k=0}^{j-1} (1 + r_{t+k})^{-1} \right) \right]^{-1} \cdot \left[Y_t + \sum_{j=1}^{\infty} \left(\prod_{k=0}^{j-1} (1 + r_{t+k})^{-1} \right) Y_{t+j} + A_t \right] \tag{5.13}$$

比较(5.8)式和(5.13)式可知,当$\beta = 1 - \left[1 + \sum_{j=1}^{\infty}\left(\prod_{k=0}^{j-1}(1+r_{t+k})^{-1}\right)\right]^{-1}$时,由持久收入假说得到的消费策略与上一节中的结果相同。另外,由(5.11)式可知,t期的储蓄S_t为:$S_t = Y_t^T$,即各期的储蓄等于各期的暂时性收入。当期收入大于持久收入时,储蓄为正;当期收入小于持久收入时,储蓄为负,即当事人负债或利用储蓄消费。因此,在持久收入假说中,储蓄的作用在于平滑消费路径。

由此可知,弗里德曼的持久收入假说虽然也假设消费是收入的函数,但它与凯恩斯的消费函数有本质的差别,它考虑了跨期的最优选择,得到的消费策略是一种动态最优。

第二节 不确定性条件下的消费

前面我们介绍了确定性条件下的个人消费行为,结果表明,在任一时刻,个人总是按照凯恩斯-拉姆齐规则确定自己的消费水平。下面我们引入不确定性因素,并推导出最优消费策略的特征。

一、基本模型

我们考虑一个处于随机环境中的代表性消费者,他面临如下最优化问题:

$$\max E\left[\sum_{t=1}^{\infty}\beta^{t-1}U(C_t)\mid I_1\right] \quad (0<\beta<1)$$

$$\text{s.t.} \quad A_{t+1} = (A_t + Y_t - C_t)(1+r_t)$$

$$A_1\text{给定}$$

其中$E(\cdot \mid I_t)$表示基于t时信息的条件期望值,I_t表示t时的信息集合。效用函数$U(\cdot)$满足:$U''(\cdot) < 0 < U'(\cdot)$;$Y_t$是一已知的随机过程,表示$t$期的劳动收入;$r_t$表示$t$期的利率水平,并且没有包含在$I_t$之中;$C_t$表示$t$期的消费,$A_t$表示$t$期初的非劳动收入。$\beta$是时间贴现因子。另外,为排除不受限制且不断增长的借债,我们须假定:$\forall t \geq 1$,有

$$C_t + \sum_{j=1}^{\infty}\left(\prod_{k=0}^{j-1}(1+r_{t+k})^{-1}\right)E\left[C_{t+j}\mid I_t\right] = Y_t + \sum_{j=1}^{\infty}\left(\prod_{k=0}^{j-1}(1+r_{t+k})^{-1}\right)E\left[Y_{t+j}\mid I_t\right] + A_t \tag{5.14}$$

为找到最优的消费策略,我们定义t期的价值函数为:

$$V_t(A_t) = \max E\left[\sum_{s=t}^{\infty} \beta^{s-t} U(C_s) \mid I_t\right] \tag{5.15}$$

则上述随机动态规划问题的贝尔曼方程为：

$$V_t(A_t) = \max_{c_t}\left\{U(C_t) + \beta E\left[V_{t+1}(A_{t+1}) \mid I_t\right]\right\} \tag{5.16}$$

一阶必要条件为：

$$U'(C_t) = \beta E\left[(1 + r_t)V'_{t+1}(A_{t+1}) \mid I_t\right] \tag{5.17}$$

本维尼斯特－沙因克曼公式告诉我们：

$$V'_t(A_t) = \beta E\left[(1 + r_t)V'_{t+1}(A_{t+1}) \mid I_t\right] \tag{5.18}$$

因此，我们得到：

$$U'(C_t) = \beta E\left[(1 + r_t)U'(C_{t+1}) \mid I_t\right] \tag{5.19}$$

这是关于 C_t 的随机欧拉方程，它是确定性条件下的凯恩斯－拉姆齐规则的随机版本。

例1　取对数效用函数：

$$U(C_t) = \ln C_t \tag{5.20}$$

于是，(5.19)式意味着：

$$E\left[C_{t+j} \mid I_t\right] = \beta^j\left(\prod_{k=0}^{j-1}(1 + r_{t+k})\right)C_t \tag{5.21}$$

将(5.21)式代入(5.14)式，我们得到：

$$C_t = (1 - \beta)\left[Y_t + \sum_{j=1}^{\infty}\left(\prod_{k=0}^{j-1}(1 + r_{t+k})^{-1}\right)E[Y_{t+j} \mid I_t] + A_t\right] \tag{5.22}$$

上式表明，当事人总是消费总期望财富的一个固定比例。

例2　取二次效用函数：

$$U(C_t) = a_1 + a_2 C_t + a_3 C_t^2,\ a_3 < 0 \tag{5.23}$$

并且假定 $r_t = r$。于是，(5.19)式意味着：

$$E\left[C_{t+j} \mid I_t\right] = \alpha\left(\frac{1 - \gamma^j}{1 - \gamma}\right) + \gamma^j C_t \tag{5.24}$$

其中 $\alpha = \dfrac{a_2\left[\beta^{-1}(1 + r)^{-1} - 1\right]}{2a_3}$，$\gamma = \beta^{-1}(1 + r)^{-1}$。再利用(5.14)式可得：

$$C_t = -\alpha r^{-1} + \left(1 - \frac{1}{\beta(1+r)^2}\right)\left[\sum_{j=0}^{\infty}(1+r)^{-j}E(Y_{t+j} \mid I_t) + A_t\right] \tag{5.25}$$

在更特殊的情形中，比如假定 $\beta = 1/(1+r)$，由(5.24)式和(5.25)式可得：

$$E\left[C_{t+j} \mid I_t\right] = C_t, \quad \forall j \geqslant 1 \tag{5.26}$$

$$C_t = \left(\frac{r}{1+r}\right)\left[\sum_{j=0}^{\infty}(1+r)^{-j}E\left(Y_{t+j} \mid I_t\right) + A_t\right] \tag{5.27}$$

容易看出，(5.27)式正是持久收入假说的一种形式，它表明持久收入是消费者的当期非劳动财富加上消费者各期劳动收入的期望值的贴现和。(5.26)式则说明消费遵循一鞅过程，这正是下面要介绍的霍尔关于消费的随机游走观点。

二、霍尔的随机游走观点

从上一小节的例 2 中可以看出，当效用函数取二次的形式，利率水平 r_t 取常数 r，并且时间贴现因子 β 满足 $\beta = 1/(1+r)$ 时，我们可得到：

$$E\left[C_{t+1} \mid I_t\right] = C_t \tag{5.28}$$

由理性预期假说，上式意味着：

$$C_{t+1} = C_t + \varepsilon_{t+1} \tag{5.29}$$

其中 ε_t 是一白噪声。这就是霍尔在 1978 年提出消费的随机游走假说的基本形式。(5.29)式表明，消费遵循一鞅过程，即给定 C_t，在 t 时刻没有其他的已知变量能够帮助预测 $t+1$ 时的消费 C_{t+1}。这一结论的直观意义是明显的：如果消费被预期要变化，则个人可在平滑消费方面做得更好。举例来说，如果消费被预期要上升，这意味着当期消费的边际效用大于预期的未来消费的边际效用，从而个人提高当期消费后境况可以改善。于是，个人调整其当期消费直至不再预期消费要变化为止。

下面我们看一下什么因素决定了消费的变化。(5.27)式告诉我们，消费水平是预期持久收入的函数，由此可得：

$$C_{t+1} = C_t + E\left[Y^P \mid I_{t+1}\right] - E\left[Y^P \mid I_t\right] \tag{5.30}$$

于是，

$$\varepsilon_{t+1} = E\left[Y^P \mid I_{t+1}\right] - E\left[Y^P \mid I_t\right] \tag{5.31}$$

(5.31)式表明,消费的变化是由于预期持久收入的变化引起的。

霍尔关于消费的随机游走观点与在他之前关于消费的传统观点严重相抵触。举例来说,关于消费的传统观点认为,当产量下降时,消费下降但被预期要恢复,这就意味着消费的变动是可以预测的;但按照霍尔的观点,当产量出人意料地下降时,消费的下降幅度仅为持久收入下降的幅度,其结果是,我们并不能预期消费将会恢复。这样,当面临可预测的收入变化时,关于消费的变化是否可预测就出现了两种截然不同的观点,这成为了后来众多理论和经验研究的课题。

第三节　关于消费的一些其他观点

一、消费与利率

许多经济学家认为,对利息收入实行优惠的税收政策将会使储蓄增加从而促进增长。但是,这类政策的效果取决于消费对利息率变化的反应程度。因此,理解利息率对消费的影响是十分重要的。

我们用一个简单的模型来分析利率对于消费的影响。考虑 CES 的效用函数:

$$U(C_t) = C_t^{1-\sigma}/(1-\sigma) \tag{5.32}$$

其中 σ 是相对风险回避系数。利用(5.6)式可得:

$$\frac{C_{t+1}}{C_t} = \left(\beta(1+r_t)\right)^{1/\sigma} \tag{5.33}$$

上式表明,一旦我们考虑到利率和时间贴现因子不相等的情形,则消费就未必是随机游走了。如果 $1+r_t > 1/\beta$,则消费随时间上升;如果 $1+r_t < 1/\beta$,则消费随时间下降。但是,我们并不能就此断言,利率的增加会减少初始消费从而提高储蓄。因为利率的变化对于消费的影响不仅有替代效应,而且也有收入效应。一般来说,利率的上升不会导致储蓄的显著增加,除非不同时期的消费之间的替代弹性很大。

二、消费与风险资产

在实际中,个人可投资于许多资产,但几乎所有资产都是有风险的。因此,我们有必要将关于消费的分析拓展到将风险资产市场包括进来的情形。

假定一个处于随机环境中的代表性消费者面临如下最优化问题：

$$\max E\left[\sum_{t=1}^{\infty}\beta^{t-1}U(C_t)\mid I_1\right]\ (0<\beta<1)$$

$$\text{s. t.}\quad A_{t+1}=(A_t+Y_t-C_t)\left[(1+r_t)w_t+(1+z_t)(1-w_t)\right]$$

A_1 给定

其中 $E(\cdot\mid I_t)$ 表示基于 t 时信息的条件期望值，I_t 表示 t 时的信息集合。效用函数 $U(\cdot)$ 满足：$U''(\cdot)<0<U'(\cdot)$；Y_t 是一已知的随机过程，表示 t 期的劳动收入；r_t 表示 t 期的利率水平，并且没有包含在 I_t 之中；z_t 是一未知的随机过程，表示 t 期的风险资产收益率；w_t 表示投资于无风险资产的份额；C_t 表示 t 期的消费，A_t 表示 t 期初的非劳动收入。β 表示主观的时间贴现因子。

利用我们前面介绍过的方法，可得此规划问题的欧拉方程：

$$U'(C_t)=\beta(1+r_t)E\left[U'(C_{t+1})\mid I_t\right] \tag{5.34}$$

$$U'(C_t)=\beta E\left[(1+z_t)U'(C_{t+1})\mid I_t\right] \tag{5.35}$$

(5.34) 式是我们熟悉的凯恩斯－拉姆齐规则。(5.35)式可重写为：

$$U'(C_t)=\beta\left\{E\left[1+z_t|I_t\right]E\left[U'(C_{t+1})|I_t\right]+\mathrm{Cov}\left[(1+z_t,\ U'(C_{t+1}))|I_t\right]\right\} \tag{5.36}$$

其中 $\mathrm{Cov}\left[\cdot\mid I_t\right]$ 表示以 t 时可得信息为条件的协方差。(5.36)式意味着，在决定是否更多地持有一种风险资产时，个人必须考虑这种风险资产的回报与消费的边际效用之间的关系。一般来说，个人应该避免购买其收益率与自己的劳动收入高度相关的风险资产。

例 1 假定某一消费者可在一个包含 n 种风险资产的组合中分配其资产，其中第 i 种风险资产在 t 期的收益率为 r_t^i，这里 r_t^i 是一正的随机变量；消费者需要通过选择投资计划 s_t^i $(i=1,2,\cdots,n)$ 来最大化 $E\left[\sum_{t=1}^{\infty}\beta^{t-1}U(C_t)\mid I_1\right]$，约束条件为：

$$C_t+\sum_{i=1}^{n}s_t^i=A_t,\quad t\geq 1$$

$$A_{t+1}=\sum_{i=1}^{n}S_t^i(1+r_t^i),\quad t\geq 1.\quad A_1\text{ 给定}$$

$$\lim_{t\to\infty}E\left[\beta^{t-1}A_t\,|I_t\right]=0$$

其中，s_t^i 表示 t 期购买的风险资产 i 的数量，C_t 是 t 期的消费。在 t 期，A_t

和 r_{t-1}^{i}，$i=1,2,\cdots,n$，可观测到，而 r_t^{i}，$i=1,2,\cdots,n$，则直到 $t+1$ 期初才可观测到。我们令 $r_t=(r_t^1,r_t^2,\cdots,r_t^n)$，并假定 r_t 和 r_{t-1} 是独立同分布的。

此优化问题的一阶必要条件是：

$$U'(C_t)=\beta E[(1+r_t^i)U'(C_{t+1})\mid I_t],\ i=1,2,\cdots,n \tag{5.37}$$

这是一个包含 n 个未知函数 $s_t^i(A_t,r_{t-1})$，$i=1,2,\cdots,n$，的方程组，其中 $r_{t-1}=(r_{t-1}^1,r_{t-1}^2,\cdots r_{t-1}^n)$。

例2　消费 CAPM

我们取二次效用函数：

$$U(C_t)=C_t-aC_t^2/2,\ a>0 \tag{5.38}$$

则由(5.36)式可得：

$$U'(C_t)=\beta\left\{E[1+z_t\mid I_t]E[U'(C_{t+1})\mid I_t]-a\mathrm{Cov}[(1+z_t,C_{t+1})\mid I_t]\right\} \tag{5.39}$$

于是，

$$E[1+z_t\mid I_t]=\frac{1}{E[U'(C_{t+1})\mid I_t]}\left[\frac{1}{\beta}U'(C_t)+a\mathrm{Cov}[(1+z_t,C_{t+1})\mid I_t]\right] \tag{5.40}$$

上式表明，风险资产的回报与消费的协方差越高，则该资产的预期收益率一定也越高。

另一方面，如果某风险资产的回报是一定的，则该资产的回报与消费的协方差应该为零。

由此可知，无风险资产的收益率 r_t 应满足：

$$1+r_t=\frac{1}{E[U'(C_{t+1})\mid I_t]}\left[\frac{1}{\beta}U'(C_t)\right] \tag{5.41}$$

将(5.41)式代入(5.40)式，我们得到：

$$E[z_t\mid I_t]-r_t=\frac{a\mathrm{Cov}[(1+z_t,C_{t+1})\mid I_t]}{E[U'(C_{t+1})\mid I_t]} \tag{5.42}$$

上式表明，一种风险资产提供的预期收益率升水（相对于无风险收益率）与该资产的收益率和消费之间的协方差成比例。

这一关于资产收益率决定的模型通常称为消费 CAPM。一种资产的收益率与消费之间的协方差通常称为消费 β。因此，消费 CAPM 的中心含义是：风险资产提供的升水与其消费 β 成比例。

例 3　消费与证券选择(一个连续时间模型)

假定某消费者面临如下优化问题：

$$\begin{cases}\max E\int_0^{\infty}(e^{-\rho t}c^b/b)\mathrm{d}t \\ \text{s.t. } \mathrm{d}W = [s(1-w)W + awW - c]\mathrm{d}t + wW\sigma \mathrm{d}z \\ \quad W(0) = W_0\end{cases}$$

其中 W 代表总财富；w 代表总财富中投资于风险资产的比例；s 表示无风险资产的收益率，a 表示风险资产的期望收益率，$a > s$；σ 表示风险资产每单位时间的标准差；c 代表消费；z 是布朗运动。

此问题的 HJB 方程：

$$\rho V(W) = \max_{c,w}\{c^b/b + V'(W)$$

$$[s(1-w)W + awW - c] + \frac{1}{2}w^2W^2\sigma^2V''(W)\}$$

一阶条件为：

$$\begin{cases}c^{b-1} - V'(W) = 0 \\ V'(W)(aW - sW) + wW^2\sigma^2V''(W) = 0\end{cases}$$

从而有：

$$c = [V'(W)]^{1/(b-1)}$$

$$w = V'(W)(s-a)/[\sigma^2WV''(W)]$$

代入 HJB 方程可得：

$$\rho V(W) = (V')^{b/(b-1)}\cdot(1-b)/b + sWV' - (s-a)^2(V')^2/(2\sigma^2V'')$$

我们猜测：$V(W) = AW^b$，其中 A 是待定常数。则：

$$V'(W) = AbW^{b-1},\quad V''(W) = Ab(b-1)W^{b-2}$$

于是，

$$Ab = \{[\rho - sb - (s-a)^2b/2\sigma^2(1-b)]/(1-b)\}^{b-1}$$

上式决定了常数 A。最优控制为：

$$c = W(Ab)^{1/(b-1)},\ w = (a-s)/(1-b)\sigma^2$$

三、预防性储蓄

我们知道，霍尔关于消费的随机游走观点的推导基于二次效用函数的假设。但是，二次效用函数意味着边际效用在某个有限的效用水平值之后将取负值，而且由于边际效用与消费呈线性关系，从而消费方差的增加不影响预期边际效用。二次型效用对于风险行为的这种描述是令人不满意的:它意味着递增的绝对风险厌恶,即当财富增加时,为避免既定的关于消费的风险,个人情愿放弃更多的消费。因此,我们有必要考虑更一般的效用函数的情形。

一般来说,当消费者面临非二次型效用时,不确定性的存在将会影响消费,导致消费者更为谨慎。为简单起见,我们假定无风险收益率(即利率)为常数且等于主观贴现率,则由(5.19)式可得:

$$E\left[U'(C_{t+1}) \mid I_t\right] = U'(C_t) \tag{5.43}$$

假定效用函数满足:$U'''(\cdot) > 0$,这说明边际效用是消费的凸函数,由(5.43)式可得:

$$E\left[U'(C_{t+1}) \mid I_t\right] > U'\left[E\left(C_{t+1} \mid I_t\right)\right] \tag{5.44}$$

从而,

$$E\left[C_{t+1} \mid I_t\right] > C_t \tag{5.45}$$

上式意味着预期的未来消费高于当前消费,从而消费者将会推迟消费,增加储蓄,变得更为谨慎。这就是利兰(H. Leland)在1968年首次提出的关于消费的预防性储蓄观点。

当效用函数的三阶导数大于零时,求解最优消费路径存在一定的困难。事实上,对于许多情形的求解是不可能的。一种可以求解的情形是常绝对风险厌恶(CARA)型效用函数。假设某消费者面临如下优化问题:

$$\max E\left[\sum_{t=1}^{T}\left(-\frac{1}{\alpha}\right)\exp(-\alpha C_t) \mid I_1\right]$$

$$\text{s.t. } A_{t+1} = (A_t + Y_t - C_t)$$

$$Y_t = Y_{t-1} + \varepsilon_t,\ \varepsilon_t\text{服从 } N(0,\sigma^2)$$

为简单起见,在上述问题中我们假定无风险利率与主观贴现率相等,并且都等于零;劳动收入遵循随机游走,且其变动服从正态分布。利用服从均值为$E(\varepsilon_t)$,方差为σ_ε^2的正态分布的变量ε_t的性质:

$$E\left[\exp(\varepsilon_t)\right] = \exp\left[E(\varepsilon_t)\right] + \sigma_\varepsilon^2/2 \tag{5.46}$$

由上述优化问题的一阶条件可得:

$$E\left[C_{t+1} \mid I_t\right] = C_t + \alpha\sigma^2/2 \tag{5.47}$$

再利用预算约束条件以及关于Y_t的假定,可得最优消费为:

$$C_t = \left(\frac{1}{T-t}\right)A_t + Y_t - \frac{\alpha(T-t-1)\sigma^2}{4} \tag{5.48}$$

(5.47)式表明收入的不确定性对消费路径斜率的影响。较高的收入不确定性和较高的风险厌恶导致较陡的斜率,即导致较谨慎的行为。而(5.48)式给出了消费水平为财富、收入和不确定性的函数。在确定性等价情形中,消费仅依赖于前两项。而我们在本节中讨论的主题——谨慎——由第三项反映:给定财富和收入,不确定性越高,消费水平将越低。

四、流动性约束

持久收入假说意味着,只要最终能够偿还贷款,消费者能以与储蓄相同的利率借钱来平滑消费路径。但是在现实中,往往是贷款利率大于储蓄利率。此外,还有许多消费者则不能以任何利率借到任何钱。通常,我们将人们在低收入时期不能够通过提取金融资产或借款来平滑消费路径这种现象称为行为人面临着流动性约束。

我们首先考虑确定性情形。为简单起见,假定效用函数取对数型,个人在各期均能获得数量为 Y 的劳动收入,并且利率水平为常数 r 。由(5.8)式可得初始时刻的消费为:

$$C_1 = (1-\beta)\left[(1+r)Y/r + A_1\right] \tag{5.49}$$

若行为人面临流动性约束,则意味着对任意的时刻 t ,要求 $A_t \geqslant 0$ 。于是,在初始时刻不能借债意味着:

$$A_2 = (Y + A_1 - C_1)(1+r) \geqslant 0 \tag{5.50}$$

将(5.49)式代入(5.50)式可得:

$$\left(\beta - \frac{1-\beta}{r}\right)Y + \beta A_1 \geqslant 0 \tag{5.51}$$

由此可知,当 $A_1 < \dfrac{1-\beta-r\beta}{r\beta}Y$ 时,消费者将面临流动性约束。这意味着,对于给定的劳动收入水平 Y ,如果初始时刻的资产 A_1 小于临界水平,则消费者为实现效用最大化将会借债;或者,对于给定的初始资产水平 A_1 ,如果 Y 大于临界水平,从而持久收入比较高,则消费者为实现效用最大化也必须借债。但是,如果流动性约束生效的话,个人在初始时刻的消费水平只能达到:

$$C_1 = Y + A_1 \tag{5.52}$$

即受到流动性约束影响的消费水平低于可以自由借债时的消费水平。

如果引入不确定性,情况会变得复杂一些。假设某消费者面临如下优化问题:

$$\max E\left[\sum_{t=1}^{\infty}\beta^{t-1}U(C_t)\mid I_1\right]\ (0<\beta<1)$$

$$\text{s. t.}\quad A_{t+1}=(A_t+Y_t-C_t)(1+r)$$

$$A_t\geqslant 0$$

其中,为简单起见,我们假定利率水平为常数。构造拉格朗日函数:

$$L=E\left[\sum_{t=1}^{\infty}\beta^{t-1}U(A_t+Y_t-A_{t+1}/(1+r))+\lambda_tA_t\mid I_1\right] \tag{5.53}$$

其中,λ_t 为拉格朗日乘子。由上式可得一阶条件为:

$$U'(C_t)=\beta(1+r)E[U'(C_{t+1})\mid I_t]+E[\lambda_{t+1}\mid I_t] \tag{5.54}$$

具体到初始时刻,可得:

$$U'(C_1)=\beta(1+r)E[U'(C_2)\mid I_1]+E[\lambda_2\mid I_1] \tag{5.55}$$

由库恩－塔克条件可知,如果流动性约束生效,则有 $\lambda_2>0$ 。将(5.55)式与(5.19)式比较发现,如果消费者预期流动性约束将在第一期生效,则初始时刻的边际效用将会上升。也就是说,我们得到了与确定性情形中一样的结论:流动性约束下的消费水平比较低。

例4　考虑一个三期模型。假定效用函数为二次型的,利率水平和时间偏好率均为零。于是,消费者面临如下优化问题:

$$\max E\left[\sum_{t=1}^{3}\left(C_t-\frac{a}{2}C_t^2\right)\mid I_1\right]$$

$$\text{s. t.}\ E\left[\sum_{t=1}^{3}C_t\mid I_1\right]=E\left[\sum_{t=1}^{3}Y_t\mid I_1\right]+A_1$$

$$A_t\geqslant 0$$

若不考虑流动性约束 $A_t\geqslant 0$,则易得最优消费策略为:

$$\{E[C_t\mid I_1]\mid_t=1,2,3\}=\left\{\frac{A_1+Y_1+E[Y_2\mid I_1]+E[Y_3\mid I_1]}{3},\ \frac{A_2+E[Y_2\mid I_1]+E[Y_3\mid I_2]}{2},\ A_3+E[Y_3\mid I_1]\right\} \tag{5.56}$$

现在引入流动性约束,我们分几种情况讨论:

(1)若流动性约束在 $t=1$ 和 $t=2$ 时都生效,则最优消费策略为:

$$\{E[C_t\mid I_1]\mid t=1,2,3\}=\{A_1+Y_1,E[Y_2\mid I_1],E[Y_3\mid I_1]\} \tag{5.57}$$

(2)若流动性约束在 $t=1$ 时生效,但在 $t=2$ 时失效,则最优消费策略为:

$$\{E[C_t \mid I_1] \mid t=1,2,3\}=$$

$$\left\{A_1+Y_1,\frac{E[Y_2 \mid I_1]+E[Y_3 \mid I_2]}{2},A_3+E[Y_3 \mid I_1]\right\} \quad (5.58)$$

(3)若流动性约束在 $t=2$ 时生效,但在 $t=1$ 时已预期到,则最优消费策略为:

$$\{E[C_t \mid I_1] \mid t=1,2,3\}$$

$$=\left\{\frac{A_1+Y_1+E[Y_2 \mid I_1]}{2},A_2+E[Y_2 \mid I_1],E[Y_3 \mid I_1]\right\} \quad (5.59)$$

有兴趣的读者可以比较一下上面得到的四种最优消费策略,将会发现一些有意思的现象。

五、暂时消费

在持久收入假说中,最优消费是持久收入的函数,其中没有涉及暂时消费的概念。本节我们对消费者的偏好做一点修正,从而将暂时因素加到消费策略中。

假定消费者的效用函数为:

$$U(C_t)=a_1+a_2C_t-\frac{a_3}{2}C_t^2+C_t\zeta_t,\quad a_i>0\ (i=1,2,3) \quad (5.60)$$

其中 ζ_t 是均值为零且非序列相关的随机过程,并且我们假定它和消费者的收入是不相关的,即对任意的时刻 t 和 s,有 $E\zeta_tY_s=0$。假定在时刻 t,消费者知道 ζ_t 以及它过去的值,但不知道它将来的值 $\zeta_{t+j},j\geqslant 1$。另外,我们还假定利率水平为常数 r,并且贴现因子 $\beta=(1+r)^{-1}$。在这些假设下,消费者选择最优的消费策略来最大化他的预期贴现效用和。

上述问题的一阶必要条件为:

$$E[C_{t+1} \mid I_t]=C_t-\frac{1}{a_3}\zeta_t$$

对上式进行迭代得:

$$E[C_{t+j} \mid I_t]=C_t-\frac{1}{a_3}\zeta_t,\ j\geqslant 1 \quad (5.61)$$

将(5.61)式代入(5.14)式可解出:

$$C_t = \frac{1}{a_3(1+r)}\zeta_t + \frac{r}{1+r}\left[A_t + \sum_{j=0}^{\infty}(1+r)^{-j}E(Y_{t+j} \mid I_t)\right] \tag{5.62}$$

(5.62)式中的 $\frac{1}{a_3(1+r)}\zeta_t$ 项就是我们所说的暂时消费，它与持久收入

$$Y_t^P = \frac{r}{1+r}\left[A_t + \sum_{j=0}^{\infty}(1+r)^{-j}E(Y_{t+j} \mid I_t)\right]$$

无关。

由(5.61)式和(5.62)式以及持久收入的定义可知：

$$E[Y_{t+1}^P \mid I_t] = Y_t^P - \frac{r}{a_3(1+r)}\zeta_t \tag{5.63}$$

$$C_{t+1} = C_t + \frac{1}{a_3(1+r)}\zeta_{t+1} - \frac{1}{a_3}\zeta_t + \frac{r}{1+r}\sum_{j=0}^{\infty}(1+r)^{-j}[E(Y_{t+j+1} \mid I_{t+1}) - E(Y_{t+j+1} \mid I_t)] \tag{5.64}$$

若 Y_t 是一平稳随机过程，则由(5.61)式和 (5.64)式可知：消费水平的一阶差分是一个平稳的移动平均过程。因此，效用函数中出现的扰动就改变了由霍尔所描述的消费作为一个鞅的特征，即使效用函数是二次的也是如此。当然，在 $\beta = (1+r)^{-1}$ 的情况下，消费的边际效用仍然是一个鞅。

六、消费与税收

在我们前面的分析框架中，如果加进政府的角色，则无论政府是通过税收的方式，还是通过发行债券的方式来融资，消费者的预算约束都将会发生改变，从而影响消费者的最优消费策略。

1. 一揽子税

若政府采取征收一揽子税的融资方式，则消费者的预算约束变为：

$$A_{t+1} = (A_t + Y_t - T_t - C_t)(1 + r_t) \tag{5.65}$$

其中，T_t 为一揽子税。此时我们只需令 $Y_t^G = Y_t - T_t$，则可利用前面介绍过的方法类似讨论。例如，对于对数效用情形，消费策略为：

$$C_t = (1-\beta)\left[Y_t^G + \sum_{j=0}^{\infty}\left(\prod_{k=0}^{j-1}(1+r_{t+k})^{-1}\right)Y_{t+j}^G + A_t\right]$$

2. 对储蓄收入征税

若政府对储蓄收入所得征税，则消费者的预算约束变为：

$$A_{t+1} = (A_t + Y_t - C_t)(1 + r_t)(1 - \tau_t) \tag{5.66}$$

其中，τ_t 为储蓄的总税率。此时我们只需令 $1+\theta_t=(1+r_t)(1-\tau_t)$，则可利用前面介绍过的方法类似讨论。这里我们可将 $1+\theta_t$ 理解为税效应后的总收益率。

例5　“李嘉图等价”

如果政府选择发行债券的方式筹措资金，每期的数量和利率分别为 B_t 和 r_t，则消费者的预算约束为：

$$A_{t+1}+B_{t+1}=(A_t+B_t+Y_t-C_t)(1+r_t) \tag{5.67}$$

这里我们假定债券的利率水平也为 r_t。表面上看，债券的作用似乎等同于资产，从而不会影响消费策略。但是，公债最终还是要通过税收来偿还，即政府必须服从如下的预算约束：

$$B_{t+1}=(B_t+G_t-T_t)(1+r_t) \tag{5.68}$$

其中，G_t 表示政府支出，T_t 表示税收。当然，为避免政府采取不断发行新债券的方式来支付到期的利息和本金，我们必须要求：

$$\lim_{t\to\infty}(-B_t)\prod_{j=1}^{t}(1+r_j)^{-1}\geqslant 0 \tag{5.69}$$

(5.68)式和(5.69)式意味着：

$$G_t+\sum_{j=1}^{\infty}\left(\prod_{k=0}^{j-1}(1+r_{t+k})^{-1}\right)G_{t+j}=T_t+\sum_{j=1}^{\infty}\left(\prod_{k=0}^{j-1}(1+r_{t+k})^{-1}\right)T_{t+j}-B_t \tag{5.70}$$

上式表明，给定政府的支出路径以及初始的债券规模，无论债券的发行方式如何，政府都必须依靠征税来满足跨期预算约束。因此，我们必须在消费者的预算约束中引入税收的影响：

$$A_{t+1}+B_{t+1}=(A_t+B_t+Y_t-C_t-T_t)(1+r_t) \tag{5.71}$$

利用(5.70)式和(5.71)式，再考虑到消费者的非蓬齐对策条件(5.1)，可得下式：

$$C_t+\sum_{j=1}^{\infty}\left(\prod_{k=0}^{j-1}(1+r_{t+k})^{-1}\right)C_{t+j}=(Y_t-G_t)+\sum_{j=1}^{\infty}\left(\prod_{k=0}^{j-1}(1+r_{t+k})^{-1}\right)(Y_{t+j}-G_{t+j})+A_t \tag{5.72}$$

(5.72)式表明，消费者面对的跨期预算约束与债券和税收的路径无关。这意味着，给定政府的支出路径以及初始的债券规模，最优的消费路径不会因为融资方式的不同而受到影响，这就是“李嘉图等价”的主要思想。

第四节 结 束 语

从20世纪50年代初到70年代早期,生命周期-持久收入假说是经济学家思考消费的主要理论依据,这一观点在70年代已经完全被吸收进主流的宏观经济学,并被经济学家用来对消费进行预测。正如我们在本章内容中已经指出的,生命周期假说和持久收入假说并不是两个孤立的模型,而是一般的具有跨期替代选择的动态模型的两个特例而已。从20世纪70年代开始,在宏观经济学中掀起的理性预期革命也极大地影响了关于消费的研究,经济学家们开始重视预期和不确定性对于消费的影响。霍尔在1978年提出的关于消费的随机游走观点大概是众多引入了预期的模型中给人印象最为深刻,同时也最违背关于消费的传统观念的一个例子。

在LC-PIH之后关于消费研究的新领域中,两个中心的论题是预防性储蓄和流动性约束。关于储蓄可以为未来的不确定性提供保险的观点由来已久,但关于储蓄的预防性动机的正式研究却直至20世纪80年代才扮演重要的角色。实际上,这一观点与基本的跨期替代模型并不矛盾,但却与能够产生持久收入理论的确定性等价观点相违背。与此形成对照的是,流动性约束的观点与生命周期理论是互不相容的,它经常被看作是对生命周期假说在经验研究方面失败的一种解释。与LC-PIH相比,在流动性约束下的消费行为更像是一个谨慎的消费者面临不确定性时的反应。

本章也介绍了一些近年来关于消费的研究热点,如消费与金融资产、暂时消费、李嘉图等价等内容。值得指出的是,近年来关于消费的研究有相当大一部分是关于经验方面的,比如储蓄率与增长率之间的关系、反驳LC-PIH的经验方面的证据、消费的过度敏感性以及消费品的耐用性等等,由于本章主要关注理论部分,因而对于这些内容没有涉及。

本章参考书目

1. O. Blanchard and S. Fischer (1989). Lectures on Macroeconomics, MIT Press.
2. J. Taylor and M. Woodford (1999). Handbook of Macroeconomics, Vol. 1B, Elsevier Science.
3. T. Sargent (1986). Macroeconomic Theory, 2nd Ed., Academic Press.
4. T. Sargent (1987). Dynamic MacroeconomicTheory, Havard Univ. Press.
5. R. Dornbush and S. Fischer (1994). Macroeconomics, 6th Ed., McGraw-Hill.
6. 袁志刚、宋铮(2001):《宏观经济学》,复旦大学出版社。
7. R. Merton (1990). Continuous-Time Finance, Blackwell.

8. D. Romer(2000). Advanced Macroeconomics, 2nd Ed., McGraw-Hill.

9. R. E. Hall (1978). "Stochastic Implications of the Life Cycle-Permanent Income Hypothesis: Theory and Evidence." Journal of Political Economy 86 (December): pp. 971 – 987.

10. A. Deaton (1992). Understanding Consumption, Oxford Univ. Press.

11. H. Leland (1968). "Saving and Uncertainty: The Precautionary Demand for Saving." Quarterly Journal of Economics 82 (August): pp. 465 – 473.

第六章 投资

投资是总支出中波动幅度最大的部分，尽管它占 GDP 的比例没有消费大，但是由于它的经常变化，却会给总产出带来更大的波动。萨缪尔森认为，正是易变动的投资，并且通过乘数－加速数原理，造成了经济周期。另一方面，和消费者的消费选择一样，企业的投资决策对于经济增长也是至关重要的，因为正是社会资源在当期消费和各种类型投资之间的划分决定了长期增长的基础。在凯恩斯 1936 年发表的《就业、利息和货币通论》一书中，他认为投资的大小主要取决于利率水平和资本的边际收益的比较，因而投资是利率的函数，而利率的变化通过资本市场对投资产生影响。在这之后，投资理论有了长足的发展。由萨缪尔森发展的加速数原理认为，投资主要是由产出的变化引起的。20 世纪 60 年代末，托宾提出了著名的 q 理论并将它整合进凯恩斯的 $IS-LM$ 模型当中，他认为最优的投资率是企业资本的市场价值与资本重置成本之比的增函数，这一比例后来被称为托宾的 q 或平均 q。当时人们普遍认为这是凯恩斯的投资理论的一种扩展，但是，我们将看到，在一定条件下，它也可以纳入带有调整成本的新古典投资理论的框架。由乔根森(Jorgenson)在 1963 年开端的新古典投资理论认为，投资决策是企业的一种跨期最优选择，从而资本品的价格以及投资的调整成本都将影响到投资函数。90 年代以来，投资理论研究的重点是关于投资的固定调整成本、投资的不可逆性以及投资的等待价值的讨论，由此得到了一些与传统的投资理论相悖的结果，但是却获得了更多的经验证据的支持。此外，在 1971 年卢卡斯和普雷斯科特(E. Prescott)将不确定性引入新古典投资理论后，将关于投资的各种假设与不确定性相结合也是近期研究的重点，许多新的模型被构造出来，并产生了一些有意思的结果。

第一节 投资的加速数原理

假定代表性厂商的生产函数是科布－道格拉斯(Cobb-Douglas)型的:

$$Y = AK^{\alpha}L^{\beta} \tag{6.1}$$

其中 Y 代表产出，K 代表资本，L 代表劳动，A 代表生产率参数。

厂商的目标是最大化利润:

$$\pi = AK^{\alpha}L^{\beta} - (r+\delta)pK - wL \tag{6.2}$$

其中 p 表示资本相对于产品的价格，w 是工资水平，r 是利率水平，δ 是资本折旧率。易知此问题的一阶必要条件为:

$$A\alpha K^{\alpha-1}L^{\beta} - (r+\delta)p = 0 \tag{6.3}$$

$$A\beta K^{\alpha}L^{\beta-1} - w = 0 \tag{6.4}$$

上述两式的含义是大家熟悉的:生产要素的边际收益等于边际成本。由(6.3)式可得:

$$K = \frac{\alpha}{(r+\delta)p}Y \tag{6.5}$$

即最优的资本存量是产出的一个固定比例。我们知道，资本存量的变化满足下式:

$$K_{t+1} = I_t + (1-\delta)K_t \tag{6.6}$$

其中 I_t 表示投资。因此，我们得到:

$$I_t = \frac{\alpha}{(r+\delta)p}[Y_{t+1} - (1-\delta)Y_t] \tag{6.7}$$

这就是根据加速数原理得到的投资函数。上式表明，投资水平主要是由产出的变化决定的。一般来说，参数 $\frac{\alpha}{(r+\delta)p}$ 是大于1的，因此，产出的微小波动也会带来投资的剧烈变化。

例 弹性加速数模型

假设资本存量的调整是自适应的:

$$K_t - K_{t-1} = \lambda(K_t^* - K_{t-1}) \tag{6.8}$$

其中 K_t^* 表示厂商的意愿资本存量，$0 < \lambda < 1$。注意当 $\lambda = 1$ 时，就得到我们前面讨论过的加速数原理。一般地，由(6.8)式可得:

$$K_t = \lambda\sum_{i=0}^{\infty}(1-\lambda)^i K_{t-i}^* \tag{6.9}$$

从而

$$I_t = \lambda \sum_{i=0}^{\infty} (1-\lambda)^i [K^*_{t-i+1} - (1-\delta)K^*_{t-i}] \tag{6.10}$$

如果再假设意愿的资本存量由(6.5)式决定,则上式可改写为:

$$I_t = \frac{\alpha}{(r+\delta)p} \lambda \sum_{i=0}^{\infty} (1-\lambda)^i [Y_{t-i+1} - (1-\delta)Y_{t-i}] \tag{6.11}$$

第二节 新古典投资理论

一、基本模型

我们考虑一个处于非随机环境中的代表性厂商,他面临如下的优化问题:

$$\begin{aligned} & \max \pi_1 + \sum_{t=2}^{\infty} \pi_t \left(\prod_{j=1}^{t-1} (1+r_j)^{-1} \right) \\ & \text{s. t. } \pi_t = Y_t - w_t L_t - p_t I_t \\ & \qquad K_{t+1} = I_t + (1-\delta) K_t \\ & \qquad K_1 \text{ 已知} \end{aligned}$$

其中 $Y_t = F(K_t, L_t)$ 是新古典的生产函数, K_t 表示 t 期的资本存量, L_t 表示 t 期的劳动力供给; w_t 表示工资率, p_t 表示资本品的价格, δ 表示资本折旧率, π_t 表示 t 期的利润, I_t 表示厂商在 t 期的投资, r_t 表示 t 期的利率水平。

在上述问题中,厂商的目标是实现各期利润总和的最大。我们构造拉格朗日函数如下:

$$\begin{aligned} L = & F(K_1, L_1) - w_1 L_1 - p_1 I_1 + \sum_{t=2}^{\infty} \Big\{ [F(K_t, L_t) - w_t L_t - p_t I_t] \\ & \cdot \Big[\prod_{j=1}^{t-1} (1+r_j)^{-1} \Big] + \lambda_t [I_t + (1-\delta)K_t - K_{t+1}] \Big\} \end{aligned}$$

其中 λ_t 是拉格朗日乘子。一阶必要条件为:

$$\partial L / \partial I_t = \lambda_t - p_t \prod_{j=1}^{t-1} (1+r_j)^{-1} = 0 \tag{6.12}$$

$$\partial L / \partial K_t = \frac{\partial F}{\partial K_t} \Big[\prod_{j=1}^{t-1} (1+r_j)^{-1} \Big] + \lambda_t (1-\delta) - \lambda_{t-1} = 0 \tag{6.13}$$

我们定义 $q_t = \lambda_t \cdot \left[\prod_{j=1}^{t-1}(1+r_j)\right]$，则由(6.12)式和(6.13)式可得：

$$\frac{\partial F(K_t, L_t)}{\partial K_t} = r_{t-1}p_{t-1} + \delta p_t - (p_t - p_{t-1}) \tag{6.14}$$

上式右端的 $r_{t-1}p_{t-1}$ 项表示投资的机会成本，即若厂商在 $t-1$ 期出售1单位的资本品，则他在 t 期将获得数量为 r_{t-1} 的收益；δp_t 项表示资本的折旧；$(p_t - p_{t-1})$ 项表示资本品价格的变化，也就是说，上式右端代表了 t 期资本的使用价格，即资本的边际成本。因此，(6.14)式表明，最优投资应使得资本的边际收益等于资本的边际成本。这是我们早已熟知的结论。

此外，厂商在终结时刻仍然拥有资本显然是没有价值的，因此有下面的横截性条件(TVC)：

$$\lim_{t\to\infty} q_t K_t = 0 \tag{6.15}$$

例如，我们假定生产函数是科布－道格拉斯型的，资本品的价格为常数 p，利率水平为常数 r，则由(6.13)式可知 $K_t = \frac{\alpha}{(r+\delta)p}Y_t$，这就得到了和加速数模型一样的结论，进一步地，我们也可得到与(6.6)式一样的投资函数。

二、带调整成本的投资模型

由上一节的内容可知，企业在资本的边际收益大于边际成本时将进行投资，以达到最优的资本存量。但是，在实际当中我们却很少看到企业在较短的时期内迅速调整其资本水平以达到最优规模，这其中的主要原因就是资本调整是有成本的。比如，企业在购买了新的机器设备后，一般来说还要承担一定的安装费用和培训费用。从直觉上讲，调整的规模越大，成本应该越高，并且对于相同的规模来说，似乎小企业的调整较大企业更难一些。据此，我们假定厂商的资本调整成本函数为：

$$C = C(I_t, K_t), \quad \frac{\partial C}{\partial I_t} > 0, \ \frac{\partial^2 C}{\partial I_t^2} > 0, \ \frac{\partial C}{\partial K_t} \leqslant 0 \tag{6.16}$$

同时，我们还假定当 $I_t = 0$ 时，$C = 0$。于是，追求最大化利润的厂商面临的问题为：

$$\max \pi_1 + \sum_{t=2}^{\infty} \pi_t \left(\prod_{j=1}^{t-1}(1+r_j)^{-1}\right)$$

$$\text{s.t. } \pi_t = Y_t - w_t L_t - p_t I_t - C(I_t, K_t)$$
$$K_{t+1} = I_t + (1-\delta)K_t$$
$$K_1 \text{ 已知}$$

构造拉格朗日函数：

$$L = \pi_1 + \sum_{t=2}^{\infty}\left\{\pi_t \cdot \left[\prod_{j=1}^{t-1}(1+r_j)^{-1}\right] + \lambda_t[I_t + (1-\delta)K_t - K_{t+1}]\right\} \tag{6.17}$$

一阶必要条件为：

$$\partial L/\partial I_t = \lambda_t - \left[p_t + \frac{\partial C(I_t, K_t)}{\partial I_t}\right]\prod_{j=1}^{t-1}(1+r_j)^{-1} = 0 \tag{6.18}$$

$$\partial L/\partial K_t = \frac{\partial \pi_t}{\partial K_t} \cdot \left[\prod_{j=1}^{t-1}(1+r_j)^{-1}\right] + \lambda_t(1-\delta) - \lambda_{t-1} = 0 \tag{6.19}$$

由(6.18)式可得：

$$q_t - p_t = \frac{\partial C(I_t, K_t)}{\partial I_t} \tag{6.20}$$

其中 q_t 如上一节所定义。上式表明，各期资本的影子价格等于资本品的价格与边际成本之和。我们进一步假定 $C(I_t, K_t) = I_t \Phi(I_t/K_t)$，其中 $\Phi(I_t/K_t)$ 是厂商的单位资本调整成本函数。I_t/K_t 表示 t 期的投资率，它很好地刻画了调整成本的分散程度。由(6.20)式可解出：

$$I_t/K_t = \psi^{-1}(q_t - p_t) \tag{6.21}$$

其中 $\psi(\cdot)$ 定义为：$\psi(I_t/K_t) = \Phi(I_t/K_t) + (I_t/K_t)\Phi'(I_t/K_t)$。(6.21)式表明：最优的投资率是资本的影子价格 q_t 的增函数。由(6.21)式和(6.19)式以及适当的边界条件，我们就可刻画出最优的投资路径。

例　一个连续时间模型

假设企业的利润函数为 $\pi(K)$，而企业的调整成本函数为 $c(I)$，满足：$c'(\cdot) > 0$，$c''(\cdot) > 0$。企业面临的问题为：

$$\begin{cases} \max\int_0^{\infty}[\pi(K) - c(I)]e^{-\rho t}\mathrm{d}t \\ \text{s.t. } \dot{K} = I \\ \qquad K(0) = K_0 \end{cases}$$

即企业的目标是选择最优的资本存量路径 $K^*(t)$ 来最大化整个时间区间上它的净利润的总现值。为简单起见，我们假定：

$$\pi = \alpha K - \beta K^2(\alpha, \beta > 0), \quad c = aI^2 + bI \quad (a, b > 0)$$

于是,前述问题的欧拉方程为:

$$K' = I$$

$$I' = \rho I + \frac{\beta}{a}K + \frac{b\rho - \alpha}{2a}$$

上述二元微分系统的相图为图 6.1:

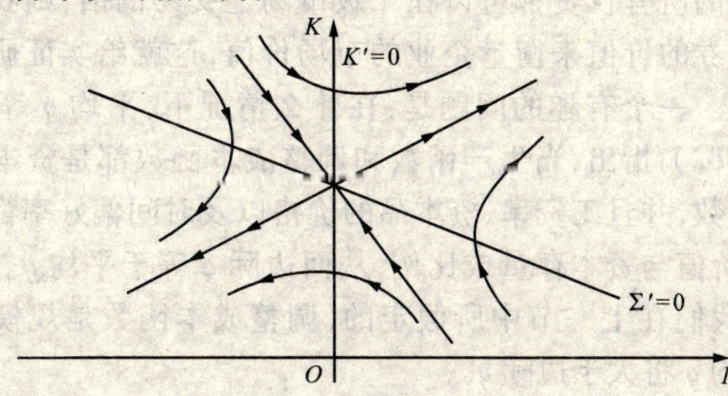

图 6.1　资本和投资的动态

由此可知,系统的平衡点是鞍点,且存在惟一的最优路径趋于平衡点。

第三节　托宾的 *q* 理论

20 世纪 60 年代末,托宾提出了著名的 q 理论,此理论认为投资是企业的市场价值与企业的装置成本之比的增函数,这一比例就是所谓的托宾的 q。如果 $q>1$,即资本的市场价值大于获得资本所需的成本,则厂商将增加其资本存量;如果 $q<1$,即资本的市场价值小于获得资本所需的成本,则厂商将减少其资本存量。理性的厂商应当调整其资本存量直至 $q=1$,此时资本的市场价值等于资本的成本。托宾的 q 确实包含了许多与投资相关的涉及将来的行动以及面临的冲击方面的信息,这比他之前的投资理论前进了一大步。

托宾进而将他的投资理论引入了 $IS-LM$ 模型,当时人们普遍认为这是具有凯恩斯主义色彩的投资理论。事实上,托宾的投资理论不过是发展了凯恩斯在《通论》中提出的一个观点,即进行新投资的激励取决于资本的市场价值与构建这项资本所必需花费的成本的比较。但是到了七八十年代,许多关于调整成本的文献将托宾的 q 理论整合进来,穆萨(Mussa, 1977)和阿贝尔(Abel, 1983)分别针对于确定性模型和随机模型指出,具有凸调整成本函数的新古典模型也可以产生一种 q 理论。正如我们在上一节中所描述的,企业的最优投资率是资本的影子价格的增函数，而资本的影子价格恰恰描述的是新增资本的市场价值与资本的装置成本之比。为与托宾的 q 相区别，人们将这一比例称为边际 q，而将托宾的 q 称为平均 q。显然，对于投资决策来说更重要的是边际 q，但是在经验研究中，平均 q 却是一个更容易观察到的变量，因为如果企业的所有投资都可以在二级市场上交易的话，则我们可用企业股票或债券的价值来衡量企业的市场价值，这就给实证研究带来了很大的方便。一个有趣的问题是：在什么情况下，平均 q 等于边际 q? Hayashi（1982）指出，当生产函数和调整成本函数都是资本与劳动的一次齐次函数，并且工资率、资本品的价格以及时间偏好率都外生给定时，企业的价值与资本存量成比例，从而边际 q 等于平均 q。但是一般来说，正如我们在上一节中所假定的，调整成本函数是规模报酬递减的，因而平均 q 将大于边际 q。

下面我们就连续时间模型再推导一次 q 理论。假设企业的生产函数 $Y_t = F(K_t, L_t)$ 是新古典的；调整成本函数 $C = C(I_t, K_t)$ 满足：$\partial C/\partial I_t > 0$，$\partial^2 C/\partial I_t^2 > 0$；投资品的实际价格为 p_t；工资的实际水平为 w_t；利息率为 r_t。于是，企业面临的问题为：

$$\begin{cases} \max \int_t^\infty [F(K_s, L_s) - w_s L_s - p_s I_s - C(I_s, K_s)] e^{\int_t^s -r_\tau \mathrm{d}\tau} \mathrm{d}s \\ \text{s. t. } \mathrm{d}K_t/\mathrm{d}t = I_t - \delta K_t \end{cases} \tag{6.22}$$

其中 δ 是资本折旧率。

构造现值汉密尔顿（Hamilton）函数：

$$H_t = F(K_t, L_t) - w_t L_t - p_t I_t - C(I_t, K_t) + q_t(I_t - \delta K_t) \tag{6.23}$$

利用庞特里雅金（Pontryagin）最大值原理，我们可得：

$$\begin{cases} \partial H_t/\partial I_t = 0 \\ \mathrm{d}K_t/\mathrm{d}t = \partial H_t/\partial q_t \\ \mathrm{d}q_t/\mathrm{d}t = -\partial H_t/\partial K_t + r_t q_t \\ TVC \end{cases}$$

注意，由于我们在厂商的优化问题中并未给定边界条件，因此最大值原理当中的横截性条件没有给出具体的形式。整理上述方程组得到：

$$\begin{cases} q_t = p_t + \partial C(I_t, K_t)/\partial I_t \\ \mathrm{d}K_t/\mathrm{d}t = I_t - \delta K_t \\ \mathrm{d}q_t/\mathrm{d}t = -F_K(K_t, L_t) + C_K(I_t, K_t) + \delta q_t + r_t q_t \\ TVC \end{cases}$$

由此可得：

$$q_t = \int_t^{\infty} [F_K(K_s, L_s) - C_K(I_s, K_s)] e^{\int_t^{\delta} -r_\tau d\tau} e^{-\delta(s-t)} ds \qquad (6.24)$$

上式表明：q_t 是一个单位边际资本所产生的所有未来边际收益的贴现值，这正是所谓的边际 q 。

进一步地，如果我们假定 $C(I_t, K_t) = g(dK_t/dt) = g(I_t - \delta K_t)$ ，则 $g'(I_t - \delta K_t) = q_t - p_t$ 。定义 $G(\cdot)$ 为 $g'(\cdot)$ 的反函数，于是，

$$I_t - \delta K_t = G(q_t - p_t) \qquad (6.25)$$

因为 $g'(\cdot) > 0$, $g''(\cdot) > 0$ ，所以 $G'(\cdot) > 0$ 。(6.25)式表明：净投资是资本的影子价格 q_t 的严格增函数，这正是 q 理论的核心结论。

第四节　带固定调整成本的投资模型

许多的经验研究表明，企业的大量投资在一个较短的时期内完成，即间歇性的。这是与新古典投资理论预言的企业将沿着最优的投资路径连续调整其资本存量直至最优水平的结论相悖的。为解释这种现象，我们构造下面的具有固定调整成本的投资模型。

假定某厂商的调整成本函数为：

$$C_t = \begin{cases} 0, & I_t = 0 \\ c_f + c_v^+ I_t, & I_t > 0 \\ c_f - c_v^- I_t, & I_t < 0 \end{cases} \qquad (6.26)$$

其中 c_f 、c_v^+ 、c_v^- 都是常数。上述类型的调整成本函数意味着：只要发生投资，则不论投资规模的大小，企业都将负担数额为 c_f 的固定调整成本。因此，从直觉上讲，为避免支付太多的固定调整成本，企业可能一次性地调整其资本存量至最优水平，或者干脆不进行调整。

我们假定除了资本以外，企业的其他要素投入都已达到最优水平。记 K^* 为企业的意愿资本存量，即：

$$K^* = \arg\max \pi(K) = \arg\max [F(K) - rK] \qquad (6.27)$$

我们引入变量 Z 来表示企业的现有资本存量与意愿资本存量之间的不平衡程度：

$$Z = K/K^* \qquad (6.28)$$

将其代入利润函数则有：

$$\pi(K) = \pi(Z, K^*) \qquad (6.29)$$

下面我们定义两个价值函数：$V(Z,K^*)$ 和 $\widetilde{V}(Z,K^*)$ 。$V(Z,K^*)$ 表示当期不调整资本存量的企业的价值，而 $\widetilde{V}(Z,K^*)$ 表示可以选择调整或不调整资本存量的企业的价值，即：

$$V(Z_t,K_t^*) = \pi(Z_t,K_t^*)\Delta t + (1 - r\Delta t)\widetilde{V}(Z_{t+\Delta t},K_{t+\Delta t}^*) \tag{6.30}$$

$$\widetilde{V}(Z_t,K_t^*) = \max\left\{V(Z_t,K_t^*),\max_I\{V(Z_t + I_t/K^*,K_t^*) - C(I_t)\}\right\} \tag{6.31}$$

我们知道，即使只做很小的调整，$C(I_t)$ 的值也是正的。因此，当 Z 的值接近使得 $V(Z,K^*)$ 最大化的 Z 值时，方程(6.31)右端的第一项大于第二项，于是企业选择不进行资本存量调整，即在这里所描述的问题中存在一个不行动的 Z 值区域。若我们用 L 和 U 表示使得投资不发生的 Z 的最小值和使得减少投资不发生的 Z 的最大值，则不行动的区域为 (L,U) 。

由此我们看到，当投资面临固定的调整成本时，企业将比较其自身在投资前后的价值，从而决定是否进行投资。在此情形中，有可能出现不发生投资的区域。

例　考虑一个两期模型，假设代表性企业第一期的资本存量为 K_1 ，意愿资本存量 K^* 由(6.27)式给定。企业的调整成本函数如(6.26)所示。

(1)当 $K_1 < K^*$ 时，若企业调整其资本存量至意愿水平，则企业的价值为：

$$V = \pi(K_1) - c_f - (1 + c_v^+)I + \pi(K^*) + K^* \tag{6.32}$$

其中 $I = K^* - K_1$ 。若企业选择不调整，则其价值为：

$$\widetilde{V} = \pi(K_1) + F(K_1) - rK_1 + K_1 \tag{6.33}$$

显然，企业选择调整的必要条件是 $V \geqslant \widetilde{V}$ ，即：

$$F(K_1) \leqslant \pi(K^*) - c_f - c_v^+K^* + (r + c_v^+)K_1 \tag{6.34}$$

(2)当 $K_1 > K^*$ 时，若企业调整其资本存量至意愿水平，则企业的价值为：

$$V = \pi(K_1) - c_f - (1 - c_v^-)I + \pi(K^*) + K^* \tag{6.35}$$

若企业选择不调整，则其价值为：

$$\widetilde{V} = \pi(K_1) + F(K_1) - rK_1 + K_1$$

显然，企业选择调整的必要条件是 $V \geqslant \widetilde{V}$ ，即：

$$F(K_1) \leqslant \pi(K^*) - c_f + c_v^- K^* + (r - c_v^-)K_1 \tag{6.36}$$

我们分别记 K_L 和 K_U 为使得(6.34)式和(6.36)式中等号成立的资本存量值,则当 $K_L < K_U$ 时,区间 $[K_L, K_U]$ 为企业的不投资区域。

第五节　不确定性下的投资

任何投资决策都将面临不确定性带来的风险。从经济学的角度来说,投资是一项希望用现在的成本换取将来更大收益的活动。无论是企业家投资办厂,销售商囤货居奇,或者是个人进行智力投资,甚至公司宣布破产倒闭,都体现出这一色彩。在这个意义上说,投资是无处不在的。

前面我们介绍了两种传统的投资理论:新古典投资理论和 q 理论。从本质上说,他们给出的投资原则都是判断投资的净现值(即投资的收益与投资的成本之差)是否大于零,这可以说是投资决策的真理。但是在计算投资的净现值时,无论是新古典理论,还是 q 理论,都忽略了在现实的经济环境中,投资所面临的一些其他重要因素。我们知道,大多数投资决策都在不同程度上受到下面三种因素的影响:第一,投资常常是不可逆的,即初始的投资成本部分地或全部地是沉淀的,因此投资者不能在改变主意时随时撤回它;第二,投资的未来收益是不确定的,即投资是有风险的,投资者所能做的仅仅是判断其期望收益;第三,投资决策的时间常常是有余地的,即不马上投资并不会丧失投资的机会,或者说,等待是有价值的。这三种特征将共同决定投资者的最优投资决策。

将上述特征纳入投资模型正是现代投资理论研究的重点。自卢卡斯和普雷斯科特在 1971 年首先将不确定性引入投资理论后,关于这方面的研究在近年来有了长足的发展。下面我们介绍一些重要的研究成果。

一、投资的不可逆性与等待的价值

投资的不可逆性在很大程度上要归因于投资往往是专门化的。例如某一产品的广告费用,某台机器设备的购买及使用培训费用等,这些都是沉淀成本。即使在同行业范围内,某一厂商想要出售自己的资本也是困难的,因为如果产业之间是完全竞争的,则资本的价值对于此行业中的每一厂商都是一样的,因此出售资本也将是其他厂商的最优选择。此外,即使对于专门化程度不强的资本,在出售方面也会遇到其他的障碍,比如在二手资本品市场上,售卖者必将遇到逆向选择问题,这甚至会使它最终退出市场;又比如,政府的一些相关法规也会对特定资本的出售或资源的再配置产生约束。

至于投资的等待价值，情形更复杂一些。事实上，很多投资机会都是稍纵即逝的，但与此同时，很多美好的前景又是值得期待的。例如，在瞬息万变的股票市场上，机会是不会留给犹豫的投资者的；但与此同时，莽撞的投资者又往往会付出惨重的代价。另一方面，等待的价值还体现在可以获得更多的信息上，在很多时候，这些信息可能会带来更大的收益。

在投资的不可逆以及等待具有价值的意义上说，一项投资更像是金融资产中的买入期权。因此，在制定投资决策时，必须要对未来有准确的判断，这就增加了投资者的难度，但在现实生活中，他们就是这么做的。

1. 基本模型

本节内容主要取材于 Dixit 和 Pindyck(1994)。假定某企业面临如下的问题：某价值为 V 的投资项目所需的沉淀成本为 I，而价值 V 的变化遵循如下的几何布朗运动：

$$dV = \alpha V dt + \sigma V dz \tag{6.37}$$

其中 $z(t)$ 是基本的维纳过程，α 和 σ 是常数。那么，什么是企业的最优投资选择呢？(6.37)式可以看作是许多实际投资问题的一种简化。在现实的经济生活中，许多企业常常面临这样一些投资项目，其初始投入往往是不可收回的，但同时，未来的收益却是不确定的，这里我们假定这种不确定性由(6.37)式描述。一般地，我们也可假定更复杂的随机过程。

我们注意到，在上述问题中，企业的投资机会相当于一个永久性的买入期权——以某个预先指定的价格购买一定数量资产的权利而非义务。投资决策相当于决定是否执行或者何时执行这个期权。那么，企业是如何获得这种投资机会的呢？一般来说，原因有很多种，例如，对某种自然资源的垄断权、专利权、企业的声望、企业的规模，等等。更为重要的是，在很多时候，企业的这种选择权比企业的不动产更能体现出企业的价值。于是，就像期权有其自身的价格一样，对于投资机会的这种选择权也应该是具有价值的，因为它本身就是企业价值的体现，更何况由于投资项目的未来收益是不确定的，这种选择权还可在一定程度上避免风险。另一方面，一旦企业执行了投资，那么它也就丧失了这种选择权，当然其本身的价值也就会发生变化。因此，从经济学的角度说，投资选择权是一种机会成本。

企业在任意时刻 t 进行投资的收益将是 $V_t - I$，因此企业的目标是最大化它的期望现值：

$$F(V) = \max E[(V_T - I)e^{-\rho T}] \tag{6.38}$$

其中 E 是期望算子，ρ 是贴现率，T 是某个未知的未来时刻。$F(V)$ 满足：

$$F(0) = 0, F(V^*) = V^* - I, F'(V^*) = 1 \tag{6.39}$$

另外，为使得此问题有意义，我们还需假定 $\alpha < \rho$，否则对于某个充分大的时刻 T，(6.37)式的积分将会变得无穷大，则等待将是最优的，从而不存在最优的投资行为。

情形Ⅰ：确定性情形（$\sigma = 0$）

如果 $\sigma = 0$，则 $V(t) = V(0)e^{\alpha t}$。于是，对任意给定的当前值 V，假定在将来的某个时刻 T 进行投资，则投资机会的价值为：

$$F(V) = (Ve^{\alpha T} - I)e^{-\rho T} \tag{6.40}$$

(1)当 $\alpha \leqslant 0$ 时，$V(t)$ 随时间不增，则最优的投资原则是：若 $V > I$，则立即投资；否则，永远也不进行投资。此时，$F(V) = \max[V - I, 0]$。

(2)当 $0 < \alpha < \rho$ 时，$V(t)$ 随时间递增，则必有 $F(V) > 0$。即使当前的 V 小于 I，随着时间的演进，V 最终也会超过 I。最优投资时刻的一阶条件为：

$$\frac{\mathrm{d}F(V)}{\mathrm{d}T} = -(\rho - \alpha)Ve^{-(\rho-\alpha)T} + \rho I e^{-\rho T} = 0 \tag{6.41}$$

由此可得

$$T^* = \max\left\{\frac{1}{\alpha}\ln\left[\frac{\rho I}{(\rho - \alpha)V}\right], 0\right\} \tag{6.42}$$

这意味着，若 V 不是相对于 I 来说很大的话，则有 $T^* > 0$。这是因为就现值来说，投资的成本以 ρ 的速度指数递减，而投资的收益仅以 $\rho - \alpha$ 的速度指数递减。

若最优的投资时刻 $T^* = 0$，则可得到相应的最优收益水平：

$$V^* = \frac{\rho}{\rho - \alpha} I > I \tag{6.43}$$

由此可知，当 $V \geqslant V^*$ 时，企业应立即投资。

最后，此情形中投资机会的价值函数为：

$$F(V) = \begin{cases} [\alpha I/(\rho - \alpha)][(\rho - \alpha)V/\rho I]^{\rho/\alpha}, & V \leqslant V^* \\ V - I, & V > V^* \end{cases} \tag{6.44}$$

图 6.2 给出了 $I = 1, \rho = 0.10$，以及 $\alpha = 0, 0.03, 0.06$ 时函数 $F(V)$ 的形状。

情形Ⅱ：随机情形（$\sigma > 0$）

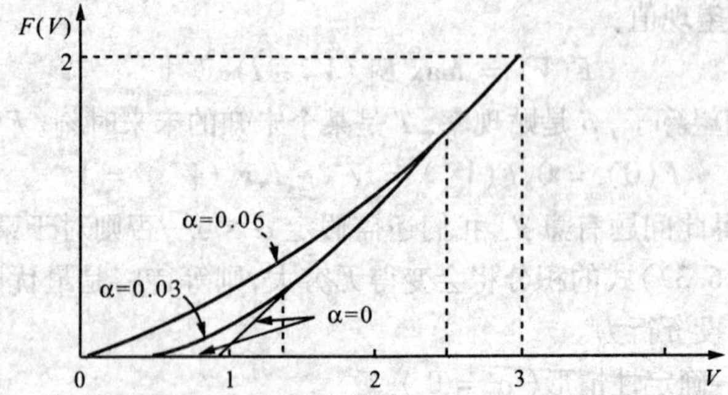

图 6.2　确定性情形下投资机会的价值

此问题的贝尔曼(Bellman)方程为:

$$\rho F\mathrm{d}t = E(\mathrm{d}F) \tag{6.45}$$

由伊藤(Ito)引理,

$$\mathrm{d}F = F'(V)\mathrm{d}V + \frac{1}{2}F''(V)(\mathrm{d}V)^2 \tag{6.46}$$

于是,将(6.37)式代入上式并取期望可得:

$$E(\mathrm{d}F) = \alpha VF'(V)\mathrm{d}t + \frac{1}{2}\sigma^2 V^2 F''(V)\mathrm{d}t \tag{6.47}$$

因此贝尔曼方程变为:

$$\frac{1}{2}\sigma^2 V^2 F''(V) + \alpha VF'(V) - \rho F = 0 \tag{6.48}$$

我们猜测 $F(V)$ 的形式为:

$$F(V) = AV^{\beta} \tag{6.49}$$

其中 A 和 β 是待定系数。将此形式代入方程(6.48)可得:

$$\frac{1}{2}\sigma^2\beta(\beta - 1) + \alpha\beta - \rho = 0 \tag{6.50}$$

于是,

$$\beta_1 = \frac{1}{2} - \frac{\alpha}{\sigma^2} + \sqrt{\left(\frac{\alpha}{\sigma^2} - \frac{1}{2}\right)^2 + \frac{2\rho}{\sigma^2}} > 1$$

$$\beta_2 = \frac{1}{2} - \frac{\alpha}{\sigma^2} - \sqrt{\left(\frac{\alpha}{\sigma^2} - \frac{1}{2}\right)^2 + \frac{2\rho}{\sigma^2}} < 0$$

因此,方程(6.48)的通解为:

$$F(V) = A_1 V^{\beta_1} + A_2 V^{\beta_2}$$

考虑到边界条件 $F(0) = 0$,因此 $A_2 = 0$ 。我们再将 $F(V) = A_1 V^{\beta_1}$ 代入

边界条件：$F(V^*) = V^* - I$ 和 $F'(V^*) = 1$，则有：

$$V^* = \frac{\beta_1}{\beta_1 - 1} I \tag{6.51}$$

$$A_1 = \frac{V^* - I}{(V^*)^{\beta_1}} = \frac{(\beta_1 - 1)^{\beta_1 - 1}}{(\beta_1)^{\beta_1} I^{\beta_1 - 1}} \tag{6.52}$$

方程(6.49)、(6.51)以及(6.52)给出了投资机会的价值以及最优的投资原则，即当 $V \geqslant V^*$ 时，企业将进行投资，在收益水平 V^* 处投资规模是最优的。我们注意到，由于 $\frac{\beta_1}{\beta_1 - 1} > 1$，故 $V^* > I$。这意味着在将不确定性和不可逆性引入投资模型后，投资的成本将增加，企业必须在保证得到更大收益的前提下才会选择投资，这就是所谓的等待的价值。

为进一步看到模型的其他参数对 V^* 的影响，我们令(6.50)式的左端为 $\zeta(\beta)$，并绘出 $\zeta(\beta)$ 的图形如下：

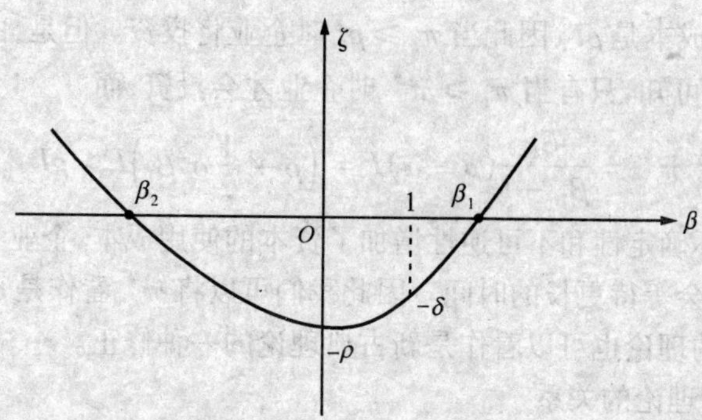

图 6.3 二次特征方程

如前所述，我们只需考虑根 β_1。下面我们考虑参数 σ 的变化对 ζ 的影响。由(6.50)式可得：

$$\frac{\partial \zeta}{\partial \beta_1} \frac{\partial \beta_1}{\partial \sigma} + \frac{\partial \zeta}{\partial \sigma} = 0$$

由图 6.3 可知，在 β_1 处，$\partial\zeta/\partial\beta > 0$，又 $\partial\zeta/\partial\sigma = \sigma\beta(\beta - 1) > 0$，因此 $\partial\beta_1/\partial\sigma < 0$。这意味着当 σ 增加时，β_1 将递减，从而 V^* 将增加。也就是说，价值 V 在将来的不确定性程度越高，则 V^* 与 I 之间的差距越大，从而企业决定进行不可逆投资的期望收益也就越高。

类似地，我们还可讨论知，当 α 减小时，则 V^* 亦减小，即价值 V 的未来期望值越低，则企业投资所要求的期望收益 V^* 也就越低；而当 ρ 增加时，则 V^* 将增加，即时间偏好率的提高将增加企业投资所要求的期望收

益。此外,我们还可得到如下的一些极限结果:

当 $\sigma \to \infty$ 时, $V^* \to \infty$;

当 $\sigma \to 0$ 时, $V^* \to \left(\frac{\rho}{\rho - \alpha}\right) I (\alpha > 0)$;

$V^* \to I (\alpha \leqslant 0)$ 。

2. 与新古典投资理论的关系

假定某代表性企业的利润流 π_t 遵循下述几何布朗运动:

$$d\pi = \alpha \pi dt + \sigma \pi dz \tag{6.53}$$

于是

$$V_t = E\int_t^{\infty} \pi_s e^{-\rho(s-t)} ds = \frac{\pi_t}{\rho - \alpha} \tag{6.54}$$

此时 dV 仍由(6.37)式给出。按照约根森的新古典投资理论,企业将在资本的边际收益大于边际成本时进行投资,在不考虑折旧的情形下,资本的边际使用成本是 ρI ,因此当 $\pi_t \geqslant \rho I$ 时企业将投资。但是,由(6.51)式和(6.54)式可知,只有当 $\pi_t \geqslant \pi^*$ 时企业才会投资,而

$$\pi^* = \frac{\beta_1}{\beta_1 - 1}(\rho - \alpha) I = \left(\rho + \frac{1}{2}\sigma^2 \beta_1\right) I > \rho I$$

也就是说,不确定性和不可逆性增加了资本的使用成本,企业在做出投资决策之前将会等待更长的时间。因此我们可以将 π^* 看作是 ρI 的一种修正,而本节的理论也可以看作是新古典理论的一种修正。

3. 与 q 理论的关系

托宾的 q 理论指出,当 $q > 1$ 时,增加企业的投资将会增加企业的市场价值。但是,正如我们在前面提到过的,对于 q 的测量和解释是一个重要的问题。因此在引入了投资的不可逆性和不确定性后,更有必要对 q 的定义重新审视,下面我们介绍两种重要的定义方式。

一种观点认为,在关于 q 的定义中,分子是指企业已有资产的市场价值,而投资决策需要考虑的是投资新项目会对企业的价值带来怎样的变化。按照我们本节的讨论,若投资新项目的收益为 V ,而投资选择权的价值为 $F(V)$,则投资此项目将会使企业的价值增加 $V - F(V)$,因此 q 应当被定义为 $[V - F(V)]/I$ 。再考虑到边界条件 $F(V^*) = V^* - I$,我们可知用来判别是否投资的 q 的基准值确实是 1。

另一种观点认为,新增投资对企业价值的影响是难以估算的,因此 q 应当被定义为已投资项目的利润流的期望现值与项目成本之比,这意味着计算企业的价值时只需考虑那些已经实现了的投资项目,此时投资的

选择权都是已经实现了的。在这种意义上，q 定义为 V/I 。于是，判别是否应当投资的 q 的基准值为：

$$q^* = \frac{\beta_1}{\beta_1 - 1} > 1$$

在此我们又看到投资的起点被提高了，这就使我们在 q 理论的框架内也看到了不可逆性对投资决策的影响。

二、一个一般化的投资模型

本节的内容主要取材于：A. Abel and J. Eberly (1994)。我们将探讨一个相当一般化的模型，它概括了不确定性、固定调整成本、资本品的买价/卖价之差以及投资的不可逆性等因素，得到的基本结论是：投资是装置资本的影子价格的非减函数，但最优的投资率可取正值、零或负值。

1. 基本模型

考虑一个处于随机环境中的代表性企业，假定除了资本存量外，其他生产要素都已达到最优水平，在任一时刻，企业需选择投资水平以最大化利润。我们记时刻 t 时的利润流为 $\pi(K_t,\varepsilon_t)$ ，其中 K_t 表示 t 时刻的资本存量，ε_t 是随机变量，它可以表示技术变迁的随机性、要素品价格的波动以及厂商需求的变化等等。假定 $\pi_K(K_t,\varepsilon_t) > 0, \pi_{KK}(K_t,\varepsilon_t) \leqslant 0$ ，并且 ε_t 遵循如下的随机过程：

$$d\varepsilon_t = \mu(\varepsilon_t)dt + \sigma(\varepsilon_t)dz \tag{6.55}$$

这里 z 是基本维纳(Wiener)过程。资本存量的变化遵循：

$$dK_t = (I_t - \delta K_t)dt \tag{6.56}$$

其中 I_t 表示 t 时刻的投资，δ 是折旧率。

我们假定企业的投资成本包括三个部分：

(1) 买进/卖出成本：厂商在购买或变卖未装置资本时所产生的成本。假设 p_K^- 为厂商卖出单位未装置资本时的价格，而 p_K^+ 为厂商买进单位未装置资本时的价格，一般地有 $p_K^+ \geqslant p_K^- \geqslant 0$ 。因此，买进/卖出成本函数为：$p_K^+ I$，当 $I > 0$ 时；$p_K^- I$，当 $I < 0$ 时。注意，这是一个凸的、非降的函数并且当总投资为零时取零值。同时，除了 $I = 0$ 外，此函数是二次可微的。

(2) 调整成本：企业改变自己的资本存量规模时所带来的成本。我们假定调整成本函数是非负的且在 $I = 0$ 时取最小值 0；另外，正如我们前面所假设过的，调整成本函数关于 I 还是连续且严格凸的。更一般的，调整成本函数还依赖于资本存量 K，并且关于 K 的偏导数是非正的，这体现了我们曾提到过的，对于同样的投资规模，大小企业的调整成本是不一样的。此外,我们还假定调整成本函数除了 $I=0$ 外,关于 I 是二次可微的,这意味着调整成本函数关于 I 的偏导数当 $I>0$ 时大于0,当 $I<0$ 时小于0;如果调整成本函数在 $I=0$ 处也是可微的,则调整成本函数在 $I=0$ 处的偏导数为0,或者更一般的,假定在 $I=0$ 处的左偏导数是非正的,而右偏导数是非负的。

(3) 固定成本:只要投资量不为零,企业就必须支付的某一固定数额的成本。其实这可以看作是调整成本的一部分,但是它不依赖于投资的规模。我们一般假定固定成本是非负的,并且在任意时刻,只要投资量为零,则固定成本为零。

综上所述,我们得到总的投资成本函数为: $vc(I,K)$,其中 v 是虚拟变量,当 $I=0$ 时取值0,当 $I\neq 0$ 时取值1; $c(I,K)$ 表示上述三项成本之和。进一步的,我们假定

$$\lim_{I\downarrow 0}c(I,K)=\lim_{I\uparrow 0}c(I,K)=c(0,K)$$

注意这里的 $c(0,K)$ 并不是表示投资水平为0时的成本函数,因为由前面的假设知,当投资为0时 $v=0$,从而总成本为0。$c(0,K)$ 可以解释为投资的固定成本,因为由前面的假设可知,买进/卖出成本函数和调整成本函数都是连续的并且当 $I=0$ 时都取零值。由于固定成本是非负的,所以 $c(0,K)\geqslant 0$ 。此外,除了 $I=0$ 外, $c(I,K)$ 关于 I 是连续、严格凸且二次可微的;而当 $I=0$ 时,我们用 $c_I(0,K)^-$ 和 $c_I(0,K)^+$ 分别表示 $c(I,K)$ 关于 I 的左偏导数和右偏导数。根据我们前面的假设可知, $c_I(0,K)^+\geqslant 0$,而 $c_I(0,K)^-$ 的符号不定。特别地,我们假定 $c_I(0,K)^+\geqslant c_I(0,K)^-$ 。

因此,代表性厂商的问题是选择最优的投资策略来最大化跨期的利润和:

$$\begin{cases}\max E\int_0^{\infty}[\pi(K_t,\varepsilon_t)-v_t c(I_t,K_t)]e^{-rt}\mathrm{d}t\\ \text{s. t. } \mathrm{d}K_t=(I_t-\delta K_t)\mathrm{d}t\\ \qquad \mathrm{d}\varepsilon_t=\mu(\varepsilon_t)\mathrm{d}t+\sigma(\varepsilon_t)\mathrm{d}z\\ \qquad K_0,\varepsilon_0 \text{ 给定}\end{cases} \tag{6.57}$$

其中 $r>0$ 是时间偏好率。

2. 最优投资函数的推导

我们定义价值函数为:

$$V(K_t,\varepsilon_t)=\max_{I_{t+s},v_{t+s}}\int_0^{\infty}E_t[\pi(K_{t+s},\varepsilon_{t+s})-v_{t+s}c(I_{t+s},K_{t+s})]e^{-rs}\mathrm{d}s \tag{6.58}$$

则贝尔曼方程为：

$$rV(K,\varepsilon) = \max_{I,v}\left\{\pi(K,\varepsilon) - vc(I,K) + \left(\frac{1}{\mathrm{d}t}\right)E(\mathrm{d}V)\right\} \tag{6.59}$$

上式的左端是厂商要求的回报，而右端则表示最大的期望回报。注意这里的 V 依赖于 K 和 ε，由伊藤引理可知

$$\mathrm{d}V = V_K\mathrm{d}K + V_\varepsilon\mathrm{d}\varepsilon + \frac{1}{2}V_{\varepsilon\varepsilon}(\mathrm{d}\varepsilon)^2 \tag{6.60}$$

再将(6.55)式和(6.56)式代入上式并取期望可得：

$$E(\mathrm{d}V) = \left[V_K(I - \delta K) + \mu(\varepsilon)V_\varepsilon + \frac{1}{2}\sigma^2(\varepsilon)V_{\varepsilon\varepsilon}\right]\mathrm{d}t$$

我们令 $q = V_K$，即单位装置资本的边际价值，则贝尔曼方程变为：

$$rV = \max_{I,v}\left\{\pi(K,\varepsilon) - vc(I,K) + q(I - \delta K) + \mu(\varepsilon)V_\varepsilon + \frac{1}{2}\sigma^2(\varepsilon)V_{\varepsilon\varepsilon}\right\} \tag{6.61}$$

注意到上述方程的右端中涉及控制变量的仅有 $-vc(I,K)$ 和 qI 两项，因此上述优化问题等价于如下的优化问题：

$$\max_{I,v}\{-vc(I,K) + qI\} \tag{6.62}$$

下面我们分两步来求解上述优化问题：首先，当 $v = 1$ 时，我们记上述问题的最优值为 $\psi(q,K)$，即

$$\psi(q,K) = \max_I[qI - c(I,K)]$$

记最优的投资水平为 $I^*(q,K)$，由于 $c(I,K)$ 关于 I 是严格凸的，并且除 $I = 0$ 外关于 I 还是二次可微的，因此最优投资的一阶条件为：

$$c_I(I^*(q,K),K) = q, \text{当 } q < c_I(0,K)^- \text{ 或 } q > c_I(0,K)^+ \tag{6.63a}$$

$$I^*(q,K) = 0, \text{当 } c_I(0,K)^- \leqslant q \leqslant c_I(0,K)^+ \tag{6.63b}$$

(6.63a)式表明在最优的投资水平处，投资的边际成本等于投资的边际收益，而大小由 q 决定。考虑到 $c_{II} > 0$，因此在(6.63a)式中所示的 q 的范围内，$I^*(q,K)$ 是 q 的严格递增函数。如果在 $I = 0$ 处 $c(I,K)$ 是可微的，则 $c_I(0,K)^+ = c_I(0,K)^-$，于是对于任意的 q，都有 $c_I(I^*(q,K),K) = q$；如果在 $I = 0$ 处 $c(I,K)$ 是不可微的，则对于位于 $c_I(0,K)^-$ 和 $c_I(0,K)^+$ 之间的 q 值，没有相应的投资的边际成本值，由(6.63b)式知，$I^*(q,K) = 0$。综合起来说，$I^*(q,K)$ 在 q 的整个范围内都是非减的，具体的是

$$I^*(q,K)\begin{cases} < 0, & q < c_I(0,K)^- \\ = 0, & c_I(0,K)^- \leqslant q \leqslant c_I(0,K)^+ \\ > 0, & q > c_I(0,K)^+ \end{cases} \tag{6.64}$$

其次,当 $v=0$ 时,则总投资为零,因此(6.62)式中的最优值也为零。

由此可知,对于虚拟变量 v 的选择,取决于下列函数的符号:

$$\psi(q,K)=qI^{*}(q,K)-c(I^{*}(q,K),K) \tag{6.65}$$

如果 $\psi(q,K)>0$,则选取 $v=1$,从而最优投资为 $I=I^{*}(q,K)$;如果 $\psi(q,K)=0$,则选取 $I=0$ 或 $I=I^{*}(q,K)$ 将是无差异的。下面我们就来具体讨论 $\psi(q,K)$ 的符号。

我们知道,当 $c_I(0,K)^{-}\leqslant q\leqslant c_I(0,K)^{+}$ 时,$I^{*}(q,K)=0$,将其代入(6.65)式可得 $\psi(q,K)=-c(0,K)$;而对于区间 $[c_I(0,K)^{-},c_I(0,K)^{+}]$ 之外的 q 值,将有 $\psi(q,K)\geqslant -c(0,K)$,这是因为厂商总是可以选择不投资来达到值 $-c(0,K)$。因此,函数 $\psi(q,K)$ 在区间 $[c_I(0,K)^{-},c_I(0,K)^{+}]$ 内达到其最小值 $-c(0,K)$,而对于此区间之外的 q 值,$\psi(q,K)$ 关于 q 是二次可微的,从而微分(6.65)式可得:

$$\psi_q(q,K)=I^{*}(q,K)\begin{cases}<0,\text{如果 } q<c_I(0,K)^{-}\\ =0,\text{如果 } c_I(0,K)^{-}\leqslant q\leqslant c_I(0,K)^{+}\\ >0,\text{如果 } q>c_I(0,K)^{+}\end{cases} \tag{6.66}$$

$$\psi_{qq}(q,K)=I_q^{*}(q,K)>0,\text{如果 } q<c_I(0,K)^{-}\text{ 或 } q>c_I(0,K)^{+} \tag{6.67}$$

于是,$\psi(q,K)$ 是一个在区间 $[c_I(0,K)^{-},c_I(0,K)^{+}]$ 上达到其最小值 $-c(0,K)$ 的凸函数。我们记 q_1 和 q_2 分别为方程 $\psi(q,K)=0$ 的最小根和最大根,则由(6.66)式知:

$$\psi(q,K)>0 \qquad \text{如果 } q<q_1 \text{ 或 } q>q_2 \tag{6.68}$$

对于某个给定的 K 值,我们可绘出函数 $\psi(q,K)$ 的图形,见图 6.4:

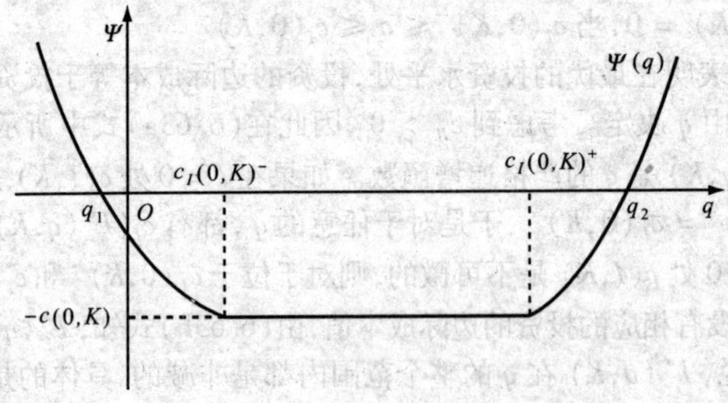

图 6.4　投资的回报

注意,这里我们假定固定成本 $c(0,K)>0$,因此图 6.4 中绘出的最小值是小于0的。

综上所述,我们得到企业的最优投资行为:

$$\hat{I}(q,K)=\begin{cases}I^*(q,K)<0, & \text{如果 } q<q_1\\ 0, & \text{如果 } q_1\leqslant q\leqslant q_2\\ I^*(q,K)>0, & \text{如果 } q>q_2\end{cases} \tag{6.69}$$

3. 最优投资行为及其 q 的特征

(1) 由方程(6.69)可知,当 q 位于区间 $[q_1,q_2]$ 内时,最优的投资率为0。下面我们证明当存在固定成本 $c(0,K)>0$ 或者调整成本函数在 $I=0$ 处不可微时,将有 $q_2>q_1$,从而区间 $[q_1,q_2]$ 是非退化的。一般来说,方程 $\psi(q,K)=0$ 可能有惟一的根,也可能有多于一个的根。当根多于一个时,又有可能是两个根或者连续的根。现在我们分别讨论这三种情形:

情形Ⅰ:方程 $\psi(q,K)=0$ 有惟一的根,即 $q_2=q_1$,从而不投资区间 $[q_1,q_2]$ 是退化的。这种情形将在下述两个条件满足时出现:(a) $c(I,K)$ 在 $I=0$ 处是可微的,从而 $c_I(0,K)^+=c_I(0,K)^-$,因此在函数 $\psi(q,K)$ 的底部不存在平滑的一段;(b) 固定成本 $c(0,K)=0$,从而 $\psi(q,K)$ 的最小值为0。这两个假设条件在讨论调整成本的文献中是相当普遍的,而且正是这些假设条件使得这些文献的结果中大多数都不包含不投资区域。

情形Ⅱ:方程 $\psi(q,K)=0$ 恰好有两个不同的根,从而不投资区间 $[q_1,q_2]$ 是非退化的。这种情形将在固定成本 $c(0,K)>0$,从而 $\psi(q,K)$ 的最小值为负的条件下出现。如果固定成本是正的,则即使 $c(I,K)$ 在 $I=0$ 处是可微的,也可能出现一个非退化的不投资区域。

情形Ⅲ:方程 $\psi(q,K)=0$ 存在连续的根,从而不投资区间 $[q_1,q_2]$ 也是非退化的。这种情形将在下述两个条件满足时出现:(a) $c(I,K)$ 在 $I=0$ 处是不可微的,从而 $c_I(0,K)^+>c_I(0,K)^-$,这意味着函数 $\psi(q,K)$ 的底部存在平滑的一段;(b) 固定成本 $c(0,K)=0$,从而这一平滑的片段位于水平轴上。此时,在 q_1 与 q_2 之间,方程 $\psi(q,K)=0$ 有连续的根,并且对于此范围内的任意 q 值,最优的投资率为0。

(2) q_1 与 q_2 只依赖于总的成本函数 $c(I,K)$,而与厂商的利润函数 $\pi(K,\varepsilon)$ 以及随机过程 ε_t 的性质无关。

(3) 如果固定成本 $c(0,K)$ 是正的,或者成本函数 $c(I,K)$ 在 $I=0$ 处是不可微的,则存在非退化的不投资区间。此时,最优的投资函数 $\hat{I}(q,K)$

是不连续的:在 $q = q_1$ 处,最优投资率从负值跳到0;而在 $q = q_2$ 处,最优投资率从0跳到正值。

(4) 如果 $\min_I c(I,K) \geqslant 0$,则企业进行负的总投资不是最优的,此时企业的行为相当于投资是不可逆的情形。这是因为 $\psi(0,K) = \max_I - c(I,K) = -\min_I c(I,K)$,因此 $\min_I c(I,K) \geqslant 0$ 意味着 $\psi(0,K) \leqslant 0$,从而方程 $\psi(q,K) = 0$ 的最小根 q_1 是非正的。但 q 始终是正的(参见性质(6)),因此不可能小于 q_1,于是企业的最优投资率不可能是负的。这一结果有一个直观的解释:要使企业放弃某些具有正价值的已装置资本,则由此引致的成本必须是负的,即净的变卖价格必须是正的。

(5) 将贝尔曼方程(6.61)对 K 求偏导数得:

$$rV_K = \pi_K(K,\varepsilon) - \hat{v}c_K(\hat{I},K) - \delta q + q_K(\hat{I} - \delta K) + \mu(\varepsilon)V_{\varepsilon K} + \frac{1}{2}\sigma^2(\varepsilon)V_{\varepsilon\varepsilon K} \tag{6.70}$$

其中 $\hat{I}$ 是(6.69)式所示的最优投资,$\hat{v}$ 是 v 的最优值。由 q 的定义知 $q = V_K$,从而有 $q_\varepsilon = V_{\varepsilon K}$ 及 $q_{\varepsilon\varepsilon} = V_{\varepsilon\varepsilon K}$,利用伊藤引理可计算出 $E(dq)$:

$$\begin{aligned} E(\mathrm{d}q) &= E\left[V_{KK}\mathrm{d}K + V_{\varepsilon K}\mathrm{d}\varepsilon + \frac{1}{2}V_{\varepsilon\varepsilon K}(\mathrm{d}\varepsilon)^2\right] \\ &= E\left[q_K(I - \delta K)\mathrm{d}t + V_{\varepsilon K}(\mu(\varepsilon)\mathrm{d}t + \sigma(\varepsilon)\mathrm{d}z) + \frac{1}{2}V_{\varepsilon\varepsilon K}(\mu(\varepsilon)\mathrm{d}t + \sigma(\varepsilon)\mathrm{d}z)^2\right] \\ &= q_K(\hat{I} - \delta K)\mathrm{d}t + \mu(\varepsilon)V_{\varepsilon K}\mathrm{d}t + \frac{1}{2}\sigma^2(\varepsilon)V_{\varepsilon\varepsilon K}\mathrm{d}t \end{aligned}$$

将上式代入(6.70)式并整理可得:

$$(r + \delta)q = \pi_K(K,\varepsilon) - \hat{v}c_K(\hat{I},K) + \frac{E(\mathrm{d}q)}{\mathrm{d}t} \tag{6.71}$$

从变分法的角度看,上式是一个欧拉方程。方程的左端表示资本存量变化一单位时的要求回报;方程的右端表示期望回报,由三部分组成:边际利润 $\pi_K(K,\varepsilon)$、边际成本 $-\hat{v}c_K(\hat{I},K)$、期望的资本收益 $\frac{E(\mathrm{d}q)}{\mathrm{d}t}$。在不考虑不确定性时,方程(6.71)可简化为:

$$(r + \delta)q = \pi_K(K,\varepsilon) - \hat{v}c_K(\hat{I},K) + \mathrm{d}q/\mathrm{d}t \tag{6.72}$$

这是在新古典框架内讨论 q 理论的文献中经常出现的式子(参见第三节)。

(6) 在第三节的讨论中,我们知道,装置资本的边际价值 q 等于资本

的边际产品流的期望现值。下面我们推导这一结果的随机形式,这需要用到下述引理:

引理 6.1 假定 x_t 是一扩散过程, $a > 0$ 是常数,则 $x_t = E_t\left[\int_0^{\infty} g_{t+s}e^{-as}\mathrm{d}s\right]$ 是随机微分方程 $E_t(\mathrm{d}x_t)/\mathrm{d}t - ax_t + g_t = 0$ 的解。

上述引理的证明可在 Karatzas and Shreve (1988)中找到。注意到 q_t 是一扩散过程,则将此引理应用到方程(6.71)可得:

$$q_t = \int_0^{\infty} E_t[\pi_K(K_{t+s},\varepsilon_{t+s}) - v_{t+s}c_K(I_{t+s},K_{t+s})]e^{-(r+\delta)s}\mathrm{d}s > 0$$

上式表明: q_t 是资本的期望边际利润的贴现值。另外需要指出的是,由前面的假设, $\pi_K(K,\varepsilon) > 0$ 以及 $c_K(I,K) \leqslant 0$,因此 q 确实总是大于0的。

第六节 存货投资

前面几节我们讨论的都是企业的固定投资,同时忽略了企业的存货投资,本节我们将集中研究企业这方面的行为。一般来说,企业持有存货的基本动机是希望在需求波动时平滑生产。但是,最近的研究指出,在总水平上以及大多数的经济部门中,生产的方差要大于销售的方差。因此,必然有一些其他的因素在影响着实际的存货行为,比如说,避免出现库存中断,因为生产决策常常需要在市场需求完全弄清楚之前做出,为了避免销售损失,存货是必需的。下面我们就这两种动机来讨论存货投资模型,内容主要取材于 Blanchard and Fischer (1989)。

一、避免库存中断

假设代表性企业面临的需求 D_t 遵循如下的随机过程:

$$D_t = d + \rho D_{t-1} + v_t \tag{6.73}$$

其中 $|\rho| \leqslant 1$; v_t 是均值为0,方差为 σ^2 的白噪声。假定企业在知道 v_t 之前必须决定生产 Y_t ,即不能通过调整其当前产出水平来满足当前需求。我们分别用 s_t 和 I_t 来表示当前的销售与存货,则有:

$$s_t = \min\{I_{t-1} + Y_t, D_t\} \tag{6.74}$$

假定产出的价格 p 为常数,生产的边际成本 c 与生产水平无关,则企业面临的问题为:

$$\max E_t\left[\sum_{i=0}^{\infty}\beta^{-i}(ps_{t+i} - cY_{t+i})\right]$$

$$\text{s.t. } s_t = \min\{I_{t-1} + Y_t, D_t\} \tag{6.75}$$

$$D_t = d + \rho D_{t-1} + v_t$$

其中β是贴现因子。

令$A_t = I_{t-1} + Y_t - E_t(D_t)$，若需求等于其期望值，则$A_t$表示$t$期末的存货量。记$A_t$的累积概率分布函数为$\Phi(\cdot)$。

于是，上述优化问题的一阶条件为：

$$-c + \text{Prob}\{D_t < I_{t-1} + Y_t\} c\beta^{-1} + \text{Prob}\{D_t > I_{t-1} + Y_t\} p = 0 \tag{6.76}$$

上式表明，沿着最优路径，生产的边际成本必须等于期望的边际收益。此时，边际收益是一随机事件：若不存在库存中断，则生产的边际单位代入下一期，从而减少下一期的边际成本c；若存在库存中断，则此边际单位以价格p增加当期的销售。

我们也可将(6.76)式改写为：

$$-c + \Phi\left(\frac{A_t}{\sigma}\right) c\beta^{-1} + \left[1 - \Phi\left(\frac{A_t}{\sigma}\right)\right] p = 0 \tag{6.77}$$

上式意味着A_t为常数，更具体地，此常数由下式决定：

$$\Phi\left(\frac{A}{\sigma}\right) = \frac{p - c}{p - \beta^{-1} c}$$

于是，企业的生产等于预期的需求加上此常数，记为k，即：

$$Y_t = -I_{t-1} + E_t(D_t) + k$$

此时$I_t = \max\{I_{t-1} + Y_t - D_t, 0\} = \max\{k - v_t, 0\}$，这又意味着：

$$Y_t = d + \rho D_{t-1} + \min\{v_{t-1}, k\}$$

$$s_t = d + \rho D_{t-1} + \min\{v_t, k\}$$

利用(6.73)式可得：

$$Y_t = d + \rho Y_{t-1} + \rho v_{t-1} + \min\{v_{t-1}, k\} - \rho\min\{v_{t-2}, k\} \tag{6.78}$$

$$s_t = d + \rho s_{t-1} + \rho v_{t-1} - \rho\min\{v_{t-1}, k\} + \min\{v_t, k\} \tag{6.79}$$

即生产和销售都遵循 ARMA 过程。计算生产和销售的方差可知：

$$\sigma_Y^2 = \sigma_s^2 + 2\rho\text{cov}(v'_t, v_t)$$

其中$v'_t = \min\{v_t, k\}$。因此，当ρ为正，即需求正序列相关时，产出的方差要大于销售的方差。这在直观上很好解释：如果ρ为正，则为了补充存货和满足预期的需求，生产对前一期销售增长的反应要大于一比一。

二、平滑生产

假设销售过程已知，企业的目标是最小化成本：

$$\min E_t\left[\sum_{i=0}^{\infty}\beta^{-i}\left[\frac{a}{2}(Y_{t+i}-u_{t+i})^2+\frac{b}{2}(Y_{t+i}+I_{t+i-1}-I_{t+i}^*)^2\right]\right]$$

$$\text{s.t. } I_t^* = E_t(s_t)+k \qquad (6.80)$$

$$I_t = I_{t-1}+Y_t-s_t$$

这里我们假设成本函数是二次的。其中 Y_t、I_t、s_t 如上一节所述，u 表示生产率冲击；I^* 表示存货目标，依赖于预期的销售以及某常数 k；a,b 都是常数。在上述成本函数中，第一项反映的是生产成本，第二项反映的是存货成本。

消去目标函数中的 Y_t，可得此问题关于 I_t 的一阶条件：

$$E_t\left[-I_{t-1}+\left(1+\beta^{-1}+\frac{b}{a}\right)I_t-\beta^{-1}I_{t+1}+(s_t-u_t)-\beta^{-1}(s_{t+1}-u_{t+1})\right]-\frac{bk}{a}=0 \qquad (6.81)$$

解此方程得：

$$E_t(I_t)=\alpha+\lambda I_{t-1}+\sum_{i=0}^{\infty}(\lambda\beta^{-1})^{i+1}E_t(\psi_{t+i}) \qquad (6.82)$$

其中，$\psi_t=-\beta(s_t-u_t)+(s_{t+1}-u_{t+1})$；$\alpha$ 为常数；$\lambda<1$ 是下列方程的最小根：

$$\lambda^2-(1+\beta+\beta\frac{b}{a})\lambda+\beta=0$$

此时 $Y_t=E_t(I_t)-I_{t-1}+E_t(s_t)$。

重新整理预期存货的表达式(6.82)可得：

$$E_t(I_t)=\alpha+\lambda I_{t-1}-\lambda E_t(s_t-u_t)+(1-\lambda)\sum_{i=0}^{\infty}(\lambda\beta^{-1})^{i}E_t(s_{t+i}-u_{t+i})$$

上式表明：t 期末的预期存货依赖于 $t-1$ 期末的存货和预期的销售序列。若边际成本为常数，则 $\lambda=0$，于是计划存货也为常数，正如上一节所讨论的；若边际成本随产出增加，则生产平滑化开始起作用：企业考虑其初始存货状况，并且将当前的和预期未来的销售做比较。由存货部分地满足的暂时性销售越高，则当期的存货将越低。

第七节 结 束 语

在凯恩斯看来，经济波动主要是由易变的投资引起的，而投资决策的制定则取决于资本的边际效率和利息率的比较。这种类型的投资需求函数在正统的凯恩斯主义学派的 *IS* - *LM* 模型中扮演着举足轻重的角色，一旦我们在 *IS* - *LM* 模型中去除掉这个凯恩斯主义的投资需求函数，而代之以一个完全的资本市场，则由此得到的模型将变得非常“货币主义”，换句话说，凯恩斯本人所推崇的积极的财政政策将大大失效。在凯恩斯之后，投资理论研究的主要进展是两种在本质上等价的投资决策方法。一种是新古典投资理论，其重点考察投资的边际效益和投资的边际成本，厂商将连续投资至这二者相等为止；另一种是托宾的 q 理论，重点考察企业资本的市场价值和企业资本的重置成本之比（即托宾的 q），当 $q=1$ 时企业所达到的资本存量规模是最优的。上述这两种投资决策方法的共同理论基础是所谓的净现值（Net Present Value，简记为 NPV）准则：当投资的期望收益的现值超过投资的花费流的现值时，企业将增加投资；反之，企业将减少投资。

近些年来的研究表明，现实世界中的投资行为似乎更多地依赖于经济环境的易变性和不确定性，而不是像传统的投资理论所认为的那样，主要依赖于利息率和税收政策等经济变量。这意味着前述的标准投资决策方法忽略了一些在进行投资决策时需要考虑到的重要因素，包括固定调整成本、不确定性、投资的不可逆性和投资的等待价值等。因此，现代的投资理论将投资决策看成是一个买入期权，这种买入期权式的投资机会既意味着投资的将来收益的不确定，也意味着选择投资时刻的重要性，同时，这种投资机会本身也就具有了一定的价值。关于投资理论研究的这一新进展也是我们在本章的第五节中利用了较大篇幅来介绍的内容。

本章参考书目

1. O. Blanchard and S. Fischer (1989). Lectures on Macroeconomics, MIT Press.

2. J. Taylor and M. Woodford (1999). Handbook of Macroeconomics, Vol. 1B, Elsevier Science.

3. T. Sargent (1986). Macroeconomic Theory, 2nd Ed., Academic Press.

4. T. Sargent (1987). Dynamic Macroeconomic Theory, Havard Univ. Press.

5. R. Dornbush and S. Fischer (1994). Macroeconomics, 6th Ed., McGraw-Hill.

6. 袁志刚、宋铮(2001)：《宏观经济学》，复旦大学出版社。

7. R. Merton (1990). Continuous-Time Finance, Blackwell.

8. D. Romer (2000). Advanced Macroeconomics, 2nd Ed., McGraw-Hill.

9. J. M. Keynes (1936). The General Theory of Employment, Interest, and Money. London: Macmillan.

10. A. Dixit and R. Pindyck (1994). Investment under Uncertainty. Princeton Univ. Press.

11. Abel and Eberly (1994). "A Unified Model of Investment under Uncertainty", American Economic Review, 84 (5), pp. 1369 - 1384.

12. I. Karatzas and S. E. Shreve (1988). Brownian motion and Stochastic Calculus, Springer-Verlag.

13. A. Chiang (1992). Elements of Dynamic Optimization, McGraw-Hill.

14. R. E. Lucas and E. Prescott (1971). "Investment under Uncertainty", Econometrica 39 (5), pp. 659 - 681.

15. A. Abel (1983). "Optimal Investment under Uncertainty." American Economic Review, 73 (1), pp. 228 - 233.

16. F. Hayashi (1982). "Tobin's Marginal and Average q: A Neoclassical Interpretation." Econometrica 50 (1), pp. 213 - 224.

17. M. Mussa (1977). "External and Internal Adjustment Costs and the Theory of Aggregate and Firm Investment." Econometrica, 44 (174), pp. 163 - 178.

第七章 货币

本章将讨论宏观经济中的货币理论。货币理论可以从两个方面加以概括:其一是在总量框架内的货币理论;其二是货币理论的微观基础。在20世纪70年代以前,西方货币理论的发展主要是在总量模型基础上的改进和扩展。70年代开始注意货币的微观基础问题。80年代以来至今,货币理论主要沿着货币的微观基础方向发展。

从总量框架内的货币理论来看,货币理论集中研究有关货币的数量问题。关于货币数量问题研究的重点是强调货币政策工具,如公开市场操作、贴现或者其他利率政策与保证金要求等,与货币供给和货币需求影响因素之间的联系。货币需求和货币供给的相互作用决定了货币的数量以及经济中的价格水平。货币理论很大程度上就集中在如何理解经济中货币需求的影响因素方面,并讨论如何设计和估计货币需求的经验模型。目前,由于西方经济和政策的发展变化,货币需求分析对于理解许多西方短期货币政策问题相对于过去来说没有那么重要了。这种变化在很大程度上是由于当前西方国家中央银行运用短期利率作为政策操作目标而引起的,货币数量作为操作目标的重要性已经大大下降。因此,这种政策现实使得货币供给和货币需求问题的重要性下降了。

为货币理论提供适当的微观基础是当前西方宏观经济学的一个重要发展方向。在凯恩斯的《通论》发表以前,微观经济学与宏观经济学之间的区分是不为人们所熟悉的。人们通常把着重于一般价格水平的货币理论当作经济理论的一个主要分支,而把着重于相对价格的价值理论视为另一个分支。这两个理论是相互独立的。换句话说,在瓦尔拉斯一般均衡模型的形式化表述中,一般价格水平的决定与决定单个价格和数量的个人选择没有关系。随着宏观经济学的建立和发展,宏观经济学的微观基础问题变得越来越重要,而建立货币理论的微观基础成为解决宏观经济学微观基础问题的难点。

有关如何建立货币理论微观基础的问题最早是由希克斯提出的。希克斯在《简化货币理论的一种建议》(1935年)一文中提出,把货币理论建立在价值理论的基础上是解决货币理论微观基础的关键。在希克斯看来,从微观基础的角度提供一个有关货币需求理论的主要困难在于要解释为什么在存在带有利息或利润的证券或投资时,人们却愿意持有非生息的货币。希克斯提出解决这一难题的方法是要从具有约束条件下的效用和利润最大化原理中推导出货币需求。因此,如何将货币的作用引入一般均衡的微观经济模型,回答货币是否是和为什么是有用的商品,是建立货币理论微观基础的首要问题。①

由于货币理论的总量模型在许多国内的教科书中都有论述,而有关货币理论的微观基础问题却很少涉及,因此本章主要从微观基础的角度探讨新古典的货币理论。在新古典经济学文献中,把货币的作用融入个体选择的一般均衡模型存在着两种可行的方法:其一是利用拉姆齐无限期界模型,将货币直接置于效用函数,即扩展拉姆齐模型,在效用函数中考虑消费和实际货币余额的作用,在此基础上探讨货币对各种真实经济变量的影响。其二是采用迭代模型,使货币理论的一系列问题在迭代模型的分析框架中加以阐述。货币迭代模型始于萨缪尔森的消费信贷模型,并被卢卡斯、萨金特和华莱士等经济学家加以发展和系统化。② 本章首先在迭代模型的框架中讨论有关货币的问题,然后在无限期界模型中讨论效用函数中的货币问题。

本章的安排如下:我们首先在萨缪尔森的简单交叠世代模型的基础上引入货币,探讨货币的存在对经济的影响。接下来引入现金先行的货币约束,探讨建立在此假设基础上的一般均衡的包莫尔－托宾模型。其次,从货币能直接给个人带来效用的要素角度,研究效用函数中的货币。通过对这些模型的讨论,我们将能够回答货币理论的核心问题:货币的存在性、货币的作用,以及货币发行量的改变对经济的影响等。最后,我们对本章进行总结并对这些理论进行评论。

第一节　具有货币的交叠世代模型

交叠世代模型由阿莱、萨缪尔森和戴蒙德提出,在新古典宏观经济学

① 凯温·D·胡佛:《新古典主义宏观经济学》,中国经济出版社,1991年版,第115~116页。

② 凯温·D·胡佛:《新古典主义宏观经济学》,中国经济出版社,1991年版,第151页。

中具有重要地位。① 该模型的基本假设是:在任一时期都有不同代的人生活,每一代人在生命的不同时期可以同不同代的人进行交易。根据该假设,模型研究了个人在寿命期内储蓄的总影响,得出经济中总的资本存量,并进一步研究政府对资本存量的影响,以及对各代人福利的影响。这一模型具备的跨时期最优决策分析特点,使得经济学者在将储蓄和投资决策引入个体选择的最优化行为的分析过程中,可以利用个体在代际转变过程中的决策行为分析框架来分析消费行为,并在消费过程引进货币,从而考察在个体最优化行为的基础上货币的作用。

我们在下面利用交叠世代模型的分析框架,考虑个体在代际转变过程中的消费决策,并在此基础上引入货币,说明货币在经济中的作用,并探讨货币政策对经济均衡的影响。关于货币模型的迭代框架来源于萨缪尔森的"纯粹消费借贷"模型,这一模型被卢卡斯和华莱士等经济学家加以发展和系统化。②

一、货币的引入

在简单交叠世代模型的分析框架中,我们设想如下一个经济:假定经济中的典型经济人能生存两个时期,他们在年轻时能获得自己拥有的禀赋收入,而在年老时无任何收入。这样,典型经济人在年轻时具有储蓄的动机。在任何一个时期的开始,年轻人都会进行储蓄,而年老人会动用储蓄。假定整个经济无投资,故总储蓄在均衡时必然为零,这可以通过代际交叠而获得。在每一个时点上,都同时存在着年老的一代和年轻的一代,他们除了生命所处的阶段不同之外,其他一切都相同。

通过假定产品不能储藏,将货币引入模型。由于产品不能储藏,典型经济人不能把年轻时所获得的禀赋收入储藏起来以备年老时用。这样,货币作为一种将购买力从一个阶段向下一个阶段传递的方式就有存在的必要。没有货币,就没有办法使得这样一种传递发生:年轻人贷给老年人,但老年人不能在当前的年轻人变老时归还债务,因为当前的老年人在下一期已不存在。萨缪尔森提出用法币来解决这一个问题。由于法币的

① 奥利维尔·琼·布兰查德、斯坦利·费希尔:《宏观经济学》,经济科学出版社,1992年版,第100页。

② 华莱士(1980)对于作为新古典主义货币理论基础的这一模型进行了最为一般性的讨论(参见'The overlapping generations model of fiat money', *in Models of Monetary Economics*, edited by Kareken, John H., and Neil Wallace. Minneapolis, MN: Federal Reserve Bank of Minneapolis, 1980.)。

存在,年轻人会出售他们的产品以交换老年人在前一阶段已经获得的法币。①

我们将以上思想建立模型。假设每个人都可以在两期内消费,人们在年轻时用商品换取货币,年老时用货币换取商品。在时间为 t_0 时刻,政府给老年人一定数目的货币,设为 H。第 t 期的商品价格为 p_t,他们可以用货币购买商品。并且老年人和此后的每一代人都确信,他们能够用货币购买到商品。

则在 t 期出生的人的最大化问题为:

$$\begin{aligned} &\max u(c_{1t}, c_{2t+1}) \\ &\text{s. t } p_t(1 - c_{1t}) = M_t^d \\ &p_{t+1} \cdot c_{2t+1} = M_t^d \end{aligned} \tag{7.1}$$

最大化的一阶条件为:

$$\frac{u_1(c_{1t}, c_{2t})}{p_t} - \frac{u_2(c_{1t}, c_{2t})}{p_{t+1}} = 0 \tag{7.2}$$

一阶条件中隐含了货币需求函数:

$$\begin{aligned} N_t M_t^d &= H_t \\ 1 + g &= (1 + n)(n - \sigma) \end{aligned} \tag{7.3}$$

货币需求函数也就是储蓄函数。其中 p_t / p_{t+1} 为储蓄收益率,或 $1 + g_t$,其中 g_t 是由 $1 + g_t = p_t / p_{t+1}$ 定义的通货减缩率。由于收入效应和替代效应导致 g 对储蓄 M_t^d / p 的影响并不确定,所以 $L'(\cdot)$ 的符号是不一定的。

二、货币市场均衡

如果我们考虑稳态情况,老年人的货币持有量固定为 H,而年轻人按货币需求函数购买货币,这隐含了下述均衡条件:

$$(1 + g_t)^{-1}(1 + n) = \frac{L(1 + g_t)}{L(1 + g_{t+1})}(1 + n)^t M_t^d = H \tag{7.4}$$

在时间 t 和 $t + 1$,由(7.4)式和(7.3)式得到:

$$(1 + g_t)^{-1}(1 + n) = \frac{L(1 + g_t)}{L(1 + g_{t+1})} \tag{7.5}$$

在稳态下,g 为常数,则由(7.5)式可以得到 $g = n$。通货减缩率必

---

① 易定红、吴汉洪:“八十年代西方货币理论的主要发展”,《中国社会科学》,1999 年第 6 期。

须等于人口增长率，即价格按一定比率递减，使得实际货币供给和总量货币需求按同样的增长率增长，总量货币需求本身以人口增长率 n 增长。

在这个经济中货币如果具有价值，就必须假定经济可以永远运行下去。如果在时间 t_0 的年轻人不相信货币在时间 t_1 赋有价值，他们就不会购买货币，而货币就将永远不会赋有价值。这样的话，即使在时间 t_0 时引进 H 量的货币，物物交换均衡仍旧是均衡的形式。

这样，我们已经得到如下的结论：第一，货币可以有正的价值。第二，如果货币具有价值，在进行新的交易时可以引进货币。第三，假设经济达到稳定状态，货币的引进经过一代又一代的传递，能够使资源实现帕累托最优配置。我们下面考察在这样的经济中，货币政策如何影响经济均衡。

三、货币政策对均衡的影响

如果把货币政策定义为货币供给的变动，我们可以利用上述模型考察货币供给的变动如何影响实际经济变量。假设名义货币存量按增长率 σ 增长，则稳态通货膨胀率等于 $\sigma - n$。我们假设在 $t+1$ 期初对每一个老年人转移支付给名义量为 ΔM_t 的货币。则在时间 t 典型经济人的最大化问题为：

$$\max u(c_{1t}, c_{2t+1})$$
$$\text{s.t.}\ p_t(1 - c_{1t}) = M_t^d$$
$$p_{t+1} \cdot c_{2t+1} = \Delta M_t + M_t^d$$

最大化问题的一阶条件为：

$$\frac{u_1(c_{1t}, c_{2t})}{p_t} - \frac{u_2(c_{1t}, c_{2t})}{p_{t+1}} = 0$$

可解得下式：

$$\frac{M_t^d}{p_t} = L\left(\frac{p_t}{p_{t+1}}, \frac{\Delta M_t}{p_{t+1}}\right)$$

即货币需求函数依赖于收益率和第二期的货币转移，后者对于个人是外生基金。由于第二期中基金的增加会减少储蓄，L_2 必然为负。由于总货币存量按增长率 σ 增长，所以

$$H_{t+1} = H_t + \Delta H_t = (1+\sigma)H_t$$

由于新货币是在老年人之间均等地分配，所以下式成立

$$\Delta H_t = N_t \Delta M_t$$

货币市场在时间 t 的均衡条件为：

$$N_t M_t^d = H_t$$

在稳态下，人均实际差额是常数，所以 $H_t / P_t N_t$ 是常数。则可知 P_t 必然按比率 g 递减，其中 $1 + g = -(1+n)/(1+\sigma)$，因而当 n 和 σ 的值很小时，g 近似等于 $n - \sigma$。

由于货币增长率影响货币通胀率，进而影响到货币收益率，最终影响资源的配置，所以在此模型中货币不是超中性的。

在图 7.1 中进一步描述货币增长率的影响如下：

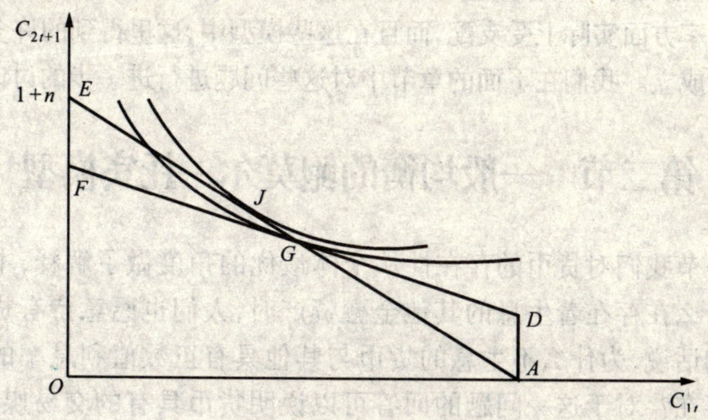

图 7.1　一次总付额转移产生的货币增长对福利的影响

在具有不变货币存量的稳态经济中，商品的均衡配置点为 J，预算线 AE 斜率为 $-(1+n)$。而在第二期转移之后，货币按增长率 σ 增长，新预算线 FD 的斜率为 $-(1+n)/(1+\sigma)$，初始基金从 A 移动到 D，在 G 点市场对于货币结清，达到均衡。

由此我们可以得到的结论是，当交叠世代模型中的货币不再是固定不变的时候，货币均衡不是帕累托最优的。零货币增长的 J 点明显要优于 G 点。

至此，我们在简单的 OLG 模型中得到了有关货币影响经济的强有力的结论。它们可以总结成两个命题：第一，货币均衡只有当物物交换均衡不是帕累托最优时才存在；第二，虽然货币均衡不全是帕累托最优，但是存在着帕累托最优的货币均衡。

从这些结果可以看出，货币的引进可以使每个人的境况更好。如果经济是动态有效的，情况可能不是这样。这里，货币所起的作用和社会保险或政府债务以前所起的作用相同。新的观点是，货币提供了资源转移的一种方式，如果转移是帕累托改善的，这种转移能够自动到达，而不是通过政府计划。

但是这种等价性也表明,货币的作用在 OLG 模型中被夸大了。只有货币在收益率方面不受任何其他资产支配时,货币在这个简单的 OLG 模型中才赋有价值。这样,如果考虑经济中的商品可以存储,并且存储的收益高于货币的收益,货币就不再赋有价值。货币均衡是脆弱的。例如,当通货膨胀率太高时货币就不出现了。但是,实际上,货币在收益率方面是受到许多资产支配的。而且,在极端的恶性通货膨胀时,货币在继续使用。这就说明,货币的作用应该在一些模型中加以研究,在这些模型中,货币在收益率方面实际上受支配,而且在这些模型中,这里得到的许多结论很可能不再成立。我们在下面的章节中对这些问题进行进一步的讨论。

第二节　一般均衡的鲍莫尔－托宾模型

上一节我们对货币的存在性从个体最优的角度做了解释,本节主要考察为什么在存在着生息的其他金融资产时,人们也愿意持有货币的问题。换句话说,为什么不生息的货币与其他具有正数值利息率的资产能够共同存在？对于这一问题的回答可以说明货币具有的交易媒介功能,即货币具有帮助经济摆脱对于必需品的双向一致性需求。我们在本节首先在迭代模型中引入克洛尔约束,然后建立一个连续的交叠世代模型,并讨论该模型的性质。最后对该模型的扩展做一个简要介绍。

一、克洛尔约束的引入

在一些宏观经济模型中,人们往往对货币的存在性和有价值性置之不理,而直接把它作为一种给定的制度:即货币必须用于全部或大多数交易,可以用货币购买商品,出售商品则得到货币,但物物交换是不行的。这个把货币制度化的假设就是克洛尔约束。

根据克洛尔约束,个人在进入每一期时持有的货币余额 M_t 必须足以给购买消费品提供资金,即:

$$\sum_{i=1}^{n} p_{it} c_{it} \leqslant M_t$$

$$\max \int_{s}^{s+\Delta t_j} \ln c_t \, \mathrm{d}t$$

$$\text{s. t.} \quad p_t c_t = \frac{m_j p_s}{\Delta t_j}$$

假设无消费不确定性,由于存在持有额外实际余额的机会,货币的持有量会等于消费量,上式取等号。因此,我们根据克洛尔约束,可以得到货币的流通速度为1,而且不受通货膨胀和利率等变化的影响。这样,我们无需进一步修正就得到了严格的货币数量理论。

二、模型的建立

我们在本部分建立一个连续时间交叠世代模型,在此模型中个人以货币或生息债券的形式获得用于消费和储蓄的基金,同时引入克洛尔约束,人们只能用货币购买商品,并可以用一定费用随时把任意数目的债券兑换成货币,自由决定在货币与债券之间的财富配置,财富不能用商品的形式贮存。

1. 模型假定

假设每个人的寿命长度为 T,则经济中在任何时刻都存在着各种年龄的人,年龄从0到 T 呈均匀分布。个人在出生时得到商品基金 E 和价值为 S 的货币支付。记 $Y = E + S$。

又假设个人只能有两种存储财富的方式,即货币和债券,而不是商品。经济中的通货膨胀率为 π,债券的实际收益率为 r。名义利率 $i = r + \pi$。假设债券每次兑换成货币的费用固定为 b,个人在寿命期内可以兑换货币 N 次。个人的瞬时效用函数形式为 $U_t = \ln(c_t)$,则个人的跨时效用函数为:

$$U = \int_0^T \ln(c_t)\,\mathrm{d}t - Nb \tag{7.6}$$

2. 模型内容

我们首先考察个人在债券和货币之间每两次兑换的最优消费,然后考察交易的时间间隔、交易的规模和消费水平,最后考察消费、债券和总需求水平的关系。

(1)在两次兑换之间的最优消费。

我们首先求解在两次兑换之间的最优消费问题。给定在时间 s,个人的实际货币余额提款 m_j,个人在区间 $[s, s + \Delta t_j]$ 内求解下述问题:

$$\max \int_s^{s+\Delta t_j} \ln c_t \mathrm{d}t$$

$$\text{s.t.} \int_s^{s+\Delta t_j} p_t c_t \mathrm{d}t = m_j p_s \tag{7.7}$$

其中 p_t 是时间 t 的价格水平。在区间内的名义支出必须等于在时间 s 货币的名义价值 $m_j p_s$。效用是对数的和没有贴现的联合假设隐含了个人在银行兑换之间的时期内选择不变的名义支出:

$$p_t c_t = \frac{m_j p_s}{\Delta t_j}$$

所以

$$c_t = (\frac{m_j}{\Delta t_j})(\frac{p_s}{p_t}) = (\frac{m_j}{\Delta t_j})\exp[-\pi(t-s)] \tag{7.8}$$

代入区间效用函数得

$$U_j^* = \int_s^{s+\Delta t_j}[\ln(\frac{m_j}{\Delta t_j}) - \pi(t-s)]\mathrm{d}t = \Delta t_j \ln(\frac{m_j}{\Delta t_j}) - \frac{\pi}{2}\Delta t_j^{\,2} \tag{7.9}$$

(2)交易的时间间隔。

下面我们将证明在整个寿命期中,在消费最优的条件下,典型经济人每次由债券倒手成货币的时间间隔是相同的。

根据上一小节的证明,我们可以通过每个区间的最大效用 U_j^* 推导出典型经济人在整个寿命期的总效用如下:

$$U^* = \sum\left\{\Delta t_{j+1}\ln\left(\frac{m_{j+1}}{\Delta t_{j+1}}\right) - \frac{\pi}{2}(\Delta t_{j+1})^2\right\} - Nb \tag{7.10}$$

$$\text{s. t. } Y = m_1 + m_2\exp(-r\Delta t_1) + m_3\exp[-r(\Delta t_1 + \Delta t_2)] + \cdots + m_{N+1}\exp[-r(T - \Delta t_{N+1})]$$

我们如果先假设在寿命期间只有一次倒手,则方程(7.9)变为:

$$U^* = \Delta t_1 \ln\left(\frac{m_1}{\Delta t_1}\right) + (T - \Delta t_1)\ln\left(\frac{m_2}{T - \Delta t_1}\right) - \frac{\pi}{2}[\Delta t_j^{\,2} + (T - \Delta t_1)^2] - b$$

$$\text{s. t. } Y = m_1 + m_2\exp(-r\Delta t_1)$$

求解最大化问题就可以得到下式:

$$\Delta t_1 = \frac{T}{2}$$

类似地,可以在任意子期中证明存在一次交易,而且发生在它的两个子期之间。这样,最优的 Δt 满足:

$$\Delta t_1 = \Delta t = \frac{T}{N+1} \tag{7.11}$$

即在整个寿命期内各次兑换有相同的时间间隔。

(3)交易的规模和消费水平。

我们可以根据上述方程(7.9)来确定典型经济人在整个寿命期的最优交易规模和消费水平。

在方程(7.9)中,我们令 $\Delta t = \dfrac{T}{N+1}$,得:

$$U^{**} = \sum_{j=1}^{N+1}\left\{\frac{T}{N+1}\ln\left[\frac{m_j(N+1)}{T}\right] - \frac{\pi}{2}\left(\frac{T}{N+1}\right)^2\right\} - Nb \tag{7.12}$$

$$\text{s. t. } Y = m_1 + \cdots + m_{N+1}\exp\left[-r\left(\frac{NT}{N+1}\right)\right]$$

给定 N 求解最优提款额,隐含了:

$$m_{j+1} = \left(\frac{Y}{N+1}\right)\exp\left(\frac{rjT}{N+1}\right) \tag{7.13}$$

代入(7.11)最终可得:

$$U^{***} = T\ln\left(\frac{Y}{T}\right) + \frac{rT^2}{2} - \frac{(r+\pi)T^2}{2(N+1)} - Nb \tag{7.14}$$

忽略整数约束,求解 N 就得到:

$$\mu \equiv \frac{T}{N+1} = \sqrt{\frac{2b}{r+\pi}} \tag{7.15}$$

由于名义利率 $i = r + \pi$,所以上式可以转换成下式:

$$\mu = \sqrt{\frac{2b}{i}}$$

以上结果充分描述了个人的经济行为,在这些经济行为下,如果货币数量发生变动会如何影响这些结果呢?我们在下面分析货币对这些经济结果的影响。

(4)消费、债券和货币总需求量。

我们在本部分将个人消费推广到总量消费,并考察总的货币需求问题。在这里我们限于分析人口不变的稳态均衡。可以先把人口规范化为1,则总量消费等于个人消费在他的寿命期上的积分除以 T。通过公式(7.8)和(7.9),我们得到下式:

$$c_t = \left(\frac{m_{j+1}}{\mu}\right)\exp[-\pi(t - j\mu)] \tag{7.16}$$

在上式中代入 m_{j+1} 的表达式(7.13),则给定在时间 $j\mu$ 的倒手次序 j,在 $j\mu$ 和 $(j+1)\mu$ 之间任意时间 t 的消费是:

$$c_t = \left(\frac{Y}{T}\right)\exp(rj\mu)\exp[-\pi(t - j\mu)] \tag{7.17}$$

在 $j\mu$ 和 $(j+1)\mu$ 之间的消费总量可以通过积分得到下式:

$$\int_{j\mu}^{(j+1)\mu} c_t \mathrm{d}t = \int_{j\mu}^{(j+1)\mu}\left(\frac{Y}{T}\right)\exp(rj\mu)\exp[-\pi(t - j\mu)]\mathrm{d}t$$

$$= \left(\frac{Y}{T}\right)\exp(rj\mu)\left[\frac{1 - \exp(-\pi\mu)}{\pi}\right] \tag{7.18}$$

从而得：

$$C = \frac{1}{T}\sum_{j=0}^{N}\left(\frac{Y}{T}\right)\exp(rj\mu)\left[\frac{1-\exp(-\pi\mu)}{\pi}\right] \tag{7.19}$$

进一步由 $\mu = T/(N+1)$，得：

$$C = \left(\frac{1}{T}\right)\left(\frac{Y}{T}\right)\left[\frac{\exp(rT)-1}{\exp(r\mu)-1}\right]\left[\frac{1-\exp(-\pi\mu)}{\pi}\right] \tag{7.20}$$

给定 Y 和 μ，总量消费是实际利率的增函数，而且是通货膨胀率的减函数。类似地，我们得到债券的总需求函数：

$$B = \left(\frac{1}{r}\right)\left(\frac{Y}{T}\right)\left[\left(\frac{\mu}{T}\right)\frac{\exp(rT)-1}{\exp(r\mu)-1}-1\right] \tag{7.21}$$

只有在通货膨胀影响 Y 或 μ 时，总量债券持有才受到通货膨胀的影响。最后，货币需求函数为：

$$m = \left(\frac{1}{T}\right)\left(\frac{Y}{T}\right)\left[\frac{\exp(rT)-1}{\exp(r\mu)-1}\right]\left[\frac{\exp(-\pi\mu)+\mu\pi-1}{\pi^2}\right] \tag{7.22}$$

通过货币需求函数我们知道，即使给定 γ 和 μ，通货膨胀率还是直接影响实际货币余额。这是因为通货膨胀率能够直接或间接地通过消费影响个人到银行倒手之间的实际货币路径。

通过货币需求函数，我们还可以进行一些简单的比较静态分析。例如，在模型中保持 Y 和 γ 不变，我们得知名义利率的增加将减少 m 的数量。

三、模型的扩展

在上面简单的个人模型中商品、货币和债券的总量需求是通货膨胀率 π、实际利率 γ 和价格水平的函数，这些变量在模型中是内生的。下面我们将引入企业、银行和政府，进而考虑整个经济体的均衡特征。

1. 模型假设的扩展

假设模型中企业具有规模收益不变的技术，其收益率为 γ，这确定了经济中的实际利率。企业发行可以兑换的债券，支付的利率也是 γ，企业由此得到年轻人的基金，并把它投入到生产中，相当于商品“储藏”。“资本”，即企业在任意时间储存的金额等于 B。企业出售来自生产的商品给个人，以交换货币。

银行用货币兑换债券，并用债券兑换货币。个人把他们从企业得到的债券存放在银行，当他们去银行时可以把这些债券兑换成货币。企业通过出售商品从住户收回货币，到银行赎回债券。这样，银行用货币与个人兑换债券，并用债券与企业兑换货币。

政府以不变的比率发行货币，把货币作为转移资金给予新出生的人。这些转移资金的实际价值等于 S，这是在经济的一般均衡中确定的。

政府发行货币之后，货币就在个人、企业和银行之间流动。我们可以观察到货币存量在任意时点上的分布。在任意时点上，经济中的货币在个人之间的持有呈某种形式分布。尽管个人货币持有呈现出频繁的变动，但货币持有总量并不随时间而变化。

2. 模型的均衡特征

在模型的一般均衡中，债务收益率 γ、通货膨胀率 π 和价格水平这三个变量是内生的。由假设可知，γ 简单地等于存贮收益率。由于在稳态中实际货币存量不变，这样通货膨胀率等于货币增长率。对于价格水平来说，它确定了政府从货币增长中得到收益的实际价值 S，我们称之为"铸币收益"。并且，价格也决定了政府给予新出生的人的名义转移资金。S 的实际价值必须使依赖于基金的商品需求等于商品供给：

$$C = \frac{E}{T} + \gamma B \tag{7.23}$$

给定方程(7.20)和(7.21)以及 $Y = E + S$ 的事实，上式隐含地确定了 S 的实际价值。我们在下面运用比较静态方法探讨两个问题：其一是货币增长对资本积累的影响；其二是最优货币量问题。

(1)货币增长对资本积累的影响。

经济中货币增长如何影响资本积累的问题，实际上是如何影响总量债券的价值的问题，因为在本模型中资本实际上等于债券的总持有量。因此，我们可以通过先分析通货膨胀对于转移资金实际价值的影响，以此考察货币增长对资本积累的影响。为此，我们先假定 $\gamma = 0$，即贮存是非生产性的情况。在这种情况下，方程(7.20)和(7.21)变为：

$$C = \frac{Y}{\mu T}\left[\frac{1 - \exp(-\pi\mu)}{\pi}\right] \tag{7.24}$$

$$B = \frac{Y}{\mu T}(T - \mu) \tag{7.25}$$

这时结合方程(7.23)，我们可以求解出 S 为：

$$S = E\left[-1 + \frac{\mu\pi}{1 - \exp(-\mu\pi)}\right] \tag{7.26}$$

代入(7.25)式最终得到总资本量为：

$$B = E\left(\frac{T - \mu}{2T}\right)\left[\frac{\mu\pi}{1 - \exp(-\mu\pi)}\right] \tag{7.27}$$

方程(7.27)可以作为我们分析货币增长对资本积累影响的基础。

由于在方程(7.15)中给出了μ和通货膨胀以及债券收益率之间的关系,我们可以分析方程(7.27)中有关货币增长对债券持有量的影响。首先,货币增长愈快,将导致个人更频繁地到银行倒手,从而相对于货币有更高的债券或者说资本持有量。这是托宾(1965)对通货膨胀和资本积累之间关系分析时强调的影响,通常被称为"托宾效应"。其次,货币增长影响转移资金的实际价值。如果货币需求关于通货膨胀的弹性不大,那么提高货币增长将增加转移资金的实际价值,从而也增加储蓄和资本。这些影响的方向是相同的。但是,如果货币需求的弹性足够大,那么,铸币收益将下降,资本也将随之减少,货币增长的净效果可能是减少资本。

(2)最优货币量。

考虑最优货币量的问题实际上就是考察在引入货币增长对资本积累影响的同时,推导使福利最大化的通货膨胀率。我们仍然考虑债务收益率为零的情况,把S值代入我们以前得到的最优化效用方程,得到下式:

$$U^* = T\ln\left[\frac{(E/T)\mu\pi}{1-\exp(-\mu\pi)}\right]-\frac{xT\mu}{2}-\left(\frac{T-\mu}{\mu}\right)b \qquad (7.28)$$

我们通过求解U^*对π的导数,并令该导数等于零来获得福利最大化的条件,可以得到$\pi=0$。

最优货币增长率等于0,它也就是利率。在这种情况下,转移的资金等于0,个人只以货币形式储蓄。非货币财富和资本都等于0,由于给定了资本不是生产性的,这其实是最优的。

以上就是最优货币量问题。弗里德曼在1969年的论文中指出,货币政策只有能够使名义利率为零才是最优的资源配置政策。使得名义利率为零的政策就是著名的弗里德曼法则。他认为,在货币制造不需要成本的情况下,当货币收益率与其他资产的收益率相同时就达到最优,从而,当通货膨胀减缩率等于利率时就达到最优。这时,个人将不会节省使用货币,而经济中不存在交易费用或者将减少交易费用。

第三节　希德劳斯基模型[①]

对于回答货币为什么存在这个问题,一种方法是在经济中加上货币先行的克洛尔约束,这在前面已经介绍过。而另一种方法是把货币直接置于效用函数中,认为货币能带来正的效用,这样货币的存在就理所当然

① 本节内容主要参考龚六堂的《高级宏观经济学》,武汉大学出版社,2001年版,第154~162页。

了。关于在效用函数中直接引入货币的讨论最早是由希德劳斯基(Sidrauski)在1967年的“货币经济中的理性选择和增长模式”[1]一文中提出的,下面我们简单介绍在效用函数中引入货币的希德劳斯基模型。

一、模型的建立

1. 模型假定

假设消费者的效用函数为$u(c,m)$,其中c为人均消费,m为人均实际货币存量。又假设$u_1>0,u_2>0,u_{11}<0,u_{22}<0$,即消费者从消费品和货币中可获得正效用,但边际效用递减。

设t时刻家庭拥有的总资本为$K(t)$,市场上的资本回报率为$r(t)$,则家庭所拥有的资本在t时刻可以带来的收益为$r(t)K(t)$。同时假定在t时刻的工资率为$w(t)$,家庭在t时刻向社会提供的劳动力为$L(t)$,则家庭的劳动收益为$w(t)L(t)$。则在t时刻家庭的总收入为$r(t)K(t)+w(t)L(t)$。家庭除用来消费外,其余用来增加资本或者增加货币持有量。记t时刻家庭的总消费水平为$C(t)$,政府对家庭的转移支付为X,则家庭的预算约束可表示为:

$$\dot{K}(t)+\frac{\dot{M}}{p(t)}=w(t)L(t)+r(t)K(t)-C(t)+X \qquad (7.29)$$

由于存在货币,所以这里引入价格水平$p(t)$,$\dot{M}/p(t)$表示货币增加的实际值。假设政府把发行货币所得的铸币收益都转移给了消费者。

定义$k(t)=K(t)/L(t)$为t时刻家庭拥有的人均资本存量,$c(t)=C(t)/L(t)$为t时刻家庭的人均消费,$m=M/(pL)$为家庭拥有的人均实际货币。又假设劳动力增长率为n,通货膨胀率$\dot{p}/p=\pi$。则方程(7.29)可写成:

$$\dot{k}+\dot{m}=w+rk-\pi m-nm+x-c-nk \qquad (7.30)$$

其中$x=X/L$为实际人均的政府转移支付。

2. 模型内容

本模型的目的是要建立一个有资本存量、财富边际价值和货币需求的动态方程体系。建立该模型的基础是从单个经济人的行为出发。因此,我们从消费者的行为出发,逐步推导出包含以上变量的动态方程体系。

---

① 参见 Sidrauski, Miguel (1967). "Rational Choice and Patterns of Growth in a Monetary Economy." *American Economic Review* 57, 2 (May). pp. 534－544.

根据上述假定，我们将消费者的行为描述为下述方程：

$$\max \int_0^{\infty} u(c,m)e^{-\beta t}\mathrm{d}t$$

$$\text{s. t. } \dot{k} + \dot{m} = w + rk - \pi m - nm + x - c - nk$$

初始约束条件 $k(0) = k_0$ ，$m(0) = m_0$ 。

由哈密尔顿方程可得到最优性条件如下：

$$u_c(c,m) = \lambda \tag{7.31}$$

$$u_m(c,m) = \lambda(\pi + r) \tag{7.32}$$

$$\dot{\lambda} = \beta\lambda - \lambda(r - n)$$

横截性条件如下：

$$\lim_{t\to\infty}(k + m)\lambda e^{-\beta t} = 0 \tag{7.33}$$

其中 λ 为消费的边际效用，同时也代表财富的边际值，即财富的影子价格。

方程(7.31)表示消费的边际效用等于财富的边际值；方程(7.32)表示货币的边际效用等于实际利率和通货膨胀之和。从方程(7.31)和(7.32)得到

$$u_m(c,m) = u_c(c,m)(\pi + r) \tag{7.34}$$

上式表明在最优时，消费与货币的边际替代率等于名义利率，也就是等于市场上消费品与货币的边际转移率。

另外根据拉姆奇模型的结论，从厂商的最优化行为可以得到：

$$r = f'(k)\,,\; w = f(k) - f'(k)k$$

同时假定货币增长率 $\dfrac{\dot{M}}{M} = \sigma$ 为外生给定的常数。我们在下面可以导出消费水平、资本存量和货币需求量的动态方程，从而可以研究经济均衡时货币政策的改变如何影响经济。

由最优性条件(7.31)式和(7.32)式得到短期的均衡：

$$\pi = \pi(\lambda,k,\pi)\,,\quad c = c(\lambda,k,\pi) \tag{7.35}$$

并且通过比较静态分析得到财富的边际值、资本存量和货币需求量变化对短期消费水平和通货膨胀率的影响为：

$$c_1 < 0,\; c_2 > 0,\; c_3 < 0 \text{ 和 } \pi_1 < 0,\; \pi_2 > 0,\; \pi_3 < 0 \tag{7.36}$$

上式反映了货币需求量、财富的边际价值和资本存量变化对短期消费水平和通货膨胀的影响。它们之间的关系可以据此加以分析。

假设在均衡时政府的实际转移支付等于它从发行货币中得到的铸币收益，即：

$$\chi = \frac{\mathrm{d}M/\mathrm{d}t}{PL} = (\frac{\dot{M}}{M})(\frac{M}{PL}) = \sigma m$$

可以得到：

$$\frac{\mathrm{d}M/\mathrm{d}t}{PL} = \dot{m} + \pi m + nm$$

因此人均实际货币积累方程为：

$$\dot{m} = (\sigma - \pi(\lambda, k, m) - n)m \tag{7.37}$$

将(7.37)式代入预算约束方程(7.30)得到资本积累方程：

$$\dot{k} = f(k) - nk - c(\lambda, k, \pi) \tag{7.38}$$

综合以上讨论，我们可以得到模型的动态系统方程

$$\dot{m} = (\sigma - \pi(\lambda, k, m) - n)m$$

$$\dot{k} = f(k) - nk - c(\lambda, k, \pi)$$

$$\dot{\lambda} = \beta\lambda - \lambda(f'(k) - n)$$

至此，我们已经建立了一个有关经济的动态累积过程，这一过程是包含了资本存量、货币需求和财富边际价值等变量的动态方程体系。下面我们考察这一动态方程体系在均衡时的特征。

二、动态均衡特征

通过对方程体系的考察，我们发现当且仅当 $\dot{\lambda} = \dot{k} = \dot{m} = 0$ 时系统有均衡点 (λ^*, k^*, m^*)。特征方程如下：

$$(\sigma - \pi(\lambda^*, k^*, m^*) - n)m^* = 0 \tag{7.39}$$

$$f(k^*) - nk^* - c(\lambda^*, k^*, \pi^*) = 0 \tag{7.40}$$

$$\beta\lambda^* - \lambda^*(f'(k^*) - n) = 0 \tag{7.41}$$

考虑均衡点的稳定性，把系统方程(7.39)到(7.41)式在均衡点(λ^*, k^*, m^*)处展开，得到：

$$\begin{bmatrix} \dot{\lambda} \\ \dot{k} \\ \dot{m} \end{bmatrix} = \begin{bmatrix} 0 & -f'' & 0 \\ -c_1 - c_3\pi_1 & \beta & -c_3\pi_3 \\ -\pi_1 & -\pi_2 & -\pi_3 \end{bmatrix} \begin{bmatrix} \lambda - \lambda^* \\ k - k^* \\ m - m^* \end{bmatrix}$$

系统中三个特征根满足：

$$\frac{\mathrm{d}m}{\mathrm{d}\sigma} = \frac{u_c}{u_{mm} - u_m/u_c u_m}\mu_1 + \mu_2 + \mu_3 = \delta - \pi_3 > 0$$

所以三个特征根中至少有一个为正。同时，下式成立：

$$\mu_1\mu_2\mu_3 = f''(k)[\pi_3(c_1 + c_3\pi_1) - \pi_1\pi_3c_3] > 0$$

所以三个特征根中至少有一个为负。综合上面的讨论,我们可以知道三个特征根为两正一负。由稳定性理论可知,均衡点 (λ^*, k^*, m^*) 是鞍点稳定的。

三、货币政策的影响分析

如果我们把货币政策定义为货币供给的增长,我们可以利用上述方程体系分析货币供给的变动如何影响均衡点的资本存量、消费水平和货币需求等变量。

由方程(7.41)得到的均衡点的资本存量水平满足边际生产率等于人口增长率和时间偏好率之和,即:

$$f'(k^*) = \beta + n$$

上式表明均衡时资本－劳动比率只由人口增长率和时间偏好率决定,而与货币的增长率无关,这就是著名的“货币超中性”理论。它说明货币政策的改变将不影响均衡资本存量。

另外,由方程(7.40)可得均衡时的消费水平:

$$c^* = f(k^*) - nk^*$$

上式表明均衡时的消费水平也与货币无关,这也是“货币超中性”在消费方面的体现。

由方程(7.34)和(7.41),我们得到下式:

$$u_m(c^*, m^*) = u_c(c^*, m^*)(\beta + \sigma) \tag{7.42}$$

关于 σ 微分得:

$$\frac{\mathrm{d}m}{\mathrm{d}\sigma} = \frac{u_c}{u_{mm} - u_m / u_c u_m}$$

由上式得到货币供给增加对实际货币需求的影响。如果货币和消费都是正常品,则 $\frac{\mathrm{d}m}{\mathrm{d}\sigma} < 0$。货币增长率增加反而使均衡时实际货币需求减少。

超中性的结果对于最优货币增长率有着直接的意义。因为货币增长不能影响均衡时的实际消费,均衡时的效用最大化是通过使实际余额足够大,以致边际效用等于零时实现的。由方程(7.42),这意味着 $\beta + \sigma = 0$,即最优货币增长速度等于消费者的贴现率的相反数。其实这也是弗里德曼早就得出了的结论,他认为充分满足每个人的货币需要是最优的,并且货币收益率应该等于资本收益率。

四、通货膨胀的福利分析

下面我们利用一个具体的效用函数中引入货币的模型,考察通货膨胀对社会福利的影响。我们介绍卢卡斯(1994)[①]关于通货膨胀的模型,他采用了以下特殊的效用函数:

$$u(c,m) = \frac{1}{1-\theta}\{[c\varphi(m/c)]^{1-\theta} - 1\} \tag{7.43}$$

其中 $\theta > 0$ 为跨时替代弹性。函数 φ 满足 $\varphi'(\cdot) > 0$, $\varphi''(\cdot) < 0$ 。由前面的讨论,货币的边际效用和消费的边际效用满足:

$$u_m(c,m) = u_c(c,m)(\pi + r)$$

综合上式和效用函数得:

$$\frac{\varphi'(x)}{\varphi(x) - x\varphi'(x)} = \pi + r = I \tag{7.44}$$

其中 $x = m/c$ 。假设均衡时消费水平为1,要 $u(1,m)$ 在 I=0 时最大化,则 $\varphi'(m) = 0$ 。卢卡斯采用要保持名义利率为 $\pi + r$ 时的福利和名义利率为零时的福利无差异,必须要增加的均衡时的消费水平来度量通货膨胀的成本。如果将通货膨胀的成本记为 $w(I)$,由定义它可以从下面的方程中求得:

$$u(1 + w(I), m(I)) = u(1, m^*) \tag{7.45}$$

其中 $m(I)$ 为方程(7.44)在均衡消费水平等于1时的解。

假设 $\varphi(m) = (1 + Bm^{-1})^{-1}$,其中 B 为正常数。这样可以从方程(7.44)中求得下式:

$$m(I) = B^{0.5}I^{-0.5}$$

因为 $\varphi'(m) = 0$,这要求均衡时的实际货币 $m^* = \infty$,注意到 $\varphi(\infty) = 1$, $u(1,\infty) = 0$, 因此方程(7.45)转变为:

$$u(1 + w(I), B^{0.5}I^{-0.5}) = u(1,\infty) = 0$$

考虑到方程(7.43)给出的效用函数,从上式可以得到:

$$w(I) = \sqrt{BI}\,w(I) = \sqrt{BI}$$

上式就是所求的通货膨胀的成本。卢卡斯在该论文中利用美国 1900 ~ 1985 年的数据,对通货膨胀的福利成本进行了估计。应该说,该方法提供了一个简单的估计通货膨胀福利成本的途径。

---

① 参见 Lucas, R. E., Jr. (1994). "The Welfare Costs of Inflation." CEPR Publication No. 394, Stanford University, Stanford, CA, February.

第四节　结　束　语

20世纪70年代以来,研究宏观经济学的微观基础成为西方经济学的一个重要发展趋势。不少西方学者认为,宏观经济学研究的对象是经济总量之间的关系,而总量不过是个量的总和。个量是微观经济主体经济行为造成的结果,而微观主体行为及其结果正是微观经济学研究的内容。所以,宏观经济学必须建立在微观经济学的基础之上。在经济学说史上,古典的货币数量论、凯恩斯和弗里德曼的货币理论都忽视了对其微观基础的研究,这些理论都承认,货币的出现便利了交易,人们使用和需要这种交易手段是自动选择的结果。然而,这些理论都没有从货币的出现对交易产生了什么影响的角度来研究货币数量与其他宏观经济变量的关系。20世纪80年代以来,西方货币理论对其微观基础的研究可以说正是宏观经济学的发展趋向在这一领域的反映。从这个意义上说,了解和认识货币理论的微观基础有助于我们进一步洞悉西方经济学的新潮流和发展方向。

本章对货币理论微观基础的两种主要建模方式进行了考察,这两种方式是迭代模型框架和在效用函数中直接引入货币的方式。本章首先介绍了典型经济人条件下迭代模型的基本建模方法,然后把这种建模方法引入货币,考虑货币经济条件下货币的作用以及货币政策对经济均衡的影响。在考察完利用典型经济人迭代模型描述货币的基本作用以后,我们进一步把货币引入具有瓦尔拉斯特征的经济中,考察在一般均衡条件下货币的作用和货币政策的影响。本章的第三节介绍了效用函数中直接引入货币的方式,即希德劳斯基模型。该模型通过把货币直接置于效用函数中,认为货币能带来正的效用,使得货币经济中货币的存在成为理所当然的理由。此外,该模型也探讨了一般均衡条件下货币政策对经济均衡的影响。同时,我们也考察了一个具体的货币效用函数模型,通过该模型我们可以分析通货膨胀对社会福利的影响。

作为货币理论的主要模型,迭代模型被一些西方学者认为具有以下优点:第一,这类模型可以不受所谓卢卡斯批评的影响。卢卡斯认为,当政府的经济政策改变时,估计出的宏观经济关系将趋于崩溃。其实,宏观经济关系只是对于政策经济环境的个体单位的最优反应的加总,政策的任何变化都将导致不同的个体单位的最优反应,进而产生不同的由观察而得到的总量关系。以个体单位为基础的迭代模型允许人们推断经济主体对政策的反应，并由此预测总量关系的变动。第二，这类模型可以将标准的帕累托福利分析引进来。迭代模型对典型经济个体的行为做了说明，于是，任何政策的影响都可以通过有关个体的效用而加以判断。第三，从迭代模型的观点来看，货币经济学的系统问题可以利用该模型得以阐述。例如，萨金特（Sargent，1987）、夏普（Champ）和弗里曼（Freeman（1994））[①]利用迭代模型分析了货币经济学中的许多主题。第四，许多货币经济学中研究的问题要求理解宏观经济变量的时间序列变动行为，例如通货膨胀以及货币与经济周期的关系等。如果人们所运用的理论框架可以直接反映实际数据所体现的那种行为联系，那么这将是有用的。这种反映在无限期界的典型经济人模型要比迭代模型得到更好的描述。事实上，这一优点是使用典型经济人分析的实际经济周期模型日益普及的重要原因。第五，将迭代模型的使用范围限于典型经济人分析的原因在于，这些模型为货币经济学和其他研究经济周期现象的更常用的框架密切联系起来。另一方面，这些模型也存在某些不足。例如，迭代模型强调货币的价值储藏作用，但没有论及货币交易媒介作用方面，事实上货币在便利交易方面起了很重要的作用。麦卡伦（McCallum，1983）[②]认为，迭代模型结论同其他方法所得到的结论形成了鲜明的对照，某些结论显然没有考虑到货币交易媒介作用（例如，货币均衡的不充分性）。再则，这些模型缺乏容易处理的形式，使其足以从现实方面证明它在导出使人们相信的宏观经济关系的过程中的用途。迭代模型有必要被加以扩展以适应不同的时期，而且必须把有关的资源禀赋和寿命预期等方面的不确定性考虑进来。

关于货币的效用函数模型，西方学者认为，由于该模型假定当事人将会系统的使得自身效用最大化，因此，模型具有先天的对稳态福利做出比较的优点。这类模型可以用来评估通货膨胀的福利成本，并确定最优的通货膨胀率。因此，该模型从一个侧面论证了弗里德曼有关通货膨胀率是产生一个零名义利率的结论。然而，假定持有实际货币余额可以直接产生效用，这虽然保证了人们对货币的正的需求，说明在均衡中人们会持有货币，货币会产生价值这样的问题，但这一假定显然是

---

① 参见：Sargent, T. J. 1987. *Dynamic Macroeconomic Theory*. Cambridge, MA: Harvard University Press. Champ, B., and S. Freemen. 1994. *Modeling Monetary Economies*. New York: J. Wiley.

② 参见：McCallum, B. T. 1983. " The Role of Overlapping Generations Models in Monetary Economics." *Carnegie Rochester Conference Series on Public Policy*, 18: pp. 9 – 44.

一个缺陷。因为该假定并没有说明为什么货币会产生效用的问题,同时它也没有说明大量我们称为货币的纸币会产生效用,而另外一些却没有产生效用的问题。总的来看,希德劳斯基模型所得出的重要结论都关键性地依赖于模型所规定的前提假设。例如,通货膨胀影响稳态的资本-劳动比例。

总之,本章所论及的两种建立货币理论微观基础的方法,共同特点是将有价值的货币引入到瓦尔拉斯均衡,每一种方法都抓住了货币在便利交易方面所起作用的某些方面。而且,货币理论微观基础的研究尝试从另一个新的视角对传统货币理论进行修正,以便更好地解释宏观经济现象,这对于进一步丰富和完善货币理论有一定的意义。但是,问题在于,在个人预算约束中使用国民收入的概念,在效用函数中使用消费的概念,这些总量概念是否合适?这样建立的经济模型是否可以通过求解对经济进行预测?这些问题尚待研究。此外,货币理论微观基础的研究所采用的方法只能做理想化的分析,因为它忽略了现实中的个体差异。事实上,不同经济人会因信息不完全而产生不同的预期,从而导致完全不同的行为。

本章参考书目

1. 奥利维尔·琼·布兰查德、斯坦利·费希尔:《宏观经济学》,经济科学出版社,1994年版。

2. 凯温·D·胡佛:《新古典主义宏观经济学》,中国经济出版社,1991年版。

3. 戴维·罗默:《高级宏观经济学》,商务印书馆,2003年版。

4. 大卫·格林纳韦:《宏观经济学前沿问题》,中国税务出版社,2000年版。

5. 托马斯·J·萨金特:《宏观经济理论》,中国经济出版社,1998年版。

6. 龚六堂:《高级宏观经济学》,武汉大学出版社,2001年版。

7. 袁志刚、宋铮:《高级宏观经济学》,复旦大学出版社,2001年版。

8. 易定红、吴汉洪:"八十年代西方货币理论的主要发展",《中国社会科学》,1999年第6期。

9. Carl E. Walsh, 1998. *Monetary Theory and Policy.* The MIT Press, Cambridge, Massachusetts, London, England.

10. James Tobin, Stephen S. Golub, 1998. *Money, Credit and Capital.* The McGraw-Hill Companies, Inc.

11. Milton H. Marquis, 1996. Monetay Theory and Policy. The West Publishing Company, an ITP Company.

12. Asako, K., 1983. "The Utility Function and the Superneutrality of Money on the Transition Path." *Econometrica*, 51, 1953-1956.

13. Balasko, Y. and K. Shell, 1980. "The Overlapping Generations Model I: The Case of Pure

Exchange without Money." *Journal of Economic* Theory, 23, 281 – 306.

14. Barro, R. J. and S. Fischer, 1976. "Recent Developments in Monetary Theory." *Journal of Monetary Economics*, 2, 133 – 167.

15. Baumol, W. J., 1952. "The Transactions Demand for Cash: An Inventory Theoretic Approach." *Quarterly Journal of Economics*, 66, 545 – 556.

16. Brock, W. A., 1990. "Overlapping Generations Models with Money and Transactions Costs." *Handbook of Monetary Economics*, Edited by B. M. Friedman and F. H. Hahn, Elsevier, 264 – 295.

17. Lucas, R. E., Jr. 1994. "The Welfare Costs of Inflation." CEPR Publication No. 394, Stanford University, Stanford, CA, February.

18. McCallum, B. T. 1983. "The Role of Overlapping Generations Models in Monetary Economics." *Carnegie Rochester Conference Series on Public Policy*, 18:9 – 44.

19. Sidrauski, Miguel, 1967. "Rational Choice and Patterns of Growth in a Monetary Economy." American Economic Review 57, 2 (May), 534 – 544.

20. Wallace, N., 1980. "The Overlapping Generations Model of Fiat Money." *Models of Monetary Economics*, Edited by J. Kareken and N. Wallace, Federal Reserve Bank of Minneapolis, 49 – 82.

第八章 失业

失业是宏观经济学研究的重要内容。长期内平均失业的决定因素是什么？失业是否表明市场确实无法出清，如果是这样的话，失业的原因和结果是什么？就业在经济周期中波动较大，而真实工资却波动较小，如何对这一劳动力市场的周期性行为做出解释？这些都是宏观经济学失业理论要解决的重要问题。

在传统的新古典理论中，就业是由劳动力市场的供求决定的。劳动力需求是由企业的最大化利润动机决定的，就如同企业对非人力投入如原材料或者资本等的需求一样。劳动力供给是由个人在劳动与闲暇之间进行选择的效用最大化动机决定的。在这一范式中，工资使得劳动力市场出清，失业完全是自愿的。在凯恩斯主义和后凯恩斯主义的理论中，工资不能迅速调节使得劳动力市场出清，结果产生了非自愿失业的所谓“非瓦尔拉斯均衡”。在这些模型中，劳动力被认为是非常不同于资本等要素的投入，劳动力市场被视为一种“客户市场”而不是拍卖市场，社会制度影响劳动力市场的运作方式，就业由劳动力需求决定，失业被定义为在市场工资率下的超额劳动供给。这些模型虽然忽略了某些现实方面的问题，并做出许多简化的假设，但这些理论的主要优点就是建立在这些模型上的许多概念能够对失业做出更好的描述，并正在形成一个统一的分析失业问题的框架，这一框架为分析复杂的失业现象提供了基础。换句话说，这些理论已经成为当前宏观经济学中有关失业理论的主要内容。

本章主要考察在非瓦尔拉斯均衡条件下劳动力市场工资价格机制失效的有关理论，并根据各理论对“工资价格机制为什么会失灵”的解释对失业理论进行分类。这些理论可以大致划分为搜寻和匹配理论、效率工资理论、隐含合同理论以及内部人－外部人理论。本章以下内容将依次对这些理论进行介绍。

第一节 搜寻和匹配理论

对劳动力市场为什么会处于非瓦尔拉斯均衡的第一个解释，是劳动力市场的异质性和不完全信息的存在导致了劳动力市场的摩擦，这些摩擦使得劳动力市场的效率低于竞争性劳动力市场，从而产生了失业。对劳动力市场中的搜寻活动进行理论建模可以追溯到20世纪60年代，例如菲尔普斯（Phelps，1968）和阿尔钦纳（Alchian，1969）的论文，当时搜寻理论已经成为从事菲利普斯曲线和自然失业率一般理论研究的一个部分。这种早期搜寻理论的基本假定是工人拒绝从事低工资工作，因而在劳动市场上存在同一工作的不同工资报价分布，并且这个报价分布被假定是已知的。然而，这种理论既缺乏逻辑（Rothschild，1973），也缺乏实证基础（Tobin，1972；Barron，1975）。皮萨里德斯（Pissarides，1979）在1979年最初建立模型试图克服早期搜寻理论的这些缺陷，他采用对新工作需求的零利润条件使得劳动需求内生化。自此以后，尽管对该理论已经做出了许多修正，但是正是皮萨里德斯的模型建立起搜寻分析的理论基础。

现有的均衡搜寻文献已经形成了一个统一的整体。但是，根据文献所关注的最基本问题，我们可以把搜寻均衡文献划分为两个不同的研究方向。第一个研究方向的目标是在理性的前向预期的当事人范式之内，解释工人和工作流量以及失业水平。其基本观点是在交易双方进行匹配的过程中存在着双边摩擦，双方当事人在克服这一摩擦的过程中必须进行投资。结果，工作创造的流量取决于未被雇用的工人数量和可能的职位空缺，并依赖于工人搜寻和雇主招募的努力程度，这一关系被人们称为匹配函数。市场摩擦如何影响人们对搜寻、投资、培训所进行的匹配投资是这类文献最关心的问题。第二个研究方向是证明工资的分散是在摩擦性市场中产生的一个均衡结果。根据假定，工资报价是由雇主在一个非合作的背景下确定的，而工人在这些工资中搜寻对自己最有利的工资。在这里，搜寻摩擦简单地被认为是工人要求用来收集有关工资报价信息的时间。这些策略性“工资确定”博弈的结果是被作为以下问题的解释而加以研究的，即工资差异与观察到的工人技术无关。关于第一个研究方向主要是工作搜寻和匹配模型，第二个研究方向主要是解释工资离散的问题。鉴于篇幅限制，本章主要介绍工作搜寻和匹配模型，原因是该类模型已经成为目前分析劳动力市场失业问题的主要框架。我们在下面提出一个关于厂商和工人在具有不完全信息条件下的匹配模型。我们从模型假设、模型内容和模型的基本结论三个方面对同质性劳动条件下的搜寻与匹配理论做一简单介绍。

一、模型的前提假设

劳动力市场的异质性和信息不完全导致了劳动力市场的摩擦，从而形成了职位空缺和失业并存的现象。尽管有关由企业所要求的并由工人提供的技能异质性对于企业和工人来讲都是非常重要的，但我们暂时不考虑这一问题，我们主要考察同质工人在缺乏劳动力市场信息时的工作搜寻问题。为了集中考察信息不完全导致的劳动力市场摩擦如何影响劳动力市场的运行结果，我们分别对经济中的劳动力、工作和劳动力市场交易双方的搜寻过程做出假设，并分别考察劳动力市场的静态均衡和比较静态均衡条件。

假定经济中的劳动力市场上存在着一定的工人和工作。在该经济中工人可能处于雇用和失业两种状态，而工作可能有人从事或处于空缺状态。我们假定所有的劳动力是同质的，这些劳动力在工作搜寻过程中以相同的搜寻密度进行搜寻。并且，劳动力总数固定为 $\bar{L}$，其中就业工人的数量为 E，失业工人的数量为 U，且 $E+U=\bar{L}$。

经济体的工作数目是内生的，并且所有的工作都具有相同的生产率。具体而言，我们假定工作可被无成本地创造出来或者是消除掉。但是，如果厂商要保留一项工作，无论该项工作是处于空缺状态还是处于有人从事的状态，厂商都需要付出固定成本。厂商在单位时间内保留工作的固定成本假设为 c，该成本事实上反映了资本的成本。

我们知道如果企业想雇用一个新工人，它必须要有一个空缺职位，并通过一个花费时间的搜寻过程，才能找到适合的工人，并使得工人和空缺职位匹配起来。同时，工人也需要花费时间成本寻找适合自己的工作。为了简化这一分析过程，我们假定只有失业者寻找工作，不存在在职搜寻问题。在这种情况下，一个失业者将向所有具有职位空缺并且他能胜任的企业发出申请。这种搜寻或者匹配过程可以通过匹配函数的方式来建立模型。在下面的内容中，我们首先考察劳动力市场在不完全信息条件下的稳态均衡问题，然后考察稳态均衡的变动，即比较静态分析，这部分内容构成对模型的基本结论。

二、劳动力市场在不完全信息条件下的稳态均衡模型内容

稳态均衡模型的建模思路是，首先建立匹配模型方程，然后考察均衡条件下的劳动需求、劳动供给和实际均衡工资率，最后考察稳态均衡的含

义。我们遵从这一思路在下面分别加以介绍。

(1)匹配模型方程。我们假定在单位时间内发生的匹配数量 $\tilde{m}$ 可以通过作为失业者数量和空缺职位数量的函数表示出来,则我们可以建立如下方程:

$$\tilde{m}(u,v)\bar{L} = \tilde{m}(u\bar{L},v\bar{L})$$

其中 $\tilde{m}$ 是单位时间内的匹配量,u 和 v 分别表示失业率和职位空缺率,$u\bar{L}$ 和 $v\bar{L}$ 分别表示失业者数量和职位空缺数量,这一函数被假定是递增的凹的一次齐次函数,即函数独立于劳动力规模变量,从而我们可以将上式简化为:

$$\tilde{m} = \tilde{m}(u,v) \tag{8.1}$$

由于在任何时点上空缺职位和失业者是随机匹配的,因此每一时点上空缺职位的匹配率可以用下式表示:

$$f = \frac{\tilde{m}}{v} \tag{8.2}$$

对于失业者来说,找到一份合适工作的成功率 a 可用下式表示:

$$a = \frac{\tilde{m}}{u} = f(\theta)\theta \tag{8.3}$$

其中 θ 为劳动力市场紧度变量,$\theta = \frac{v}{u}$。由于匹配函数的性质和搜寻的外部性,工作搜寻成功率 a 是劳动力市场紧度变量的递增函数,并且相对工作搜寻的失业者来说职位空缺越多,工作搜寻成功率越高。

由于经济中存在着工作特定的冲击,因此我们假定一个就业者被解雇的概率用下式来反向表示:

$$\psi(t) = e^{-b(t-t_0)} \tag{8.4}$$

其中 b 为工作匹配的拆散率($b>0$)。上述分布函数定义了在时点 t_0 开始工作的工人,在经历一段时间后,在时点 t 仍然工作的概率。

在任何时点的稳态均衡中,工人成为失业者的数量必须等于找到工作的搜寻者的数量。从上述假定以及固定劳动力规模来看,在一个很短的时间期限内,那些进入失业者行列的工人数量为 $b(1-u)\bar{L}\mathrm{d}t$,那些在同一时间内脱离失业状态、获得工作的工人数量为 $f(\theta)\theta u\bar{L}\mathrm{d}t$。当劳动力市场被假定为足够大并使得任何对均值的偏差都可忽略不计时,稳态失业率可表示如下:

$$u = \frac{b}{b+f(\theta)\theta} = \frac{b}{b+a} \tag{8.5}$$

在一个职位被企业新创建之前，企业必须首先根据生产技术决定它要雇用的工人数量，然后在劳动力市场中寻找那些符合要求的工人。当实现工人和工作的匹配时，双方就达成了一个实际的工资率 w，同时这一匹配将以一个不变的生产率 y 进行生产。根据均衡条件我们可以分别考察企业的劳动需求行为和工人的劳动供给行为。

(2)我们考察企业的劳动需求行为。根据模型假定，经济中所建立的职位数量是内生的，并由企业的利润最大化目标所决定。尽管假定空缺职位是无成本创造和终止的，但企业对工人的积极搜寻和雇用都涉及到一个每单位时间的固定成本 $c \cdot y$，如果企业是风险中性的，则它关心的是对支付这一部分成本所预期利润的贴现值。因此，我们将某一空缺职位预期利润的贴现值定义为 W^V，并且将职位实际填充后的预期利润的贴现值定义为 W^F。如果空缺职位以 $f(\theta)$ 的速率进行匹配的话，这意味着在连续时间的背景下，利用动态规划来描述该价值可以计算并得到某一空缺职位的贝尔曼方程①：

$$rW^V = f(\theta)(W^F - W^V) - c \cdot y \tag{8.6}$$

从该方程可以看出，某一空缺的工作可以被解释为企业拥有的一项资产。假定资本市场是完全竞争的，那么这项资产必须予以估价以便其资金成本能够准确地等于一项无风险投资在贴现值为 W^V 时的收益率。该项资产具有固定成本 $c \cdot y$，它产生净收益($W^F - W^V$)的概率为 $f(\theta)$。

我们假定在一个市场可以自由进入的稳态均衡下，所有来自新创建工作的利润都会因竞争而趋于零，因此，$W^V = 0$ 必须成立。利用方程(8.6)，这隐含着某一填充的职位在稳态均衡下具有以下价值：

$$W^F = \frac{c \cdot y}{f(\theta)} \tag{8.7}$$

该式表明，某一填充职位的价值等于预期搜寻的成本与该空缺职位在时点上匹配率的比值。因此紧的劳动力市场导致了企业需要更长时间花费更多成本从事搜寻活动，这意味着新空缺职位的价值必须相应的上升，以便使来自新职位的预期利润总是等于预期的找到合适工人的成本。如果空缺职位被填充，相应的贝尔曼方程为：

$$rW^F = y - w - bW^F \tag{8.8}$$

同样，我们把某一待填充的空缺职位解释为一项资产的话，那么这项

① 这些方程的命名是根据贝尔曼(Bellman，1957)提出的动态最优化原理做出的，由匹配模型进行偏微分得到。

资产所产出的净收益为 $y - w$ 。此外,由于该项资产还面临着可能的逆向冲击为 b(换句话说,该项工作有可能在匹配后重新消失的概率为 b),这导致 W^V 产生 bW^F 的资本损失。将(8.7)和(8.8)联立求解可得:

$$y - w = \frac{r + b}{f(\theta)} cy \tag{8.9}$$

上式可以解释为新工作创造的条件或是对劳动需求的条件。劳动的边际生产率由 y 给出,企业雇用成本的预期资本化价值为 $(r + b)cy / f(\theta)$ 。在一个标准的新古典劳动力市场模型中,企业总是没有雇用成本,劳动的边际生产率等于工资率。因此,同完全竞争的劳动力市场相比,在匹配模型中的工资小于劳动的边际生产率。上式实际上确定了企业的劳动力需求。

(3)我们考察工人的劳动力供给行为。在上面的匹配模型中,所有工作都具有同样的生产率,所有工人都以相同的搜寻密度进行搜寻,工人的工作接受决策变得不重要了。然而,工人所获得的工资率对于某一企业的空缺职位价值具有决定性的影响,从而对均衡时应创造出多少新的工作也产生了重大影响。为了决定这一均衡工资,我们应该对劳动力市场的供给方做出更加详细的分析。

我们首先考察就业者的终身效用问题。如同某一空缺职位可以对企业产生收益一样,工人可以从其人力资本获得收益。这一收益有多大,取决于工人是否被雇用。我们假定该工人拥有某种“资产”(即人力资本),该项资产的价值为 $\tilde{V}^E$,当工人被雇用时企业所支付的年利率为 w 。但是,工人拥有这项资产所可能产生的收益概率为 b ,从而使得这项资产可能产生资本损失为($\tilde{V}^E - \tilde{V}^U$)。其中, $\tilde{V}^U$ 是该项“资产”在没有被雇用时的价值。事实上,该项资产的价值就是货币经济中工人的人力资本之所“值”。如果假定工人是风险中性的,那么这项资产就必须至少同一项作为资本的无风险资产以利率 r 获得相同的收益。根据这一方法,我们可以用下式表示某一被雇用工人的终身效用的现值贴现值以及同所赚得工资 w 的现值贴现值之间的关系:

$$r \tilde{V}^E = w - b(\tilde{V}^E - \tilde{V}^U) \tag{8.10}$$

其次,我们可以采用类似方法估算失业者终身效用的现值贴现值,该贴现值可用下式描述:

$$r \tilde{V}^U = z + f(\theta)\theta(\tilde{V}^E - \tilde{V}^U) \tag{8.11}$$

在这里, z 表示的是在失业状态下估算的实际收入,它与失业者可以得到的实际工资以相同的单位测量。该项收入可以解释为失业保险金，这是一项来自于不同经济部门中的无规律工作所获得的收入，或者可以解释为一种来自未付生产性活动的假想收入，例如家庭生产等。$r\tilde{V}^U$ 的值可以解释为个人的正常或者持久性收入，因为它是失业者在没有用完其(人力)资本时能够支付的最大数量。进一步而言，z 代表了失业者可以接受的最低工资报价或者说是保留工资。

(4)我们考察在纳什谈判框架下实际工资率的形成。[①] 假定存在某一潜在的可能实现匹配的企业和工人，如果他们决定不实现匹配的话，那么二者在形成新匹配之前将必须支付一定费用以进行搜寻。因此，当前匹配就形成了一定的经济租，它等于企业和工人预期的搜寻成本之和(包括以往的工资和利润)。支付给工人的工资决定了租金如何在企业和工人之间进行划分。这一工资必须至少高于工人的保留工资，并达到企业从匹配中获得的剩余为零水平时的最大值。在纳什谈判框架下，从工人角度看，与某一企业匹配所产生的剩余，是当工人被该企业雇用所形成的收入贴现值与失业时所获收入贴现值之间的差。对企业而言，该剩余是职位空缺和职位填充所形成的现值贴现的利润流之间的差。因此，最终的工资率等于使纳什产量最大化的工资率，即：

$$\max_w \Omega = (\tilde{V}^E - \tilde{V}^U)^{\tilde{\beta}}(W^F - W^V)^{1-\tilde{\beta}} \tag{8.12}$$

在这里，$\tilde{\beta}$ 是工人的谈判力，$\tilde{V}^U$ 和 W^V 可以分别解释为工人和企业最终可以依靠的状态，就像企业和工会在谈判决定工资时的情况一样。纳什产量相对工资率的最大化可以得到以下的表达式：

$$\tilde{V}^E - \tilde{V}^U = \tilde{\beta}(W^F - W^V + \tilde{V}^E - \tilde{V}^U) \tag{8.13}$$

即，$\tilde{\beta}$ 可以解释为总剩余中劳动所占的份额。

如果在稳态均衡中 $W^V = 0$ 成立，将之代入方程(8.8)、(8.10)和(8.13)可得：

$$w = \tilde{\beta}y + (1-\tilde{\beta})r\tilde{V}^U \tag{8.14}$$

将稳态条件(8.7)和方程(8.13)结合起来，并代入到失业者效用现值贴现值的贝尔曼方程(8.11)中，可以得到预期的搜寻收入如下：

---

① 工资谈判首先由戴蒙德(Diamond,1982)引入搜寻理论。对于其他有关工资决定的假设，可以参见以下文献：Burdett and Mortensen (1998)。

$$r\tilde{V}^{U} = z + \frac{\tilde{\beta}}{1-\tilde{\beta}}cy\theta \tag{8.15}$$

把上述方程代入到工资方程(8.14)中,可以得到均衡的工资方程为:

$$w = (1-\tilde{\beta})z + \tilde{\beta}y(1+c\theta) \tag{8.16}$$

从工资方程可以看到,工资不仅与工人谈判力 $\tilde{\beta}$ 呈正向关系,而且也与劳动力市场紧度 θ 呈正向关系。这是因为较高的劳动力市场紧度意味着相对企业寻找新工人而言,对工人来说找到工作更容易一些。这具有提高工人有效谈判力的作用。

(5)我们考察稳态均衡的含义。从上面的论述中我们发现,下述方程定义了一个稳态均衡:

$$u = \frac{b}{b+f(\theta)\theta} = \frac{b}{b+a} \qquad \text{流量均衡}$$

$$y - w = \frac{r+b}{f(\theta)}cy \qquad \text{新工作职位创造条件}$$

$$w = (1-\tilde{\beta})z + \tilde{\beta}y(1+c\theta) \qquad \text{工资率决定条件}$$

即,由方程(8.16)所给出的工资率连同方程(8.5)的流量均衡和方程(8.9)的新工作职位创建条件一起,定义了一个稳态均衡。为了更加容易地理解这一比较静态均衡结果,我们可以用两个图对之进行描述。根据匹配函数的性质,方程(8.9)定义了工资率与劳动力市场紧度之间的负向关系。我们将该关系描绘到图 8.1 的工作创造曲线中。图 8.1 中的工资曲线由方程(8.16)给出,它是一条向上倾斜的直线。以上两个方程定义了一个惟一的工资和劳动力市场紧度的均衡关系。

为了确定这一均衡关系中的职位空缺和失业之间的比率,我们解方程(8.9)和方程(8.16)可以得到如下关系:

$$(1-\tilde{\beta})(y-z) - \frac{r+b+\tilde{\beta}f(\theta)\theta}{f(\theta)}cy = 0 \tag{8.17}$$

该方程连同新工作创造条件一起的图形由图 8.2 给出,它是一条通过原点的直线,斜率为 θ。流量方程(8.5)描述了贝弗里奇曲线,同时根据匹配函数的性质,该曲线凸向原点。我们可以从这个图中清楚看到,空缺职位数量越多,失业率就越低,与此同时,失业者希望在更短的时间内寻找到工作。由于劳动力市场的外部性问题,失业率的边际下降是与职位空缺率的上升相伴随的,反之则反是。见图 8.2,当在很高的职位空缺率时,只存在着很少的失业,这些失业者可能是搜寻工作者,或者是找到合适工人的机会将会大大下降。然而,如果存在很高的失业率,那么一个额外空缺职位将会有很多的失业者申请该职位,结果这一职位将会相对较快的被填充，失业率将会相应下降。

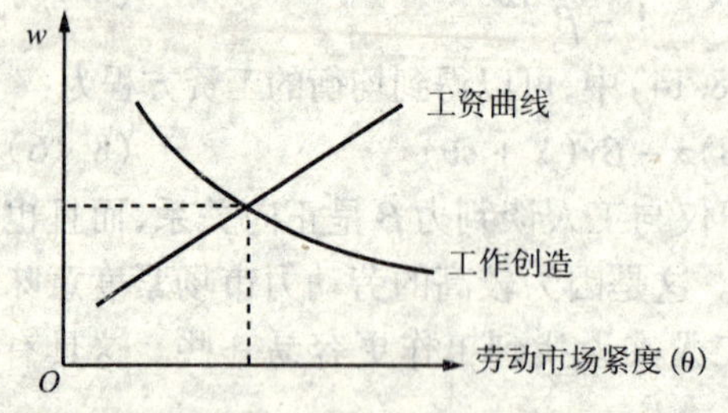

图 8.1 均衡工资和劳动力市场紧度

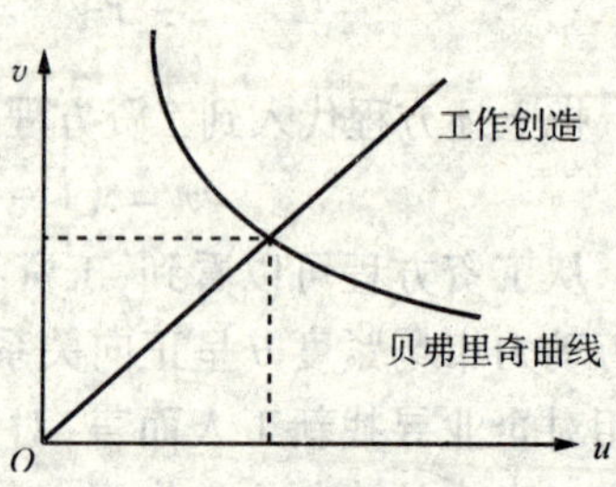

图 8.2 均衡空缺职位和失业率

三、模型的基本结论与均衡的比较静态分析

我们现在转向比较静态分析，考察模型中各种外生变量如生产率（y）、工人谈判力（$\tilde{\beta}$）、利率（r）、工作消亡率（b）、雇用成本（c）以及失业保险金（z）的变化如何影响均衡的变动。

(1)生产率 y 发生变化对均衡的影响。我们假定生产率与空缺职位之间存在着正向关系。假定 y 增加，这将导致图 8.1 中工作创造曲线向右移动，从而使工资曲线向上移动。生产率上升将无疑会导致更高的劳动力市场紧度。根据图 8.2 所示，这一上升将会使得工作创造曲线逆时针转动。从工资方程(8.16)可以看出，工资将上升但幅度小于生产率水平的上升。因此，在更高的生产率水平，企业从开发新空缺职位所预期的利润会上升，结果在新的均衡中工作创造率更高。从图 8.2 和方程(8.5)可以看出，这种更高的劳动力市场紧度将导致失业率下降。

(2)工人谈判力 $\tilde{\beta}$ 发生变化对均衡的影响。如果工人能够提高其谈判力 $\tilde{\beta}$，那么新工作创造的条件(8.9)式从而图 8.1 中的工作创造曲线仍然不会改变。然而，从工资方程(8.16)可以看出，工资曲线发生了逆时针旋转，结果新均衡具有更低的劳动力市场紧度特点。因此，新工作的创造条件在图 8.2 的 $u-v$ 空间中，将发生顺时针旋转。进一步而言，更低的 θ 值也意味着贝弗里奇曲线将会向外移动。因此，即使对空缺职位的影响是不清楚的时候，失业率也将上升。

(3)利率 r 发生变化对均衡的影响。更高的利率值会降低预期利润的贴现值。从新工作的创造条件方程(8.17)可以看出，这会减少空缺职位的数量，因此会导致劳动力市场紧度 θ 的下降。根据图 8.2，这种更低的劳动力市场紧度将会使新工作创造曲线顺时针旋转，结果失业率将肯定会更高。

(4)工作消亡率 b 发生变化对均衡的影响。从定义贝弗里奇曲线的方程(8.5)和新工作创造条件的方程(8.17)可以看出,更高的工作消亡率 b 将导致工作创造曲线顺时针旋转,这会导致贝弗里奇曲线向外移动,结果失业率在新的均衡下将会更高。人们可以从直觉中感受到随着工作消亡率的上升,失业率也会随着增加。如果更多的工作在某一时间期限内消失了,结果进入失业状态的流量将会上升,流量均衡只有在从失业的流出量相应上升时才会形成。随着更低的劳动力市场紧度隐含着更长的失业期限,这种流出量的增加只有在搜寻工作的失业者数量上升时才能实现。进一步而言,工作消亡率的上升以及由此而导致的劳动力市场紧度的下降,也将导致工作时期的工资率下降,因此预期的来自匹配的剩余下降。

(5)雇用成本 c 发生变化对均衡的影响。从方程(8.5)可以看到,雇用成本 c 的上升,对贝弗里奇曲线没有直接影响。然而,更高的职位空缺成本对新工作的创造条件(见方程(8.17))具有负的影响。企业将会减少空缺职位的数量,这样空缺职位的预期收入必然会上升以补偿上升的成本。根据图 8.2,这将会导致新工作创造曲线顺时针旋转,失业率下降。

(6)失业保险金 z 发生变化对均衡的影响。失业保险金 z 的增加将导致图 8.1 中工资曲线向上移动,与此同时新工作创造曲线仍然不变。因此,工资将上升,但劳动力市场紧度下降。在图 8.2 中,新工作的创造曲线将顺时针旋转,而与此同时贝弗里奇曲线仍然不变。因此,失业率上升,职位空缺率下降。

图 8.2 中的贝弗里奇曲线的位置也依赖于方程(8.1)所给出的匹配技术。如同在一开始所陈述的,劳动力市场上的双方对有关工资报价者和工作搜寻者都有不完全的信息。信息传递的效率是由匹配技术决定的。因此,如果工人或者工作变得更加“异质性”,即各方所具有的不完全信息的程度上升,那么对于给定的匹配技术而言,搜寻活动必须也随着增加,从而每一职位空缺率将与更高的失业率相联系。因此,企业要求的和工作搜寻者所具有的资格条件之间的差异性越大,那么误匹配的概率也越大。由于更高的误匹配度也会降低失业者找到工作的比率 $f(\theta)\theta$,因此劳动力市场紧度下降,即在图 8.2 中的新工作创造曲线顺时针旋转,如同我们在方程(8.5)中所看到的一样,贝弗里奇曲线也将向外移动。因此贝弗里奇曲线也是测量劳动力市场上“误匹配”度的一个指示器。正是这种更高的误匹配,尤其是低技能工人之间的误匹配,常常被称作为劳动力市场出现问题的原因。这种误匹配上升的一个原因就是近期技术变动的性质,这也是人们常常所强调的。显然,在异质性劳动力背景下分

析匹配理论具有重要意义。

第二节 效率工资理论

效率工资理论是对劳动力市场为什么会处于非瓦尔拉斯均衡状态的第二个解释,即企业支付的工资水平高于竞争性市场上均衡的工资水平。那么,为什么企业愿意支付比竞争市场工资水平高的工资?在现实的产业关系领域中,这是一个非常普遍的现象,即明智的企业将会利用工资作为"招聘、维系和激励"员工的手段。企业并不是被动的采用现行的某些工资,而是积极地采用工资政策使其利润目标最大化。显而易见,企业的这种行为在事实上会导致非自愿失业的发生。

效率工资最初是由发展经济学家提出的。莱本斯坦(Leibenstein,1963)在《人口稠密的落后地区的就业不足理论》中首先提出了工资与生产率之间的这种关系。他认为,发展中国家的工资低,造成工人营养不良,身体精力差,总是产生疾病,从而使得他们的生产率低下,进而导致这些地区的人民生活更加贫困。他们基于营养的考虑,认为如果提高工资水平,工人能够获得更有营养价值的食物,生活和消费水平都能提高,这将使得他们的生产率提高。这时我们可以得到以下的关系:工资提高,工人身体素质增强,生产率更高。这就是效率工资思想的雏形,即生产率与工资水平呈正向关系。

后来的新凯恩斯主义者则于 20 世纪 70 年代引入效率工资概念,用以解释劳动力市场工资调整机制的失效以及非自愿失业现象。最早用效率工资解释工资刚性现象的是美国经济学家索罗(Solow,1979)。他认为劳动生产率和工资之间存在着一定的正相关的关系,从而导致企业不愿意降低工资水平。此后,塞纳普(Salop,1979)、威斯(Weiss,1980)、阿克罗夫(Akerlof,1982),以及夏皮罗(Shapiro)和斯蒂格利茨(Stiglitz)(1984)等学者分别从劳动力流动、逆向选择、"礼物交换"以及工作中的偷懒等角度,对效率工资的作用机制进行了详细论证,从而形成了完整的效率工资理论。目前,效率工资理论已经成为最流行的劳动力市场微观经济理论之一。

我们在下述内容中首先介绍效率工资理论的索罗条件,在此基础上从招聘、激励和维系等三大角度来介绍效率工资理论的一般模型,说明效率工资如何导致非自愿性失业的产生,并重点阐述夏皮罗-斯蒂格利茨模型。

一、索罗条件

索罗在《工资刚性的另一个可能的来源》(1979)中提出,企业过分注重短期利益将会得不偿失。如果降低工资水平,降低的工资成本将会超过因为工资的降低所带来的收益损失。因为从长远看,降低工资会导致道德风险,工人会降低劳动生产率,甚至会引起偷懒和怠工。同时,降低工资还会导致企业名誉下降,在招募员工时引起逆向选择行为,吸引不到高质量的工人,从而造成生产效率的下降。这些对企业来说是很大的间接成本。因此,成本最小化的工资水平,应该是单位效率劳动成本最小化时的工资成本。我们在下面用一个基本模型来说明索罗关于效率工资的基本思想。

1. 模型的基本假设

假定工人的劳动生产率 e 是企业支付工资 w 的单调递增函数,即 $e = e(w)$ 。并且达到一定工资水平之前,$e'(w) > 0, e''(w) > 0$;达到一定工资水平之后,$e'(w) > 0, e''(w) < 0$ 。

2. 索罗条件的主要内容

假设企业的生产函数为:

$$Q = sF(e(w)L),\ \text{其中},\ Q' > 0,\ Q'' < 0 \tag{8.18}$$

其中,Q 为企业的产出水平,$F(\cdot)$ 为企业的生产函数,满足 $F'(\cdot) > 0$,$F''(\cdot) > 0$ 。L 是工人的数目,e 是努力程度,它依赖于企业所付出的工资,即 $e = e(w)$ 。企业认为工资的增长可以促进工人生产效率的提高,所以企业为提高效率会提高工资水平,w 是企业的可控制变量。s 反映企业的技术或相对价格变动。

我们可以得到企业的利润函数如下:

$$\pi = PQ - wL - K \tag{8.19}$$

其中,π 是企业的利润,P 为企业的产品价格水平。假设企业面临的产品市场是完全竞争,企业接受产品的市场价格为 P 。K 为企业除劳动成本以外的其他成本,我们忽略资本市场,设 K 为一个固定的资本数额。

由于企业的目标是追求利润最大化,因此,我们可以通过一阶求导得到企业利润最大化条件:

$$PsF'(\cdot) = \frac{w^*}{e(w^*)} \tag{8.20}$$

$$PsF'(\cdot) = \frac{1}{e'(w^*)} \tag{8.21}$$

(8.20)式确定了企业利润最大化时的最佳雇用规模,这时工人实际劳动的边际产品价值等于其单位效率劳动成本。(8.20)式确定了企业提供的最佳工资水平 w^*，该工资水平就是效率工资。

联立解式(8.20)和(8.21)，得到企业提供效率工资 w^* 需要满足的条件，即：

$$\frac{w^*}{e(w^*)} \times e'(w^*) = 1 \tag{8.22}$$

上式就是所谓的“索罗条件”。我们将索罗条件与生产率的工资弹性联系起来发现，索罗条件意味着当企业选择效率工资时，劳动生产率函数的弹性等于1。换句话说，工资发生某一百分率的变动将引起工人生产率以相同的百分率变动。例如，工资提高5%，工人生产率也将提高5%。在效率工资条件下，企业的单位效率劳动成本最低。该成本可以用下式表示：

$$\frac{w^*}{e(w^*)} = \frac{1}{e'(w^*)} \tag{8.23}$$

如图8.3所示，$e(w)$ 曲线上的 A 点满足公式(8.23)，这一点决定的工资 w^* 就是效率工资。

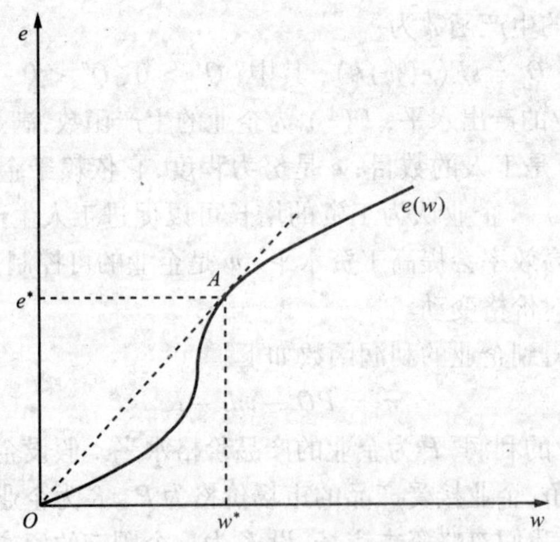

图8.3 效率工资的决定

此时，企业的最优雇用规模为：

$$L^* = \frac{F'^{-1}\left(\dfrac{w^*}{Pse'(w^*)}\right)}{e(w^*)} \tag{8.24}$$

由于效率工资水平高于市场出清水平，市场上形成了失业，其失业即为劳动力供给总量与实际雇用人数 L^* 之差。

效率工资是解释工资刚性的一个原因,原因是工资与劳动生产率之间存在着正向的关系,故企业不愿意通过降低工资水平来应付经济周期波动,这造成了工资在周期中呈现刚性,而就业在周期中呈现波动,从而解释了非自愿性失业的存在。但是,工资与劳动生产率之间为什么存在着这种关系呢?索罗模型对此没有做出解释。自从20世纪80年代以来,很多学者针对这个问题提出了各种模型,其中最重要的模型包括:逆向选择模型、偷懒模型、礼物交换模型以及劳动力流动模型等等。下面我们从人力资源管理流程——招聘、激励与维系的角度简单介绍这些模型。

二、从招聘、维系和激励的角度简述效率工资基本理论

生产率与工资之间存在着正相关的关系是索罗模型的前提假设,但是这一假设的合理性何在?或者说,为什么工资的提高不仅增加了厂商的人工成本,同时也能够提高生产率从而给厂商带来收益?自从20世纪80年代以来,很多学者针对这个问题提出了各种模型,从以下三个角度进行阐释:

第一,从员工招聘的角度。企业在招聘时宣布支付较高的工资,可以吸引到具有较高的保留工资进而拥有较高生产率的候选人。这一观点可以追溯到威斯(1980)的思想。他认为,工资影响生产率的原因之一,是因为工资会影响企业雇用的工人的质量。市场上的工人能力不同,企业认为工人的保留工资与其工作能力之间存在着正相关的关系。所以,如果企业支付高工资就可以吸引到具有高工作能力的工人,从而使生产率具有较高的效率;反之,如果支付低工资则只能吸引和雇用能力较低的工人,降低生产的效率。逆向选择模型从招聘的角度解释了生产率与工资之间的正相关关系,阐释了效率工资存在的价值。这就是效率工资理论中的逆向选择模型。

第二,从员工激励的角度。效率工资模型中的"逃避责任"的观点最初是由夏皮罗和斯蒂格利茨(1984)提出的。这里,企业被假定不能完全监督工人工作,因而企业面临这样一个选择:或者支付更多的成本以提高监督技术,或者支付工人更高的工资。如果企业选择后者,更高工资就充当了一种纪律约束机制,可以防止工人偷懒。原因是如果企业支付的工资是竞争性工资,则劳动力市场充分出清,任何被发现偷懒的工人被解雇之后,将能够立即以同样的工资在其他的企业找到工作。因此,对工人来说,因为偷懒被解雇与收入损失没有联系,工人也就没有激励提供努力了。然而,如果企业支付的工资高于竞争工资水平,那么工人就必须考虑他偷懒被解雇后可能在其他的厂商那里得不到与当前同样高的工资。因此,尽管工人向企业提供努力具有成本,但他也能够获得不能从其他企业得到更高的工资好处。由此,当存在效率工资时,工人偷懒而遭解雇的威胁就变得更加有效,因偷懒失去工作的工人此时要承受工资收入的下降从而效用也下降了。当然,如果某一企业支付高于市场出清的工资是理性的,那么对所有企业而言,都会相应的这样去做,结果实际工资将会高于市场出清工资,失业就出现了。在这种情况下,即使被解雇的工人有某种概率找到与前一企业支付同样工资的工作,他也将遭受失业一段时间的痛苦,在他能够找到这一新工作之前,解雇仍然给他带来了收入的损失。这就是效率工资理论中的夏皮罗-斯蒂格利茨模型,又称作"偷懒模型"。

第三,从维系员工的角度。一部分经济学家认为,员工的流动率或者说辞职率随着工资率的增加而减少,流动率的减小又给厂商节省了成本。斯利希特(Schlicht,1978)和塞纳普(1979)认为,更高的工资将会减少劳动力的流动,因为工人不太可能退出其正在从事的高工资的工作。因此,企业将会减少用新的工人来替换那些离开企业的工人的频率,降低企业的招聘成本和培训成本,进而提高了企业的平均生产率。这就是效率工资理论中的劳动力流动模型。

另外,效率工资理论中的"公平工资"模型也从员工激励和维系的角度出发,综合应用社会学和经济学的研究方法,对工资刚性现象进行阐释。这类模型主要来自于对工人和厂商之间行为的心理学和社会学观察,这些观察包括生产和工作条件,社会规范和价值。进一步而言,在一个企业所盛行的态度和观点对冲突管理、企业的等级结构进而工人的行为动机具有决定性的影响。从最基本的情况来看,如果工人感觉厂商对待他们是公平的,他们将转而会在工作中提供努力。正是因为这个原因,这类模型常常被称为是"礼物交换"模型。这类模型最早可以追溯到阿克罗夫(1982,1984)的奠基性工作。当然,准确地说公平问题是一个规范性问题,但是,从经济学的角度看,这类模型假定公平可以通过比较同一企业内不同工人的工资加以判断,或者如果可能的话通过比较不同企业内具有类似资历的工人加以判断。[①] 因此,如果工人发现他相对于其他工人所赚得的收入太少,他将会相应地减少其努力的供给。反之,如果工人感觉自己被公平的对待,他将会减少偷懒或者离开企业的动机。

---

① 这种公平理论首先由 Adams(1963)提出。对以上假设的经验支持的文献,可参见 Summers(1988),Akerlof and Yellen(1990),Gaechter and Falk (2002)。

下面,我们重点介绍夏皮罗-斯蒂格利茨模型,对其他模型有兴趣的读者可以仔细阅读书后所列的相关参考文献。

三、夏皮罗-斯蒂格利茨模型(1984)

雇用关系发生以后,企业与工人需要签订劳动合同。然而,由于信息的不对称,企业对工人的实际生产力是多少并不完全清楚。因此,企业无法在合同中事先规定工人的努力程度以及努力标准,而只能以劳动时间的方式签订合同。这样,工人个人在生产过程中到底提供多大的努力程度,具有相当的自由处置权。如果管理者的监督力度不足,工人感受到的压力不够,就会产生道德风险现象。由于生产过程中企业不可能对员工实施完全的监督,这就导致了工人产生偷懒的动机。因此,企业必须依靠其他的激励机制,提高工人的实际努力程度,减少其偷懒的动机。

夏皮罗和斯蒂格利茨认为,高工资提高了工人的偷懒成本,如果偷懒者被发现将被解雇,从而使得工人失去了高报酬的工作。因此失业对工人构成了一种威胁,降低了他们的偷懒动机。

1. 基本假设

假定经济中存在着大量数目的厂商与工人(令工人的总数目为 $\bar{L}$,厂商的总数目为 N),两者之间信息不对称,工人比厂商更了解自己的努力程度,厂商的监督能力有限,故而采用激励机制来解决工人的道德风险问题。

劳动付出将给工人带来负效用,但工人可以通过劳动获得收入,从而通过购买消费品给自己带来正效用。因此,工人在单期的效用函数可以写为:

$$U = U(w,e) \tag{8.25}$$

其中,w 为工人所获得的工资,e 为工人的努力水平。

为了简便起见,我们假定效用函数在货币工资与努力之间是可分的,并且工人是风险中性的。即:

$$U = w - e \tag{8.26}$$

在这里,必须强调的是,在长期条件下,工人追求的是终身预期效用的最大化。所谓终身预期效用,是指自现在起到生命终结间各期效用的贴现值之和,假定工人的贴现率为 r。

另外,努力水平 e 只有两个可能值:$e = 0$ 或 $e = \bar{e} > 0$。而且,当工人的努力水平 $e = \bar{e}$ 时,可以获得一定的工资 $w \geqslant \bar{e}$;当工人提供的努力 $e = 0$(即偷懒)时,如果被厂商发现,则被立刻解雇,转入失业状态,获得的报酬为0,如果没被发现,则依然获得工资 w。

假定每单位时间内工人工作被终止的概率为 b, b 是外生变量,其含义是单位时间内离开企业的工人数量与企业雇用人数的比率。如果工人选择 $e = \bar{e}$,则他将保持这份工作,直到由于外生因素导致他离开企业。如果他选择 $e = 0$(偷懒),我们假定他在单位时间内被发现的概率为 q。在这里,q 是一个由企业监督管理技术决定的外生变量。另外,我们假定工人在失去工作后的单位时间内重新找到一份工作的成功率为 a,称之为重新就业率,它决定了工人的失业时间。

这样一来,工人生存的状态有以下三种:在工作中偷懒($e = 0$)、在工作中努力($e = \bar{e}$)以及失业。在这里,我们将工人在三种状态下获得的终身预期效用分别定义为 V_E^S、V_E^N 和 V_U。这三种状态对于工人而言就是三种资产,V_E^S、V_E^N 和 V_U 分别为三种资产的价值,持有每种资产在单期获得的收益分别为 rV_E^S、rV_E^N 和 rV_U,而且:

$$rV_E^S = w - (b + q)(V_E^S - V_U) \tag{8.27}$$

$$rV_E^N = w - \bar{e} - b(V_E^N - V_U) \tag{8.28}$$

$$rV_U = a(V_E^N - V_U) \tag{8.29}$$

(8.27)式表明,工人选择在工作中偷懒可以获得的即期效用等于工资 w 减去预期的失去工作的损失 $(b + q)(V_E^S - V_U)$。(8.28)式表明,工人选择努力工作可以获得的即期效用为工资 w 减去劳动的成本 $\bar{e}$ 以及预期的失去工作的损失 $b(V_E^N - V_U)$。(8.29)式表明,工人选择失业的即期效用为预期的找到工作后的收益增量 $a(V_E^N - V_U)$。

2. 不偷懒条件(NSC)

厂商为了激励员工选择努力工作而不是偷懒,必须满足下式:

$$V_E^N \geqslant V_E^S \tag{8.30}$$

另外,由于工人工作的努力程度不能大于 $\bar{e}$,所以追求成本最小化的厂商支付的工资恰好使得工人在努力与偷懒间无差异,即:

$$V_E^N = V_E^S \tag{8.31}$$

$$w - \bar{e} - b(V_E^N - V_U) = w - (b + q)(V_E^N - V_U) \tag{8.32}$$

$$V_E^N - V_U = \frac{\bar{e}}{q} \tag{8.33}$$

(8.33)式意味着厂商为了激励员工偏好于就业而非失业,必须支付一定数额的租金。租金的大小随工人努力工作的成本 $\bar{e}$ 递增,随厂商对偷懒行为的监督效果 q 递减。

由(8.28)和(8.29)两式可得:

$$w = \bar{e} + (a + b + r)(V_E^N - V_U) \tag{8.34}$$

将(8.33)式代入(8.34)式,可得:

$$w = \bar{e} + (a + b + r)\frac{\bar{e}}{q} \tag{8.35}$$

(8.35)式表明,激励工人努力工作所需的工资是努力工作的成本 $\bar{e}$ 、找到工作的容易程度 a 、工作终止的速率 b 和贴现率 r 的递增函数,是偷懒者被发现的概率 q 的递减函数。

另外在稳态条件下,进入失业状态的工人流量 bNL 应该等于失业工人中进入就业状态的工人流量 $a(\bar{L} - NL)$,即:

$$a = \frac{bNL}{\bar{L} - NL} \tag{8.36}$$

将(8.36)式代入(8.35)式,可得:

$$w = \bar{e} + \frac{\bar{e}}{q}\left(r + \frac{b\bar{L}}{\bar{L} - NL}\right) \tag{8.37}$$

(8.37)式便是本模型中的不偷懒条件。从该式可以看出,阻止员工偷懒的效率工资是就业人数 NL 或就业率 $\frac{NL}{\bar{L}}$ 的增函数。失业的人数越少,或者说就业率越高,工人越容易在离职后找到新工作,也就越有恃无恐地在工作中偷懒,因此厂商必须用更高的工资来阻止他们偷懒。当经济处于充分就业时,失业的工人能迅速的找到工作,工人被解雇不存在成本,从而不存在能够阻止工人偷懒的效率工资水平(此时效率工资趋于无限大)。不偷懒条件(NSC)可用图 8.4 表示:

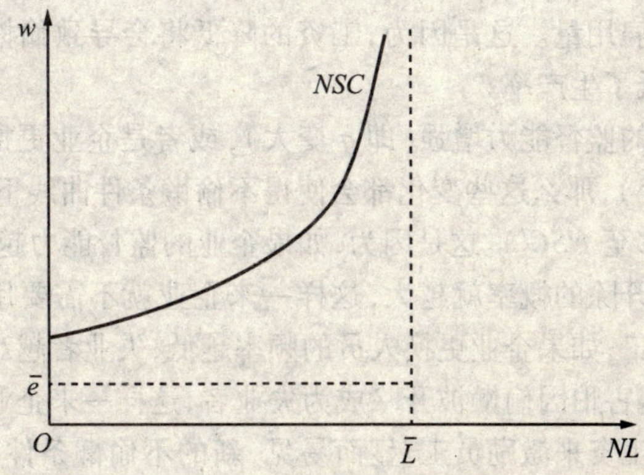

图 8.4 夏皮罗－斯蒂格利茨不偷懒条件曲线

3. 模型含义

现在，如图 8.5 所示，我们再做出市场的劳动需求曲线（也即劳动的边际产品曲线）D_L，它和不偷懒条件曲线 NSC 的交点为 A。另外，必须注意的是，当就业不充分（即 $NL < \bar{L}$）时，劳动的供给曲线是水平的（即 $w = \bar{e}$），当就业充分（即 $NL = \bar{L}$）时，劳动的供给曲线是垂直的。在完美监督条件下，劳动的需求曲线和供给曲线的交点就是劳动力市场均衡点。我们假定当充分就业时劳动的边际产品依然大于努力的负效用，那么均衡点 B 就在水平虚线（即 $w = \bar{e}$）的上方。

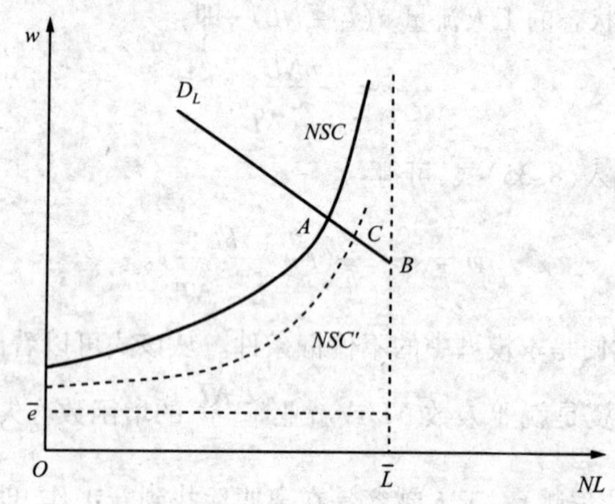

图 8.5　夏皮罗－斯蒂格利茨模型演绎

但是，在不完美监督的条件下，劳动的需求曲线和不偷懒条件曲线的交点 A 决定均衡的效率工资水平和雇用量。显而易见，在该均衡处存在着失业。此时，工人愿意选择努力工作而非失业，但是厂商并不愿意降低工资从而增加雇用量。这是因为，工资的降低将会导致偷懒现象的出现频率，进而降低了生产率。

如果企业的监督能力增强（即 q 变大），或者是企业更换人员的频率降低（即 b 变小），那么这些变化都会使得不偷懒条件曲线下移（如图 8.5 所示，NSC 下移至 NSC'）。这是因为，如果企业的监督能力越强，偷懒工人被发现进而被开除的概率就越大，这样一来企业就不需要用过高的效率工资来激励员工；如果企业更换人员的频率越低，失业者越难找到新的工作岗位，工人越害怕因偷懒被开除成为失业者，这样一来企业也就不需要用过高的效率工资来激励员工。显而易见，新的不偷懒条件 NSC' 和劳动需求曲线的交点即均衡点 C 相对于原均衡点 B 而言，增加了雇用量，减少了非自愿失业人数。

考虑极端情况,当 q 趋近于无穷大时,也就是说在完美监督条件下,不偷懒条件曲线和劳动供给曲线重合,此时经济趋于瓦尔拉斯均衡。另外,当 b 接近于0时,不偷懒条件接近于一条直线,这条直线的方程是:$w=\bar{e}+r\frac{\bar{e}}{q}$。此时,不偷懒工资独立于就业水平。

4. 评论与扩展

夏皮罗-斯蒂格利茨模型为我们提供了一个思路,那就是工人在雇用后由于信息的不对称,其工作努力程度不为企业所完全掌握,而工人的努力程度又与企业的劳动生产率有着密切的关系,不努力工作必然带来生产率的下降。所以,在企业不能完全监督工人工作的条件下,就利用效率工资来引导工人努力工作,从而提高企业的生产力。这就是夏皮罗和斯蒂格利茨的偷懒模型为效率工资理论所做出的贡献。

夏皮罗-斯蒂格利茨模型不仅直观的解释了为什么工资与生产率之间存在着正相关关系,还从另外一个角度解释了工资率与失业率之间的关系。与传统经济学的观念完全相反,该模型认为,工资率与失业率之间呈负相关关系。也就是说,失业率低时,工资高;失业率高时,工资低。该模型认为,当失业率高的时候,工人的失业成本很高,所以即使企业支付的工资很低,工人仍然会努力工作;当失业率低的时候,因为重新就业很容易,工人被解雇后的成本不会很高,所以企业必须用高工资来激励工人努力工作,不要偷懒。也就是说,本模型在这里将失业作为企业管理工人的一种手段。

关于这一模型,此处我们讨论三种扩展思路:

第一,有关劳动力市场的一个重要问题是:既然失业对工人不利,那么为什么雇主在减少劳动量时采取解雇的方式而不是工作分享?对于这一问题,经济学家的答案是:如果采用工作分享的方式,工作时间的减少降低了雇员得自工作的剩余,结果厂商必须支付的阻止偷懒的工资上升;如果采用直接解雇的方式,则没被解雇的工人的剩余未变,因此厂商无须增加工资。所以雇主更偏好采用解雇方式,尽管这给工人带来更大的风险。

第二,从事某类工作的工人是可以被完美监督的,所以他们的雇主就不会支付他们高于市场均衡水平的效率工资,这些工人无法获得租金,没有租金将导致更高的人员流动率。如果把劳动力市场上的工人分成热爱工作和不热爱工作两类,那么难以完美监督工人的厂商则不会用高额的效率工资去雇用那些不热爱工作的工人。如此一来,这些不热爱工作的工人大量受雇于低工资、高人员更替率的岗位。这些结论与二元劳动力市场理论关于职业隔离的分析基本吻合。

第三,经济学家认为,除了效率工资,按理说厂商可以采用一些更有效率的工资支付方案,比如交保证金(bonding)和出售工作(job selling)。通过要求工人交纳足够多的保证金,厂商甚至可以以市场出清水平的工资诱使工人不偷懒。出售工作是这样一种情况:当工人被雇用时,厂商要求工人支付一笔费用。如果厂商得到了新工人支付的费用,则在既定工资下厂商的劳动力需求更高,因此,随着经济沿不偷懒曲线向上移动,工资和就业上升。但是,这两种方案会因为资本市场不完美以及工人对厂商有可能出现的道德风险行为①担心而受到限制。

第三节　隐含合同理论

对劳动力市场为什么会处于非瓦尔拉斯均衡的第三个解释就是隐含合同理论,该理论从雇用合同具有保险功能的角度解释了工资为什么在经济周期中具有刚性特征。隐含合同理论集中探讨了以下三个问题:第一,在某一周期内,为什么就业呈变动态势而工资保持不变或者具有刚性特征?第二,当存在非自愿失业现象时,为什么即使工资稍低于劳动力市场的"当前价格",失业者也愿意接受某个工作?第三,为什么当存在非自愿失业现象时,与完全竞争条件下的劳动力市场相比,就业水平将趋于降低?

早期有关隐含合同的文献是由贝利(Baily,1974)、戈登(Gordon,1974)和阿扎里艾迪(Azariadis,1975)分别提出来的。这些文献把雇用关系不是看成劳动服务同货币交换的连续的现货市场,而是将之视为一种长期劳动服务同雇主提供的一份保险合同的交换,这份保险合同可以防止工人的效用免于受到边际收益产品随机波动的影响。由于雇用关系的某些重要特点,使得雇主相对保险市场上的第三方而言在提供这份保险合同上具有优势,因此工人只能向雇主购买这份保险,而不是向第三方购买保险。这样的合同在该类文献中通常被称为隐含合同。此后,卡尔渥(Calvo)和费尔普斯(Phelps)(1977)、格罗斯曼(Grossman)和哈特(Hart)

① 这里所谓的厂商的道德风险行为,是指厂商有可能恶意的指控工人偷懒并没收保证金,或者解雇工人把其缴纳的费用据为己有。

(1981)、斯蒂格利茨(1983)、罗森(Rosen,1985)、哈特(Hart)和霍尔姆斯特姆(Holstrom)(1986)等人沿着这一思路,通过在模型中引入信息不对称问题,对隐含合同理论做出了进一步的发展。

本节首先介绍隐含合同理论的一般性原理,并考察隐含合同存在的原因。其次,我们详细考察隐含合同理论的一般模型,在此基础上说明隐含合同理论所关注的几个重要问题。最后,我们对隐含合同理论的扩展做一简单介绍。

一、隐含合同理论概述

我们从隐含合同理论的一般原理出发,考察该理论的一般条件,然后考察隐含合同存在的原因。

隐含合同理论一般假定风险规避的工人同风险中性的企业家就劳动与保险合同进行交换。假定企业有三个部门:第一,生产部门。该部门购买劳动服务并记录工人边际收益产品($MRPL$)。第二,保险部门。该部门根据自然状态,销售公平保险单,并用一份净的保险补偿金对工人予以补偿,或者说将一份净的保险溢价记入工人借方(N)。第三,会计部门。该部门根据在每种状态下的方程 $w = MRPL + N$ 来支付工人的工资。

有利的自然状态是与高的工人边际收益产品值相关联的。在这些状态下,净的保险赔偿金是负的,工资下降到工人边际收益产品以下。不利的自然状态与低的工人边际收益产品值相联系,此时净保险赔偿金是正的,而且工资超过工人边际收益产品。一份隐含合同就是对企业在每一种自然状态下补偿劳动服务的一个完整描述,它在自然状态已知以前就已经做好。同时,它也是对工人进行工资支付的一个完整描述。如果我们假定自然状态可以直接由所有相关方观察到,那么这个合同就是可执行的。

这一分析框架的直接结论就是,工资脱离了劳动的边际收益产品。事实上,如果我们从制度上固定由在业工人所提供的劳动数量,那么每一个工人的消费就与工资率成比例,一份准确的公平保险单应该使得这一消费独立于工人的边际收益产品,这可以通过稳定工资对不同自然状态的购买力而实现。因此,实际工资率是刚性的。

当然,在传统宏观经济模型中,工资刚性本身足以导致失业,即如果工资因为某些理由不调整,那么劳动需求也不会调整。这一观点并没有在隐含合同中体现,因为工资和劳动的边际收益产品分离了。一个完整的失业理论必须解释为什么在经济状况不好的时候,解雇优于工作分享,为什么被解雇的工人要比没有被解雇的工人状况更加差。要回答这些问题不是一个简单的任务。例如,默滕森(Mortenson,1978)指出,如果假定雇主是风险中性的,工人的消费和闲暇偏好可以用严格拟凹、可加的、分离的效用函数表示,那么最优合同将会导致完全的工作分享。如果这种工作分享因为技术原因比解雇导致更少的利润(例如,当工人全日努力工作的时候,工人生产更有效率),在完全信息下的最优合同将使得工人在就业状态下消费的边际效用同失业状态下相等。个人可能因此成为非自愿就业者,他们宁愿失业而不愿意工作。

总之,这种进退两难的问题已经成为近期许多隐含合同理论研究的目标。为了解释失业,我们需要以某些重要方式完成分析。某些复杂因素来自于人们熟悉的隐含保险合同问题,但是许多问题可能是隐含合同本身所无法解决的。

那么,隐含合同为什么会存在呢?我们可以从以下三个方面来理解隐含合同存在的原因:

第一,为什么雇员乐于接受由雇主提供的某种保险,而不到专业性保险公司投保?这一问题与雇员在劳动力市场上所面临的独特风险有关。例如,假定某一雇员的工作技艺将来可能过时而无法靠这一工作技艺生活。为了规避风险,该雇员当然愿意与某一保险公司签订一份合约以便在失业期间获得赔付。但是,与保险公司签订的这份合约将会面临许多问题。因为当该雇员失业时,保险公司很难鉴定该员工的失业是因为该员工技艺过时造成的,还是因为该员工素质低下或表现不好而被解雇的。其实,对解雇原因最有发言权的是雇主,因此,由雇主提供某种保险机制以化解劳动力市场上的这种独特风险,要比由专业性保险公司来做更有效。

第二,为什么雇主对风险的规避程度低于雇员?这是因为某一雇员在既定的时间只能受雇于一个雇主,以人力资本形式存在的资产,其风险通常更难以化解。物质资本与人力资本不同,其所有者可以通过股票市场将资本分布于不同的企业,从而达到分散或者规避投资风险的目的。而人力资本却不能一分为二,员工不能以这种方式实现规避风险的目的。

第三,什么是隐含合同?雇主如果向员工提供某种保险,绝不能等事件发生后才考虑。劳资双方必须事前就合约条款达成共识,以使员工将企业看成是安身立命的地方。此外,这个合约还必须明确对各种不同的应急性事件应当采取什么措施做出规定。但是,现实中的劳动合约没有这么复杂,很多条款并没有事先明确界定,而是隐含的为劳资双方所认同。合同具有隐含而非显性特征,使强制履约问题变得极为重要。因为显性合同可以由法院强制执行,而隐性合同只能通过双方对现有合同的维护才能进行。隐含合同的不完整性为我们理解雇主和雇员之间就劳动和保险合同的交换提供了基础。

二、隐含合同理论的一般模型

我们在这里将通过一个单期简单的隐含合同模型,来介绍隐含合同理论所涉及的一些重大问题。我们从模型的基本假定、模型的构造和模型的基本结论三个方面对隐含合同的一般模型予以介绍。

1. 基本假定

(1)雇主假定。假设某一雇主需要雇用 L 个具有相同劳动能力的员工,其生产函数为 $f(L)$。雇用规模受边际收益递减规律的支配,企业的产品按照既定的价格出售,价格由外生变量决定。这样,当企业的雇用规模为 L 且工资为 w 时,利润公式如下:

$$\pi = pf(L) - wL \tag{8.38}$$

为方便起见,我们假定雇主是风险中性的,因此在不确定性条件下,雇主将主要关注如何实现期望利润最大化问题。

(2)雇员假定。假定雇员的效用函数为 $U(w,h)$,其中 w 代表工资,h 代表工作时间。假定工人一旦找到工作,工作时间是确定不变的,则:

$$u(w) = U(w,h), \quad v(b) = U(b,0) \tag{8.39}$$

上式中,在工人就业的条件下,$u(w)$ 代表了来自工资 w 的效用。在工人失业的条件下,$v(b)$ 代表了来自于失业福利 b 的效用。由于在失业和就业状态下人们对收入的价值判断的区别,这两个函数间也存在很大的区别。这种区别在随后的讨论中是十分重要的。由于劳动是一种负效用,所以 $u(w) < v(w)$,且只有当 w 大于 b 时,人们才会选择劳动或者工作。

我们把 w^* 定义为人们对选择工作或者失业持无差异态度时的工资率,即 $u(w^*) = v(b)$。在此,我们将该工资率 w^* 称为工人的保留工资率。

假定工人是风险规避者,以使 $u(\cdot)$ 和 $v(\cdot)$ 成为凹函数,即它们的二阶导数为负。

2. 模型的构造

(1)首先,我们考察工资和雇用规模均由竞争性的劳动力市场所决定的情形。在此基础上,考察隐含合同的存在如何导致了工资刚性。

当产品价格 p 和市场工资率 w 均为给定时,雇主所确定的雇用规模要满足以下公式:

$$f'(L) = \frac{w}{p} \tag{8.40}$$

从劳动供给看,只要 $w \geqslant w^*$,人们就会选择工作。在此类劳动力市场上,产品价格的波动将引致劳动力需求曲线的波动,从而引致工资和雇用规模的波动。这将会导致工人效用函数的不稳定。由于工人是风险规避的,他们将设法投保以规避这种风险。由于雇主是风险中性者,故乐于向工人提供此类保险。另外还要看到,在竞争性劳动力市场上,工人的工资从不会低于 w^*,因而公式(8.40)表明劳动力的边际产品价值也不会低于 w^*/p 。

假定雇主面临的不确定性只有产品价格的波动,其波动值为 $(p_1, p_2, \cdots, p_n)$ 。设 p_i 发生的概率为 a_i ,且 $\sum_{i=1}^{n} a_i = 1$ 。

假定在未知产品价格之前,雇主就已经与 N 个工人签订了劳动合约。合约规定当产品价格为 p_i 时,雇用工人的数目为 L_i,支付的工资额为 w_i 。我们以 $[(w_i, L_i), i = 1, 2, \cdots, n]$ 代表这个合同。我们将这个合同称为“条件依从合同”,该合同与现实条件具有相当的一致性。因为,工资和雇用规模都随着产品价格的变化而定。假定这样的条件依从合同是可以强制执行的,那它就是一个显性合同。如前假定,企业是风险中性的,雇主对本合同的期望效用就等于他对本合同的期望利润。利用公式(8.38)得到下式:

$$E_\pi = \sum_{i=1}^{n} a_i [p_i f(L_i) - w_i L_i] \tag{8.41}$$

利用公式(8.39)可以得到员工的期望效用为:

$$EU = \sum_{i=1}^{n} a_i \left[\frac{L_i}{N} u(w_i) + \frac{N - L_i}{N} v(b)\right] \tag{8.42}$$

在公式(8.42)中,我们假定所有工人的就业机会都相同,如果 N 个工人中有 L_i 个被录用,则就业或者被录用的概率就是 L_i/N。工人被录用之后,其效用函数为 $u(w_i)$ 。被解雇的概率为 $(N - L_i)/N$,工人被解雇后的效用函数就是 $v(b)$ 。

雇主对合同选择的限制因素有以下几个方面：首先，工人所实现的期望效用水平至少与在其他企业供职一样高。我们将此称为保留效用 $\overline{U}$ 。其次，我们假定企业的雇用规模不得高于合同规定，即 $L_i \leqslant N$ 。这样，企业的最佳雇用规模就是在 N 中确定 $[(w_i, L_i), i = 1,2,\cdots,n]$ ，如下式所示，这实际上是一个在有限定条件下的求极值问题。

$$\max E_\pi = \sum_{i=1}^{n} a_i[p_i f(L_i) - w_i L_i]$$

$$\text{s. t.} \quad \sum_{i=1}^{n} u_i\left[\frac{L_i}{N}u(w_i) + \frac{N - L_i}{N}v(b)\right] \geqslant U \tag{8.43}$$

$$L_i \leqslant N, i = 1,2,\cdots,n$$

将前一个限定条件的拉格朗日乘数定义为 μ ，将后一个限定条件定义为 λ_i ，$i = 1,2,\cdots,n$ 。

在上式中，满足 w_i 的一阶条件可以写成下式：

$$-a_i L_i + \frac{\mu a_i L_i}{N} u(w_i) = 0 \tag{8.44}$$

公式(8.44)可以简化为：

$$u'(w_i) = \frac{N}{\mu} \tag{8.45}$$

N 代表了劳动力的储量，独立于产品价格 p_i ，μ 是第一个限定条件的乘数，也独立于产品价格 p_i 。公式(8.43)说明，不论在什么条件下，所有被雇用者的边际收入效用都是相等的，即对于所有产品价格 p_i 而言，以下公式都是成立的：

$$w_i = \overline{w} \tag{8.46}$$

因此，上式表明如果雇主确定最优雇用规模时，工资是刚性的，它不随企业产品价格的变化而变化。这就是隐含合同理论所阐释的工资刚性定理。从直观上看，这一定理可以解释为：工人是风险规避者，不喜欢工资随市场条件的变化而变化；雇主是风险中性者，只关注企业的平均工资水平。因此，在合同中以一个略低于平均水平的固定工资取代随机扰动的工资，对签约双方都有好处。

下面我们以企业产品价格的变化值只有两个为例，对此加以说明。假定企业产品价格有两个变化值，p_1, p_2 。假定 p_1 发生的概率为 a ，p_2 发生的概率为 $(1 - a)$ 。如果不管产品价格为何值都必须雇用工人的话，那么，雇主的决策就是面对两种可能的价格状态怎样确定工资水平。以 w_1 和 w_2 代表两种状态下的工资水平，如果这两种工资水平足以吸引工人

到该企业供职,那么,下面必须满足以下条件:

$$au(w_1) + (1 - a)u(w_2) = \bar{u} \tag{8.47}$$

这样,该企业劳动合同所提供的期望效用才能与其他企业持平。图 8.6 中的无差异曲线就是满足公式(8.47)条件的 w_1 和 w_2 的组合值。

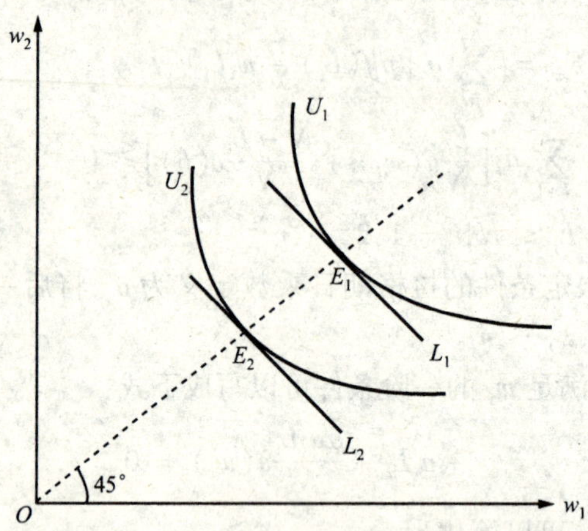

图 8.6　公式(8.47)之示意图:理想合同

我们可以通过对方程(8.47)求 w_1 的导数,推导图 8.6 中无差异曲线 U_1 和 U_2 的斜率(T):

$$T = \frac{-au'(w_1)}{(1-a)u'(w_2)}$$

假定企业已经做出了雇用工人的决定,雇主面临的选择是如何确定 w_1 和 w_2,以使期望的劳动力成本最低。期望劳动力成本是由 $EC = aw_1 + (1-a)w_2$ 给定的。图 8.6 也给出了等成本曲线 L_1 和 L_2。等成本曲线是一组平行线,斜率为:$\frac{-a}{1-a}$。

我们令 $T = \frac{-au'(w_1)}{(1-a)u'(w_2)} = \frac{-a}{1-a}$,可以得到 $u'(w_1) = u'(w_2)$,即 $w_1 = w_2$。因此,我们可以得到的结论是:企业的等成本曲线 L_1(或 L_2)与工人的无差异曲线 U_1(或 U_2)相切于 E_1(或 E_2)点,E_1(或 E_2)点就是最佳合同的工资水平,并且 E_1(或 E_2)点位于坐标中 45 度线上。因而,不论企业产品价格为多少,工人的工资都不变。由此,隐含合同理论看上去解释了工资刚性这一特定现象。

(2)我们考察隐含合同所形成的雇用规模,证明不管企业产品的价格是多少，该雇用规模将高于完全竞争条件下劳动力市场所形成的雇用规模。

我们考察方程(8.43)的情况。当状态为 i 时，L_i 的一阶条件如下：

$$a_i[p_i f'(L_i) - w_i] + \frac{\mu a_i}{N}[u(w_i) - v(b)] - \lambda_i = 0 \qquad (8.48)$$

根据公式(8.46)和(8.45)，$w_i = \bar{w}$ 以及 $u'(w_i) = N/\mu$。这样，公式(8.48)可以改写成：

$$p_i f'(L_i) = \bar{w} + \frac{u(\bar{w}) - v(b)}{u'(w)} - \frac{\lambda_i}{a_i} \qquad (8.49)$$

上式中，劳动力的边际产品与工资并不相等。根据库恩－塔克的互松散条件，如果 $\lambda > 1$，则 $L = N$，这样，所有的劳动力都会被雇用。如果 $L < N$，则 $\lambda = 0$。

现在，让我们对隐含合同条件下和完全竞争条件下的就业水平做一个比较。在完全竞争条件下，为了使人们对就业和失业采取无所谓的态度，我们曾假定工资等于 w^* 且 $v(b) = u(w^*)$。

根据我们对函数凹性的定义可知，不管 $\bar{w}$ 和 w^* 为何值，风险规避者的期望效用大于期望值效用，总有下式成立：

$$u(\bar{w}) - u(w^*) > u'(\bar{w})(\bar{w} - w^*) \qquad (8.50)$$

那么公式(8.49)应满足：

$$\frac{u(\bar{w}) - v(b)}{u'(w)} = \frac{u(\bar{w}) - u(w^*)}{u'(w)} \geqslant \bar{w} - w^* \qquad (8.51)$$

将(8.50)代入(8.49)得到下式：

$$p_i f'(L_i) < w^* - \frac{\lambda_i}{a_i} \qquad (8.52)$$

在 $\lambda_i = 0$ 的状态下(即 $L < N$)，并不是所有的工人都会被录用，我们得到下式：

$$p_i f'(L_i) < w^* \qquad (8.53)$$

上式表明，劳动力边际产量永远低于由竞争自发形成的工资水平。在竞争性劳动力市场，劳动力的边际产量与工资水平是相等的，后者永远不会低于 w^*。根据边际报酬递减规律，这说明隐含合同条件下的就业规模比完全竞争条件下的预期要高一些。但这与我们在本节一开始所陈述的隐含合同理论需要解释的第三个现象不相吻合。

超额雇用规模的命题最初是由阿克罗夫和米亚扎克(Miyazake)(1980)以及皮萨里得斯(Pissarides，1981)提出的。对这一命题的直观解释表述为:不管产品的价格是多少,企业选定的工资和雇用规模组合都应当达到帕累托最优的要求,否则,至少有一方受到损害。如果这种条件下的产品价格为 p,工资为 w,N 个工人中将有 L 个被录用,那么,根据公式(8.42)可以得到工人的期望效用为:

$$\frac{L}{N}u(w)+\frac{N-L}{N}v(b) \tag{8.54}$$

这与下列事实恰好是吻合的:工人期望录用的概率是 L/N,未被录用的概率是 $(N-L)/N$。在 (w,L) 空间的选择区域内,工人的无差异曲线 U_1 和 U_2 如图 8.7 所示:

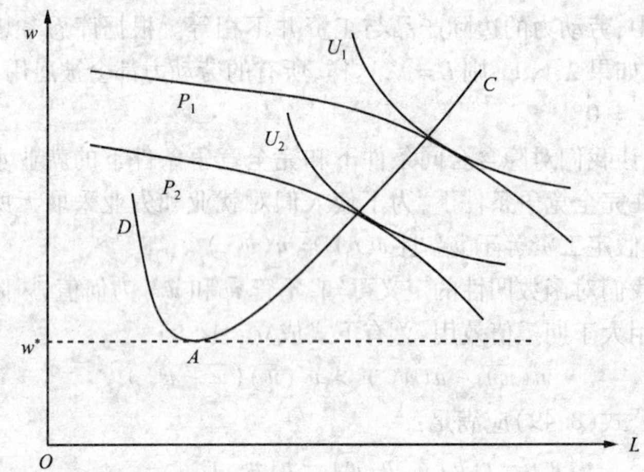

图 8.7　隐含合同条件下与完全竞争条件下劳动力市场的就业规模比较

图 8.7 也给出了企业的等利润曲线 P_1 和 P_2。根据公式(8.38),这种条件下的企业利润将等于:$pf(L)-wL$。

如果合同是有效率的,则 w 和 L 之间的组合,就一定位于工人的无差异曲线与企业的等利润曲线之间的切点上。这组切点位于向右上方倾斜的 AC 线段上。这条线段与工会组织的效率谈判理论中的契约曲线基本相同。

在现实生活中的劳动力市场上,就业水平将永远位于由公式(8.40)给定的劳动力需求曲线上。这时,w 与 L 之间的关系由向右下方倾斜的线段 AD 来表示。在隐含合同条件下,就业水平位于 AC 线段上的某一点,而在现实生活中的竞争性劳动力市场上,就业水平位于线段 AD。由于线段 AC 上的就业水平总是高于 AD 段,所以,隐含合同条件下的就业水平将高于完全竞争条件下的就业水平。

3. 模型结论

根据隐含合同理论的一般模型所得出的均衡条件，我们可以得到如下结论：第一，我们必须对工资刚性结论的实质有一个清醒的认识。工资刚性这一命题的含义实质表明雇主发挥着平抑工人实际收入水平的作用。如果价格总水平发生变动，以致影响了工人的实际工资水平，那么，就要根据价格总水平对工人的名义工资进行指数化调整。因此，工人的实际消费工资并未发生变化，发生变化的只是工人的产出工资。

第二，应该看到，工资刚性的期限必须以合同期限为限。例如，假定从目前看产品价格下降是一个长期的趋势。本期内的工资已经被合同确立下来固然不会发生变动，但到下一期时，就必须考虑到劳动力需求减少等因素，合同条款需要重新商定，工资水平将相应降低。所以说，工资刚性只在工资合同期限内有效。

第三，工资刚性命题绝对受制于雇主是风险中性的假定。如果雇主也是风险规避者，则工资便不具有刚性特征，它将随着企业产品价格的变化而变化。

第四，在竞争性劳动力市场上，尽管工资是市场给定的，且企业的雇用规模应当反映劳动力边际产量的变化，但这一原理在隐含合同模型中未必适用。因为隐含合同中的工资水平未必等于劳动力的边际产量。

第五，在有隐含合同的条件下，市场的雇用规模应该比在完全竞争条件下的雇用规模高。这说明尽管隐含合同可能引发诸如工资刚性等问题，而人们通常认为工资刚性是无效率的信号，但考虑到人们为规避风险有从雇主那里购买保险的必要，则隐含合同事实上还是有效率的。主要的问题是，政府是否应当介入其中以降低工资刚性。

第四节　内部人－外部人理论

对劳动力市场为什么会处于非瓦尔拉斯均衡的第四个解释就是所谓的内部人－外部人理论。该理论认为，如果工资通过工人和企业之间的谈判来决定，那么这种决定工资的方式同竞争市场所观察得到的工资相比较，会导致较小的实际工资波动和较大的就业波动。关于内部人－外部人理论的重要文献包括谢克德（Shaked）和萨顿（Sutton）（1984）、索罗（1985）、格雷戈里（Gregory，1986）、林德贝克（Lindbeck）和斯洛尔（Snower）（1988）、布兰查德（Blanchard）和萨默斯（Summers）（1986，1987）、奥斯瓦尔德(Oswald,1987),以及戈特弗赖斯(Gottfrieds,1992)。我们在这里重点介绍奥斯瓦尔德和戈特弗赖斯的模型。

当工资通过雇主和工会之间的双边谈判决定时,这种谈判对工资确定有什么样的影响?只要存在着经济租金,作为劳动力供给垄断者的工会将会迫使雇主让劳动者分享这些租金,从而使雇主只能获得较低的利润并支付工人高于市场出清水平的工资。当工会代表特定经济部门中已经被雇用的工人时,它们的工资需求即使在失业增加的时候也不一定会下降。也就是说,拥有控制劳动供给能力的内部人的存在,最终导致了工资刚性和非自愿失业现象的产生。

一、模型假设

假设经济中存在两类工人:一类是内部人,他们在谈判时与厂商有某种联系,并具有强大的谈判力,因此他们的利益在合同中能够得以体现;另一类是外部人,他们一开始与厂商没有任何联系,但在合同签字后可被雇用。两类工人的区分是重要的,因为这种划分对于解释经济波动和失业来说是关键的。

考虑某一厂商与某一群内部人之间就工资和就业进行谈判。工资和就业均是经济状态的函数。工作时间固定,因此劳动投入只与就业人数有关。厂商是利润最大化者,工人是效用最大化者。工人总数量为 L ,其中内部人的数量为 L_1 ,外部人的数量为 L_2 ,只有当雇用工人的数量超过 L_1 时,外部人被雇用的数量才会为正。

假设劳动力市场的以下两个特征对厂商面临的问题有重要的影响:第一,正常的就业增长和人员更替使得在大多数时间里内部人全部被雇用,厂商在雇用工人时需要做的决策仅仅是要雇用多少外部人。第二,内部人和外部人的工资在设定时不是彼此独立的。在现实中,厂商给现有工人的工资越高,它给新来的工人的工资也越高。

二、模型内容

从上述假设中,我们可以得到厂商的利润方程如下:

$$\pi = AF(L_1 + L_2) - w_1 L_1 - w_2 L_2 \tag{8.55}$$

其中 $F(g)$ 是生产函数, L_1 和 L_2 分别是厂商雇用的内部人和外部人的数量, w_1 和 w_2 分别是内部人和外部人的工资。A 是随机的状态, A 为 A_i 的概率为 p_i 。假定内部人总是被雇用,即 L_1 是不变的,厂商在雇用工人时只需做出雇用多少外部人的决策。这样内部人的效用仅仅取决于自己的工资:

$$u_1 = U(w_1), \qquad U' > 0, U'' < 0 \tag{8.56}$$

并且,内部人与外部人之间的工资呈以下关系:

$$w_2 = w_1 - c, \qquad c > 0 \tag{8.57}$$

c 为内部人与外部人之间的工资差距,如果这个工资差距足够小,厂商总是能够以 $w_1 - c$ 的工资水平雇用到自己希望数量的新工人。

为了方便,我们认为厂商的选择变量是在每种状态下选择 w_2 和 L_2,原因是内部人的数量是不变的 L_1,而 w_1 与 w_2 之间的关系可以由方程(8.57)确定。因此,厂商向内部人提供的预期效用必须至少为 u_1。我们可以把厂商的目标函数描述如下:

$$\max \pi = \sum_{i=1}^{k} p_i [A_i F(L_1 + L_{2i}) - w_{1i} L_1 - w_{2i} L_{2i}] \tag{8.58}$$

$$\text{s.t.} \quad \sum_{i=1}^{K} p_i U(w_{1i}) - u_1 \geqslant 0$$

$$w_{2i} = w_{1i} - c, \quad c > 0$$

我们可以得到该厂商最大化问题的一阶条件如下:

$$p_i [A_i F'(L_1 + L_{2i}) - (w_{1i} - c)] = 0 \tag{8.59}$$

$$A_i F'(L_1 + L_{2i}) = w_{1i} - c \tag{8.60}$$

方程(8.60)表明厂商选择的就业水平必须使劳动力的边际产品等于工资,这与传统的劳动力需求问题正好相同,但与隐含合同情况不同。原因在于外部人没有参与最初的谈判,而与边际就业决策相关的工人正是外部人。内部人和厂商作为一个联合体,他们的利益得到最大化。因此,他们愿意雇用的外部人数量必须满足外部人的边际产品等于外部人得到的工资,而外部人的偏好在上述最大化问题中没有得到体现。

w_{1i} 的一阶条件为:

$$-p_i(L_1 + L_{2i}) + \lambda p_i U'(w_{1i}) = 0 \tag{8.61}$$

这意味着下式成立:

$$U'(w_{1i}) = \frac{L_1 + L_{2i}}{\lambda} \tag{8.62}$$

由于 L_{2i} 在好的状态中更高,故方程(8.62)意味着 $U'(w_{1i})$ 更高。这要求 w_{1i} 更低,即工资是反周期的。实际上,厂商和内部人想限制雇用外部人所花费的费用。因此,他们会在就业较高的状态降低工资。换句话说,这个模型体现出真实工资的反周期性,且真实工资代表了厂商真正的劳动力成本。这就是该模型得到的基本结论。

第五节　结　束　语

失业是宏观经济学的主要研究课题，研究失业的基本理论集中探讨两个方面的内容：一方面是，失业是否表明劳动力市场确实无法出清，如果是这样的话，那么失业的成因是什么；另一个方面是，如何解释劳动力市场的周期性行为，或者说工资刚性现象。本章所介绍的工作搜寻与匹配理论、效率工资理论、隐含合同理论以及内部人－外部人理论等四大理论就是为了解释劳动力市场不能出清以及工资刚性问题。

本章第一节介绍了工作搜寻与匹配理论。该理论认为，劳动力和工作的双重异质性是劳动力市场的基本特征。在这种基本特征以及不完全信息的条件下，将工人和工作匹配起来的过程不是通过市场而是通过一个复杂的搜寻过程进行的。由于雇用双方之间的搜寻与匹配需要时间，故而失业现象不可避免的出现了，这种失业被称为摩擦性失业。也就是说，劳动力市场的摩擦，意味着即使在完全灵活的、没有工资刚性的经济中，也仍然存在着某种程度的失业特征。

搜寻和匹配模型的基本框架同新古典劳动力市场模型不同，在新古典劳动力市场模型中，企业和工作搜寻者对所有的就业情况都具有完全的信息，而匹配模型假定由于市场双方对什么地方需要工作、工作要求是什么和搜寻者的资格条件等只具有不完全信息，市场存在着摩擦。因此，失业者必须通过所有的工作招聘广告来寻找工作，职业必须在找到合适的工人之前对职位的申请者进行招聘面试。一旦潜在的企业和失业者达成匹配，那么潜在的工人和企业就形成了一个双边垄断，并就工资率进行谈判，该工资率决定了从匹配所产生的剩余如何分配。因此，随着工人具有某些谈判力，有点类似工会工资谈判模型，工资率将永远不会到达市场出清的水平。然而，同工会的工资谈判模型相比较，即使在最极端的情况下（即工人完全没有谈判力的情况下），由于企业是不完全信息的，企业将会形成搜寻和招聘成本，工资率也不会下降到使市场足以出清的程度。因此，劳动力市场的摩擦，意味着即使是完全灵活的没有工资刚性的经济中，也仍然存在着某种程度的失业这样的特征。

显然，匹配函数的效率在模型中起了重要的作用。信息从劳动力市场一方向另一方传递得越快，搜寻摩擦就越小，从而稳态失业率就越低。因此，即使政府不设立就业服务机构，从效率的角度来看，私人就业服务中心也将很容易的形成。而且政府显然也有内在的动力使得这些机构存在并很好的起作用。从极端的方面来看,我们可以认为只要有一个统一的有关工作职位和工作搜寻者的数据库,就可以解决效率问题。进一步而言,失业率将会随着工作匹配的生产率的提高而下降。因此,尽管这些政策仅仅从长期来看是有效的,但是政府在任何教育系统的投资都将会导致更多的合格的劳动力,从而减少未来的失业率。

估算的失业者的实际收入在较大程度上影响均衡工资从而影响失业。因此,如果把这一收入解释为失业保险金,这意味着来自匹配理论的一个政策建议就是削减失业保险金。事实上,如同汉森(Hansen)和伊雷霍格鲁(Imrohoroglu)(1992)论文所指出的,如果把失业保险金对搜寻密度和工作接受决策具有的消极影响进行建模的话,这一政策建议还会得到进一步的加强。然而,迄今为止,有很多模型都集中于研究保险金的正的影响,例如随着失业者保险金的增加,失业者的搜寻时间增加,以便找到更好的工作匹配,这是保险金的改善生产率效应。因此,即使一个人忽略这种政策措施的社会结果,减少失业保险金的支付对就业影响并不是像人们最初所想像的那么清晰。① 无疑,匹配模型可以解释许多经验现象,例如职位空缺与失业的并存,搜寻摩擦意味着即使劳动力市场无工资刚性也不会出清等。然而,工作消亡率是外生的,在解释失业率有多高的时候(在总量和技术特定的水平下),这一个关键的因素仍有待解释。

本章第二节介绍了效率工资理论。该理论的核心思想是:生产率与工资存在着正相关的关系,在不完全信息条件下,厂商会把工资提升到一个最大化其利润的水平,这一水平下的工资高于市场出清时的工资,因此,经济处于非瓦尔拉斯均衡状态,存在着非自愿失业。在这一节中,我们首先介绍了索罗条件,指出劳动生产率函数弹性为1时的工资才是效率工资;然后,我们从人力资源管理流程——招聘、激励与维系的角度简单介绍了若干效率工资模型,包括逆向选择模型、偷懒模型、礼物交换模型以及劳动力流动模型等;最后,我们重点介绍了著名的夏皮罗-斯蒂格利茨偷懒模型。该模型认为,由于生产过程中企业不可能对员工实施完全的监督,这就导致了工人产生偷懒的动机。因

① 更详细的讨论和理论模型可以参见 Fredriksson 和 Holmlund(2001)以及我们在上面引述的论文。Gruber(2001)的论文提供了经验证据,失业保险金如何随着失业者福利变化的,并且该文还证明了随着失业期限的增加,提高失业保险金实际上是一个最优的选择。

此，企业必须依靠效率工资这一激励机制，提高工人的实际努力程度，减少其偷懒的动机。

我们可以将效率工资理论的观点总结并评论如下：

第一，人事管理已经涉及到如何使用工资进行“招聘、激励和维系”工人。因此，为这些目的而设计的工资无法使市场出清。这些工资政策产生了工作排队现象。

第二，有许多原因可以解释为什么一个企业可以通过支付高于市场出清工资水平获得好处。例如，通过提高主动性，减少个别工人的偷懒，降低工会化威胁，减少雇用和培训成本，降低空缺职位等。当工人的努力程度难以观察时，提出工作保证或者是更陡峭的收入流都无法获得与效率工资同等好的效果。主要的原因是存在着道德风险，即企业可能存在欺骗的风险。

第三，大多数事实支持了效率工资理论。在不同企业的相同工人之间存在工资差异，这些工资差异产生了不同的辞职率和职位申请率，以及不同的全要素生产率。不同行业之间的工资差异是相当稳定的，而且与资本密集度和工会化呈正相关关系。这是因为“努力”在资本密集的行业中是更加关键的因素，工人预期的支付要比他们“努力”应得到的支付在利润很高的时候更多一些。在某一职业支付高工资的企业，在其他职业方面也要支付更高的工资，因为工人感觉到公平工资，而公平工资受到工人同事工资的影响。

第四，效率工资理论也有助于解释经济在经历供给冲击后失业的持续性问题。工人将其公平工资的观点建立在过去工资水平的基础之上。如果逆向的供给冲击减少了生产率，如同石油价格冲击一样，“公平工资”最初将不会下降。结果，利润最大化工资将相对于生产率上升，因此提高了失业。

本章第三节介绍了隐含合同理论。该理论认为，风险规避的工人同风险中性的企业家会达成一个隐含的契约：在经济周期波动中，真实工资保持不变，就业量可以得到调整。也就是说，工人向雇主购买一份保险合同，这份保险合同可以防止工人的效用免于受其边际收益产品随机波动的影响。这样一来，隐含合同理论就从表面上解释了工资刚性现象。另外，本节还得出了一个非常出乎意料的结论是：不管企业产品的价格是多少，通过隐含合同所形成雇用规模将高于完全竞争式劳动力市场所形成的规模。这说明，尽管隐含合同可能引发诸如工资刚性等问题，从而使得人们认为工资刚性是无效率的信号，但考虑到工人为规避风险有从雇主那里购买保险的必要,则隐含合同事实上还是有效率的。

西方学者认为,尽管隐含合同模型触及了失业研究领域中的两个古典性问题:一是工资刚性,二是就业水平比完全竞争条件下高。但是,它仍然还是一个古典的理论模型。

首先,我们假定关于就业与否的决策呈 0 ~ 1 分布状态,工作时间是固定的。如果我们将工作时间这个变量纳入模型中,就会发现,所有工人的工作时间都是相同的。这样,所谓的失业就不是赋闲在家,而是"半闲半忙",或者是部分地就业。当然,这不过是工人规避风险以求效用稳定的另一种表现形式。但是现实生活中,失业就是赋闲在家而不是半闲半忙,这显然与现实生活相悖。费尔德斯坦(Feldstein,1976)和贝利(1977)曾将社会保障制度因素考虑在内,对原模型做了修正,得到了一些更加符合实际的结论。其基本思路:在美国,只有处于完全失业状态人们才能领取政府失业保障金;半就业或者是只工作几个小时,都将得不到失业保障金。这刺激了企业解雇工人使之完全失业,而不是削减工作时间。

其次,不在其位,不得俸禄,且工资是俸禄的惟一表现形式,这种做法一直是确立劳资合同关系的惯例。但是,工人偏好于获得稳定的收入,希望失业时企业也能一如既往地支付工资。因而当工人失业时,由雇主支付失业保障金也是必要的。但是,隐含合同模型没有考虑到这个问题。

在本章的最后一节,我们介绍了内部人-外部人理论。该理论认为,如果工资通过工人和企业之间的谈判来决定,那么这种决定工资的方式同竞争市场所观察得到的工资相比较,会导致较小的实际工资波动和较大的就业波动。具体地说,只要存在着经济租金,作为劳动力供给垄断者的工会将会迫使雇主让劳动者分享这些租金,从而使雇主只能获得较低的利润并支付工人高于市场出清水平的工资。当工会代表特定经济部门中已经被雇用的工人时,它们的工资需求即使在失业增加的时候也不一定会下降。也就是说,拥有控制劳动供给能力的内部人的存在,最终导致了工资刚性和非自愿失业现象的产生。

西方学者认为,内部人-外部人模型可以得到的一个基本结论就是,内部人与外部人的区分降低了厂商劳动力边际成本的周期性波动。这一结论的关键假设是内部人和外部人的工资彼此相联系。如果没有这种联系,厂商就可以采用整个经济的现行工资水平来雇用外部人。当劳动力供给无弹性时，这一工资在经济衰退时较低，在经济繁荣时较高，厂商的劳动力边际成本就会高度顺周期波动。

此外，如果我们假定整个劳动力市场特征表现为内部人占优势，这将会导致内部人通过自己的谈判力迫使厂商提高工资率，从而使得整个劳动力市场出现增大失业的压力。但是，现实中的情况常常是内部人力量仅存在于部分劳动力市场，其余的劳动力市场相对来说具有竞争性。在这种情况下，内部人力量也会增加平均失业率。当一些部门的工资高于其他部门的工资时，高工资将会吸引工人到高工资部门工作。初次进入劳动力市场的劳动者因此要花费更长的时间才会接受在竞争性部门找到的工作，而被高工资部门解雇的工人也将经历更长的失业期才会放弃重新回到原来工作的想法。

上述机制对实际失业的重要性有多大呢？有关这方面的证据很少。萨默斯（Summers，1996）认为这种等待性失业在平均失业的决定中起着关键的作用。他通过对美国各州以及时间序列证据表明，工资的分散化程度以及“高质量”工作与“低质量”工作之间的工资差异，与平均失业率之间的差异紧密相关。如果失业的一个重要来源在于工人力图找到工资高于市场出清的工资水平的工作，则萨默斯的证据正是我们所期待的。因此，我们已有的有限证据表明，这些模型也许为我们理解失业提供了一条途径。

本章参考书目

1. 奥利维尔·琼·布兰查德、斯坦利·费希尔：《宏观经济学》，经济科学出版社，1994 年版。

2. 戴维·罗默：《高级宏观经济学》，商务印书馆，2003 年版。

3. 大卫·桑普斯福特、泽费里斯·桑托拉斯：《劳动经济学前沿问题》，中国税务出版社，2000 年版。

4. 平新乔：《微观经济学十八讲》，北京大学出版社，2001 年版。

5. Bent Jesper Christensen, Peter Jensen, Michael Svarer Nielsen, Kem Poulsen, Michael Rosholm, 2000. “The Equilibrium Search Model with Productivity Dispersion and Structural Unemployment: An Application to Danish Data”. In *Panel Data and Structural Labour Market Models*, edited by H. Bunzel, B. J. Christensen, P. Jensen, N. M. Kiefer and D. T. Mortensen, North - Holland.

6. Christopher A. Pissarides, 1990. *Equilibrium Unemployment Theory*, Basil Blackwell.

7. Henning Bunzel, Bent J. Christensen, Nicholas M. Kiefer, Lars Korsholm, *Equilibrium Search with Human Capital Accumulation*.

8. N. Gregore Mankiw and David Romer, 1991. *New Keynesian Economics* (vol. 2), Massachusetts Institute of Technology Press.

9. P. N. Junankar, 2000. *Economics of Unemployment: Causes, Consequences and Policies*, Edward Elgar Publishing Limited, Cheltenham.

10. Rene Fahr, 2003. *Occupational Mobility and Occupational Matching: Some Implications for Career Choice and Labor Market Policy*, Boon. (www. dissertation. de)

11. Richard Layard, Stephen Nichell, Richard Jackman, 1991. *Unemployment: Macroeconomic Performance and the Labour Market*, Oxford University Press.

12. Rudiger Wapler, 2003. *Unemployment, Market Structure and Growth*, Springer-Verlag Berlin Heidelberg.

13. Roger L. Miller and Raburn M. Williams, 1974. Unemployment and Inflation: the New Economics of the Wage-Price Spiral, West Publishing Co.

14. Steven J. Davis, John C. Haltiwanger, Scott Schule, 1996. *Job Creation and Destruction*, the MIT Press.

15. Diamond, Douglas W. & Verrecchia, Robert E., 1982. "Optimal Managerial Contracts and Equilibrium Security Prices", *Journal of Finance*, American Finance Association, vol. 37(2), pp. 275 – 287, May.

16. Burdett, Kenneth & Mortensen, Dale T, 1998. "Wage Differentials, Employer Size, and Unemployment", *International Economic Review*, Department of Economics, University of Pennsylvania and Osaka University Institute of Social and Economic Research Association, vol. 39(2) pp. 257 – 273, May.

17. Akerlof, George A. & Yellen, Janet L., 1990. "The Fair Wage-Effort Hypothesis and Unemployment", *The Ouarterly Journal of Economics*, MIT Press, vol. 105(2), pp. 255 – 283, May.

18. Gachter, Simon & Falk, Armin, 2002. "Reputation and Reciprocity: Consequences for the Labour Relation", *Scandinavian Journal of Economics*, Blackwell Publishing, vol. 104(1), pp. 1 – 26.

19. Summers, Lawrence H., 1988. "Tax Policy and Corporate Investment", NBER working paper, No. 605.

第九章 通货膨胀

失业和通货膨胀是宏观经济学的两大主题，对于它们的解释构成了宏观经济学的短期波动理论，这基本上是本书第一篇的内容。虽然第一篇考察了通货膨胀短期变动的各种可能的原因，但很少论及长期内决定通货膨胀的因素，这正是本章的基本内容。

第一节 通货膨胀与货币增长

本书第一章引出的总供给曲线和总需求曲线为人们确定通货膨胀的潜在来源提供了一个框架。现将 *AD* 曲线和 *AS* 曲线表示如下：

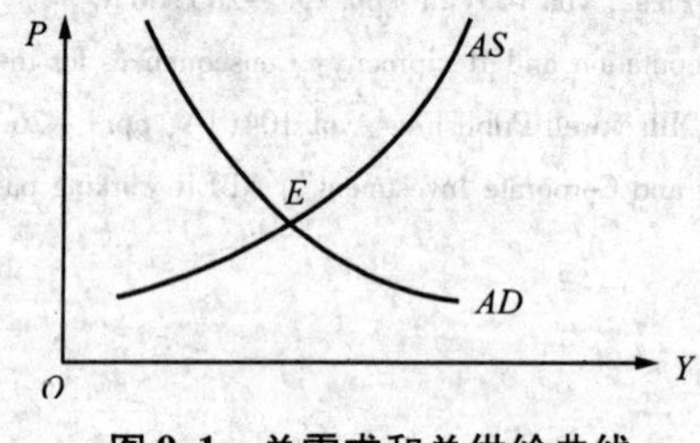

图 9.1 总需求和总供给曲线

根据图 9.1，在一定条件下，总需求的扩张和总供给的收缩都会提高价格水平。因此，通货膨胀有许多潜在的来源。负的技术冲击、劳动供给曲线的下移以及货币工资的提高以及使总供给曲线左移的其他因素都会造成通货膨胀；而货币存量的增加、货币需求曲线的下移、政府购买的增加以及使总需求曲线向右移动的其他因素也会造成通货膨胀。从这个意义上说，有许多影响通货膨胀的因素。

但当人们从长期来理解通货膨胀时，通常只强调一个因素，那就是货币供给的增长。其一般的解释是，除货币供给增长外，没有其他原因可以导致价格水平持久地增长。根据图 9.1，价格水平的反复上升要求要么总供给不断下降，要么总需求不断上升。给定技术进步，总供给不断下降是不太可能的。虽然有许多使总需求增加的因素，但大多数在程度上是有限的。例如不可能存在源于政府购买增加或税收减少的总需求的大幅度不断增加，因为这两个变量在实际中存在极限。与此形成鲜明对照，货币供给几乎能以任何速率增长。一个典型的事例是，第一次世界大战后，德国经历了一次引人注目的通货膨胀。在战争结束时，同盟国要求德国支付巨额赔款。这种支付引起德国财政赤字，德国政府最终通过大量发行货币来为赔款筹资，其结果，物价以惊人的比率上升。例如，每份报纸的价格从1921年1月约0.3马克，变动到1922年10月约8马克，再到1923年9月约1 000马克。①

为了更清晰地理解货币供给与通货膨胀的关系，考虑一下货币市场。从第一章中可知，货币市场的均衡条件为

$$\frac{M}{p}=m(r,y) \tag{9.1}$$

其中，M 是货币数量，p 为价格水平，r 为名义利率，y 为实际产出，$m(\cdot)$ 为对实际货币余额的需求。由(9.1)式，得：

$$p=\frac{M}{m(r,y)} \tag{9.2}$$

今记货币需求的收入弹性和利率弹性分别为 a 和 b，即：

$$a=\frac{\partial m}{\partial y}\cdot\frac{y}{m},\qquad b=\frac{\partial m}{\partial r}\cdot\frac{r}{m}$$

且有 $a>0$，$b<0$，则(9.2)式可被写为：

$$\pi=\frac{\dot{M}}{M}-a\frac{\dot{y}}{y}-b\frac{\dot{r}}{r} \tag{9.3}$$

其中 $\pi=\frac{\dot{p}}{p}$ 为通货膨胀率。从(9.3)式知，在一定条件下(假定 a、b 不变，且收入和实际利率不变)，货币增长是通货膨胀的主要决定因素。

为进一步考察货币增长的效应，假定实际利率和收入不变，并假定一开始 M 和 p 以某个稳定的速率一起增长，即 M/p 不变。现在设在某个时刻 t_0 货币增长率有一永久性增加，由此导致的货币数量的路径显示在图9.2的最上面的图中。

根据费雪恒等式 $r=i+\pi$，其中 i 为实际利率，π 为通货膨胀率。在变化发生后，由于 M 以一新的稳定速度增长以及 i 和 y 是不变的，当经价格调整后的货币市场重新达到均衡时，p 和 M 的增长率相同，π 等于新的货币增长率。

① ［美］曼昆：《宏观经济学》，(第四版)，中国人民大学出版社，2000年版，第168页。

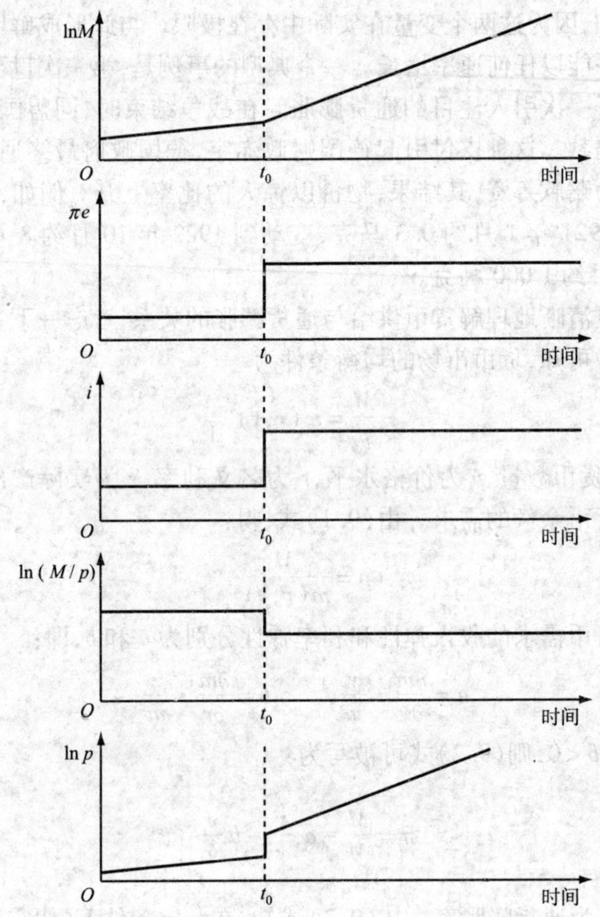

图 9. 2　货币增长率增加的效应

由于价格水平比该变化发生前上升得更快，故通货膨胀在该变化发生时跃升至一个新的水平，进而名义利率 r 也相应地跃升，相应地实际货币需求量下降了。这些情况被反映在图 9. 2 其余的图中。

上述分析有两个含义：第一，由货币增长率的变化导致的通货膨胀的变化被一对一地反应在名义利率上，这种通货膨胀一对一地影响名义利率的效应被称为费雪效应。第二，更高的名义货币存量增长率减少了货币存量。货币增长率的上升使通货膨胀率增加，进而使名义利率增加。持有货币的机会成本增加使个人想要持有的实际货币数量减少。根据货币市场的均衡条件，这要求 p 上升的幅度大于 M 上升的幅度。也就是说，必定存在一个通货膨胀率超过货币增长率的时期。在上面的情形中，这发生在货币增长率增加的那一刻。

为了进一步说明货币和价格之间的变化关系，并强调预期在经济中的应用，下面介绍一个重要的模型，即卡甘(Cagan)模型。

第二节　卡甘模型

一、连续时间的卡甘模型

连续时间的卡甘模型由下面一组方程描述：

$$m(t)-p(t)=-\alpha\pi(t) \tag{9.4}$$

$$\dot{\pi}(t)=\beta(\dot{p}-\pi) \tag{9.5}$$

其中，m 为名义货币量 M 的自然对数，p 为价格水平的自然对数，π 为预期的通货膨胀率。

卡甘模型假定，产出和实际利率保持不变，这是经济在稳态和长期所具有的特征。方程(9.4)表明，经济中的货币需求与名义利率是负相关的，系数 $\alpha=\frac{\mathrm{d}(M/p)}{\mathrm{d}\pi}$ 实际上是所谓准弹性，它度量了预期通货膨胀率每变动百分之一，所引起的货币需求变化的百分比。[①] 方程(9.5)表明，经济当事人关于通货膨胀率的预期由适应性预期假说界定。系数 β 反映通货膨胀预期的适应程度。

下面考察系统(9.4)、(9.5)的稳定性。在名义货币量不变的假设下，对方程(9.4)关于时间微分，得

$$\dot{p}(t)=\alpha\dot{\pi}(t) \tag{9.6}$$

消去(9.4)、(9.5)和(9.6)中的 π 和 $\dot{\pi}$，可得

$$\dot{p}=\frac{\beta}{1-\alpha\beta}[m-p] \tag{9.7}$$

由微分方程的稳定性理论知，价格路径稳定的充要条件是 $\alpha\beta<1$。这就是卡甘稳定性条件。根据 α、β 的含义可知，这一条件强调了货币需求关于通货膨胀率的准弹性与通货膨胀适应程度之间的替代性。如果通货膨胀预期充分慢地对过去通货膨胀率做出调整，则稳定性要求高度敏感的货币需求。

① 根据费雪方程，在实际利率不变的条件下，名义利率由通货膨胀反映。

在图 9.3 中画出了方程(9.7)的相图。

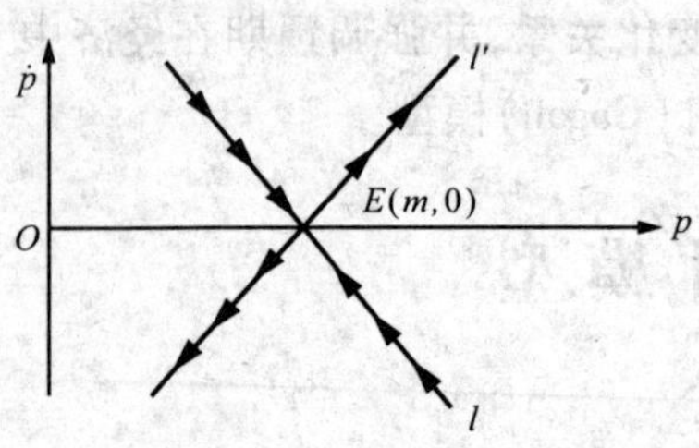

图 9.3　价格的动态变化

其中斜率为负的直线 l 表示 $\alpha\beta<1$ 的情况,斜率为正的直线 l' 表示 $\alpha\beta>1$ 的情况。从图中可以看出,当 $\alpha\beta<1$ 时,经济是否出现通货膨胀取决于价格水平与货币供给的大小。如果 $p<m$,将会出现通货膨胀。如果 $p>m$,则会出现通货紧缩。但无论如何,价格水平都逐步收敛到 m。相反,当 $\alpha\beta>1$ 时,除非 p 始终等于 m,否则价格将会加速上升或者加速下跌,也就是出现恶性通货膨胀或者恶性通货紧缩。如果 $p>m$,根据(9.4)可知预期通货膨胀率为 $(p-m)/\alpha$,根据(9.7)知,这时实际通货膨胀率为 $\beta(m-p)/(1-\alpha\beta)$。利用(9.5)进一步可知,当 $\alpha\beta>1$ 时,预期通货膨胀将会出现上升。

根据(9.4)可知,实际货币需求会下降。在货币供给保持不变的情况下,价格水平会进一步上涨。实际通货膨胀率与预期通货膨胀率之间加大的差距又将引起预期通货膨胀更大幅度的上升。如此循环,就产生了恶性通货膨胀。由此可见,在这里的假设下,只要存在货币冲击,恶性通货膨胀或者恶性通货紧缩就可能出现。

现在考虑理性预期假定下的情况。

令(9.5)中的 $\beta\to\infty$,则从通货膨胀的适应性预期转换到了理性预期,即有:

$$\pi(t)=\dot{p}(t) \tag{9.8}$$

将(9.8)代入(9.4)得:

$$m-p=-\alpha\dot{p} \tag{9.9}$$

显然,在这种情况下,卡甘的稳定性条件 $\alpha\beta<1$ 被破坏。微分方程(9.9)的特征根为$\dfrac{1}{\alpha}>0$,故该方程所确定的价格变动路径是不稳定的,这意味着,随着时间的推移,价格沿着一条无界的路径变化。

将方程(9.9)表示为:

$$\dot{p}-\frac{1}{\alpha}p=-\frac{1}{\alpha}m \tag{9.10}$$

(9.10)的通解为:

$$p(t)=Ae^{\frac{t}{\alpha}}-\frac{1}{\alpha}\int_0^t m(s)e^{(t-s)/\alpha}\mathrm{d}s \tag{9.11}$$

其中 A 为任意常数。下面来决定常数 A。若给定初始价格水平 $p(0)=p_0$，从而可以决定 $A=p_0$，此时如果假定货币数量为常数 $m=\overline{m}$，则(9.11)为：

$$p(t)=\overline{m}+(p_0-\overline{m})e^{\frac{t}{\alpha}} \tag{9.12}$$

如果 $p_0\neq\overline{m}$，则上式表明，价格路径是发散的，而要做到使初始价格水平等于货币水平是困难的。

从以上论述可以看到，改变当事人的预期模式对卡甘模型的结论产生了重大影响，卡甘稳定性条件不再成立。这充分显示了不同的预期形式对通货膨胀的影响。上述分析表明，在理性预期假设下，卡甘模型是不稳定的。这是否意味着理性预期假说的失败，或者说卡甘模型根本就不适合研究通货膨胀问题呢？

为此，萨金特和华莱士(1973)建议通过内在办法来决定(9.11)式中的常数 A。为得到有界的价格路径，他们采用终值条件来代替初始条件。他们采用的终值条件是，当时间趋于无穷大时，价格水平是有界的。他们认为，既然长期的价格加速上涨或加速下跌在现实世界中并不存在，那么有理由假定无限期界的价格水平是有界的。考虑到这个条件，可以把方程(9.11)改写为：

$$p(t)=e^{\frac{t}{\alpha}}\left(A-\frac{1}{\alpha}\int_0^t m(s)e^{-\frac{s}{\alpha}}\mathrm{d}s\right) \tag{9.13}$$

这样，为保证价格水平的有界性，须有：

$$A=\lim_{t\to\infty}\frac{1}{\alpha}\int_0^t m(s)e^{-\frac{s}{\alpha}}\mathrm{d}s=\frac{1}{\alpha}\int_0^\infty m(s)e^{-\frac{s}{\alpha}}\mathrm{d}s \tag{9.14}$$

于是得到价格水平为：

$$p(t)=\frac{1}{\alpha}\int_t^\infty e^{(t-s)/\alpha}m(s)\mathrm{d}s \tag{9.15}$$

(9.15)式表明，当前的价格水平取决于未来的货币供给。另外，根据前面所说的价格水平的有界性，应有：

$$\lim_{s\to\infty}m(s)e^{(t-s)/\alpha}=0 \tag{9.16}$$

上式表明，货币增长率是有界的。这个条件在货币供给等于常数 $\overline{m}$ 时是显然成立的。下面考虑一些货币扰动的情况。

1. 不能预期的永久性货币供给增加

考虑在0时刻伴随着货币供给的初始的未宣布的永久性增加而出现

的价格水平的反应。设初始和最终的货币供给为 0 和 $\overline{m}$。则由(9.15)式得:

$$p(t) = \frac{1}{\alpha} e^{\frac{t}{\alpha}} \overline{m} \int_t^{\infty} e^{-\frac{s}{\alpha}} \mathrm{d}s = \overline{m}$$

因此,如果假定货币供给初始增加,然后永远保持这一水平,则可知,这时价格水平的反应和货币供给的变化相一致。而且增加相同的百分比,也即价格水平首先跳跃到新的水平,然后便保持这个水平。在这种情况下,价格水平不存在转移动态的特征。可以从图 9.4 看到这一点。

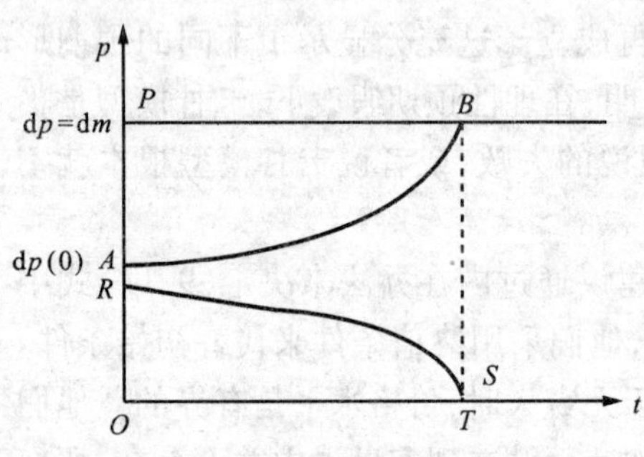

图 9.4　价格水平对货币扩张的反应

从图中可以看到,价格水平从原来的水平 O 上升到 P 点。这一解释的含义是,如果人们具有理性预期,则在无任何障碍的条件下,价格水平将对货币扩张做出快速的反应。

2. 预期到将会永久性增加的货币供给

假设在 0 时刻,货币当局宣布从 T 时期开始,将增加货币数量 $\overline{m}$,即有:

$$m(s) = \begin{cases} 0, & 0 \leqslant s < T \\ \overline{m}, & s \geqslant T \end{cases} \tag{9.17}$$

将上式代入到(9.15)式,得到价格的变化路径为:

$$p(t) = \begin{cases} \overline{m} e^{(t-T)/\alpha}, & 0 \leqslant t < T \\ \overline{m}, & t \geqslant T \end{cases} \tag{9.18}$$

可以用图 9.4 表示对应于货币量变化价格变化的路径。价格的变化分为两步:首先,货币供给的未来扩张的宣布对现期的价格水平有直接的效应。在 0 时刻,其增加的数量为 $\overline{m} e^{-\frac{T}{\alpha}}$,在图中,是从 O 点上升到 A 点。在名义货币供给在 0 时刻保持固定的条件下,价格水平的初始增加意味着实际货币供给的初始收缩,为使货币市场均衡,实际货币需求必须下降,为此通货膨胀率会上升。这意味着在价格变动的第二步,价格将持续上升,由此进一步减少了实际货币供给。经济沿图中的 AB 轨线变动,直到在 T 时刻达到 B 点。在 T 时刻,宣布的货币扩张最终发生,实际货币供给被恢复到其初始水平,并且价格水平停止上涨。这种情况表明,所有价格调整将在预期的货币扩张实际发生之前完成。

3. 不可预期的暂时性货币供给增加

设在0时刻,货币供给量不可预期地增加,但是一旦这种增加出现,人们便知道这是暂时的,并在时刻 T,货币供给又回到原来的水平。这时,货币供给的时间结构为:

$$m(s)=\begin{cases}\overline{m}, & 0\leqslant s<T\\0, & s\geqslant T\end{cases} \tag{9.19}$$

将上式代入到方程(9.15)中,可得价格水平的对应变化路径为:

$$p(t)=\begin{cases}\overline{m}(1-e^{(t-T)/\alpha}), & 0\leqslant t<T\\0, & t\geqslant T\end{cases} \tag{9.20}$$

可以看到,价格水平的时间路径再次分成两段:首先,货币扩张到引致价格水平的初始跳跃,在图9.4中,价格从 O 点跳动到 R 点,由于货币扩张是暂时性的,这时价格的这一增加量会小于第二种情况下增加量。其次,由于现在实际货币供给增加,为保持货币市场均衡,实际货币需求必须增加,从而导致通货紧缩。价格沿曲线 $p(t)=\overline{m}(1-e^{(t-T)/\alpha})$ 下降,直到时刻 T 达到0,即回到原来的水平。在图9.4中,价格调整的第二阶段是沿着路径 RS 在 T 时刻达到 S 点。

4. 货币供给增长率的增加

在前面讨论的情况中,都是考虑货币供给从一个常数水平变动到另一个常数水平。现在假定在时刻0开始,名义货币供给以一个常数的增长率增加,设这个增长率为 μ,则货币供给路径为:

$$m(t)=\mu t, t\geqslant 0 \tag{9.21}$$

将上式代入方程(9.15)中,得到价格的变化路径为:

$$p(t)=\frac{\mu}{\alpha}e^{\frac{t}{\alpha}}\int_t^{\infty} se^{-\frac{s}{\alpha}}\mathrm{d}s$$

通过分部积分,求得价格变化的显式路径为:

$$p(t)=\mu(\alpha+t) \tag{9.22}$$

进而得到:

$$\dot{p}(t)=\mu$$

因此,当货币供给按路径(9.21)变化时,价格水平则按路径(9.22)变化:在时刻0,价格水平立即增加到 $\mu\alpha$,之后按照方程(9.22)以货币供给增长率 μ 来增长。我们看到,此时即使货币供给满足条件(9.16),价格水平仍然是无界的,但通货膨胀是有界的。

二、离散时间的卡甘模型

在实际应用中，一般考虑离散时间的卡甘模型。记 $m_t = \ln M_t$，其中 M_t 为 t 时刻的名义货币量；$p_t = \ln P_t$，P_t 为 t 时刻的价格水平；$p^*_{t+1,t} = E_t(p_{t+1})$ 为给 t 时刻的信息对 $(t+1)$ 时刻价格水平的预期。这样卡甘模型可表示为：

$$m_t - p_t = -\alpha(p^*_{t+1,t} - p_t) \tag{9.23}$$

其中 $\alpha > 0$。上述方程的含义是，实际货币需求是预期通货膨胀率的相反数。同前面一样，这里货币供给是外生给定的。

方程(9.23)是具有理性预期的线性差分方程，下面用待定系数法求解这一方程。[①] 这一方法的基本思想是：先提出解的一个形式，然后决定有关的系数，以确保假设的解满足方程。

设方程(9.23)的解为：

$$p_t = \sum_{i=0}^{\infty} \mu_i m_{t-i} + \sum_{j=1}^{\infty} \lambda_j m^*_{t+j,t} \tag{9.24}$$

其中，μ_i，λ_j 均为待定常数。$m^*_{t+j,t} = E_t(m_{t+j})$ 为给定 t 时刻的信息对 $(t+j)$ 时刻的货币量的预期。方程(9.24)将现期价格看作为一切过去货币存量与预期未来货币存量的线性函数。

在 $t+1$ 时刻，(9.24)变为：

$$p_{t+1} = \sum_{i=0}^{\infty} \mu_i m_{t+1-i} + \sum_{j=1}^{\infty} \lambda_j m^*_{t+1+j,t+1}$$

对上式取 t 时刻的条件数学期望，得：

$$p^*_{t+1,t} = \mu_0 m^*_{t+1,t} + \sum_{i=1}^{\infty} \mu_i m_{t+1-i} + \sum_{j=1}^{\infty} \lambda_j m^*_{t+1+j,t} \tag{9.25}$$

在形成上式的条件期望中，假设现期货币存量 m_t 在 t 时刻可以瞬时地观测到，并且过去的货币存量在 t 时刻是已知的（或者可以回忆出），使得 $m^*_{t,t} = m_t$，$m^*_{t-i,t} = m_{t-i}$。

把方程(9.23)写为：

$$\alpha p^*_{t+1,t} - (1+\alpha) p_t + m_t = 0 \tag{9.26}$$

将(9.24)和(9.25)代入上式，可得：

$$\alpha\mu_0 m^*_{t+1,t} + \alpha \sum_{i=1}^{\infty} \mu_i m_{t+1-i} + \alpha \sum_{j=1}^{\infty} \lambda_j m^*_{t+1+j,t} - (1+\alpha) \sum_{i=0}^{\infty} \mu_i m_{t-i}$$

① 关于求解线性预期差分方程的各种方法，读者可参阅[美]奥利维尔·布兰查德等著《宏观经济学》(高级教程)，经济科学出版社，1992 年版，第 281～286 页。

$$-(1+\alpha)\sum_{j=1}^{\infty}\lambda_i m^*_{t+j,t}+m_t=0$$

为使(9.24)式成为所考虑方程的一个解，这个关系必须成为 m_t，m_{t-i}，$m^*_{t+j,t}$的恒等式，并且对应的系数必定为零。

设 m_t 的系数为零，则获得关系式：

$$\alpha\mu_1-(1+\alpha)\mu_0+1=0 \tag{9.27}$$

设时滞货币存量 m_{t-i}的系数为零，可获得如下关系：

$$\mu_i=(\frac{1+\alpha}{\alpha})^{i-1}\mu_1,\quad i=2,3,\cdots \tag{9.28}$$

同样，设 $m^*_{t+j,t}$系数为零，则有：

$$\alpha\mu_0-(1+\alpha)\lambda_1=0 \tag{9.29}$$

$$\lambda_j=(\frac{\alpha}{1+\alpha})^{i-1}\lambda_1,\quad j=2,3,\cdots \tag{9.30}$$

由(9.27)至(9.30)可知，p_t 的解可以写为：

$$p_t=\mu_0 m_t+\mu_1\sum_{i=1}^{\infty}m_{t-i}(\frac{1+\alpha}{\alpha})^{i-1}+\lambda_1\sum_{j=1}^{\infty}m^*_{t+j,t}(\frac{\alpha}{1+\alpha})^{j-1} \tag{9.31}$$

其中的μ_0，μ_1 与 λ_1，满足(9.27)和(9.29)。因为$\frac{1+\alpha}{\alpha}>1$，从上式可知，$p_t$是过去货币存量 m_{t-i}的几何递增的函数。这意味着，$\mu_1=0$，否则现期价格水平最终是无界的。因此，加入有界性条件并令 $\mu_1=0$，则由(9.27)和(9.29)可求得：

$$\mu_0=\frac{1}{1+\alpha},\quad \lambda_1=\frac{\alpha}{(1+\alpha)^2}$$

因此，解(9.31)式变为：

$$p_t=\frac{1}{1+\alpha}\left[m_t+\sum_{j=1}^{\infty}m^*_{t+j,t}(\frac{\alpha}{1+\alpha})^j\right] \tag{9.32}$$

第三节　铸币税与通货膨胀

在宏观经济学的初级和中级教科书中，对高通货膨胀和超级通货膨胀的理论解释是不多的。但有记载的高通货膨胀却不少。如果将超级通货膨胀定义为每月通货膨胀率超过 50%，则大多数最重要的超级通货膨胀出现在第一次世界大战与第二次世界大战结束之后的欧洲，以及 20 世纪 80 年代和 90 年代的拉丁美洲与 90 年代的前苏联。

多数经济学家认为,高通货膨胀与超级通货膨胀的事件,其绝大多数但非全部的基本理由是政府获得铸币税的需要,所谓铸币税就是政府从印发货币中获得的收益。本节讨论铸币税、货币增长与通货膨胀的相互作用,试图从理论上解释超级通货膨胀。

一、铸币税和通货膨胀税

我们知道,政府的预算出现赤字是指政府支出超过其收入。一般地,当政府预算出现赤字时,可以通过两种渠道来弥补,一是发行债券,二是"印制钞票"。当一国货币当局增加其基础货币的存量时,通常是通过公开市场业务购买财政部销售的部分债券,这样货币就被"印刷"出来了。政府从制造货币中得到了一定数额的收入,被称为铸币收益,或铸币税。铸币收益被定义为单位时间名义货币存量的增加与价格水平之商。在后面我们看到,铸币税等于货币存量的增长率与实际货币余额之积。

当政府通过创造货币来弥补赤字时,实际上它在一个时期接一个时期地持续印刷钞票,用来支付其购买的产品和劳务,这些钞票被公众吸收。但是为什么公众一期又一期地愿意选择增加持有其名义货币余额呢?

除实际收入增长以外,公众增加持有名义货币余额的惟一原因是要抵消掉通货膨胀的影响。假使没有实际收入增长,长期中公众将持有固定水平的实际余额。但如果价格上升,给定数量的名义余额的购买力就下降。为保持货币余额的真实价值不变,公众不得不以正好抵消通货膨胀影响的这样一种比率,来增加其名义余额的存量。

当公众为了抵消通货膨胀对持有的实际余额的影响,而增加其名义余额的存量时,他们把部分收入用于增加持有的名义货币。假设某人仅仅为了保持其货币持有额的真实价值不变,不得不在其银行账户上增加比如说300元,这300元就不能用于消费支出。这个人看似以货币持有的形式储蓄了300元,但事实上这个人所做的一切就是防止其财富因通货膨胀而遭受损失。

通货膨胀的行为正像税收一样,因为人们被迫使支出少于收入,并把这一差额支付给政府以换取额外的货币,这样政府可以花费更多的财源,而公众花费更少,正好像政府为弥补额外支出而提高税收一样。当政府通过发行货币以弥补赤字时,公众为保持其货币余额的真实价值不变,用这项货币增加持有的名义货币余额,就称政府通过通货膨胀税,为自己融资。

政府通过通货膨胀税能获得多少收入呢？由此产生的收入额是税率（通货膨胀率）和课税对象（实际货币基础）的乘积，即：

通货膨胀税收入 = 通货膨胀率 × 实际货币基础

如上所述，通货膨胀税是作为通货膨胀的后果而强加给货币所有者的税收。它和铸币税有关，但未必恒等于铸币税。只有当货币供给增长率等于通货膨胀率时，两者才相等。这一般出现在没有产出增长的稳态中。

二、通货膨胀与铸币税

假定实际货币需求与名义利率呈反向关系，与实际收入呈同向关系，则货币市场均衡条件可以写为：

$$\frac{M}{p}=m(r,y)=m(i+\pi,y),m_r<0,m_y>0 \tag{9.33}$$

由于这里对由货币创造 M 获得的政府收益感兴趣，这里的 M 应当理解为基础货币或高能货币。这样，$m(\cdot,\cdot)$ 代表对基础货币的需求。

由于这时主要关注稳态，故假设实际利率 i 与产出并不受货币增长率的影响。进一步地，为了简化分析，再忽略产出增长，那么，在稳态中，实际货币数量不变，这意味着通货膨胀率 π 等于货币增长率。因此，(9.33)可写为：

$$\frac{M}{p}=m(\bar{i}+g_M,\bar{y}) \tag{9.34}$$

其中 g_M 是货币增长率 $\dot{M}/M$。$\bar{i}$ 和 $\bar{y}$ 为不变的实际利率与产出。如前所述，铸币收益 S 被定义为单位时间名义货币存量的增加与价格水平之商，于是有

$$S=\frac{\dot{M}}{p}=\frac{\dot{M}}{M}\cdot\frac{M}{p}=g_M\cdot\frac{M}{p} \tag{9.35}$$

将(9.34)式代入(9.35)式，有

$$S=g_Mm(\bar{i}+g_M,\bar{y}) \tag{9.36}$$

上式表明，g_M 的增加会由提高实际货币余额持有量被征收的税率而增加铸币税收入，但由于减少了税基而减少铸币收入。正式地，有

$$\frac{\mathrm{d}s}{\mathrm{d}g_M}=m(\bar{i}+g_M,\bar{y})+g_Mm_1(\bar{i}+g_M,\bar{y}) \tag{9.37}$$

其中 $m_1(\cdot)$ 表示 $m(\cdot,\cdot)$ 关于第一个变元的偏导数。上式第一项是正的，第二项是负的，在 $m(\cdot,\cdot)$ 有界的条件下，随着 g_M 趋于零，第二项

趋于零。由于 $m(\cdot,\cdot)$ 严格大于零，这意味着，对充分低的 g_M 值，$\frac{ds}{dg_M}>0$。也就是说在较低的税率水平上，铸币税关于税率是递增的。但另外一种情况也是可能的，即随着 g_M 变得较大，第二项逐渐占有主导地位，这时，税率的进一步增加会减少收益。于是形成了“通货膨胀税的拉弗曲线”。如图 9.5 所示。

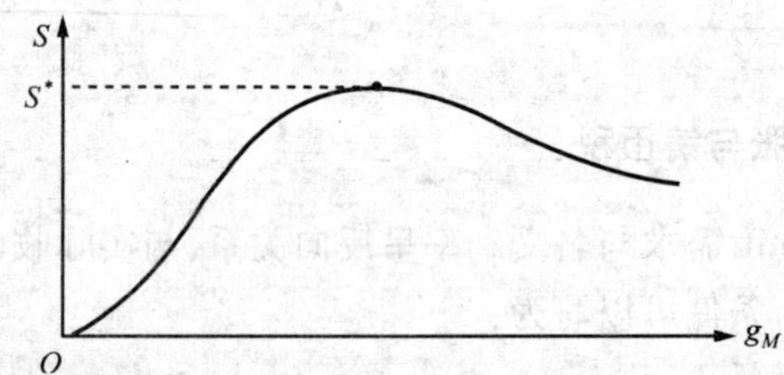

图 9.5　通货膨胀税的拉弗曲线

下面考虑关于通货膨胀与稳态时铸币税之间关系的一个具体例子。设货币的需求函数为：

$$\ln\frac{M}{p} = a - br + \ln y, b > 0 \tag{9.38}$$

将(9.38)作适当变换后，代入(9.36)中得：

$$S = g_M e^{a}\bar{y}e^{-b(\bar{i}+g_M)} = kg_M e^{-bg_M} \tag{9.39}$$

这里 $k = e^{a}\bar{y}e^{-b\bar{i}}$。货币增长变化对铸币税的影响由下式给出：

$$\frac{dS}{dg_M} = ke^{-bg_M} - bkg_M e^{-bg_M} = (1 - bg_M)ke^{-bg_M} \tag{9.40}$$

当 $g_M < 1/b$ 时，上式为正；当 $g_M > 1/b$ 时，上式为负。

如果常数 b 满足 $\frac{1}{3} < b < \frac{1}{2}$，则当 $2 < g_M < 3$ 时，通货膨胀税的拉弗曲线的顶峰会出现。根据 g_M 的含义，这相当于一个数量为每年 200% ~ 300% 的货币增长率。如果以连续复利来考虑该增长率，这意味着货币存量的增长倍数每年介于 7 ~ 20 之间。①

现在考虑这样一个政府，它拥有一定数量的旨在用于支付政府购买的款项，该款项需要用铸币税融资。设 G 小于铸币税的最大可行量 S^*。那么，正如图 9.6 所示，存在两个可为政府购买融资的货币增长率。

---

① $e^2 = 7.4, e^3 = 20$。

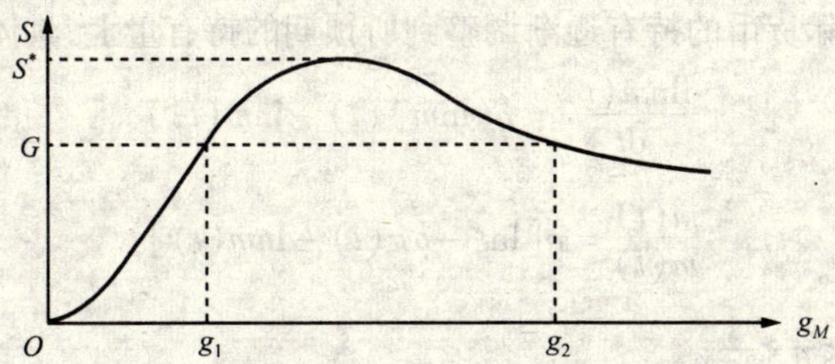

图 9.6 铸币税的需求怎样决定通货膨胀

其中一个产生较低的通货膨胀率与较高的实际货币余额，另外一个产生较高的通货膨胀率与较低的实际货币余额。根据通货膨胀税的拉弗曲线的形状，在一定条件下，政府铸币税的下降需要提高通货膨胀。由于在实践中人们没有明显地观察到这一情形。这样，这里主要关注低通货膨胀均衡。也就是现在的货币增长率，因而通货膨胀率由 g_1 给出。

这里的分析提供了关于高通货膨胀的一种解释。它起源于政府对铸币税的需要。例如，设 $b=\frac{1}{3}$，并且在通货膨胀税的拉弗曲线顶峰处，铸币税 S^* 是 GDP 的 10%。由于在 $g_M=\frac{1}{b}$，铸币税被最大化，关系式(9.39)意味着 $S^*=\frac{ke^{-1}}{b}$，因此，当 $b=\frac{1}{3}$时，为使 S^* 等于 GDP 的 10%，k 必须大约为 GDP 的 9%。直观的计算表明，铸币税占 GDP 的比重提高 2%，则要求 $g_M\approx0.24$；提高 5%，要求 $g_M\approx0.70$；提高 8%，要求 $g_M\approx1.42$。这就是说，中度的铸币税需要引发显著的通货膨胀，而较高的铸币税则需要较高的通货膨胀。

三、铸币税与超级通货膨胀

上面的分析只有在稳态下成立。如果公众并不会立即将其货币持有量或通货膨胀预期调整到经济环境变化的条件中，那么，在短期内，铸币税总是随货币增长而递增的，并且政府会获得比最大可维持量 S^* 更大的铸币税。于是，当政府的铸币税需求大于 S^*，就会出现超级通货膨胀。

为了说明这点，假定货币需求函数由(9.38)给出。另外，继续假定实际利率和产出分别固定在 $\bar{i}$ 与 $\bar{y}$ 水平上，尽管这两个变量会随时间发生一些变化，但这里假定相对于通货膨胀变化的效应，所发生变化相对很小。

设所期望的实际货币持有量为：

$$m^*(t)=\xi e^{-b\pi(t)} \tag{9.41}$$

假设实际货币的持有逐渐调整到所预期的持有量上，具体地，假设

$$\frac{\mathrm{d}\ln m(t)}{\mathrm{d}t}=\eta(\ln m^{*}(t)-\ln m(t)) \tag{9.42}$$

或
$$\frac{\dot{m}(t)}{m(t)}=\eta[\ln\xi-b\pi(t)-\ln m(t)] \tag{9.43}$$

参数 $0<\eta<\frac{1}{b}$。

铸币税可以写为：

$$S(t)=g_M(t)m(t) \tag{9.44}$$

下面考察实际货币存量 m 的动态特征。根据实际货币关系式 $m=\frac{M}{P}$，得

$$\pi(t)=g_M(t)-\frac{\dot{m}(t)}{m(t)}=\frac{G}{m(t)}-\frac{\dot{m}(t)}{m(t)} \tag{9.45}$$

其中第二个等式利用了政府使用其铸币税为其购买融资的假设，即 $G=S(t)=g_M(t)m(t)$。将(9.45)式代入到(9.43)式，得

$$\frac{\dot{m}(t)}{m(t)}=\eta\left\{\ln\xi-b\left[\frac{G}{m(t)}-\frac{\dot{m}(t)}{m(t)}\right]-\ln m(t)\right\} \tag{9.46}$$

求解 $\dot{m}(t)/m(t)$ 的表达式，得到

$$\frac{\dot{m}(t)}{m(t)}=\frac{\eta b}{(1-b\eta)\cdot m(t)}\left[\frac{\ln\xi-\ln m(t)}{b}m(t)-G\right] \tag{9.47}$$

假定在 $G<S^{*}$ 的条件下，经济处于稳态。并且此后，G 增加到一个大于 S^{*} 的水平上。这一假设意味着上式括号中的表达式对于所有的 m 的值都是负的。为了理解这一点，首先注意到，使合意的货币持有量 m 所需的通货膨胀率为方程 $\xi e^{-b\pi}=m$ 的解，即为 $\pi=(\ln\xi-\ln m)/b$。其次，如果实际货币持有量是稳定的，铸币税为 πm，因而，与实际货币余额 m 相关的铸币税的可维持水平为 $[(\ln\xi-\ln m)/b]m$。最后，S^{*} 小于 G 的假定便意味着，对所有的 m 值，$[(\ln\xi-\ln m)/b]m$ 小于 G。

因此，由于 $b\eta<1$，故方程(9.47)的右边处处为负，也就是说，无论从何处开始，实际货币存量持续下降。相关的相图见图 9.7。[①]

由方程(9.44)式知，在实际货币存量持续下降的条件下，为使政府

---

① 通过对(9.47)求二次微分，可以证明 $\mathrm{d}^2(\dot{m}/m)/(\mathrm{d}\ln m)^2<0$，故相图呈现出所示的形状。

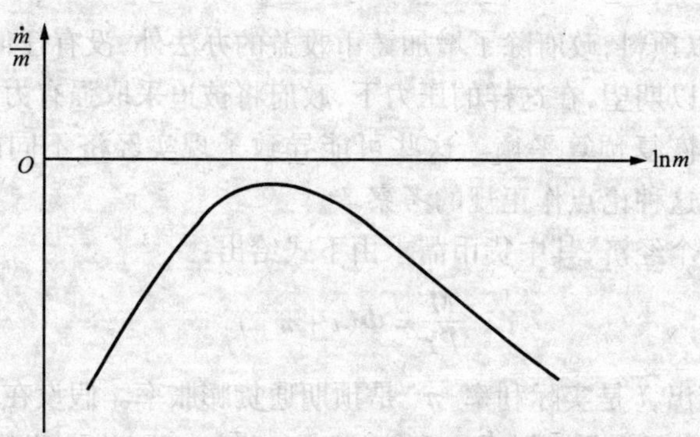

图 9.7　当所需铸币税不可维持时，实际货币存量的动态

获得其所需的铸币税，货币增长必须是持续上升的。总之，政府可以获得大于 S^* 的铸币税，但以爆炸性的通货膨胀为代价。

上面的分析也可用于理解当 $G < S^*$ 时，在渐近的货币持有量的调整下实际货币存量与通货膨胀的动态特征。考虑在图 9.6 中所表示的情形。如果通货膨胀是 g_1 或 g_2，那么可持续的铸币税为 πm^*；如果通货膨胀率介于 g_1 和 g_2 之间，那么 $\pi m^* > G$，否则 $\pi m^* < G$。由方程(9.47)知，这种情形的相图可由图 9.8 说明。

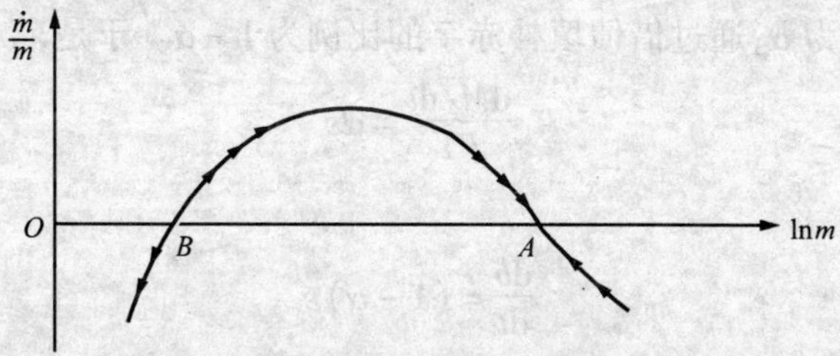

图 9.8　当铸币税需求量是可维持时，实际货币存量的动态

从图中可以看出，具有较高实际货币存量的稳态是稳定的，具有较低实际货币存量的稳态是不稳定的。

第四节　赤字与通货膨胀

一些研究恶性通货膨胀的学者经常强调在通货膨胀过程中预算赤字的作用，对这种强调预算赤字的观点的批评是，实际数字很少表明预算赤字大小与通货膨胀率之间有很强的正相关性。对此，一种可能的解释是，赤字在不同时期实际上是与未来货币增长的不同预期相关。在高赤字面前,人们可以预料,政府除了增加铸币收益的办法外,没有任何别的选择。或者人们可以期望,在这样的压力下,政府将被迫采取强有力的财政改革和通过税收恢复预算平衡。这些可能导致了现实经济不同的通货膨胀率。下面对这种论点作正规的考察。

设想一个经济,其中货币需求由下式给出:

$$\frac{M}{PY}=\Phi(i+\pi^{*}) \tag{9.48}$$

这里 Y 是产出,i 是实际利率,π^{*} 是预期通货膨胀率。假设在下文中,i 和 Y 均为常数。货币需求随名义利率递减:$\Phi'(\ )<0$。进一步假设 $\pi\Phi(i+\pi)$ 在 $\pi<\pi^{*}$ 时随 π 递增,而在 $\pi>\pi^{*}$ 时随 π 递减。这意味着,以通货膨胀率抵付的铸币收益的收入图形具有拉弗曲线的特性。

政府累积的赤字等于 ε(作为 GDP 的比率)。初始赤字 ε_0,假设为常数且为正,于是赤字为:

$$\varepsilon=\varepsilon_0+ib \tag{9.49}$$

这里 b 是政府债券对 GDP 的比率。政府债务越高,对债务支出的利息就越高,赤字也越大。

政府依靠新增货币和发行债券来筹资填补赤字。通过印制货币填补的赤字比例为 α,通过借债填补赤字的比例为 $1-\alpha$。于是,

$$\frac{\mathrm{d}M/\mathrm{d}t}{PY}=\alpha\varepsilon \tag{9.50}$$

和

$$\frac{\mathrm{d}b}{\mathrm{d}t}=(1-\alpha)\varepsilon \tag{9.51}$$

把(9.49)式代入(9.51)式,我们清楚地看到债务的动态下不稳定:

$$\frac{\mathrm{d}b}{\mathrm{d}t}=(1-\alpha)(\varepsilon_0+ib) \tag{9.52}$$

这样,预算的筹资不得不在某一点改变。最简单的假设是,已知财政改革将在 T 时发生,并采取两种方式中的一种。第一种是政府完全转到用货币筹资填补赤字;另一种是政府通过增加税收和不再使用铸币收益来填平预算缺口。下面分析在这些可代替的假设条件下通货膨胀的动态。

一、货币筹资

把(9.48)式对时间求导数,假设完全预见性,即 $\pi=\pi^{*}$,代入到(9.50)式中,我们得到:

$$\Phi'(i+\pi)\left(\frac{\mathrm{d}\pi}{\mathrm{d}t}\right)=\alpha(\varepsilon_0+ib)-\pi\Phi(i+\pi) \qquad (9.53)$$

(9.52)式和(9.53)式描述了通货膨胀和债务的动态特征(在 T 时前)。在图9.9中,描绘出了在(π,b)空间中这些动态曲线。

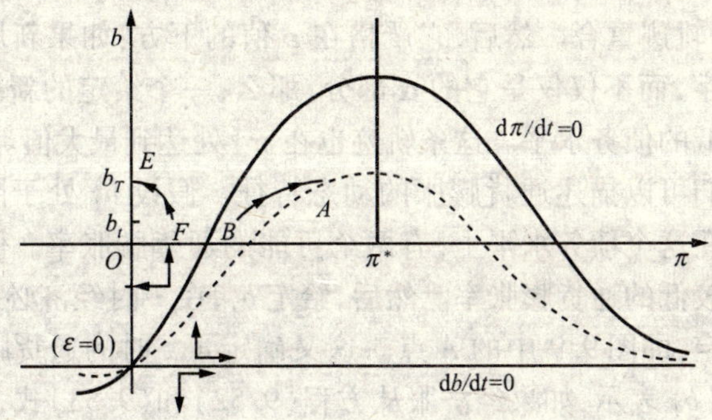

图9.9　通货膨胀和债务的动态

从(9.53)式,$\mathrm{d}\pi/\mathrm{d}t=0$ 的轨迹表示,铸币收益 $\alpha(\varepsilon_0+ib)$ 等于通货膨胀税 $\pi\Phi(i+\pi)$。给定货币需求的假设,对于低水平通货膨胀,通货膨胀增大就会提高通货膨胀税,因此加大了债务的水平。当 $\pi=\pi^*$ 时,铸币收益达到最大值:这给出了通货膨胀不变时,最高的债务水平。当考虑较高水平的通货膨胀时,降低铸币收益,能够承受的债务水平也降低。当 ε_0 为正时,如果通货膨胀和因此产生的通货膨胀税等于零,那么,政府就必须是纯债权人:利息支付必须补偿初始赤字。$\mathrm{d}b/\mathrm{d}t=0$ 的轨迹是条水平直线,在其上 $\varepsilon=0$。这再次要求政府是纯债权人,需要获得足够的利息来补偿正的初始赤字。

方程运行如箭头所示:债务在直线 $\varepsilon=0$ 上方将增加,在 $\varepsilon=0$ 下方将减少;由(9.53)式,通货膨胀率在 $\mathrm{d}\pi/\mathrm{d}t=0$ 轨迹下方时提高,在上方时降低。这些动态不像到目前为止我们所看到的任何情况。如果经济不从 $\varepsilon=\pi=0$开始,就不会收敛。同样也不清楚如何确定通货膨胀。虽然在任意时点上明确给出了 b,但是我们怎样选择通货膨胀率呢?

两个问题都反映了同样的基本事实:在缺少政策变化的情况下,如果没有限制,债务将会增加。更精确地说,它是限制通货膨胀动态的政策变化的预期。考虑一种情况认为政府将在 T 时采取行动,停止债务积累,转换为完全用货币筹资来填补赤字:对(9.52)式从 t 到 T 积分,我们可以计算出在给定 T 时债务值、初始赤字和利率条件下的 T 时债务值,记这个值为 b_T。给定这个 b_T 值,我们可以计算出通货膨胀率,通货膨胀率从 T 时起与完全靠新增货币来填补赤字相一致，因此从 T 时起，债务稳定在 ε_0 水平上。由(9.53)式，当 $\alpha=1$ 时，通货膨胀率由下式得出：

$$\pi\Phi(i+\pi)=\varepsilon_0+ib_T$$

图9.9中画出了作为 b_T 函数的通货膨胀率的轨迹。当 $\varepsilon=0$ 时，它与 $\mathrm{d}\pi/\mathrm{d}t=0$ 轨迹重合。然后，它严格在 ε 值的下方：如果新增货币必须填补全部赤字，而不仅仅是它的 α 部分，那么，一个给定的新增货币率只能够承受较低的债务水平。这条轨迹也在 π^* 处达到最大值。

现在我们可以描述通货膨胀的动态特征。假设 b_T 处于图9.9中画出的水平。在这个债务水平上，有两个可能的通货膨胀率。假设认为经济将收敛于较低的通货膨胀率。然后，给定 b_T，在 T 时经济必须收敛到的那一点被确定，即图9.9中的 A 点。这又确定了 t 时的通货膨胀：给定 t 时的债务，用 b_T 表示，如果经济服从方程(9.52)和(9.53)式，t 时的通货膨胀率必须会在 T 时在 A 点终止。这就惟一地确定了 t 时的通货膨胀率。我们表明始于 B 点的这样一条路径。显然在这条路径上通货膨胀率在整个期间随债务而提高。由于债务加重，赤字也增大。因此在财政变化将转移到完全由货币筹资来填补赤字的假设下，通货膨胀率和赤字共同随时间而增大，直到 T 时才出现稳定。

这个分析引出了由萨金特和华莱士(1981)所探讨的一个有意义的可能性。假定政府减少由新增货币填补赤字的比例。这种做法本身就会使通货膨胀趋于缩小。但是，如果预期在 T 时政府转移到完全用货币筹资填补赤字，那么，较低的新增货币意味着从目前到 T 时之间较快的债务积累，并且在 T 时之后使新增货币升高；未来高货币增长预期暗含了目前更大的通货膨胀。萨金特和华莱士利用卡甘货币需求函数证明了这个曾是模糊的效应：在这种情况下，通货膨胀的增大作为对今天较低新增货币的反应，是可能的。

二、税收筹资

假定在稳定计划实施中，预期税收增加。那将意味着，通货膨胀率根本不被采用，稳定状态的通货膨胀率将等于零。经济相应地将终止在图9.9中的 E 点。从 b_t 点开始，初始点是经济在 T 时收敛到 E 点，随着债务增加，赤字也因此而增大，但通货膨胀率却在降低。在 FE 路径上，赤字加大，通货膨胀率下降。因此在这条路径上，通货膨胀率与赤字之间呈负相关。原因是现行通货膨胀率受到未来(预期)通货膨胀率的影响，并且经济离 T 时期越接近，预期通货膨胀率就越趋近于零。

德拉珍和赫尔普曼（1988）对探寻预算赤字与通货膨胀之间关系在经验上的失灵的解释是，在通货膨胀期间，赤字将如何被消除的期望值可能改变。在通货膨胀初期，人们完全可能认为积累的债务会导致将来更大的通货膨胀。然而当债务增大后，人们也许会认为，改善财政的一揽子计划实际上是重要的，可能置通货膨胀为零。当债务已经超过某个水平，在该水平最大的稳定状态铸币收益少得不足以支付利息，如果在 T 时达到稳定，那么。可以肯定的是，这种稳定必定含有财政因素。因此可能的是，甚至在赤字与公债都不断增大时，在预期到预算赤字将减少增加的情况下，通货膨胀率将随时间而下降。

将图 9.9 中的路径调整到另一种方位是值得注意的：每一时刻铸币收益的税收在 BA 路径上将与在 FE 路径上相同。因此通过比较两种经济，一种经济通货膨胀率上升，另一种经济通货膨胀率下降，可以精确地观察到，每种经济中征收了相同的铸币收益的税收。

最后，要注意的是，通货膨胀与公债所遵从的精确的路径取决于对赤字筹资所做出的假定。这里，这里假定，通过借债与铸币收益，以不变的比例来填补赤字，德拉珍和赫尔普曼则假定一个不变的货币增长率，而对于赤字的其他部分则由借债来填补；另一种可能性是，政府征收常量的铸币收益的税收，而赤字的其余部分由借债填补。

第五节 结 束 语

通货膨胀是资本主义世界经常出现的现象，正是由于这一原因，西方学者对这一题目作了大量研究。从最初关于通货膨胀的分类、起因、后果及对策的研究到目前较深入的探讨，如在本章中所论述的通货膨胀与货币增长、预期对通货膨胀的影响、铸币税与通货膨胀的关系以及赤字与通货膨胀的关系，等等。应该说，其中有不少是值得我们借鉴的。需要指出，在借鉴西方经济理论和有关方法的过程中，应将我国的具体国情考虑进去。

本章关于通货膨胀的论述，一方面可以使我们了解西方宏观经济学在这一领域的研究动向和发展，另一方面也可以使我们从理论上对通货膨胀及相关影响因素进行更深入的认识。

本章参考书目

1. ［美］萨金特著，王小明等译：《宏观经济理论》，中国经济出版社，1998 年版。
2. ［美］罗默著，苏剑、罗涛译：《高级宏观经济学》，商务印书馆，1999 年版。

3. [英]肖恩著，吴汉洪等译校：《动态经济学》，中国人民大学出版社，2003 年版。

4. [美]布兰查德、费希尔著，刘树成等译：《宏观经济学：高级教程》，经济科学出版社，1998 年版。

5. [美]萨金特著，苏剑译：《动态宏观经济理论》，中国社会科学出版社，1997 年版。

6. [美]托洛维斯基著，王根蓓译：《宏观经济动态学方法》，上海财经大学出版社，2002 年版。

7. [美]托洛维斯基著，王根蓓译：《国际宏观经济动态学》，上海财经大学出版社，2002 年版。

8. [美]萨金特等，杨斌等译：《递归宏观经济理论》，中国人民大学出版社，2005 年版。

第十章 经济增长

经济增长和周期波动是宏观经济学所要论证的两个主题。本章论述排除经济的短期波动的影响后,一国经济长期变化的轨迹。现代经济学中,索洛率先建立了在新古典框架内分析经济增长的理论模型,即新古典增长理论。罗默、卢卡斯等人拓展了索洛的分析,形成了内生增长理论。

第一节 新古典增长理论

新古典增长理论,一般是指由索洛(Solow,1956)和斯旺(Swan,1956)创立的,后经卡斯(Cass,1965)和库普曼斯(Koopmans,1965)重新说明的一个较系统地论述经济增长的理论体系。本节我们要说明的是新古典增长理论的基本模型——索洛模型,以及卡斯、库普曼斯用动态一般均衡分析方法对索洛模型所作的重新解释。

一、索洛模型

考察一个运用资本 K、劳动 L 和知识或称劳动生产率 A 生产单一产品 Y 的经济。总量生产函数可以表示为:

$$Y(t)=F(K(t),A(t)L(t)) \tag{10.1}$$

关于上述的总量生产函数的性质,需着重指出以下两点:

其一,时间因素并不直接进入生产函数,而是通过影响 K、L、A 间接进入生产函数,只有在投入发生变化时,产出才发生变化。

其二,引起产出变化的是有效劳动,即劳动 L 与劳动生产率的乘积,AL。这要求,对产出增加有贡献的技术进步类型必须是增添劳动型的(或称哈罗德中性的)。

关于生产函数的核心假设:假定生产关于资本与有效劳动具有不变的规模收益,因此,若资本投入与有效劳动投入二者同时成倍增加,产出也将成倍增加。

在上述规模收益不变的假设下，式(10.1)又可以表示为如下的集约形式，令 $y=Y/AL, k=K/AL, f(k)=F(k,1)$ 我们在方程两边同除以 $1/AL$，得

$$y=f(k) \tag{10.2}$$

根据式(10.2)，每单位有效劳动的产出水平仅与每单位有效劳动下的资本量有关。

假定集约型生产函数 $f(k)$ 满足条件：$f(0)=0, f'(k)>0, f''(k)<0$。

根据该假定，$f'(k)$ 正是资本的边际产出。因此，该假定意味着，资本的边际产出为正，但随着每单位有效劳动下的资本量的提高而降低。

另外，还假定 $f(k)$ 满足稻田条件（稻田，1964）：

$$\lim_{k\to 0} f'(k)=\infty, \quad \lim_{k\to\infty} f'(k)=0$$

稻田条件的作用是：确保经济路径不会发散。该条件的含义是：当资本存量充分小时，资本的边际产出非常大；当资本存量非常大时，资本的边际产出很小。

满足上述假定条件的一类生产函数是柯布－道格拉斯生产函数：

$$F(K,AL)=K^{\alpha}(AL)^{1-\alpha}, \quad 0<\alpha<1 \tag{10.3}$$

下面在模型中加入关于资本、劳动和知识随时间变化的假设。假定资本、劳动和知识的初始水平是给定的，假定劳动和知识以外生的不变比率增长：

$$\dot{L}(t)=nL(t) \tag{10.4}$$

$$\dot{A}(t)=aA(t) \tag{10.5}$$

其中 n 和 a 是外生参数。因此，如果定义 $L(0)$ 和 $A(0)$ 为初始时刻的劳动量和知识存量，则有 $L(t)=L(0)e^{nt}, A(t)=A(0)e^{at}$。

由于产出可以分解成消费和投资两部分。假定产出中用于投资的比例 s 是外生的和固定不变的。另外，假定资本的折旧率为 δ。因此，资本变化方程为：

$$\dot{K}(t)=sY(t)-\delta K(t) \tag{10.6}$$

索洛模型即由方程(10.1)、(10.4)～(10.6)完全描述。下面说明模型的动态特征。

在由上述四个方程决定的经济模型中，由于劳动与知识的变化都是外生给定的，因此，为分析经济的动态特征，只须分析经济投入要素中的资本的动态特征。

每单位有效劳动的资本存量 k 的变化轨迹由下式决定：

$$
\begin{aligned}
\dot{k}(t) &= \frac{\dot{K}(t)}{A(t)L(t)} - \frac{K(t)}{[A(t)L(t)]^2}[A(t)\dot{L}(t) + \dot{A}(t)L(t)] \\
&= \frac{\dot{K}(t)}{A(t)L(t)} - \frac{K(t)}{[A(t)L(t)]}\frac{\dot{L}(t)}{L(t)} - \frac{K(t)}{[A(t)L(t)]}\frac{\dot{A}(t)}{A(t)} \\
&= \frac{sY(t) - \delta K(t)}{A(t)L(t)} - k(t)n - k(t)a \\
&= s\frac{Y(t)}{A(t)L(t)} - \delta k(t) - nk(t) - ak(t) \qquad (10.7)
\end{aligned}
$$

由于 Y/AL 定义为 $f(k)$，因此有

$$\dot{k}(t) = sf(k(t)) - (n + a + \delta)k(t) \qquad (10.8)$$

方程(10.8)是索洛模型的基本方程。它表明：每单位有效劳动的资本存量 k 的变化取决于以下两方面因素：方程右边第一项 $sf(k)$，表示每单位有效劳动的实际投资额；第二项 $(n + a + \delta)k(t)$，即投资平衡点，表示投资总量必须恰好使每单位有效劳动的投资 k 保持在现有水平。

经济必须维持一定投资水平以使 k 不下降的原因有二：首先，现有的资本存量在不断折旧，需要有新投资以使资本存量不减少。其次，由于劳动和知识的增长，有效劳动的数量是不断增加的。因此，需要足够的投资以使每单位有效劳动拥有的资本存量保持不变。

将 k^* 定义为实际投资与投资平衡点相等时的每单位有效劳动的投资水平。因为 $f(0) = 0$，说明实际投资与投资平衡点在 $k = 0$ 处相等。根据稻田条件，在 $k = 0$ 处，$f'(k)$ 很大；在 $k = \infty$ 处，$f'(k)$ 很小。因此，曲线 $sf(k)$ 从左上往右下穿过直线 $(n + a + \delta)k$。在实际投资曲线 $sf(k)$ 与投资平衡线 $(n + a + \delta)k$ 的交点处，$k = k^*$。

k^* 代表了经济的均衡投资水平，不管经济最初投资水平 k 有多大，最终 k 都会趋近于 k^*。

由于 k 最终将趋近于 k^*，我们可以根据 $k = k^*$ 求出模型各变量变化的轨迹。根据假定，劳动和知识分别以 n 和 a 的比率增长。由于资本存量 $K = ALk$，很容易知道 K 将以 $n + a$ 的比率增长。由于资本和有效劳动都以 $n + a$ 的比率增长，根据产出规模收益不变的假设，产出也将以相同的比率 $n + a$ 增长。

因此，索洛模型的结论是：

(1)经济存在一条平衡增长路径。

(2)不管经济处于什么初始位置，最终都将回到平衡增长路径上，平

衡增长解是稳定的。

(3)总产出增长率、消费增长率、资本增长率都等于外生的有效劳动增长率 $n+a$。

(4)经济处于平衡增长路径时,人均产出增长率和人均资本增长率都等于知识增长率 a。这表明,人均收入的增长完全是由外生的技术进步引起的。

(5)总产出的长期增长率与储蓄率 s 无关。这说明储蓄率的变化只会改变收入的水平,不会改变经济的长期增长趋势。因此,储蓄率的变化只具有水平效应,不具有增长效应。

二、拉姆齐－卡斯－库普曼斯模型

索洛模型考察的是一些宏观经济总量之间的关系,这使索洛模型具有结构简单的优点。但是由于该模型没有刻画消费者的偏好,因此不能说明经济增长与社会福利的关系。卡斯(Cass,1965)和库普曼斯(Koopmans,1965)相继运用由拉姆齐(Ramsey,1928)首先提出的分析工具,即具有无限期界的动态一般均衡分析方法重建了新古典增长模型,从而给对经济总量的动态分析加入了微观基础。

在拉姆齐－卡斯－库普曼斯模型中,劳动增长率和知识增长率依然是外生给定的,但是由于资本存量的变化现在取决于家庭最优化和厂商最优化之间的相互作用,其结果是,储蓄率不再是外生给定的,也不再是一个常数。

下面说明拉姆齐－卡斯－库普曼斯模型的具体内容。

1. 假设

厂商:假设存在大量的同质厂商。每一厂商都具有相同的生产函数 $Y=F(K,AL)$,该函数满足索洛模型中关于生产函数的全部假设条件。厂商在竞争性的要素市场中雇用工人和租借资本,在竞争性的产品市场中卖出其生产的产品。厂商视技术水平 A 为给定的。假定对于整体经济而言,技术以 a 的速度增长。

假定生产技术是柯布－道格拉斯型的。为简单起见,假定经济不存在折旧。

家庭:假设存在大量的同质家庭,每一家庭的规模都以相同的比率 n 增长。家庭的每一成员在一个时点上供给一个单位的劳动。每一家庭拥有的初始资本存量为 $K(0)/H$,其中 $K(0)$ 是经济的初始资本总量,H 是家庭的总数目。

家庭在每一时点的收入分配于消费和储蓄，以使其跨时效用最大化。假定家庭的效用函数为：

$$U = \int_{t=0}^{\infty} e^{-\rho t} u(C(t)) \frac{L(t)}{H} \mathrm{d}t \tag{10.9}$$

式中 $C(t)$ 是家庭每一成员在时刻 t 时的消费，$u(\cdot)$ 是每一成员的瞬时效用函数，$L(t)$ 是整个经济的人口总量，因此 $u(C(t))L(t)/H$ 是家庭在时刻 T 时的总瞬时效用函数。ρ 是贴现率。

假定瞬时效用函数具有以下形式：

$$u(C(t)) = \frac{C(t)^{1-\theta}}{1-\theta}, \quad \theta > 0, \rho - n - (1-\theta)\alpha > 0 \tag{10.10}$$

上述效用函数被称为常相对风险规避型效用，或称 CRRA 型效用函数。式中 θ 为相对风险厌恶系数。

瞬时效用函数有如下三个值得注意的特征：第一，如果 $\theta < 1$，$C(t)^{1-\theta}$ 是 C 的递增函数；如果 $\theta > 1$，$C(t)^{1-\theta}$ 是 C 的递减函数。效用函数采取 $C^{1-\theta}/(1-\theta)$ 的形式，确保了无论 θ 取值如何，消费的边际效用总是正值。

第二，在 $\theta \to 1$ 的极端情形下，瞬时效用函数简化为对数函数形式 $\ln C$，这是一种值得关注的函数。

第三，$\rho - n - (1-\theta)a > 0$ 的假定确保了跨时效用不会发散，否则的话，家庭的最大化问题可能无解。

2. 家庭与厂商的行为

厂商的行为可以表述为：在每一时点，以要素的边际产品作为成本，租用资本和劳动，然后售出产品。由于生产函数规模收益不变，并且经济是充分竞争的，厂商获得的利润为零。由于资本和劳动都获得其边际产品的报酬，并且不考虑折旧，实际利率 $r(t)$ 和工资 $w(t)$ 分别是：

$$r(t) = f'(k(t)) \tag{10.11}$$

$$w(t) = f(k(t)) - k(t)f'(k(t)) \tag{10.12}$$

代表性家庭将 r 和 w 的路径看作是给定的。家庭的行为可以表述为：在给定的预算约束下，选择路径 $C(t)$ 以使自己的跨时效用最大化。

代表性家庭面临的预算约束是其一生消费的现值不能超过其一生劳动收入的现值，这可以用公式表示为：

$$\int_{t=0}^{\infty} e^{-R(t)} C(t) \frac{L(t)}{H} \mathrm{d}t \leqslant \frac{K(0)}{H} + \int_{t=0}^{\infty} e^{-R(t)} A(t) w(t) \frac{L(t)}{H} \mathrm{d}t \tag{10.13}$$

上式两边同除以 $A(0)L(0)/H$,得:

$$\int_{t=0}^{\infty} e^{-R(t)} C(t) e^{(n+a)t} \mathrm{d}t \leqslant k(0) + \int_{t=0}^{\infty} e^{-R(t)} w(t) e^{(n+a)t} \mathrm{d}t \qquad (10.14)$$

在很多情形下,难以求得(10.14)的积分。不过,即使不可能计算积分的情况下,我们仍可将预算约束条件表示为一种极限值形式。定义 $C(t)=A(t)c(t)$ 这时,(10.14)等价于下式:

$$\lim_{s\to\infty}\left[\frac{K(0)}{H} + \int_{t=0}^{s} e^{-R(t)}\left[w(t) - c(t)A(t)\right]\frac{L(t)}{H}\mathrm{d}t\right] \geqslant 0 \quad (10.15)$$

定义 $K(s)/H$ 为:

$$\frac{K(s)}{H} = e^{R(s)}\frac{K(0)}{H} + \int_{t=0}^{s} e^{R(s)-R(t)}\left[w(t) - c(t)\right]A(t)\frac{L(t)}{H}\mathrm{d}t \qquad (10.16)$$

因此,家庭的预算约束条件可以简化为:

$$\lim_{s\to\infty} e^{-R(s)}\frac{K(s)}{H} \geqslant 0 \qquad (10.17)$$

由于 $K(s)$ 与 $k(s)e^{e(n+a)s}$ 同比例,(10.17)又可以表示为:

$$\lim_{s\to\infty} e^{-R(s)} e^{(n+a)s} k(s) \geqslant 0$$

以上给出了家庭的预算约束条件,下面则给出家庭的目标函数:

$$\begin{aligned} U &= \int_{t=0}^{\infty} e^{-\rho t}\frac{C(t)^{1-\theta}}{1-\theta}\frac{L(t)}{H}\mathrm{d}t \\ &= A(0)^{1-\theta}\frac{L(0)}{H}\int_{t=0}^{\infty} e^{-\rho t} e^{-(1-\theta a)t} e^{nt}\frac{c(t)^{1-\theta}}{1-\theta}\mathrm{d}t \\ &= B\int_{t=0}^{\infty} e^{-\beta t}\frac{c(t)^{1-\theta}}{1-\theta}\mathrm{d}t, B \equiv A(0)^{1-\theta}\frac{L(0)}{H}, \beta = \rho - n - (1-\theta)a \end{aligned} \qquad (10.18)$$

根据家庭的目标函数(10.18)和预算约束条件(10.14),家庭的最优化行为可以表示为如下的拉格朗日函数:

$$\begin{aligned} L &= B\int_{t=0}^{\infty} e^{-\beta t}\frac{c(t)^{1-\theta}}{1-\theta}\mathrm{d}t \\ &\quad + \lambda\left[k(0) + \int_{t=0}^{\infty} e^{-R(t)} w(t) e^{(n+a)}\mathrm{d}t - \int_{t=0}^{\infty} e^{-R(t)} c(t) e^{(n+a)t}\mathrm{d}t\right] \end{aligned} \qquad (10.19)$$

家庭的行为 $c(t)$ 由一阶条件(10.20)刻画:

$$Be^{-\beta t}c(t)^{-\theta}=\lambda e^{-R(t)}e^{(n+a)t} \tag{10.20}$$

对(10.20)式两边取对数,有

$$\ln B-\beta t-\theta\ln c(t)=\ln\lambda-R(t)+(n+a)t \tag{10.21}$$

对(10.21)式两边关于 t 求导,有

$$-\beta-\theta\frac{\dot{c}(t)}{c(t)}=-r(t)+(n+a) \tag{10.22}$$

解上述方程,得

$$\frac{\dot{c}(t)}{c(t)}=\frac{r(t)-n-a-\beta}{\theta}=\frac{r(t)-\rho-\theta a}{\theta} \tag{10.23}$$

(10.23)是上述最大化问题的欧拉方程。对它的经济解释是:由于每个工人的消费以$[r(t)-\rho]/\theta$的速率增长,因此欧拉方程表明,如果实际收益率超过家庭未来消费的贴现率,每个工人的消费将增加。反之则反是。

欧拉方程描述了在 $c(0)$ 给定的情况下消费 c 随时间变化的轨迹。如果 c 的变化不遵循欧拉方程,则家庭可以使得其在不改变消费流现值的情况下,通过重新安排其消费路径而提高其终身效用水平。

3. 经济的平衡增长路径

由于实际利率 $r(t)=f(k(t))$,因此(10.23)又可以表示为:

$$\frac{\dot{c}(t)}{c(t)}=\frac{f'(k(t))-\rho-\theta a}{\theta} \tag{10.24}$$

根据(10.24),当 $f'(k)$ 等于 $\rho+\theta a$ 时,$\dot{c}$ 等于0。令 k^* 为使 $\dot{c}$ 等于0时的人均资本水平,则当 k 高于 k^* 时,$\dot{c}$ 为负值;当 k 高于 k^* 时,$\dot{c}$ 为正值。

在不考虑折旧的情况下,投资 $\dot{k}$ 等于实际投资 $f(k)-c$ 减保本投资水平 $(n+a)k$ 而得:

$$\dot{k}(t)=f(k(t))-c(t)-(n+a)k(t) \tag{10.25}$$

由(10.25)式,可以得出 $\dot{k}=0$ 时 c 与 k 之间满足如下关系式:

$$c(t)=f(k(t))-(n+a)k(t)$$

因此,c 的值先随 k 的增加而递增,直至 $f'(k)=n+a$ 时,然后再随 k 的增加而递减。c 与 k 之间的关系如图 10.1 所示。

图 10.1 中,E 点代表了经济的动态均衡点。在 E 点处,经济沿着平衡增长路径增长,也就是说,此时每单位有效劳动对应的资本、产出和消费都是不变的常数。经济的储蓄率也不变。

相应的,总资本、总产出、总消费以不变的速率 $n+a$ 增长。而人均资

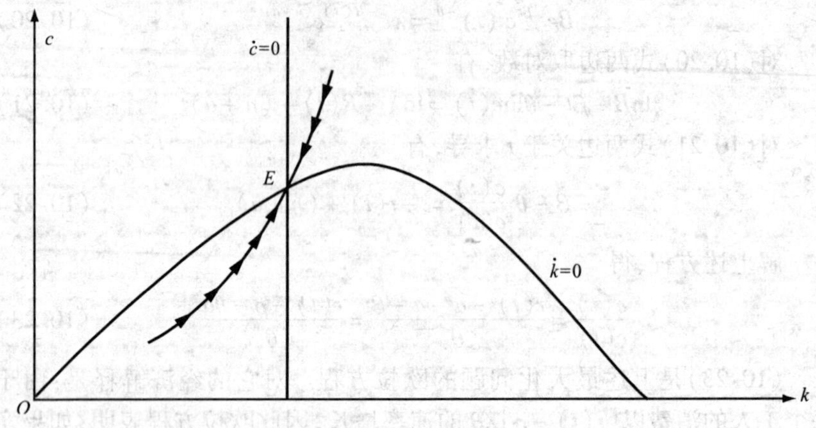

图 10.1　经济的动态均衡

本、人均产出、人均消费则以比率 a 增长。

第二节　外部性条件下的内生增长模型

本节考察用技术外部性或人力资本外部性解释经济增长的一类模型。由于假定收益递增是由技术或人力资本的溢出效应(正的外部性)引起的,因此可以将厂商看作价格接受者,从而可以在完全竞争的假设条件下考察经济增长。新增长理论中属于这一分支的模型包括:罗默的知识溢出模型、卢卡斯的人力资本溢出模型、巴罗的公共产品模型、斯托基的边干边学模型(1988)、克鲁格曼－卢卡斯－扬的边干边学模型等。

一、早期的研究尝试

最早的用外部性解释经济增长的模型是由阿罗(Arrow,1962)建立的。阿罗借鉴了卡尔多(1957)将技术进步视为由资本积累决定的观点,假定技术进步或生产率提高是资本积累的副产品,也就是说,新投资具有溢出效应。不仅进行投资的厂商可以通过积累生产经验而提高其生产率,其他厂商也可以通过"学习"而提高他们的生产率。据此,阿罗将技术进步看成由经济系统(这里是投资)决定的内生变量。阿罗模型中,总量生产函数可以写成:

$$Y=F(K,AL)$$

式中知识存量 $A=K^d$,$d<1$。知识是投资的副产品。整个经济表现为规模收益递增,而每个厂商的规模收益不变(厂商将知识存量 K^d 看作是给

定的)。假定人口增长率为 n,经济将沿着一条平衡增长路径增长,总产出和资本的增长率都是 $n/(1-d)$,人均产出增长率为 $dn/(1-d)$。

阿罗模型不同于新古典增长理论之处是,由于阿罗假定存在全经济范围内的技术溢出,因此不存在政府干预时的竞争性增衡是一种社会次优,均衡增长率低于社会最优增长率,政府可以采取适当的政策提高经济增长率,使经济实现帕累托改善。因此,阿罗模型比新古典增长模型有较丰富的政策内涵。

阿罗通过假定知识是一种非意愿商品(即投资的副产品)而使技术内生化。与阿罗不同,谢尔(Shell,1967)通过将知识看作一种意愿生产的商品而将技术内生化。谢尔认为知识是研究部门的产品,研究部门生产知识的原因是出于好奇心和政府资助,而不是为了追逐利润。在谢尔模型中,单个厂商的规模收益不变,而全经济的规模收益递增。在谢尔(1973)和格里利切斯(Griliches,1979)的局部均衡模型中,生产知识的研究支出被假定为从准租金中获得补偿。他们假定总量生产函数的形式为 $F(A_N,A_E,X)$,其中 A_N、A_E 分别代表非排他性知识和排他性知识。排他性知识由厂商意愿地生产,非排他性知识(这部分知识的生产不能给厂商带来收益)被假设为厂商生产的排他性知识的副产品。

另一个重要的内生增长模型是由宇泽弘文(Uzawa,1965)提出的两部门模型。宇泽通过假定经济中存在一个生产人力资本的教育部门,从而将索洛模型中的外生技术进步内生化。因此,宇泽模型(1965)是一个内生增长模型。在宇泽模型中,尽管不存在收益递增,也不存在任何外部性,由于人力资本生产函数采取线性的规模收益不变的形式,并且所有投入都可以增加从而不存在任何固定的生产要素,经济将实现平衡增长。

二、罗默的知识溢出模型

罗默(Romer,1986)沿着阿罗的思路考察了内生技术进步对经济增长的影响。在阿罗模型中,d 必须小于1,否则经济不存在一条平衡增长路径。罗默扩展了阿罗的分析。在罗默模型中,d 可以大于1。当 $d=1$ 时,经济将沿着平衡增长路径增长(因为罗默假定劳动 L 不变)。当 $d>1$ 并且经济满足其他一些限制条件时,经济也存在竞争性均衡解,这时人均收入增长率将单调上升;资本的边际生产率也将递增,从而使资本和投资趋向于从人均收入和人均资本较低的国家流向较发达国家。

在罗默的知识溢出模型中,内生的技术进步是经济增长的惟一原因。

罗默假定,知识是追逐利润的厂商进行投资决策的产物,知识不同于普通商品之处在于知识具有溢出效应,这使任何厂商所生产的知识都能提高全社会的生产率。正是由于知识溢出的存在,资本的边际生产率才不会因固定生产要素(劳动)的存在而无限降低,于是稻田条件不再成立,据此罗默认为,知识溢出对于解释经济增长是不可缺少的。

为了说明经济增长,罗默模型假定:

(1)新知识是研究部门的产品,新知识给研究厂商带来递减收益。

(2)由于知识不能得到完全的专利保护或保密,因此单个厂商生产的新知识具有正的外部性,新知识的出现使整个社会都从中得益。

(3)考虑到知识的内部效应和外部效应,消费品生产是知识的收益递增函数。

(4)由于知识具有溢出效应,可以假定所有的厂商都是价格接受者,从而可以采用完全竞争的分析框架考察经济增长过程。

为了求出不存在政府干预时的竞争性均衡增长率,需要先考察下面的人为计划问题$P_\infty(A)$,它是对于给定的总知识存量增长路径$A(t)$和单个厂商知识增长率的约束条件求解代表性消费者的跨时效用最大化问题。此外,为了求出社会最优增长率,需要考察一个社会计划问题PS_∞,它是在私人厂商生产的知识的增长率的约束下求代表性消费者的跨时效用函数最大化问题。所谓知识增长率的约束条件,是指用于生产知识的投资量I与知识产量a之间的函数关系,假设这种关系可以表示为:

$$\frac{\dot{a}}{a}=g\left(\frac{I}{a}\right)$$

其中g是具有上界M的增函数,$g'(x)>0, g''(x)<0$,它表明研究部门生产知识的收益递减。

假定单个厂商的生产函数是私有知识a、知识总水平A和其他投入x的函数。假定除知识外其他投入都不变,$x=\bar{x}$。厂商的生产函数可以表示为:

$$y=f(a,A)=F(a,A,\bar{x})$$

其中F是关于a和x的规模收益不变函数,是关于a和A的收益递增函数。在罗默模型中,知识总水平A对产出的贡献衡量了技术外部性。因此私人厂商在进行投资决策时,不考虑A的变化,即把知识总水平路径$A(t)$看作是给定的。而社会计划者在进行投资决策时将考虑A的变化对产出的影响,对社会计划者来说,知识总水平是各个厂商知识持有量的总和,$A=ma$,m是生产厂商的数目。假定$f(a,ma)\leqslant\mu+k^{\varepsilon}$,$\varepsilon>1$。对$A$的不同考虑反映了人为计划问题与社会计划问题的差别，具体地说，这两个最大化问题可以分别表示为：

$$PS_{\infty}: \max \int_{0}^{\infty} u(c(t))e^{-\rho t}\mathrm{d}t$$

$$\text{s. t. } \dot{a}(t)/a(t) = g([f(a, ma) - c]/a)$$

$$P_{\infty(A)}: \max \int_{0}^{\infty} u(c(t))e^{-\rho t}\mathrm{d}t$$

$$\text{s. t. } \dot{a}(t)/a(t) = g([f(a, A) - c]/a)$$

社会计划问题的解$(a(t), c(t))$代表了社会最优的私有知识产量和人均消费水平，此时经济处于帕累托最优，由此决定的增长率是社会最优增长率。那么人为计划问题的解是否就是使经济处于竞争性均衡的解呢？

当知识总水平$A(t)$取任意值时，人为计划问题的解并不是经济的竞争性均衡解。只有当人为计划问题的解$a(t)$满足条件$A(t) = ma(t)$时，即当人为计划问题确定的私有知识水平$a(t)$的总和正好等于事先给定的知识总水平路径$A(t)$时，竞争性均衡解与人为计划问题的解才是一致的，这时竞争性均衡可以由人为计划问题来刻划。

社会计划问题和人为计划问题的解的存在条件是：当$m \cdot \varepsilon < \rho$时，社会计划问题存在有限值解。当知识总水平路径满足条件$A(t)(A(0) \cdot e^{mt}$时，人为计划问题存在有限值解。

一般情况下，竞争性均衡与社会最优是不一致的，竞争性均衡是一种社会次优状态。这是因为任何竞争性厂商都将$A(t)$和价格看作既定的，知识的私人边际产品为$\frac{\partial f(a, A)}{\partial a}$；而对于社会计划者来说，知识的社会边际产品即影子价格为$\frac{\partial f(a, A)}{\partial a} + m\frac{\partial f(a, A)}{\partial A}$。由于知识的私人边际产品小于知识的社会边际产品，因此知识生产者将选择一个低于社会最优水平的知识产量，这将导致竞争性均衡增长率小于社会最优增长率。

罗默对政府干预持赞同态度。他认为，由于竞争性均衡时的研究水平太低而消费水平太高，政府可以通过干预经济诱使一部分生产要素从消费品生产部门流向研究部门，使经济实现帕累托改善。当政府选择的税收和补贴使知识的税后私人边际产品等于知识的社会边际产品时，经济就达到帕累托最优状态。在一次总付税制下，政府可以选择的补贴形式包括：对厂商的知识持有量a提供补贴、对厂商生产的知识

a 提供补贴，或在对知识生产提供补贴的同时向除知识之外的其他生产要素课税。

三、卢卡斯的人力资本溢出模型

罗默模型强调的外部性是知识的溢出效应。在卢卡斯的人力资本溢出模型中，全经济范围内的外部性是由人力资本的溢出效应造成的，这种外部性的大小可以用全社会人力资本的平均水平来衡量。卢卡斯（Lucas，1988）认为，人力资本的溢出效应可以解释为向他人学习或相互学习，一个拥有较高人力资本的人对他周围的人会产生更多的有利影响，提高周围人的生产率，但他并不因此得到收益。

像宇泽模型一样，卢卡斯模型是一个两部门模型。经济中被假定存在两个生产技术不同的部门，一是消费品和物质资本部门；二是人力资本部门即教育部门。物质资本部门利用物质资本、人力资本和劳动生产消费品和物质资本品；教育部门则利用人力资本和劳动以生产人力资本品。

在卢卡斯模型中，人力资本是增长的发动机。卢卡斯借鉴了舒尔茨、贝克尔等人的人力资本概念，将“人力资本”定义为个人的一般技术水平，一个拥有 $h(t)$ 人力资本的工人的生产率相当于两个拥有 $h(t)/2$ 人力资本的工人的生产率。

假定经济中有 $N(t)$ 个工人，人口以外生不变比率 n 增长。他们的人力资本水平 h 在 $(0,\infty)$ 内变动。假定拥有人力资本 h 的工人人数为 $N(h)$，所以有 $N=\int_0^\infty N(h)\,\mathrm{d}h$。工人将他的非闲暇时间分配于两个方面：他以 $v(h)$ 用于生产消费品和物质资本，剩下的 $1-v(h)$ 用于个人的人力资本积累。

卢卡斯认为，人力资本既具有内部效应也产生外部效应。人力资本的内部效应是指个人拥有的人力资本可以给他带来收益。人力资本的外部效应是指个人的人力资本有助于提高所有生产要素的生产率，但个人并不因此而获益，因此人力资本的外部效应就是指人力资本所产生的正的外部性。卢卡斯用全社会人力资本的平均水平 h_a 表示人力资本的外部效应，即 $h_a=\dfrac{\int_0^\infty hN(h)\,\mathrm{d}h}{\int_0^\infty N(h)\,\mathrm{d}h}$。由于人力资本的外部效应不能给人力资本拥有者带来收益，个人在进行人力资本积累决策和分配时间决策时不会考虑 h_a 对其生产率的影响。

消费品和物质资本的生产取决于物质资本、人力资本和简单劳动等生产要素。人力资本和简单劳动在消费品生产中的作用可以用有效劳动来表示：$N_e = \int_0^{\infty} v(h)hN(h)\mathrm{d}h$。如果所有工人的技术水平都为 h，并且每人都选择相同的时间配置 v，有效劳动 N_e 可以简单表示为 $N_e = v \cdot h \cdot n$。此时人力资本的外部效应 $h_a = h$。假定消费品和物质资本的生产函数是柯布－道格拉斯型的：

$$Y = N(t)c(t) + \dot{K}(t) = AK(t)^{\beta}\left[v(t)h(t)N(t)\right]^{1-\beta}h_a^d \tag{10.26}$$

式中 h_a^d 表示人力资本的外部效应，Ah_a^d 说明了物质生产部门的生产率水平。假定 A 是常数。

下面说明教育部门的生产函数。假定人力资本的产量 H 取决于现有的人力资本水平 $h(t)$ 及投入于教育部门的时间，故有：

$$\dot{h}(t) = h(t)^{\zeta}G(1 - v(t)) \tag{10.27}$$

式中 G 是递增函数，且 $G(0) = 0$。对于人力资本的生产来说，如果 $\zeta < 1$，说明人力资本积累存在收益递减。这时人力资本如同新古典增长模型中的物质资本一样，并不是增长的发动机。宇泽（1965）最早假定这一函数中的 $\zeta = 1$，卢卡斯继承了宇泽的假定。卢卡斯假定 $\zeta = 1$ 的理由是：这一假设与实际观察是一致的。考察个人一生中的人力资本积累，个人通常在其生命初期进行较多的人力资本积累，随着年龄增加人力资本积累量逐渐减少直至为零，这表面上是支持了人力资本积累存在收益递减的结论。实际上，人力资本积累量的减少可以通过下面原因得到解释，即由于个人寿命有限，而使追加人力资本投资取得的收益随时间推移而下降。罗森（Rosen，1976）也证实了人力资本的不变收益假设可以与上面的经验观察相容。

假定 $\zeta = 1$，同时假定 G 是线性函数，教育部门的生产函数变为：

$$\dot{h}(t) = h(t)\theta(1 - v(t)) \tag{10.28}$$

假定经济的跨时效用函数采取不变替代弹性形式：

$$\max \int_0^{\infty} e^{-\rho t}\frac{c(t)^{1-\sigma} - 1}{1 - \sigma}N(t)\mathrm{d}t, \quad \sigma > 0 \tag{10.29}$$

根据（10.26）、（10.28）和（10.29）式，可以求解经济的竞争性均衡增长路径和最优增长路径。由于存在人力资本的外部性，竞争性均衡增长路径与最优增长路径是不一致的。二者的差异体现在约束条件的不同上。

具体地说，求解最优解增长路径，就是选择合适的 $K(t)$、$h(t)$、

$h_a(t)$、$c(t)$和$v(t)$，使得处于(10.26)式和(10.28)式的约束条件下的跨时效用函数(10.29)最大化，对于最优增长路径来说，公式$h(t)=h_a(t)$始终成立，该式的含义是人力资本的外部效应$h_a(t)$对社会计划者来说其实是一个内部效应。

求解均衡增长路径要复杂一些。这时首先要假定人力资本的外部效应$h_a(t)$是给定的，即私人厂商在视$h_a(t)$为既定的前提下进行投资决策。给定了$h_a(t)$后，求解均衡增长路径问题转化为如何选择合适的$h(t)$、$K(t)$、$c(t)$及$v(t)$以使在(10.26)式和(10.28)式的约束条件下跨时效用函数最大化的问题。如果求出的解$h(t)$与事先给定的$h_a(t)$相等，表明经济行为者的预期行为与实际行为一致，这时我们说系统达到竞争性动态均衡，所求出的$h(t)$、$K(t)$、$c(t)$、$v(t)$即是竞争性均衡问题的解。

下面我们具体地求解最优增长路径和竞争性均衡增长路径。用$\lambda_1(t)$和$\lambda_2(t)$分别表示物质资本和人力资本的影子价格。社会最优问题的哈密尔顿函数可以表示为：

$$H(K,h,\lambda_1,\lambda_2,c,v,t)=N\frac{c^{1-\sigma}-1}{1-\sigma}$$
$$+\lambda_1[AK^{\beta}(vhN)^{1-\beta}h^d-Nc]+\lambda_2\theta h(1-v)$$

模型中包括两个决策变量：人均消费c和用于物质生产的时间v。因此，问题归结为如何选择c和v的值以使哈密尔顿函数最大化。哈密尔顿函数最大化要求两个一阶条件成立：

$$c^{-\sigma}=\lambda_1 \tag{10.30}$$
$$\lambda_1(1-\beta)AK^{\beta}(vhN)^{-\beta}Nh^{d+1}=\lambda_2\theta h \tag{10.31}$$

(10.30)式表明，商品用于消费和用于物质资本积累的边际价值相等。(10.31)式表明，分配于物质生产上的时间和分配于人力资本积累上的时间的边际价值必须相等。

两种资本影子价格的变化率分别为：

$$\dot{\lambda}_1=\rho\lambda_1-\lambda_1\beta AK^{\beta-1}(vhN)^{1-\beta}h^d \tag{10.32}$$
$$\dot{\lambda}_2=\rho\lambda_2-\lambda_1(1-\beta-d)AK^{\beta}(vN)^{1-\beta}h^{-\beta+d}-\lambda_2\theta(1-v) \tag{10.33}$$

方程(10.26)、(10.28)、(10.30)~(10.33)以及横截性条件完整描述了系统的最优动态过程。

对于竞争性均衡问题来说，私人厂商全体所需解决的问题是一样的，与竞争性均衡问题相应的哈密尔顿函数与上面社会最优问题的哈密尔顿函数是相同的。二者的区别仅在于:在竞争性均衡问题中,(10.26)式中的 $h_a^d(t)$ 被视为既定的。描述最优增长路径的方程(10.26)、(10.28)、(10.30)~(10.32)同样也是描述竞争性均衡增长路径的条件,惟一的不同是现在(10.33)式不再成立,这表明人力资本在处于最优配置和均衡配置时的价值不同。对于竞争性均衡增长路径来说,(10.33)式变为:

$$\dot{\lambda}_2 = \rho\lambda_2 - \lambda_1(1-\beta)AK^{\beta}(vN)^{1-\beta}h^{-\beta}h_a^d - \lambda_2\theta(1-v)$$

因为竞争性均衡意味着 $h(t)=h_a(t)$,上式可以改写成

$$\dot{\lambda}_2 = \rho\lambda_2 - \lambda_1(1-\beta)AK^{\beta}(vN)^{1-\beta}h^{-\beta+d} - \lambda_2\theta(1-v) \qquad (10.34)$$

比较(10.33)式与(10.34)式,当 $n=0$ 即不存在人力资本的外部效应时,两式是相同的。因此,人力资本的社会价值与均衡价值的差别是由于人力资本的外部效应造成的。

下面我们寻求最优增长路径与均衡增长路径的平衡增长解,即找出使消费与两类资本都以不变比率增长、同时两类资本的价格都以不变比率降低、并且时间配置 v 不变的解。为此,先撇开(10.33)与(10.34)式,考虑最优增长路径与均衡增长路径共同具有的特征。令 $\dot{c}/c=g_c$,g_c 为一个正的常数。根据(10.29)与(10.31)式,可以求出资本边际生产率条件:

$$\beta AK(t)^{\beta-1}[v(t)h(t)N(t)]^{1-\beta}h^d = \rho + \sigma g_c \qquad (10.35)$$

容易证明,在平衡增长路径上,物质资本 K 的增长率为 g_c+n。令人力资本增长率 $g_h=\dot{h}(t)/h(t)$,根据(10.28)式,有:

$$g_h = \theta(1-v) \qquad (10.36)$$

对(10.35)式求导,可以求出人均消费增长率为:

$$g_c = g_h\frac{1-\beta+d}{1-\beta} \qquad (10.37)$$

下面我们求出人力资本增长率 g_h。对(10.30)和(10.31)式求导,消去 $\dot{\lambda}_1/\lambda_1$,得到:

$$\dot{\lambda}_2/\lambda_2 = (\beta-\sigma)g_c - (\beta-d)g_h + n \qquad (10.38)$$

在社会最优增长路径情形,根据(10.30)和(10.31)式,有:

$$\dot{\lambda}_2/\lambda_2 = \rho - \vartheta - \frac{d\theta v}{1-\beta} \qquad (10.39)$$

将(10.36)式代入上式,消去 v;再根据(10.38)和(10.39)式,消去 $\dot{\lambda}_2/\lambda_2$,可以求出社会最优的人力资本增长率 $g_h{}^*$:

$$g_h{}^* = \frac{1}{\sigma}\left[\vartheta - \frac{(\rho - n)(1-\beta)}{1-\beta+d}\right] \tag{10.40}$$

在竞争性均衡增长路径上，(10.34)式成立，用它代替(10.33)式，可以求出：

$$\dot{\lambda}_2/\lambda_2 = \rho - \vartheta \tag{10.41}$$

运用与上面求解社会最优的人力资本增长率相同的办法，我们可以求出竞争性均衡时的人力资本增长率 g_h：

$$g_h = \frac{(\theta - \rho + n)(1-\beta)}{\sigma(1-\beta+d) - d} \tag{10.42}$$

上面的(10.40)式与(10.42)式分别给出了社会最优与竞争性均衡时的人力资本增长率。可以看出，这两个人力资本增长率都随着人力资本投资效率 θ 的提高而提高，随着贴现率 ρ 的增加而降低。

(10.37)式给出了人均消费和人均物质资本的增长率 g_c。它表明无论是否存在人力资本的外部效应，经济都可以实现持续增长。如果 $n=0$（不存在外部效应），则 $g_c = g_h = g_n^*$，人均消费增长率、均衡人力资本增长率和最优人力资本增长率都是相同的。如果 $n>0$（存在外部效应），则 $g_c > g_h$，因此人力资本的外部效应导致人均消费及人均物质资本比人力资本增长更快。

根据(10.40)式与(10.42)式，可以求出社会最优与竞争性均衡时的人力资本增长率的差异：

$$g_h^* - g_h = \frac{d(\rho - n)}{1-\beta+d}$$

当人力资本的外部性很小($d \approx 0$)或贴现率很低($\rho - n \approx 0$)时，竞争性均衡时的人力资本增长率与最优人力资本增长率非常接近，这时经济运行是比较有效率的。

下面说明人力资本和物质资本的水平。对两类资本作归一化处理，令 $Z_1(t) = e^{-(g_c+n)t}K(t)$，$Z_2(t) = e^{-g_h t}h(t)$，我们有：

$$(\beta A N_0^{1-\beta} d^{1-\beta}) Z_1^{\beta-1} Z_2{}^{1-\beta+d} = \rho + \sigma n \tag{10.43}$$

该式给出了满足平衡增长路径的(Z_1, Z_2)轨迹，轨迹可用图 10.2 表示。根据(10.43)式，当不存在人力资本的外部效应时，轨迹是一条穿过原点的直线，当存在人力资本的外部效应时，轨迹成为一条凸向原点的曲线，曲线的位置取决于 d 和 g_c，这两个量都可以表达为 g_h 的函数。图 10.2 中，g_h 的增加使曲线向右移动。由于在平衡增长路径上 $g_h^* > g_h$，因此当物质资本水平给定后，最优的人力资本水平将大于均衡的人力资本水平，分散化经济生产的人力资本将过少。

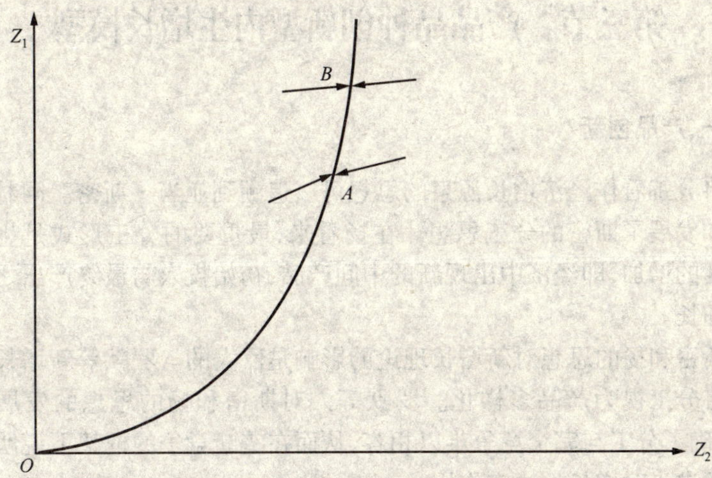

图 10.2 平衡增长路径的轨迹

系统的动态变化情形是:给定两类资本的任何初始水平,最优解或均衡解的路径(Z_1,Z_2)将收敛于图 10.2 的曲线上的一点,如 A 点。系统最终收敛于曲线上的哪点是由其初始状态决定的。如果经济最初的人力资本和物质资本的水平都很低,则它的均衡(及最优)的人力资本和物质资本水平也将较低,因此穷国可能始终落后于富国。据此卢卡斯认为,他的模型比新古典增长模型更好地解释了收入水平和增长率的国际差异。

若经济中存在人力资本的外部效应,当图 10.2 中的点沿着曲线向上移动(如从 A 向 B 移动)时,实际工资 w 上升,工资弹性可以表示为:

$$\frac{K}{w}\frac{\partial w}{\partial K}=\frac{(1-\beta)d}{1-\beta+d}$$

因此,拥有同样技术的工人在富国比在穷国拿到更高的工资。工资的国际差异诱使穷国向富国移民。

根据以上的分析可以看出,在卢卡斯模型中,经济不需依赖外生力量(如人口增长)就能实现持续增长。增长的源泉是人力资本积累。根据卢卡斯模型,穷国将永远较穷,尽管穷国的人均收入长期增长率与富国相同。由于在富国可以挣到更多的工资,穷国的工人将倾向于向富国移民。

第三节　产品品种创新型内生增长模型

一、产品创新

将分工看作经济增长源泉的思想可以追溯到亚当·斯密。阿林·扬深化和发展了斯密的分工思想。在扬看来,最重要的分工形式是生产迂回程度的增加,即经济中出现新的中间产品,初始投入与最终产出之间的链条加长。

斯密和扬的思想对新增长理论的影响是巨大的。罗默等新增长理论家也将分工视为产品多样化。罗默等人对斯密和扬的思想的发展之处是,明确了分工与完全竞争难以相容,从而在垄断竞争的框架下说明分工或技术进步对增长的决定作用。

属于这一类型的新增长模型主要有:罗默(1987,1990)和里韦拉-罗默(1991)研究的中间产品品种增加型内生增长模型,格罗斯曼-赫尔普曼(1991,第3章)考察的消费品品种增加型内生增长模型,阿尔文·扬(1993)分析的具有消费品品种增加与边干边学两种技术进步形式的内生增长模型。

二、中间产品品种增加型增长模型

这一种新增长模型将分工理解为中间产品品种的增加。为了说明产品品种增加对经济增长的影响,罗默等人借鉴了斯彭斯(1976)、迪克西特和斯蒂格利茨(1977)、埃蒂尔(1982)的研究成果,采用$D-S$生产函数考察垄断竞争条件下产品多样化对经济动态的影响。

罗默在1987年的论文中假定最终产品的生产函数可以表示为:

$$Y_i = A \cdot L_i^{1-\alpha} \sum_{j=1}^{N} x_{ij}^{\alpha}, \quad 0 < \alpha < 1 \tag{10.44}$$

式中Y_i表示第i个最终产品生产者的产量,L_i是所用的劳动投入,x_{ij}是厂商i所用的第j种中间产品的数量。

在罗默的知识驱动模型(1990)中,罗默引入了人力资本要素H_i,假定生产函数可以表示为:

$$Y_i = A \cdot L_i^{1-\alpha-\beta} \cdot H_i^{\beta} \cdot \sum_{j=1}^{N} x_{ij}^{\alpha}, \quad 0 < \alpha < 1, 0 < \beta < 1$$

引入人力资本因素并不会使模型的结论产生本质差异,下面我们一直假定生产函数采取(10.44)式。

采用(10.44)式中的生产函数形式便于在垄断竞争的假设下考察经济增长。该生产函数说明,一种中间投入的边际产品与其他中间投入的数量无关。各种中间产品是相互独立的,当中间产品品种增多时,新产品的引入不会导致任何已有中间产品遭淘汰。

这种生产函数仍具有一阶齐次性,当第 j 种中间产品的数量无限增加时,它的边际产品无限降低。如果经济中现有 N 种价格有限的中间产品,最终产品厂商将使用所有种类的中间产品进行生产。因此,这种生产函数事实上是假定厂商偏爱多样化的中间投入。

罗默的知识驱动模型(1990)假定经济中存在三个部门:研究部门、中间产品部门、消费品部门。研究厂商生产新型中间产品的设计,并对新设计拥有永久的垄断权利。假设研究厂商出售新设计的生产许可证给中间产品厂商,并以竞争性价格买回实际的中间产品,然后研究厂商将中间产品出租给所有的制造厂商以获取最大的垄断利润。罗默假定研究厂商处于可竞争市场,由于必须采用平均成本定价原则①,研究厂商的产品售价刚好等于垄断租金流的现值减去生产成本,故研究厂商的垄断利润为零。

以上假设制度结构采取中间产品的制造决策与专利持有人(研究厂商)的垄断定价决策相分离的形式,这种假设只是出于使分析方便的考虑。此外,还存在许多其他的制度结构,例如,可以假设中间产品 j 的专利持有人同时又是该产品的实际生产者,或者假设研究厂商将新产品的专利权全部卖给中间产品厂商等。对于求解分散化均衡而言,上述种种的制度结构是等价的,不同的制度安排不会造成经济分散化均衡的差异。

假设技术进步表现为中间产品种类的增加,研究厂商生产新产品设计需要劳动和知识存量两种投入,研究部门的生产函数具有如下形式:

$$N = B \cdot LN \cdot K \tag{10.45}$$

式中 L_N 为研究部门雇用的劳动量,K 为社会的知识存量。假定知识存量与经济在研究开发活动中积累的经验成正比,因此 K 可以用中间产品种类数 N 来表示,即 $K = N$。(10.45)式表明,研究部门的产出是两种投入品 L_N 和 K 的规模收益递增函数(生产函数是二阶齐次的),因此劳动投

① 根据鲍莫尔等人(1982)的定义,可竞争市场是指这样的市场条件,由于存在其他的能够迅速进入和退出市场的潜在竞争厂商,而现有厂商不存在任何成本优势,故无法利用其拥有的市场力量。因此,即使生产的规模收益递增导致市场上只有少数几个厂商甚至一个厂商,厂商仍遵循平均成本定价的原则。

入和知识不可能得到全部补偿。罗默假设研究部门可以无偿利用所有的现有知识，知识具有一种正的外部性。

罗默认为，技术(或知识)具有非竞争性和部分排他性。由于研究部门生产的新设计可以获得专利保护，研究厂商可以获得新产品带来的垄断利润，因此知识具有一定的排他性。排他性使知识积累成为厂商进行意愿投资的产物。另一方面，新设计提高了社会的一般知识水平，研究厂商可以无偿利用全部知识存量，因此知识对研究厂商是非排他的。总的来说，知识具有部分排他性。

(10.45)式的函数形式意味着研究一种新产品需要花费固定成本。这是因为假定最终产品价格为 1，经济增长将导致劳动者的工资率 w 上升，但是由于知识增长提高了劳动效率，使研制一种新产品需要更少的劳动量，因此研究成本将固定不变。固定的研究成本是经济得以实现持续增长的充分条件。格罗斯曼和赫尔普曼(1991a，第 3 章)的研究证明，当经济中不存在知识溢出效应时，劳动工资率的迅速提高将使经济增长不能实现。

研究厂商的市场被假定为可竞争市场，中间产品和最终产品市场则是完全竞争市场。假定生产 1 单位中间产品只需耗费 1 单位的消费品。这个假定并不意味着消费品可以直接转换成中间产品，而是表明中间产品部门与最终产品部门拥有相同的生产技术，原先用于生产 1 单位消费品的资源现在可以生产出 1 单位中间产品。由于中间产品和消费品的生产技术相同，两个部门可以看作同一部门，因此总产出可以表示为：

$$Y = C + K = C + \sum_{j=1}^{N} x_j = A(L - L_N)^{1-\alpha} \sum_{j=1}^{N} x_j^{\alpha} \quad (10.46)$$

为了说明经济增长，罗默(1990)假定劳动力规模 L 不变。采用这个假设是为了保证经济沿着一条平衡增长路径移动。如果劳动力规模一直增大，经济增长率一般将递增而不是保持不变。

求解分散化均衡增长率的问题可以归结为求解两个刻划平衡增长路径上的增长率与利率二者之间线性关系的方程。其中一个方程刻划生产方的均衡条件；另一方程刻划需求方的均衡条件。

生产方的均衡意味着利率是增长率的递减函数，其具体形式是：

$$r_t = \alpha(B \cdot L - g) \quad (10.47)$$

利率之所以与增长率呈负相关，是因为利率上升将导致对资本品需求的减少，从而降低了技术专利的价值，专利价值的降低引起一部分劳动从研究部门流向制造部门,研究部门劳动力的减少使技术创新减少,最终导致增长率降低。

消费者的偏好则决定了利率与增长之间的另一个方程,假定跨时效用函数具有常替代弹性,即:

$$U = \int_0^{\infty} e^{-\rho}[c(t)^{1-\sigma} - 1]/(1-\sigma)\mathrm{d}t, \sigma > 0 \qquad (10.48)$$

当经济沿着一条平衡增长路径移动时,消费增长率等于产出增长率。对于一个给定的消费增长率,消费者的效用最大化确定了利率与增长率的关系式:

$$r_u = \rho + \sigma \cdot g \qquad (10.49)$$

根据消费者效用最大化问题求出的利率与增长率二者呈正相关,这是因为消费增长越快,则现期消费相对于未来消费而言其价值就越大,消费者愿意在更高的利率水平上借债。

将(10.47)式与(10.49)式联立,即可以解出经济的均衡增长率:

$$g = (BL - \alpha^{-1}\rho)(\alpha^{-1}\sigma + 1) = (\alpha BL - \rho)/(\sigma + \alpha) \qquad (10.50)$$

同样,我们可以用图形说明经济的均衡增长率,(10.47)式和(10.49)式可以用图 10.3 反映出来。

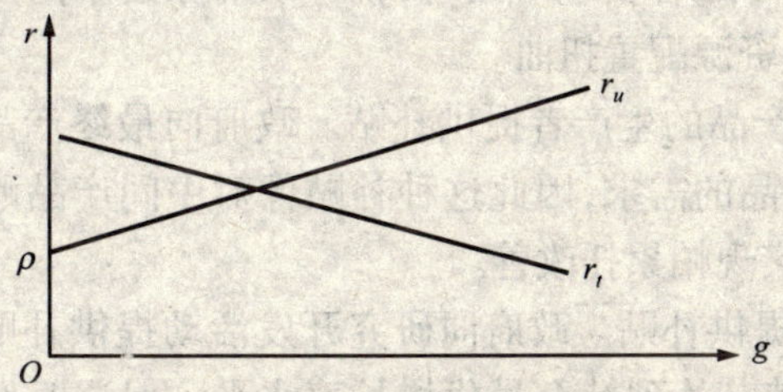

图 10.3 利率与增长率的关系

(10.50)式表明,经济均衡增长率与研究部门的技术参数 B、制造部门的总资本收益率 α、消费者的偏好 ρ 和 σ,以及经济规模 L 有关。其中,罗默(1990)认为,一国的人力资本存量而非人口规模是反映经济规模的合适变量,即 L 代表有效劳动,即 $L = H \cdot L_0$,L_0 代表劳动量。罗默认为,人力资本较多的国家将增长得更快。

人力资本对经济增长的影响还表现在,如果一国的人力资本水平太低,经济将出现停滞,因为这时用于研究的人力资本投入为 0。这一结论可以解释增长率存在的广泛国际差异以及有些发展中国家一直处于贫困状态的事实。

下面考察分散化均衡的福利含义。在罗默(1990)模型中,如果不存在政府干预,经济将存在两方面的扭曲:其一是专利持有人实行垄断定价造成的价格扭曲;其二是知识溢出产生的外部性。知识积累提高了研究部门劳动者的生产率,但由于知识的非排他性,技术创新者没有得到新技术所带来的全部收益。一种新产品的出现将使人均产出增长 $L_N^{1-\alpha}\cdot\bar{x}$,但创新者仅能获得 $\alpha L_N^{1-\alpha}\cdot\bar{x}$,创新的私人收益低于社会收益,这将使经济的均衡增长率过低,经济的分散化均衡只是一种社会次优。

政府可以采取一些政策以提高经济增长率和改善社会的福利水平。假设政府实行一次总付税,这时政府可以采取如下政策:

(1)向中间产品的购买提供补贴。这一政策可以提高经济的静态效率和动态效率。假定中间产品品种不变,专利持有人实行垄断定价使中间产品的边际产品超过其边际成本,这将导致分散化经济的最终产品产量过低。向中间产品购买提供补贴有助于减少中间产品的边际产品与边际成本之间的差距,促进最终产品的产量增加。因此这种补贴可以产生一种静态利益。向中间产品购买提供补贴还具有刺激中间产品品种增加的动态效应。因为补贴提高了中间产品产量,从而使专利持有人的垄断利润增加,使创新的私人收益率更接近于社会收益率。当补贴使私人收益率与社会收益率二者实现一致时,就可以消除由中间产品厂商实行垄断定价所造成的资源配置扭曲。

(2)向最终产品的生产者提供补贴。政府向最终产品生产提供补贴将增加对中间产品的需求,因此这种补贴像对中间产品购买提供补贴一样,将促进经济实现帕累托改善。

(3)向研究提供补贴。政府向研究开发活动提供补贴可以提高经济的均衡增长率,使其达到社会最优增长率水平。但这时经济并不是帕累托最优。这是因为研究补贴使创新的私人收益率等于社会收益率,从而使创新率达到社会最优水平,但是专利持有人实行垄断定价造成的扭曲依然存在,从而使均衡的中间产品产量仍低于社会最优水平。

罗默(1990)模型假定专利保护是无限期的。巴罗(Barro)和撒拉-依-马丁(Sala-I-Martin)(1995)考察了专利保护时效有限的情形。专利保护的有限时效性的影响之一是造成中间产品产量的不对称性。由于处于保护期的新设计实行垄断定价,而超过保护期的设计实行竞争性定价(其价格为0),故前者的产量将低于后者。最终产品厂商将较少使用或根本不使用垄断性中间投入进行生产,这将造成整个经济的资本边际产品降低,最终导致经济增长率降低。

专利保护的有限时效还阻碍了技术进步。无限期的专利保护使研究厂商一直得到创新的收益,而有限期的专利保护使得创新收益只能持续一段时间,从而减少了研究厂商的总收益,使研究厂商进行产品创新的激励减弱,进而导致技术进步放慢。由于从社会角度看,创新的收益是永久的;但从私人研究者的角度看,创新的收益只是暂时的。因此专利保护的有限时效使创新的社会收益率与私人收益率二者的差距更大,分散化均衡时的技术进步率和经济增长率都将更低。

在专利保护具有有限时效的情形下,政府不可能通过对所有中间产品的购买提供补贴而使经济达到帕累托最优。由于这时仅仅是垄断性中间产品造成资源配置的扭曲,故政府只需向垄断性中间产品的购买提供补贴。但是这种补贴只能消除由垄断定价造成的资源配置扭曲。为了消除由有限期的专利保护造成的分散均衡与社会最优的差异,政府需要在向垄断性中间产品的购买提供补贴的同时向研究提供补贴,以提高创新的私人收益率。简言之,此时政府为了使经济实现帕累托最优,需要同时采取两种产业政策:向研究提供补贴和向垄断性中间产品的购买提供补贴。

三、消费品品种增加型增长模型

罗默模型(1990)分析的是中间产品品种增加引起的经济内生增长,格罗斯曼和赫尔普曼(1991,第3章)则分析了消费品品种增加对经济增长的影响。

格罗斯曼和赫尔普曼的消费品品种增加型增长模型也是一个两部门模型。经济中存在研究部门和消费品部门。研究部门研制关于新型消费品的设计,其生产函数是关于劳动投入和知识存量的二阶齐次函数。消费品生产者购买研究部门的新设计后,用收益不变的生产技术生产出新型消费品。由于假定每一种消费品均由惟一厂商生产,每一厂商拥有实际的市场力量,它通过使产品定价高于其边际生产成本以支付购买专利的费用。这一模型假定消费者偏好多样化消费,其效用函数是 $D-S$ 型的。消费品品种的增加虽然并不导致单个消费品生产者的规模收益递增,却导致代表性消费者瞬时效用(即格罗斯曼和赫尔普曼所指的消费品总指数)的增加。因此,消费品品种的增加带来了两种外部性:一是新设计所体现的知识积累使研究部门的研究成本降低和生产率提高;二是消费多样化使消费者的满足程度提高。

当知识积累同时产生上述两种外部性的情况下,经济可以实现内生增长。分散化均衡表现为一条平衡增长路径。它是一种社会次优,经济的均衡增长率一般低于社会最优增长率，由于知识外部性的存在，在均衡时对知识积累的激励不足。政府可以通过对知识积累提供补贴提高经济增长率。在这一模型中，平衡增长路径上每种消费品的产量保持不变，增长完全体现为消费品品种的不断增加。

在格罗斯曼和赫尔普曼的消费品品种增加型内生增长模型中，知识积累和知识外部性对于经济持续增长都是不可缺少的因素。阿尔文·扬(1993)也构建了一个类似的用创新和边干边学共同解释经济增长的模型。在扬的模型中，创新同样表现为消费品品种的增加，边干边学体现了创新的溢出效应，这种溢出效应是有限的。经济存在一条平衡增长路径，经济增长率的大小取决于创新和边干边学二者中何者构成经济的"短边约束"。如果创新成本较高，这时较低的创新率成为经济增长的约束因素，经济增长率取决于创新率，边干边学对经济增长率没有影响。相反，如果创新成本较低，经济增长率取决于学习速度，创新率对经济增长没有影响。

第四节　产品质量升级型内生增长模型

经济增长不仅表现为产品数量的持续增加，而且表现为产品质量的不断提高。为了说明产品质量升级所带来的经济增长，需要考察造成产品质量升级的原因。新增长理论认为，像产品品种增加一样，产品质量升级也是经济行为主体为追求利润最大化而不断进行技术创新的结果。产品品种增加和产品质量升级是产品创新的两种具体形式。

本节在垄断竞争的市场结构下，主要以格罗斯曼－赫尔普曼模型(1991，第4章)为例，考察产品质量升级型内生增长模型。

格罗斯曼和赫尔普曼(1991，第4章)将经济增长归因于产品质量的不断提高。假定经济中共有若干个部门，每个部门所生产产品的质量是一个变量，新产品优于旧产品，因为前者可以提供更多的生产性服务或效用。每一部门内存在质量差别的同一种产品构成一个质量阶梯。产量质量可以无限上升，产品质量的每一次升级都提供了比前一代产品更多的服务。在每一部门内，生产最优质产品的厂商被称为行业领先者，其他厂商被称为跟随者。假设产品品种用指数 j 来表示，令 $j\in[0,1]$。

第 j 种产品的质量可以用序列 $q_m(j)$ 表示。假定新一代产品所提供的服务量是前一代产品的 λ 倍，有 $q_m(j)=\lambda q_{m-1}(j)$，其中 λ 是产品质量升级指数，即创新幅度，假定对所有种类的产品，λ 都是相同的。

一、创新幅度外生给定的情形

先假定创新幅度 λ 是外生给定的。考察经济的需求方，格罗斯曼和赫尔普曼假定代表性家庭的跨时效用函数可以表示为：

$$U = \int_0^\infty e^{-\rho t}\log D(t)\,\mathrm{d}t \tag{10.51}$$

其中 $\log D(t)$ 是家庭的瞬时效用函数，其具体形式为：

$$\log D(t) = \int_0^\infty \log\left[\sum q_m(j)x_{mt}(j)\right]\mathrm{d}j \tag{10.52}$$

式中 $x_{mt}(j)$ 表示第 j 种产品中质量阶梯为 m 的商品的消费量。令 $q_0(j) = 1$，从而有 $q_m(j) = \lambda^m$。

(10.52)式表示的瞬时效用函数意味着每个行业的差别产品经过质量调整后，不同质量的同类产品是完全替代品，并且不同行业的产品之间的替代弹性为 1。

格罗斯曼－赫尔普曼模型既适用于分析消费品的质量升级，这时最终产出 $D(t)$ 被理解为各类消费品的加权和；也可以用于分析中间产品的质量升级，这时最终产出 $D(t)$ 被看作由各种中间投入生产的产品，上面的瞬时效用函数被理解为生产函数。对于这两种情形，分析结论是完全一致的，因此这里我们只考察差别产品为消费品的情形。

假定经济的总支出 $E(t)$ 始终为 1，这时资产收益率等于主观贴现率，即：

$$r(t) = \rho \tag{10.53}$$

假设对于所有种类和所有质量的商品，其生产函数都相同，且生产所需的惟一投入是劳动。不妨假定生产 1 单位商品需要 1 单位的劳动投入。因此每种商品的边际成本均等于工资率 w。

为了分析垄断厂商的产品定价行为，假设一行业中有两个厂商：领先者和跟随者。领先者生产质量最高的产品，跟随者生产质量次优的同种产品。假定跟随者的产品定价为 w，这是使其获得非负利润的最低价格。由于领先者生产的产品质量是跟随者的 λ 倍，容易知道当领先者的产品定价低于 $\lambda \cdot w$ 时，对跟随者所生产产品的需求量为 0，领先者将占有全部市场份额。因此，当跟随者的产品定价为 w 时，领先者的最优决策是使自己产品的价格略微低于 $\lambda \cdot w$，跟随者的最优定价仍为 w。因此，领先者选择定价 $\lambda \cdot w$ 是一个贝特兰－纳什均衡。类似的，如果领先者与离他最近的跟随者相比产品质量提高了 λ^k，领先者的均衡定价将是 $\lambda^k w$，跟

随者的产品定价为 w，这仍构成一个贝特兰－纳什均衡。

格罗斯曼和赫尔普曼假设行业领先者在从事创新方面不具有成本优势，这将使领先者不从事任何研究，所有的创新都来自于跟随者或局外厂商的研究开发。这是因为，领先者的产品定价为 $\lambda \cdot w$，总支出 $E(t)=1$ 时，领先者的垄断利润为 $\pi_1=1-\frac{1}{\lambda}$。如果质量升级是领先者进行创新的结果，创新后领先者的产品定价将为 $\lambda^2 w$，获取的垄断利润为 $\pi_2=1-\frac{1}{\lambda^2}$；相反，如果跟随者或局外厂商从事创新，将获得利润 $\pi_3=1-\frac{1}{\lambda}$，显然有 $\pi_3>\pi_2-\pi_1$，领先者从事创新而增加的收益小于跟随者的创新收益，因此，领先者将不会从事创新。

格罗斯曼和赫尔普曼认为，技术进步是厂商从事研究开发的结果，研究开发的前景是不确定的，厂商在时期 $\mathrm{d}t$ 内以密度 f 投入资源于研究活动，他能开发出新一代产品的概率为 $f \cdot \mathrm{d}t$。为了使研究密度达到 f，厂商必须在单位时间内投入 $a \cdot f$ 单位的劳动。

由于创新是作为非领先者的厂商从事研究的产物，因此只需要考虑非领先者的厂商在创新时面临的问题。该厂商可以无差别地从事任何研究，如果他的研究获得了成功，他将取代原先的领先者，获取 $\pi=1-\frac{1}{\lambda}$ 的垄断利润，这一利润将一直持续到该种产品的下一次质量升级发生为止。

令 v 代表行业领先者的资产价值。企业可以在耗费 $(waf)\cdot \mathrm{d}t$ 的成本后以 $f \cdot \mathrm{d}t$ 的概率得到资产价值 v，一个非领先者的厂商的创新决策是选择研究密度 f 以使 $(vf-waf)\cdot \mathrm{d}t$ 达到最大。当 $v<wa$ 时，厂商将选择的研究密度 $f=0$，即不从事研究；当 $v>wa$ 时，厂商将选择无穷大的研究密度；只有当 $v=wa$ 时，厂商才将选择一个正值的有限的研究密度。厂商的自由进入条件可以表示为：

$$wa \geqslant v, \quad \text{当} f>0 \text{时等式成立} \tag{10.54}$$

对于获利企业而言，非套利条件决定了预期的股票收益率等于无风险债券的利息率。股票持有者在 $\mathrm{d}t$ 时期内获得的红利是 $\pi \cdot \mathrm{d}t$；当该行业的所有研究努力都失败时，所有者还将获得资本收益 $\dot{v} \cdot \mathrm{d}t$，企业所有者获得资本收益的概率是 $1-f \cdot \mathrm{d}t$。另一方面，非领先者的厂商的研究获得成功的概率是 $f \cdot \mathrm{d}t$，此时现在的领先者将失去所有的潜在收入，企业所有者将损失资产价值 v。因此，行业领先者的预期总收益为$(\pi+\dot{v}+fv)\mathrm{d}t$。根据非套利条件，下式成立：

$$\frac{\dot{v}}{v}=f+\rho-\frac{\lambda-1}{v\lambda} \tag{10.55}$$

再考察劳动市场。由于每一行业的研究度均为f，且行业的变动区间为$j\in[0,1]$，可知从事研究活动的劳动量为af。由于每个行业的产出为$\frac{1}{p}=\frac{1}{w\lambda}$，并且每单位产出需要1单位劳动，故制造业的劳动需求为$\frac{1}{w\lambda}$。假定劳动供给L固定不变，劳动市场出清的条件为：

$$af+\frac{1}{w\lambda}=L,\quad w>\frac{1}{\lambda L} \tag{10.56}$$

令$V=\frac{1}{v}$代表资产市场价值的倒数，则上面的(10.55)、(10.56)两式可以改写为：

$$\frac{\dot{V}}{V}=\frac{\lambda-1}{\lambda}V-f-\rho$$

$$f=\frac{L}{a}-\frac{V}{\lambda},\text{当 } V<\frac{\lambda L}{a}\text{时} \tag{10.57}$$

$$f=0,\text{当 } V\geqslant\frac{\lambda L}{a}\text{时} \tag{10.58}$$

(10.57)、(10.58)两式描述了经济系统的动态均衡。用图10.4来表示，VV线表示满足$\dot{V}=0$的点集，折线LL则描述了方程(10.58)。在VV线和LL线的交点$\left(\frac{L(\lambda-1)}{\lambda a}-\frac{\rho}{\lambda},\frac{L}{a}+\rho\right)$处，经济达到动态均衡。此时尽管每个行业的创新是随机的，但大数定律使得技术进步在总社会范围内是平稳的，从而可以认为所有产品的质量在每一时刻都以不变比率f上升，因此消费指数D将以不变比率g_D增加：

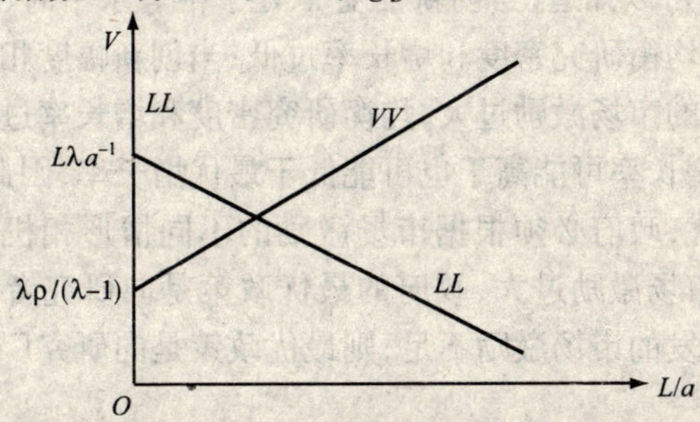

图10.4 经济系统的动态均衡

$$g_D = [\frac{L(\lambda - 1)}{\lambda a} - \frac{\rho}{\lambda}] \cdot \log\lambda \tag{10.59}$$

根据(10.59)式,经济规模 L 越大,研究部门的生产率越高(即 a 越小),家庭的储蓄倾向越大(ρ 越小),则技术进步率和经济增长率越高。

下面考察均衡增长路径的福利性质。在创新幅度 λ 为外生给定的情况下,经济增长的决定因素是创新频率 f,为此只需要考察社会最优问题和分散均衡问题的质量升级的频率。社会计划者的动态配置问题就是求劳动力在研究部门和制造业之间的配置。图 10.5 说明了社会计划和分散均衡条件下研究密度的决定。

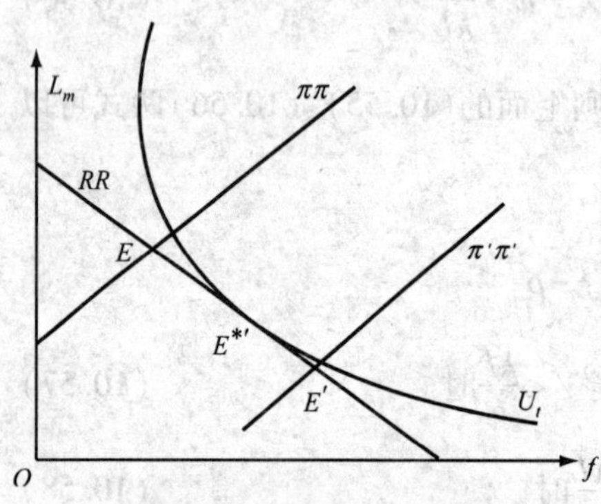

图 10.5　经济的动态最优

图 10.5 中,纵坐标 L_m 表示制造业雇用的劳动量。RR 线代表资源约束条件,$\pi\pi$ 线代表厂商的利润线,E 点即利润线与资源约束线的交点表示经济的分散均衡点。U_t 线是一条无差异曲线,它与资源约束线的交点 E^* 反映了经济的动态最优。

分散均衡的研究密度既可能小于也可能大于社会最优的研究密度。均衡研究密度的大小取决于利润的位置,即取决于市场提供给研究厂商的激励大小。若市场提供的激励过大,均衡研究密度将大于最优研究密度,反之则均衡研究密度小于最优研究密度。社会研究密度 f^* 与均衡研究密度 f 之间的差额可以用公式表示为:

$$f^* - f = \frac{\rho}{\lambda}(\frac{L}{\rho a} + 1 - \frac{\lambda}{\log\lambda}) \tag{10.60}$$

根据(10.60)式可以知道,当创新幅度 λ 处于中等水平时,对研究开发的市场激励不足,均衡研究密度和增长率过低;当创新幅度相当小或相当大时,对研究开发的市场激励过大,均衡研究密度和增长率过高。

由于均衡增长率可能高于也可能低于最优增长率,因此,为了使经济达到帕累托最优,政府必须根据市场激励的不同情形相机采取对策。若对研究开发的市场激励过大,政府的最优政策是向研究者征收适度的税收;若对研究开发的市场激励不足,则最优政策是向研究厂商提供适当补贴。

二、创新幅度内生决定的情形

现在放弃创新幅度为外生给定的假定，代之以假定厂商可以自主选择创新幅度。假定研究开发的成本取决于创新幅度，在单位时间内，厂商从事密度为f、幅度为λ的创新需要$a(\lambda)f$单位的劳动投入。假设$a'>0, a''>0$。厂商的目标仍是使其研究开发的预期收益$[v(\lambda)f-wa(\lambda)f]\cdot \mathrm{d}t$达到最大。为此，他现在可以自主选择两个变量：研究密度f和创新幅度λ。厂商的创新幅度选择是使创新幅度增大带来的边际收益刚好等于边际成本的增加，即：

$$v'(\lambda)=wa'(\lambda) \tag{10.61}$$

当研究密度$f>0$时，厂商选择的均衡研究密度将使厂商的资产价值刚好等于其研究成本，即：

$$v(\lambda)=wa(\lambda),\text{当} f>0 \text{时} \tag{10.62}$$

为了求出厂商选择的均衡创新幅度λ，考察经济处于稳定状态的情形。在稳定状态下，厂商的资产价值v保持不变，

$$v(\lambda)=\frac{\lambda-1}{\lambda(f+\rho)} \tag{10.63}$$

每个厂商的资产价值等于其利润流的预期贴现值。根据(10.61)、(10.62)和(10.63)式，可以求出：

$$\frac{1}{\lambda-1}=\lambda\frac{a'(\lambda)}{a(\lambda)} \tag{10.64}$$

(10.64)式决定了均衡的创新幅度。该式表明，资源需求关于创新幅度的弹性(等式右边)越大，则均衡创新幅度越小。将由(10.64)式决定的均衡创新幅度λ代入(10.59)式，即可求出经济的均衡增长率。

为了说明均衡增长路径的福利性质，比较创新幅度为内生变量条件下经济的分散均衡解和社会最优解。求解社会计划者问题，可以知道社会最优的创新幅度λ^*满足：

$$\lambda^*\frac{a'(\lambda^*)}{a(\lambda^*)}=\frac{1}{\log\lambda^*} \tag{10.65}$$

我们用图10.6来描绘社会最优的创新幅度和均衡创新幅度。

从图10.6中可以看出，均衡创新规模位于$a(\lambda)$的弹性等于$1/(\lambda-1)$的点，即C点。最优创新规模位于$a(\lambda)$的弹性等于$1/\log\lambda$的点，即C^*点。当$\lambda>1$时，总有$1/\log\lambda>1/(\lambda-1)$，因此社会最优的创新幅度总是大于均衡创新幅度，分散经济的均衡创新幅度过小。

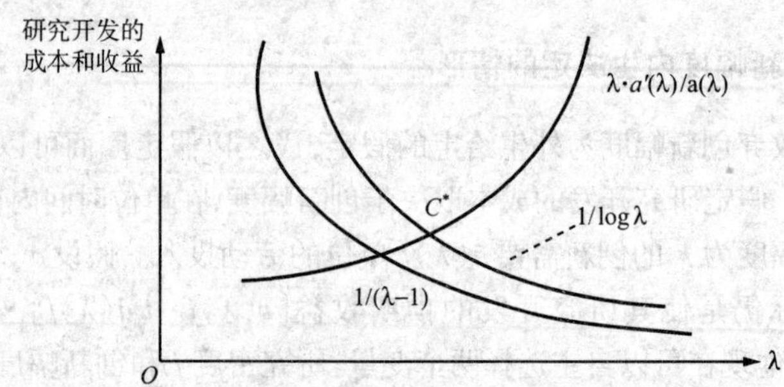

图 10.6　社会最优创新幅度和均衡创新幅度

当创新幅度由经济系统内生决定时，政府无法再通过前述的简单的税收或补贴政策使经济实现最优。可以证明，政府向产出提供补贴或向研究提供补贴都不会影响经济的均衡创新幅度。为了使经济政策能影响厂商的创新幅度选择，政府必须对较大幅度的创新提供更多的激励。比如，政府可以采用保护创新的专利政策。现实中的专利保护通常要求产品具有新颖性，如果以同种产品的质量升级幅度为标准衡量新颖性，那么要求产品具有不低于某一最小程度新颖性的专利政策将促进创新幅度的提高，进而导致增长率提高和社会福利改善。

三、行业领先者从事创新的情形

格罗斯曼和赫尔普曼的模型假设行业领先者不具有成本优势，从而不从事任何研究。这显然与事实不符。现实中，大多数创新是由行业领先者带来的。巴罗和撒拉－依－马丁（1995）分析了行业领先者也从事研究的情形。

领先者之所以从事创新，是因为领先者具有研究方面的成本优势，这种成本优势既可以表现为领先者具有关于当前技术的充分信息，也可以表现为领先者具有能够降低其研究成本的其他优势，这又包括两种情形。其一，领先者的成本优势较小。这时领先者从事所有研究，他所选择的研究密度将恰好阻止跟随者或局外厂商从事任何研究。这种情形下的创新率和经济增长率等于所有研究均由跟随者或局外厂商从事的情形下的创新率和增长率。

第二种情形是，领先者的成本优势足够大。跟随者或局外厂商具有的成本劣势使它们不从事任何研究，行业领先者作为一个垄断者而自主地选择研究密度。在这种情形下，均衡创新率和均衡增长率都将低于社会最优水平。这是因为，技术进步带来的创造性破坏效应全部由创新厂商承担，领先者的创新结果是使自己原先生产的产品遭淘汰；由于领先者从事创新的私人收益率低于创新的社会收益率，因此分散经济中投入研究的资源将过少，均衡创新率将低于最优创新率。为了提高经济的福利水平，政府可以采取的政策是向研究提供适当的补贴，以使均衡创新率和均衡增长率移动到社会最优水平。

第五节 结 束 语

在西方经济学中，现代经济增长理论发源于索洛等人的新古典增长理论，进入20世纪80年代后又得到罗默等新增长理论家的进一步发展。现代增长理论有别于传统增长理论及其他增长模型之处：从分析方法上看，现代增长理论主要采用了拉姆齐等人开创的动态一般均衡分析方法；从思想上看，现代增长理论均将技术进步作为经济增长的源泉。但是，无论是现代增长理论还是非主流的增长模型，都把生产函数构建作为建模的核心内容，因此，它与其他增长模型仍存在重要的共同之处。

现代新增长理论具有一定的理论意义和政策借鉴价值，这主要表现在以下几个方面：

第一，现代增长理论认为，技术进步是经济增长的源泉。新古典增长理论指出，技术进步是经济增长的动力源泉，但没有对技术进步过程进行分析和说明。内生增长理论则着重从理论上说明知识积累和技术进步是经济增长的决定因素，并对技术进步的实现机制作了详细的分析。现代增长理论的这些研究，填补了西方经济理论中的空白，并成为西方经济学的一个重要组成部分。

第二，现代增长理论较好地解释了一些经济增长事实。尽管各个现代增长理论模型都采用了极其抽象的表述形式，对丰富多彩的经济现实作了大量简化，但该理论仍然具有相当的解释力。如内生增长理论认为：各国政府实施的财政政策、产业政策与贸易政策对一国的长期增长具有重要影响。经济政策的不同会导致各国经济增长率之间存在广泛的差异，等等。现代增长理论对事实的解释力体现了其具有一定的理论价值。

第三，现代增长理论特别是新增长理论具有比较丰富的政策内涵，因而对各国政府制定增长政策具有一定的参考价值。新增长理论的主流思路认为自由竞争将不能保证经济沿着最优增长路径增长，这就从理论层次上说明了政府对经济进行干预的必要性。新增长理论家对于政府应该采取的增长政策提供了大量的药方，这些研究成果具有一定的实践指导价值。

现代增长理论仍存在一些比较严重的缺陷，除了现代新增长理论采用的过多、过于严峻的假设条件在一定程度上损害了模型的解释外；现代增长理论在理论的框架结构、分析方法、生产函数的构造等方面还存在一些缺陷。

新古典增长理论假定经济制度和个人偏好都是既定的，总量生产函数具有稳定的形式，生产率被假定为以一外生的不变比率增长。在新古典增长理论中，对经济增长起决定作用的技术变化因素被排除在经济分析之外。

新增长理论家们虽然突破了新古典增长理论的研究框架，将技术视为经济系统的内生变量纳入研究范围之内，但是在新增长理论中，经济制度和个人偏好仍然被看作外生给定的，因此无法利用新增长理论的框架说明经济制度的变化或个人偏好的变化对生产技术和经济增长的重要影响。

新古典增长理论与新增长理论都认为在考察经济的长期动态变化时起决定作用的因素是总供给，由于总供给取决于经济的总量生产函数，因此各种增长理论都把生产函数的构造视为建立增长模型的关键。

新古典增长模型假定总量生产函数具有规模收益不变的特征，并通常采用柯布－道格拉斯型生产函数这种特殊形式。

正如琼斯和真野惠里（1990，1997）所指出的，新古典增长理论难以较好解释经济现实的根源，正在于它对生产函数做出的不合理假设。新古典增长理论得出经济增长取决于外生技术进步这一结论的原因在于，该理论关于生产函数的规定意味着资本积累将导致资本的边际产品趋近于零（即生产函数满足稻田条件），因此资本积累最终将终止。为了说明经济的内生增长，必须取消稻田条件的假设。

琼斯和真野惠里关于稻田条件的论证为所有的新增长理论家明确或隐含地接受，各种新增长模型关于总量生产函数的规定都力图避开稻田条件的限制。罗默模型、卢卡斯模型、格罗斯曼－赫尔普曼模型都假定总量生产函数呈现出规模收益递增，资本积累将不再导致资本的边际产品趋近于零，稻田条件不再成立。

根据各个新增长模型关于生产函数形式的规定，可以看出各个模型之间存在的内在联系。各个新增长模型都可以看作是以四个基本模型，即新古典增长模型、阿罗模型、宇泽模型、*AK* 模型中衍生出来的。从生产函数角度考察现代增长模型可以看出，尽管各个现代增长模型都包含了复杂的有时还非常高深的数学工具，在撇开这些模型的华丽外衣后，其内核实际上非常简单。

现代增长模型采用的基本分析方法是动态一般均衡分析法，该方法最早由拉姆齐(1928)在研究最优储蓄问题时提出，后被卡斯和库普曼斯用于研究经济均衡增长路径的决定。动态一般均衡分析的核心是库恩－塔克定理，根据这一定理，求解经济分散化动态均衡问题可以简化为求解一个最大化问题。各个新增长模型都可以理解为库恩－塔克定理的特殊应用，即通过求解在生产技术的约束下代表性家庭的跨时效用最大化问题，得到经济的均衡增长路径。

动态一般均衡方法的思想基础是瓦尔拉斯的一般均衡理论，该理论认为，通过市场机制这只“看不见的手”的作用，分散经济可以达到均衡状态，并且经济均衡通常是帕累托最优状态。在新增长理论之前，新古典增长理论就试图利用动态一般均衡方法说明，分散经济不但可以实现静态帕累托最优，而且能够实现动态帕累托最优，“看不见的手”将引导经济沿着最优增长路径移动。新增长理论对新古典增长理论的上述论证作了一定的修正。新增长理论认为，在经济中存在外部性或垄断因素的前提下，分散经济可以实现均衡增长，但这种动态均衡一般不是帕累托最优。这时可以通过政府这只“看得见的手”消除市场机制造成的资源配置扭曲，即通过政府和市场两只手的共同作用使经济实现帕累托最优。

事实上，作为新增长理论和新古典增长理论共同思想基础的一般均衡论存在致命的缺陷，它主要表现为经济学家对市场机制这只“看不见的手”的一种信赖，而不是对经济现实的合理近似。

新增长理论家尽管承认经济中外部性或垄断因素的存在将使分散经济无法沿最优路径增长，却又企图通过政府的力量完全消除市场造成的缺陷，使经济最终回到最优增长路径上。因此，他们的论证只不过是想说明，资本主义经济可以利用政府干预实现最优增长。但是事实上，造成资本主义经济无法利用生产最大可能性的根本原因在于，资本主义的经济制度存在的内在缺陷阻碍了生产潜力的最大释放，指望通过政府干预使资本主义经济发挥其全部生产潜力，从而使经济实现最优增长的想法，是不切实际的。

综上所述，无论是新增长理论还是新古典增长理论，仍然存在着一些缺陷。这说明，新增长理论像新古典增长理论一样，只是对经济现实的一种“寓言”式解释，还很难称得上是科学的理论。

本章参考书目

1. 朱勇:《新增长理论》,商务印书馆,1999 年版。

2. Barro R. , and Sala-I-Martin X. , 1995, Economic Growth, McGraw-Hill Inc.

3. Grossman G. M. , and Helpman E. , 1991. Innovation and Growth in the Global Economy, MIT Press.

4. Jones, Larry E. , and Manuelli, Rodolfo, 1997. The Sources of Growth. Joural of Economic Dynamics and Control, Vol. 21, pp. 75 - 114.

5. Lucas, R. E. Jr. 1988. On the Mechanics of Economic Development. Journal of Monetary Economics, Vol. 22, pp. 783 - 792.

6. Ramsey, F. P. , 1928. A Mathematical Theory of Savings. The Economic Journal. Vol. 38, pp. 543 - 559.

7. Rivera-Batiz L. A. , and Romer P. M. , 1991, Economic Intergration and Endogenous Growth. Quarterly Journal of Economics, Vol. 106, No. 2, pp. 531 - 556.

8. Romer P. M. , 1986. Increasing Returns and Long-Run Growth. Journal of Political Economy, Vol. 94, No. 5, pp. 1002 - 1037.

9. Romer P. M. , 1987. Growth Based on Increasing Returns Due to Specialization, American Economic Review, Vol. 77(May), No. 2, pp. 56 - 62.

10. Romer P. M. , 1990. Endogenous Technological Change, Journal of Political Economy, Vol. 98, No. 5, pt. 2, pp. s71 - s102.

第三篇　宏观经济政策

几乎任何一本宏观经济学教科书都不能回避宏观经济政策问题，本书也不例外。本篇单独论述宏观经济的两类基本政策，即第十一章的财政政策和第十二章的货币政策。

第十一章 财政政策

如果说货币政策主要是在价格总水平和总产出稳定性之间进行斟酌权衡的话,那么财政政策则是在总产出稳定性和扭曲税收(distortionary taxes)以及支出政策之间进行斟酌权衡。财政政策会影响总需求、经济运行和经济增长,从而影响资源配置的效率和经济福利。本章主要讨论财政政策的若干专题。

第一节 政府预算约束与债务

本节从讨论政府预算约束开始,然后讨论政府债务及其对经济的影响。

一、政府预算约束①

一个家庭的预算约束是其消费的现值必须小于或等于其初始财富与其劳动收入的现值之和。与之类似,政府面临的预算约束是其购买商品与服务的现值必须小于或等于其初始财富与税收收入的现值之和。

为了表示政府的预算约束,令 $G(t)$ 和 $T(t)$ 分别表示政府 t 时期的实际购买支出和税收,$D(0)$ 表示政府未清偿的初始真实债务。定义 $R(t)=\int_{\tau=0}^{t} r(\tau)\,\mathrm{d}\tau r(t)$,其中 $r(\tau)$ 表示 τ 时刻的真实利率,r 是随着时间变化而变化的。因此,在 t 时期 1 单位产出的价值在 0 时期的贴现值为 $e^{-R(t)}$。于是,政府的预算约束就是:

$$\int_{t=0}^{\infty} e^{-R(t)}G(t)\,\mathrm{d}t \leqslant -D(0)+\int_{t=0}^{\infty} e^{-R(t)}T(t)\,\mathrm{d}t \qquad (11.1)$$

① Cf: Romer, David(2000), Advanced Macroeconomics, the second edition, The McGraw-Hill Companies, Inc., pp. 531 - 532.

注意:由于 $D(0)$ 代表负债而不是财富,所以它以负数进入预算约束。

政府的预算约束并不妨碍政府持久性地负债,甚至也不妨碍政府债务量增加。如同家庭一样,政府预算约束的限制是,政府债务现值的极限是不能大于零,即(11.1)式等价于:

$$\lim_{s\to\infty} e^{-R(t)} D(s) \leqslant 0 \tag{11.2}$$

预算赤字最简单的定义是,它是债务存量的变化率。真实债务存量的变化率等于政府购买支出与税收收入之间的差额加上债务利息支出。即:

$$\dot{D}(t) = [G(t) - T(t)] + r(t)D(t) \tag{11.3}$$

其中,$r(t)$ 是 t 时期的真实利率。

(11.3)式右边括号内的项表示初始赤字。把(11.1)式改写为

$$\int_{t=0}^{\infty} e^{-R(t)} [T(t) - G(t)] \mathrm{d}t \geqslant D(0) \tag{11.4}$$

预算约束表明,政府必须有一个用现值表示的充分大的财政盈余,以便抵消其初始债务。

二、关于政府债务的传统观点

这里讨论的是政府债务如何对经济产生影响?这里所说的“传统观点”是指大多数西方经济学家和政策制定者对政府债务所持的观点。

下面的分析假定债务政策不影响政府在商品和服务上的支出,也就是考察发行一定数量的公债和暂时削减等量的税收所产生的效果。由于政府必须满足短期内的预算约束,并且公债不可能作为一种收入形式无止境地增长,这种临时性的减税一般将伴随着未来的税收增加。为了简化,下面的讨论假定未来税收增加的现值等于现期债务增加额,同时假定货币政策不受债务政策影响。

政府的债务政策会对经济产生重要的影响,既有短期影响也有长期影响。这里首先讨论预算赤字的短期影响,然后转向长期影响分析,其中最重要的影响是赤字会导致国民财富的减少。下面将说明,赤字如何影响国民储蓄,以及储蓄的变化如何影响经济的许多方面,还要考察政府债务长期影响的其他方面。

政府债务的短期效果是可以增加对产出的需求。

设想政府通过保持支出不变和减少税收来创造预算赤字。这种政策会提高家庭当前的可支配收入,并且也可能增加他们的终身财富。传统的分析假设收入和财富的增长会扩大家庭在消费品上的开支,从而增加

对商品和服务的总需求。

这种总需求的变化是如何影响经济的？根据传统的分析，在短期内这种经济是凯恩斯主义式的，总需求增加会提高国民收入。也就是说，由于粘性工资、粘性价格或者暂时的错觉，总需求的变化影响经济中的生产要素的利用。这种凯恩斯主义的分析提供了一个通常的理由：当经济面临可能的衰退时，减税或者增加政府开支（政府财政赤字因此而增加）是正确的。

不过，传统的观点也承认，经济在长期是古典主义式的。在短期内影响总需求的粘性工资、粘性价格或者暂时的错觉在长期则不那么重要了。结果，财政政策仅仅通过改变生产要素供给来影响国民收入。

政府债务的长期影响是减少国民储蓄，以及由储蓄减少所产生的种种后果。

要理解政府债务和赤字的效应，记住若干个国民收入核算恒等式是至关重要的。用 Y 表示国民收入，C 代表私人消费，S 代表私人储蓄，T 表示税收减去政府转移支付。私人部门的预算约束则是：

$$Y = C + S + T \tag{11.5}$$

国民收入也等于国民产出，它可以分解成四种形式的支出：

$$Y = C + I + G + NX \tag{11.6}$$

其中 I 代表国内投资，G 代表政府购买商品和服务的支出，NX 是商品和服务的净出口。合并这些恒等式，就可以得到：

$$S + (T - G) = I + NX \tag{11.7}$$

这个恒等式表示：私人和政府储蓄的总额必须等于投资和净出口的总额。

另一个重要的恒等式是：一个国家的经常账户余额必须等于其资本账户余额的负数。经常账户余额定义为净出口 NX 加上本国居民的净投资收入和净转移支付；在大多数情况下，可以忽略后面这两项，因为它们占的比重较小。资本账户余额的负数又叫做外国净投资，或 NFI，它等于本国居民在外国的投资减去外国居民在本国的投资。因此，第三个恒等式可以简单地表述为：

$$NX = NFI \tag{11.8}$$

因此，商品和服务的国际流量必须等于资金的国际流量。将(11.8)式代入(11.7)式得到：

$$S + (T - G) = I + NFI \tag{11.9}$$

等式的左边表示国民储蓄等于私人储蓄和公共储蓄之和，等式右边表示把这些储蓄起来的资金用于国内外投资。这个等式可以看做是对借贷资金市场上供求两方关系的描述。

现在假设政府支出保持不变,税收收入减少,由此产生预算赤字并减少了公共储蓄。可以用以下几种变通的方式继续保持上述恒等式成立:增加私人储蓄,减少国内投资,以及减少国外净投资。

最初,私人储蓄增加可能是由若干原因引起的。传统的观点认为,私人储蓄的增加小于公共储蓄的减少,因此国民储蓄下降了。在这种情况下,国内外的总投资也必定下降。

在一段时间内,国内投资降低将导致较小的国内资本存量形成,这些较小的资本存量将意味着产出和收入的减少。由于可利用的资本减少,资本的边际产品将会提高,这将提高利息率和每单位资本的报酬。与此同时,劳动生产率将降低,由此将减少平均的实际工资和总的劳动收入。

在一段时间内,减少外国净投资意味着本国居民将在国外拥有较少的资本(或者说外国居民在本国将拥有更多的资本)。在每一种情况下,本国居民的资本收入将会减少。此外,外国净投资的降低必然伴随着净出口的减少,这将导致货物和服务贸易赤字增加。预算赤字和贸易赤字之间的这种联系在20世纪80年代的美国尽人皆知,由此产生了一个流行的术语"双赤字"。由贸易盈余转向贸易赤字需要货币升值,货币升值使得国产货物的价格比外国货物的价格相对提高。

虽然短期总需求增加和长期资本存量减少可能是政府预算赤字的最重要的影响,但是债务政策也通过其他方式对经济产生影响。

首先,政府债务会影响货币政策。一个有大量债务的国家可能有高的利息率,货币当局因而被迫通过扩张性的政策努力降低利息率。这种政策策略也许在短期内能够降低利息率,但是在长期将使实际利息率大体上保持不变,通货膨胀和名义利息率将会更高。

政府债务影响经济的第二种方式是造成税收的无谓损失(deadweight loss),这部分税收是用来清偿政府债务的。债务清偿支付本身对整个社会来说不是一种成本,但是撇开对外国人的支付不说,这种支付不过是在社会成员中的转移支付。在一个没有一次总付的税收(lump-sum taxes)世界里,转移支付的影响是使个人行为产生扭曲,因而造成无谓损失。因此,减税和赤字政策意味着由于政府债务的累积而减少无谓损失,而用提高税收的办法来清偿债务则会增加无谓损失。

政府债务影响经济的第三种方式是改变了决定财政政策的政治过程。一些经济学家已经证明,政府借债的可能性削弱了预算过程的纪律。

当政府增加开支不需要相应地增加税收收入的时候，政策制定者和公众一般将不怎么担心政府支出增加是否是适当的。

政府债务影响经济的第四种方式是更容易造成国际信任危机。在20世纪80年代初，美国大规模的预算赤字刺激了大量的外国资本流入美国，由此大幅度提高了美元的价值。这使得外国投资者很快对美元资产丧失了信心，随之而来的资本外逃导致美元大幅度贬值，因此使美国宏观经济出现严重的问题。

政府债务影响经济的第五种方式是存在降低政治独立性或国际领导权的危险。B. M. 弗里德曼（B. M. Friedman，1988）断定："从历史上看，债权国的世界权力和影响自然会不断扩大。"①

三、李嘉图等价定理

除了上面所讨论的政府债务的传统观点以外，对于政府债务还有另外一种观点，这种观点仅被少数经济学家所认可，并在学术界广受争议。这就是被马克思称作"英国古典经济学的完成者"的大卫·李嘉图在其代表作《政治经济学及赋税原理》（1817）中提出来的观点：政府无论是用征税的方式来筹集资金，还是用借债的方式来筹措资金，两者对经济的影响的效果是相同的。布坎南（James M. Buchanan）后来在其"巴罗论李嘉图等价定理"（1976）一文中把李嘉图的这个观点称为"李嘉图等价定理"。李嘉图等价定理实际上是一个关于政府征税与举债经济效应比较的论断或命题，其核心思想是：政府在不改变支出的情况下减税或有预算赤字，这种政策将不会改变消费、资本积累或经济增长；政府征税对经济的影响与政府举债对经济的影响是相同的。

在沉寂了150多年以后，罗伯特·巴罗（Robert Barro）等人从不同角度论证了"李嘉图等价定理"可以成立。

李嘉图等价定理暗含的一个条件是，政府债券期限一般短于人的寿命。否则那些在减税期间活着而在公债到期以前死去的人负担的税收现值就下降了，这将导致李嘉图等价定理失效。巴罗根据贝克尔（G. S. Becker）的家庭经济理论证明，即便在这种情况下，李嘉图等价定理也还是可以成立。②

---

① Friedman, B. M. (1988), Day of Reckoning, Random House, New York, p. 13.

② Barro, R. J. (1974), "Are government bonds net wealth?", Journal of Political Economy, Vol. 87, pp. 1095 – 1117.

巴罗认为，消费者在代际之间是利他的，即一个具有利他动机的消费者的效用，不仅取决于自己年轻时的消费和年老时的消费，而且也取决于其后代从消费中获得的效用。

巴罗假定第 t 代人的总效用（用 V_t 表示）取决于其终身消费 C_t 和其孩子的效用 V_{t+1}（用 β 来贴现）：

$$V_t = U(C_t) + \beta V_{t+1} \tag{11.10}$$

递归替代得到：

$$V_t = U(C_t) + \beta U(C_{t+1}) + \beta^2 U(C_{t+2}) + \beta^3 U(C_{t+3}) + \cdots \tag{11.11}$$

这就是说，第 t 代人的效用取决于其自身的消费及其后代的消费。依此推理，如果这个消费者的所有子孙都是利他主义者，并且关心他们后代的消费，那么这个利他主义的消费者肯定关心其所有子孙的消费。这样就会得出利他主义的消费者肯定关心、至少间接地关心其本人所有子孙后代的包括现期和未来消费在内的整个消费过程。这意味着利他主义消费者在面临政府以公债代替征税而造成减税效果时是不会增加他的消费支出的。因为当政府用发债代替征税时，利他主义的消费者理性地知道目前的税收减少意味着未来的税收增加。因此，利他主义的消费者在面对现期减税时不是增加自身的消费，而是将购买的政府债券保存起来。如果他在债券到期之前去世，那么这些债券将作为遗产留给后代，以支付政府因债券本息负担而增加的税收。如果在他的后代的有生之年政府债券仍未到期，便可以继续留给他们的后代，以便用于支付债券到期时的税收。这样，巴罗的利他主义就像一根链条，把一个消费者和他的所有后代联系起来，这个消费者就像永远活着一样，政府的债务政策不影响个人的消费决策。于是，李嘉图等价定理仍然成立。

西特（John J. Seater）运用跨期效用分析方法研究了李嘉图等价定理的理论基础。① 他首先在假设没有政府干预并存在完善的资本市场的情况下，考察了个人效用最大化问题。假设个人跨期效用函数为：

$$U(t) = \sum_{i=0}^{\infty} u(C_{t+i})\delta^i \tag{11.12}$$

个人生命周期预算约束条件是：

$$\sum_{i=0}^{\infty} Y_{t+i}R^i = \sum_{i=0}^{\infty} C_{t+i}R^i \tag{11.13}$$

① Seater, John J. (1993), "Ricardian equivalence", Journal of Economic Literature, Vol. 31, March, pp. 142 – 190.

其中，U 是跨期效用函数，u 是期内效用函数（intratemporal utility function），C 是消费，Y 是总收入，δ 是时间偏好因子，$\delta = 1/(1+\rho)$，ρ 是时间偏好率，R 是贴现率，$R = 1/(1+r)$，r 是实际利率（为简便起见，这里假设 r 不变）。

个人效用最大化的问题可以通过建立拉格朗日函数和对消费 C 最大化来解决：

$$L = U(t) + \lambda\left(\sum_{i=0}^{\infty} Y_{t+i}R^i - \sum_{i=0}^{\infty} C_{t+i}R^i\right) \tag{11.14}$$

其中，λ 是拉格朗日乘数。个人效用最大化问题的一阶条件（Euler 方程）是：

$$u'(C_{t+i}) = (\delta/R)^i\lambda \tag{11.15}$$

由此可以推出消费的时间路径是 λ 和 r 的函数；特别是，当 λ 小于、等于或大于 r 时，C 随时间的相应变化为上升、不变或降低。

西特又考察了在引入政府税收和债务的情况下，上述这个一阶条件如何变化。假如没有政府债务，那么，在每一个时期，政府购买 G 等于税收收入 T。假如税收是一次总付的，而税收收入规模可以随时间而改变。在这种情况下，个人的预算约束就变成：

$$\sum_{i=0}^{\infty} (Y_{t+i} - T_{t+i})R^i = \sum_{i=0}^{\infty} R^iC_{t+i} \tag{11.16}$$

在个人最大化问题上，用（11.16）式替代（11.13）式可以得出一阶条件：

$$u'(C_{t+i}) = (\delta/R)^i\lambda \tag{11.17}$$

（11.17）式和（11.15）式相同。这样，消费的时间路径的形状没有受到引入一次总付的税收的影响。

现在，假如政府决定购买路径不变，但是，在第 1 期人均减税 B 美元，同时人均发行债务 B 美元；债务利率为市场利率 r，期限为 H 年，这里 H 可以是∞。将来的利率支付和本金偿还可以通过征收一次总付的税收来融资。这种新的融资方案对个人的消费行为将产生什么影响？西特仍然通过考察个人效用最大化问题来进行研究。

一方面，个人在第 1 期从他的收入中拿出 B 美元来购买这种新的政府债务，并且预期在未来得到一系列的利息收入和偿还的本金。另一方面，个人税收在第 1 期减少 B 美元，但是，为了支付未来的利息和本金，个人税收在随后的时期将会增加。表 11.1 总结了影响个人财富的不同的流量。不难看出，每一个新的流入都伴随着一个等量的流出，这意味着生命周期预算约束没有改变，并且个人没有觉察出政府的再融资方案对他的财富有任何影响。由于税收是一次总付的，所以，边际收益率是不变的。政府的再融资方案对个人效用最大化问题没有任何改变。

表 11.1　　在个人收入和支出中税收与债券的转换效应

时　期	债券持有量的变化	得到的利息	缴纳税收的变化
0	$+B$	0	$-B$
1	0	$+rB$	$+rB$
2	0	$+rB$	$+rB$
3	0	$+rB$	$+rB$
…	…	…	…
$H-2$	0	$+rB$	$+rB$
$H-1$	0	$+rB$	$+rB$
H	$-B$	$+rB$	$+B+rB$
$H+1$	0	0	0
$H+2$	0	0	0
$H+3$	0	0	0
…	…	…	…

税收和债券对生命周期预算约束、进而对消费者经济行为的选择没有影响，因此，李嘉图等价定理成立。它表明给定政府支出路径，一次总付的税收和债券融资将导致经济主体做出相同的经济选择。

大卫·罗默（David Romer）将政府预算约束与家庭预算约束结合起来进行分析，得出的结论是，只有政府购买路径影响经济，而为政府融资的税收路径对经济没有影响。罗默的思路是：用 $G(t)$ 和 $T(t)$ 分别表示在 t 期的每单位有效劳动的平均政府购买和每单位有效劳动的平均税收，因此，t 期的政府总购买为 $G(t)e^{(n+g)t}A(0)L(0)$，总税收为 $T(t)e^{(n+g)t}A(0)L(0)$。用 $b(t)$ 表示 t 期每单位有效劳动的债务余额。如果政府预算约束为政府购买的现值必须等于其初始财富加上税收收入的现值，则有下式：

$$\int_{t=0}^{\infty} e^{-R(t)}\left[G(t)e^{(n+g)t}A(0)L(0)\right]\mathrm{d}t = -b(0)A(0)L(0) + \int_{t=0}^{\infty} e^{-R(t)}\left[T(t)e^{(n+g)t}A(0)L(0)\right]\mathrm{d}t \tag{11.18}$$

当存在税收时，家庭的预算约束是：消费的现值必须小于或等于初始财富加上一生税后劳动收入的现值；初始财富包括资本和债券持有量，即下式：

$$\int_{t=0}^{\infty} e^{-R(t)} \left[c(t)e^{(n+g)t}\right]\mathrm{d}t \leqslant k(0) + b(0) + \int_{t=0}^{\infty} e^{-R(t)} \left[w(t) - T(t)\right]e^{(n+g)t}\mathrm{d}t \qquad (11.19)$$

将政府的预算约束代入家庭预算约束表达式中，则得到下式：

$$\int_{t=0}^{\infty} e^{-R(t)} \left[c(t)e^{(n+g)t}\right]\mathrm{d}t \leqslant k(0) + \int_{t=0}^{\infty} e^{-R(t)} w(t)e^{(n+g)t}\mathrm{d}t - \int_{t=0}^{\infty} e^{-(t)} G(t)e^{(n+g)t}\mathrm{d}t \qquad (11.20)$$

上式表明，家庭消费只与政府购买的现值有关，而与政府购买的融资是由税收筹集还是由债券筹集无关。

一些经济学家对李嘉图等价定理持否定或怀疑态度。这些经济学家所持的理由主要有：

(1)个人不一定有利他主义的遗产动机。一些经济学家发现，美国经济中的大部分财富最终被作为遗产而不是被其所有者消费掉。许多遗产很可能是无意产生的而不是有意识产生的，人们留下遗产很可能是因为他还没来得及花完自己的全部财富就意外地死亡了。

(2)资本市场的不完全。最简单的也是最富有挑战性的对李嘉图等价定理失效的解释是资本市场不完全的存在。对于那些对未来的效用贴现率较高或期待快速增加收入的家庭来说，最优的消费路径是在年轻的时候通过在金融市场上借贷使其消费大于收入。然而，拖欠和破产的可能性可能会阻止这些家庭为了当前的消费而借贷。在这种情况下，最优的策略是花掉所有的当前收入，不保留任何资产。

(3)税收负担的永久延期。如果今天的财政赤字要求在未来有较高的税收，李嘉图等价定理便可以成立。但是，事实上，政府从来不必偿清他的债务。当政府减税并造成预算赤字时，它可能无限期地延长其税负。

(4)扭曲的税收。李嘉图等价定理是建立在一次总付的税收的假设之上的。如果税收是扭曲的，那么税负延期就会影响激励并由此而影响经济主体的行为。这些微观经济扭曲可能会对宏观经济产生大量的影响，使李嘉图等价成为经济现实的一个不真实的写照。

(5)收入的不确定性。另一个导致李嘉图等价定理失效的原因是政府债务可能会改变消费者对他们所面临的风险的认知。一个简单的公理是，税收是对收入的课征，而未来收入是不确定的。因此，当政府今天减税，发行公债，并在未来提高所得税来偿债时，消费者预期的终身收入并没有变化，但是他面临的不确定性减少了。如果消费者具有预防性储蓄动机，那么这种不确定的减少会刺激当前的消费。换句话说，消费者按照比政府债券利率更高的比率来贴现有风险的不确定的收入和不确定的未来税收；因此，税负延期会鼓励人们当前花费。

第二节　税收的平滑化

最优的财政政策不一定就是政府收支平衡的政策。一些经济学家认为，在有些情况下，最优的财政政策可能要求政府预算有赤字或盈余。那么，如何最优地选择赤字或政府债务？根据巴罗的研究，[①]预算赤字或盈余具有降低税收扭曲的作用。由于高税率会削弱人们从事经济活动的激励，从而造成社会损失；税率越高，税收造成的社会成本就可能越大。因此，保持税率相对稳定而不是使税率时高时低，即保持税收的平滑化（tax smoothing），将会使税收的社会成本最小化。

巴罗认为，政府的最优赤字选择问题类似于持久收入假说中家庭所面临的选择问题。政府希望在其财政收入的现值不小于一定水平的约束下，最小化由提高税收收入所导致的扭曲的现值。由于提高税收的边际扭曲成本是递增的，所以政府选择税收的平滑路径。在确定性条件下和不确定性条件下，政府对税收平滑化的选择（实际上是对税率的选择）是不同的。

一、确定性条件下的税收平滑化[②]

考虑一个离散时间的经济，产出 Y、政府购买 G 和实际利率 r 的路径是外生给定的并且是一定的。为了简化，假设实际利率不变，并假定存在一些未清偿的政府债务的初始存量 D_0。政府打算选择一种满足其预算约束的税收 T 的路径，同时最小化由税收产生的扭曲成本的现值。根据巴罗的分析，这里只假设增加数量为 T_t 的税收的扭曲成本由下式给出：

$$C_t = Y_t f\left(\frac{T_t}{Y_t}\right),\quad f(0)=0,\quad f'(\cdot)>0,\quad f''(\cdot)>0 \qquad (11.21)$$

① Barro, Robert J. (1979), "On the determination of public debt." Journal of Political Economy 87, October.

② Cf: Romer, David (2000), Advanced Macroeconomics, second edition, The McGraw-Hill Companies, Inc., pp. 542－544.

这里，C_t 是 t 时期的扭曲成本。这个方程意味着，扭曲－产出比是税收－产出比的函数，并且，扭曲－产出比上升的比例要大于税收－产出比上升的比例。

政府所面临的问题是，在满足整个预算约束的条件下，如何选择税收路径去最小化扭曲成本的现值。形式上，这个问题就是：

$$\min_{T_0,T_1\cdots}\sum_{t=0}^{\infty}\frac{1}{(1+r)^t}Y_t\mathrm{f}\left(\frac{T_t}{Y_t}\right) \tag{11.22}$$

约束条件是：

$$\sum_{t=0}^{\infty}\frac{1}{(1+r)^t}T_t = D_0+\sum_{t=0}^{\infty}\frac{1}{(1+r)^t}G_t \tag{11.23}$$

考虑到政府在 t 期通过减少数量为 ΔT 的小额税收而在 $(t+1)$ 期增加数量为 $(1+r)\Delta T$ 的税收，其他各期的税收保持不变。这种税收变化并不影响政府税收收入的现值。因此，如果政府最初打算满足其预算约束的话，那么在这种变化之后，政府将继续满足这种预算约束。并且，如果政府的初始政策是最优的，那么，这种变化对其目标函数的边际影响必定为零，即这种变化的边际收益（MB）与边际成本（MC）必定相等。

这种变化的收益是它在 t 期减少了扭曲。具体而言，(11.23)式意味着扭曲的现值的边际减少量是：

$$\begin{aligned} MB &= \frac{1}{(1+r)^t}Y_t f'\left(\frac{T_t}{Y_t}\right)\frac{1}{Y_t}\Delta T \\ &= \frac{1}{(1+r)^t}f'\left(\frac{T_t}{Y_t}\right)\Delta T \end{aligned} \tag{11.24}$$

这种变化的成本是在 $(t+1)$ 期增加了扭曲。根据(11.23)式和在 $(t+1)$ 期税收提高了 $(1+r)\Delta T$ 的事实，扭曲现值的边际增加量为：

$$\begin{aligned} MC &= \frac{1}{(1+r)^{t+1}}Y_{t+1}f'\left(\frac{T_{t+1}}{Y_{t+1}}\right)\frac{1}{Y_{t+1}}(1+r)\Delta T \\ &= \frac{1}{(1+r)^t}f'\left(\frac{T_{t+1}}{Y_{t+1}}\right)\Delta T \end{aligned} \tag{11.25}$$

通过比较(11.24)式和(11.25)式可以看出，边际收益与边际成本相等的条件是：

$$f'\left(\frac{T_t}{Y_t}\right)=f'\left(\frac{T_{t+1}}{Y_{t+1}}\right) \tag{11.26}$$

这个条件要求：

$$\frac{T_t}{Y_t}=\frac{T_{t+1}}{Y_{t+1}} \tag{11.27}$$

这就是说,税收作为产出的一部分,即税率,必须保持不变。也就是说,由于较高的税收产生的边际扭曲成本递增,平滑的税收将使扭曲成本最小化。更确切地说,由于提高每单位税收收入的边际扭曲成本在税率中是递增的,所以平滑的税率使扭曲成本最小化。

二、不确定性条件下的税收平滑化①

现在把上述分析加以扩展,考虑到政府购买路径存在不确定性。现在政府面临的新问题是,最小化由提高税收收入而产生的扭曲的预期现值。政府的预算约束和以前相同,即税收收入的现值必须等于初始债务加上政府购买的现值。

采用类似于在确定性条件下所使用的方法来分析这个新问题。给定 t 期可利用的信息,考虑到政府在这个时期从其计划选择的税收额中减少数量为 ΔT 的少量税收。在信息给定的条件下,为了继续满足其预算约束,政府在 $(t+1)$ 期将把其所选择的税收增加 $(1+r)\Delta T$。如果政府要达到最优化,这种变化不会影响扭曲的预期现值。与推导(11.26)式的条件一样,这个最优化的条件是:

$$f'\left(\frac{T_t}{Y_t}\right)=E_t\left[f'\left(\frac{T_{t+1}}{Y_{t+1}}\right)\right] \tag{11.28}$$

这里的 $E_t[\cdot]$ 表示在给定 t 期可利用信息的条件下的期望值。这个条件表明,获得税收收入的边际扭曲成本的变化是无法预期的。

当扭曲成本 $f(\cdot)$ 是二次型的时候,$f'(\cdot)$ 是线性的。因此:

$E_t\left[f'\left(\frac{T_{t+1}}{Y_{t+1}}\right)\right]=f'\left[E_t\left(\frac{T_{t+1}}{Y_{t+1}}\right)\right]$,(11.28)式就变成:

$$f'\left(\frac{T_t}{Y_t}\right)=f'\left[E_t\left(\frac{T_{t+1}}{Y_{t+1}}\right)\right] \tag{11.29}$$

这个式子要求:

$$\frac{T_t}{Y_t}=E_t\left[\frac{T_{t+1}}{Y_{t+1}}\right] \tag{11.30}$$

这个方程表明,税率的变化是无法预期的,即税率服从随机游走。

这个模型意味着,如果政府购买作为产出的一部分是随机行走的话,就不会出现赤字:在这种购买行为下,平衡预算政策使得税率遵循随机行

① Cf: Romer, David(2000), Advanced Macroeconomics, the second edition, The McGraw-Hill Companies, Inc., pp. 544 – 545.

走。因此,这个模型说明,当政府购买与产出的比率预期要发生变化时,将会出现财政赤字或盈余。

第三节 政府赤字的影响

一般的规律是,在经济萧条和战争时期,政府的赤字会增加。政府弥补赤字的主要途径是发行债券和货币。因此,赤字对经济的影响可以通过考察国民收入、政府支出、公债和货币的效应来进行综合分析。

赤字和政府债务的关系可以用(11.31)式表示:

$$D_{t+1} = D_t + G_t + F_t + rD_t - T_t \tag{11.31}$$

其中,D 表示政府债务,G 表示政府购买支出,F 表示政府转移支付,T 表示政府税收,r 表示利率,t 表示时期。

首先,赤字与利率的关系。

根据 $IS-LM$ 模型,政府赤字增加无论是由增加政府支出引起的还是由减税引起的,都会引起 IS 曲线右移;其结果将提高利率和增加国民收入。也就是说,从理论逻辑来看,赤字与利率是同方向变化的。但是,从一些发达国家的经验数据来看,赤字与利率之间的关系是不确定的。如果赤字是由经济不景气引起的,政府预算赤字增加时,实际的利率可能是下降的。因为在经济衰退或萧条时期,投资需求和货币需求都很低,尤其是存在流动偏好陷阱时,利率是走低的。如果存在超额赤字或巨额赤字,人们会提高对未来赤字或债务负担的预期,由此可能会提高利率。

其次,赤字与通货膨胀的关系。

一些国家的经验证据表明,超级通货膨胀(hyperinflation)的初始原因往往是政府预算赤字。当预算入不敷出且由于信誉问题又不能从公众那里借到钱时,政府就会采用一种简单的办法为赤字融资,这就是多印钞票。于是,货币供给的过快增长导致通货膨胀加速。

一些经济学家还认为,债务规模过大会鼓励政府创造通货膨胀。因为大部分政府债务是按名义项目规定的,所以,当物价水平上升时,债务的实际价值将减少,未预期到的通货膨胀将引起财富在债权人和债务人之间的再分配,政府作为公债的债务人将从中获得好处。

最后,赤字的成本。[①]

① Cf: Romer, David(2000), Advanced Macroeconomics, the second edition, The McGraw-Hill Companies, Inc., pp. 572-576.

大卫·罗默从“可持续赤字”和“不可持续赤字”两个不同的角度讨论了赤字的影响。

1. 可持续的赤字的影响

超额赤字最明显的成本是造成对税收平滑性的偏离。如果税率低于预期的政府预算约束被满足所需的水平，那么，预期的未来税率会高于现期的税率。这意味着，由提高税收收入所导致的扭曲成本的预期贴现值将是不必要地高的。

如果不存在李嘉图等价的条件，赤字可能具有较大的福利效应。因为赤字会提高总消费并因此会减少经济的未来财富。但是，对赤字所产生的福利效应进行估计是十分困难的。其理由有三：

第一，要想获得赤字对消费、资本、外国资产保有量等这些变量的路径所产生的影响的估计，就需要估计对李嘉图等价的偏离程度。在这方面，经济学家们只能做出大致的估计与分析。

第二，福利效应不仅依存于偏离李嘉图等价的大小，而且也依存于偏离产生的原因。例如，假设由于流动性约束使李嘉图等价不成立。这意味着，相对于未来消费的边际效用，现期消费的边际效用是较高的，因而，存在现期消费的更大利益。在这种情况下，保持一种高于与税收平滑性相一致的赤字水平的赤字会增加福利。

第三，赤字具有分配效应。偿还新债所需的一部分税收落在未来的一代人身上，赤字则在未来的和现在的人之间再分配。此外，从某种程度上说，赤字减少资本存量，它们降低了工资并提高了实际利率，从而产生了由工人向资本家的利益再分配。由于工人一般比资本家贫困，这种再分配往往是不合适的。收入由未来的人向现代人进行再分配就更为复杂。一方面，未来的人可能比现代人得到更大的改善，如果是这样，再分配就是有益的。另一方面，如果现在的储蓄过低，高的报酬率就足以使收入由现在活着的人向未来的人的再分配变得合适了，这意味着由未来的人向现代人的再分配可能是不合意的了。

2. 不可持续的赤字的效应

政府常常遵循那种不可维持的财政政策路径。例如，它们时常追求永久地提高债务与 GDP 比率的政策。由于这种政策无法持续下去，政府或迟或早会放弃这种政策。问题是，这种政策停止可能是突然的并且是不可预期的。由此会诱发危机，危机会涉及财政政策的急剧紧缩，总需求的大幅度下降，资本与外汇市场的连锁反应，以及政府债务的延期偿还。

危机的可能性造成了额外的赤字成本。延期偿还是由债券持有人向纳税人的一项转移支付,这是由较富有的个人向较贫困的个人的转移支付。延期还债减少了政府在未来必须增加的税收收入的数量。由于增加税收会产生扭曲,因此延期还债不仅导致转移支付而且改善效率。

危机可能会大幅度提高外国产品的价格,这将导致一些最重要的成本。当预算赤字急剧下降时,资本项目盈余也可能急剧下降。即经济将可能从外国人购买大量的该国资产的状态转变到少买或不买该国资产的状态。这意味着贸易收支快速地转向盈余,为使这种情形发生,必定要求真实汇率的大幅度贬值。

这样的贬值会通过几种途径减少福利。首先,外国商品的实际价格的上升会直接减少该国的福利。其次,贬值倾向于提高出口部门与进口竞争部门的产出,因此减少其他部门的产出。这会导致劳动和其他投入在部门之间的重新配置。由于重新配置不是瞬间完成的,结果将引起失业及其他资源闲置的暂时性上升。最后,贬值可能会提高通货膨胀。由于个人购买一些外国产品,贬值会提高生活成本并对工资造成上涨的压力。此外,由于一些投入品是进口的,贬值提高了厂商的成本,这会起加强通货膨胀的作用。真实贬值是一种不利的供给冲击。

危机的一些其他主要成本来源于这样的事实,即它们分割了资本市场。政府的债务拖欠、递减的资产价格以及下降的产出可能使许多厂商与金融中介机构破产。此外,由于企业与中介机构的债务常常以外币表示,真实的贬值会直接使金融形势恶化,并因此进一步加剧破产。破产导致了把那些资本和其他资源用于最具生产性用途的信息与长期关系的损失。即便厂商及其他中介机构没有因危机而破产,金融状况的恶化也会扩大金融市场不完善的效应。

危机还会产生其他成本。由于危机是不可预期的,试图遵循一种不可持续的政策会增加经济活动的不确定性。债务拖欠与债务偿还的失败会减少政府在未来的借债能力。最后,危机会导致有害的政策,诸如广泛的贸易限制、超级通货膨胀和非常高的资本税率。

第四节 财政政策与内生增长

这一节主要考察在一个内生经济增长模型中,什么样的财政政策是最优的?

考虑这样一个无限界的模型,在这个模型中,生产商品的技术由规模报酬不变的生产函数 $F(k_t, h_t l_{1t})$ 给出，其中 k_t 表示 t 期的物质资本存量，h_t 表示 t 期的人力资本存量，l_{1t} 表示 t 期对商品生产的劳动投入。t 期的人力资本投资由 $h_t G(l_{2t})$ 给出，其中 l_{2t} 表示对人力资本积累的劳动投入，G 是一个递增的凹函数。这个经济的资源约束是：

$$c_t + g + k_{t+1} = F(k_t, h_t l_{1t}) + (1 - \delta_k) k_t \tag{11.32}$$

以及

$$h_{t+1} = h_t G(l_{2t}) + (1 - \delta_h) h_t \tag{11.33}$$

其中，c_t 是私人消费，g 是外生给定的政府消费，δ_k 和 δ_h 分别是物质资本和人力资本的折旧率。

消费者的偏好由下式给出：

$$\sum_{t=0}^{\infty} \beta^t c_t^{1-\sigma} v(l_{1t} + l_{2t}) / (1 - \sigma)$$

其中 v 是一个递减的凸函数。政府消费由对商品生产部门的劳动和资本所得征收的比例税和债务来融资。令 τ_t 和 θ_t 分别表示劳动所得税和资本所得税的税率。政府债务是 1 期的。令 b_{t+1} 表示 t 期发行的债券数量，$R_{bt} b_t$ 表示 t 期偿还的债务数量。消费者的预算约束为：

$$c_t + k_{t+1} + b_{t+1} \leqslant (1 - \tau_t) w_t h_t l_{1t} + R_{kt} K_t + R_{bt} b_t \tag{11.34}$$

其中，$R_{kt} = 1 + (1 - \theta_t)(r_t - \delta)$ 是税后和折旧后的资本总收益，r_t 和 w_t 分别是资本和劳动的税前收益。在这里，人力资本积累是一种非市场活动。消费者面临的问题是，在(11.33)和(11.34)式给定的条件下，如何选择消费、劳动、物质资本、人力资本和政府债券持有量的序列来最大化其效用。假定消费者的债券持有量的上下限为常数。竞争性定价保证要素投入的报酬等于其边际产品，即：

$$r_t = F_k(k_t, h_t l_{1t}) \tag{11.35}$$

$$w_t = F_l(k_t, h_t l_{1t}) \tag{11.36}$$

令 $x_t = (c_t, l_{1t}, l_{2t}, k_t, h_t, b_t)$ 表示 t 期对消费者的配置，令 $x = (x_t)$ 表示 t 期对所有经济主体的配置。政府的预算约束是：

$$b_{t+1} = R_{bt} b_t + g - \tau_t w_t h_t l_{1t} - \theta_t (r_t - \delta) k_t \tag{11.37}$$

令 $\pi_t = (\tau_t, \theta_t)$ 表示 t 期政府的政策，令 $\pi = (\pi_t)$ 表示政策的无限序列。给定初始债务存量 b_{-1} 和初始资本存量 k_{-1}。竞争性均衡按照通常的方式来定义。这样可以有下列命题：

命题 1 在一个竞争性均衡中，消费配置、劳动配置、物质资本和人力资本配置，资本税率以及 0 期债券报酬满足(11.32)和(11.33)式，并且：

$$\sum_{t=0}^{\infty}\beta^{t}c_{t}U_{ct}=A_{0} \tag{11.38}$$

其中，

$$A_{0}=U_{c0}\{[1+(1-\theta_{0})(F_{k0}-\delta)]k_{0}+R_{b0}b_{0}\}-U_{l0}\left[l_{10}+\frac{1-\delta_{h}+G(l_{20})}{G'(l_{20})}\right]$$

而且，给定任何配置和满足(11.32)、(11.33)和(11.38)式的0期政策，以及

$$\frac{U_{lt}}{h_{t}G'(l_{2t})}=\frac{\beta U_{lt+1}}{h_{t+1}G'(l_{2t+1})}[1-\delta_{h}+G(l_{2t+1})]+\frac{\beta U_{lt+1}l_{1t+1}}{h_{t+1}} \tag{11.39}$$

我们能够确定构成一个竞争性均衡的政策、价格和债券持有量，连同给定的配置和0期的政策。

拉姆塞(Ramsey)问题是在(11.32)、(11.33)、(11.38)和(11.39)式约束下最大化消费者的效用。在任何竞争性均衡中，人力资本积累的欧拉方程没有被扭曲。因此，对于人为配置来说，不存在任何能够使人力资本积累的欧拉方程成立的税收工具。相反，对于人为配置来说，可以通过适当地选择资本所得税使人力资本的欧拉方程得以成立。这种税收制度的不完善意味着，未被扭曲的人力资本积累的欧拉方程是对竞争性配置集的约束。于是，又得到下列命题：

命题2 假设拉姆塞配置收敛于平衡增长路径。在这样的平衡增长路径上，所有的税收都为零。

上述结论不意味着政府消费与产出的比率趋于零。因为这个模型可以进一步扩展。考虑到这样一种环境，在这种环境中，政府选择最优的政府消费路径。假设时期效用函数由$U(c_1,l_1+l_2)+V(g)$给出，其中V是政府消费的增函数。在这里，政府面临的问题是既要选择税率又要选择政府消费来使消费者效用最大化。可以分两步来解这个问题：第一步，把政府消费看做是外生的，税率是最优选择的；第二步，政府消费是最优选择的。由于$V(g)=ag^{1-\sigma}/(1-\sigma)$，这容易说明，沿着平衡增长路径，政府消费在产出中占有一个固定的比例。

第五节 结束语

本章从界定政府预算约束开始，讨论了政府赤字和债务对经济的影响。大多数西方经济学家认为，政府预算赤字最重要的影响是短期可以刺激总需求的增加，长期则会导致资本存量减少，政府债务政策会通过不

同的途径和方式对经济产生影响。既然过多的政府赤字和债务以及赤字和政府债务产生的方式不适当会增加社会成本，那么，如何最优地选择赤字或政府债务呢？巴罗等人的建议是，政府应当尽量保持税收的平滑化性。本章最后讨论了在一个内生经济增长模型中，什么样的财政政策是最优的？这个问题的基本结论是，如果要保持经济的平稳增长，政府消费应当在总产出中占有一个固定的比例。

自从凯恩斯"革命"打破了平稳预算的政府理财思路以来，政府支出依靠什么方式来融资是最优的？什么样的政府赤字和债务规模是适当的？政府赤字和债务通过什么途径或方式对经济产生影响？它们对经济可能会产生什么样的影响？这些问题一直是西方经济学家们着力探讨和争论不休的问题。从目前来看，西方经济学家们虽然在有些问题上达成了基本的共识，但是分歧还是主要的，尤其是在新古典主义和新凯恩斯主义学者之间。在财政政策的相关问题上，经济学家们要取得意见一致看来是不太可能的。因为不同的经济学家对政府和市场的基本信念不同，经济学家们代表的利益集团不同。这也是政府干预论和自由放任论持续并存的一个基本原因。

20 世纪 70 年代以来，西方经济学家在宏观经济学领域争论得最多的一个话题可能就是"李嘉图等价定理"。政府税收和债务的经济后果究竟是相同还是不同？不同学派经济学家之间还存在较大的分歧。在围绕这个定理（或者称为"命题"）展开的争论中，我们不难发现，许多争论是由于研究者的假设前提不同：有些学者从利他主义出发，有些学者则从人的利已动机出发；有些学者以理性预期为基础，有些学者则以适应性预期或近似理性预期为基础；有些学者假设信息是完全的，有些学者则认为信息是不完全的或信息是粘性的；……我们认为，李嘉图等价定理能否成立，是受多种条件制约的。很显然，在充分就业和非充分就业条件下，政府增加税收和扩大债务规模的后果是不同的；在经济发展的不同阶段，政府税收和债务的经济后果也是不同的。政府税收和债务的效果如何，既取决于政府行为的动机和方式，也取决于单个消费者和单个生产者的行为方式或他们对财政政策的反应方式。所以我们不能简单地、不加分析地对李嘉图等价定理持完全肯定的态度或完全否定的态度。

财政政策通过什么样的方式来影响经济增长？一些新（内生）增长理论经济学家对这个问题进行了研究。这些研究实际上关注的是政府在经济增长中应当处于什么样的地位，应当发挥什么样的作用，政府应当通过什么途径、什么方式来影响经济增长和经济增长的方式。我国正在向社会主义市场经济迈进,政府在现阶段的经济生活中还必须起相当大的作用,西方经济学家在这些问题上的研究成果对我们是有借鉴和参考价值的。我们应当积极关注这方面的研究成果。

本章参考书目

1. Allan Drazen, Political Economy in Macroeconomics. Princeton University Press, 2000, ch14.

2. David Romer, Advanced Macroeconomics. Second Edition. McGraw-Hill Companies, Inc, 2000, ch11.

3. P. Evans, "Is Ricardian Equivalence a Good Approximation?" Economic Inquiry, 1991, 29: 626 - 644.

4. Harold L. Cole, Timithy J. Kehoe, "Self-Fulfilling Debt Crises". The Review of Economic Studies, 2000, 67:91 - 116.

5. N. G. Mankiw, "The Growth of Nations". Brookings on Economic Inquiry, 1995(1):275 - 326.

6. N. G. Mankiw, "The Permanent Income Hypothesis and the Real Interest Rate". Economics Letters, 1981, 7:307 - 311.

7. J. B. Taylor and M. Woodford. Handbook of Macroeconomics. Elsevier Science B. V, 1999.

8. Olivier Jean Blanchard, "Debt, deficits, and Finite Horizons". Journal of Political Economy, 1985, 93:223 - 247.

9. Olivier Jean Blanchard & Stanley Fischer, Lectures on Macroeconomics. The MIT Press, 1989, ch3.

10. Robert J. Barro, "Are Government Bonds Net Wealth? " Journal of Political Economy, 1974, 82:1095 - 1117.

11. Robert J. Barro, "On the Determination of the Public Debt". Journal of Political Economy, 1979, 87:940 - 971.

12. Robert J. Barro, Macroeconomics. Fifth Edition. The MIT Press, 1997, ch12 - 14.

13. Robert E. Hall & John B. Taylor. Macroeconomics. Fifth Edition. W. W. Norton & company, Inc. 1997, ch13.

14. Rudiger Durnbush, Stanley Fischer & Richard Startz. Macroeconomics. Ninth Edition McGraw-Hill Companies, Inc, 2004.

15. Torsten Persson and Guido Tabellini. Macroeconomic Policy, Credibility and Politics, OPA (Overseas Publishers Association) N. V, 1990.

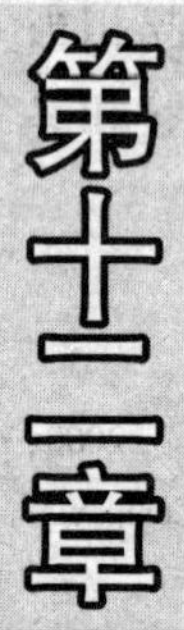

第十二章 货币政策

货币政策一般以利率为中介目标作用于经济活动。本章的分析就是从利率的期限结构开始。是相机决策还是遵循固定规则,一直是经济学家们争论的话题,本章用较多篇幅讨论在货币政策上的争论。本章最后分析有关货币政策实施方面的一些问题。

第一节 货币政策与利率的期限结构

现代的货币政策越来越多地使用利率作为中介目标,这些利率一般是短期利率。持有货币并不能获得任何收益,短期利率衡量了经济中持有货币的机会成本,这就是为什么利率会影响经济主体对货币的需求,同时,在这种效应之下,利率的变化会引起经济主体对货币政策的变化做出反应。

然而,我们不仅要关心短期利率,也要关心长期利率。这是因为,只有长期利率才能影响经济的总支出的决策,从而影响经济的总需求。换句话说,短期利率并不能直接影响经济的总需求,它只有通过影响长期利率才能对总需求产生影响。这意味着,以短期利率为工具的货币政策要产生影响,必须能够影响长期利率。这种关于短期利率和长期利率之间的关系,就叫做利率的期限结构。

关于利率的期限结构的理论有很多种,其中最有代表性的一种是利率期限结构的预期理论,利用期限结构的预期理论可以很方便地分析货币政策与期限结构之间的关系。

简单地说,利率期限结构的预期理论认为,长期的名义利率取决于对未来短期利率的预期。然而,未来的货币政策影响未来的短期名义利率,因此,预期理论就在货币政策与利率的期限结构之间建立起了一种理论关系。

这一节的目的是分析货币政策的执行如何决定了利率的期限结构。沃尔什(C. E. Walsh,2003)给出了一个关于利率的期限结构与货币政策之间关系的很好的综述,下面模型的构建和分析主要参照了他的这一论述。

一、利率期限结构的预期理论

基本的利率期限结构的预期理论是由考克斯(J. C. Cox)、英格索尔(J. E. Ingersol)和罗斯(S. A. Ross)(1985)、希勒(R. J. Shiller,1990),以及坎贝尔(J. Y. Campell)和希勒(1991)发展起来的,他们分别给出了关于利率的期限结构的系统性的论述。

利率的期限结构理论认为,在均衡的确定性[①]情况下,长期利率等于短期利率在对等期间内的期望值。也就是说,n 期利率(长期利率)等于当前短期利率和预期在未来 n 期内可行的短期利率的平均值。这个关系可以用下面的式子表示:

$$(1+i_{n,t})^n=\prod_{i=0}^{n-1}(1+i_{t+i}) \tag{12.1}$$

其中,$i_{n,t}$ 表示 n 期折价债券在时刻 t 的名义到期收益,i_t 为一期利率。

为了理解这一点,我们假设有一个理性的投资者,他拥有 1 美元。现在他决定在 n 期内将这 1 美元投资出去,比如说购买债券,他有两种选择:其一,他可以在当期就购买一种 n 期债券,这种债券将在 n 期后统一结算;其二,他可以分散地在每一期,将这 1 美元投入到一系列的一期债券上。由于我们假设这个投资者是理性的,因此我们可以预期,在均衡的时候,这两种债券的收益是相同的,因为,如果两种收益不同的话,就存在套利的机会,理性的投资者一定会利用这个套利机会进行获利的,直到这个套利机会消失,即两种收益相等。这就是上面式子的经济含义。

由数学知识,我们知道,当 i 较小的时候,有 $\ln(1+i)\approx i$,因此,对(12.1)式两边取对数,并经过如上近似,就可以得到下面的式子:

$$i_{n,t}=\frac{1}{n}\sum_{i=0}^{n-1}i_{t+i} \tag{12.2}$$

又因为 n 期债券在一期之后就变成了$(n-1)$期债券,所以,我们也可以将(12.2)式写成差分的形式:

$$(1+i_{n,t})^n=(1+i_t)(1+i_{n-1,t+1})^{n-1} \tag{12.3}$$

---

① 在不确定的情形下,下面的有关结论不一定成立,但为了简单起见,我们这里忽略了这一点。

为了直观起见，现在，我们假设一种两期的情形，即 $n=2$。我们用 I_t 代表两期情形下的长期利率，因此，(12.3)式就变成了：

$$(1+I_t)^2=(1+i_t)(1+E_t i_{t+1}) \tag{12.4}$$

同样，通过取对数，这一式子就可以近似为：

$$I_t=\frac{1}{2}(i_t+E_t i_{t+1}) \tag{12.5}$$

也就是说，长期利率取决于当期短期利率和对未来短期利率的预期值。很显然，这一点对货币政策有着关键的含义。因为，货币政策影响短期利率，这样货币政策就通过影响短期利率影响了长期利率，我们也就在货币政策和利率的期限结构之间建立起了关系。

在应用中，我们常常定义两期情形下的一期远期利率：

$$f_t^1=\frac{(1+I_t)^2}{1+i_t}-1$$

如果利率期限结构的预期理论成立的话，那么，f_t^1 等于市场对于未来一期利率的预期。因此，从利率结构中推导出的远期利率常被用来反映关于对未来利率预期的信息。

二、货币政策与利率的期限结构

有了上面关于利率期限结构的预期理论，我们下面就可以用一个简单的包含了期限结构的预期理论的经济模型来说明，货币政策如何影响名义利率。经济的设定如下：

$$R_t=q_t \tag{12.6}$$

$$R_t=\frac{1}{2}[i_t-E_t\pi_{t+1}+E_t(i_{t+1}-\pi_{t+2})] \tag{12.7}$$

$$m_t-p_t=-ai_t+v_t \tag{12.8}$$

$$m_t=\gamma m_{t-1}+\varphi_t,\quad 0<\varphi<1 \tag{12.9}$$

其中，小写字母都表示原来变量的对数值，因此这是一个对数线性化模型，我们下面各节还会经常用到这种模型。(12.7)式反映了利率期限结构的预期理论；(12.8)式是货币需求方程式；(12.9)式是货币供给规则，代表货币政策。R_t 代表长期毛实际利率，q_t 是一个均值为 0 的随机变量，$\pi_t=p_t-p_{t-1}$，$(i_t-E_t\pi_{t+1})$ 是当前实际短期利率，$E_t(i_{t+1}-\pi_{t+2})$ 是预期未来实际短期利率，v_t 是一随机性冲击，φ_t 是控制误差。

整理得到下面的预期差分方程：

$$2aq_t=(1+a)p_t+E_t p_{t+1}-aE_t p_{t+2}-(1-\gamma)m_t+v_t \tag{12.10}$$

利用待定系数法可以求出短期利率的解。(12.10)式中出现的状态变量为 m_t、q_t 和 v_t,因此,我们猜测解的形式为:

$$p_t = b_1 m_t + b_2 q_t + b_3 v_t \tag{12.11}$$

将(12.11)式代入(12.10)式,得到价格水平的均衡解为:

$$p_t = \left(\frac{1}{1+a(1-\gamma)}\right)m_t + \frac{1}{1+a}(2aq_t - v_t) \tag{12.12}$$

将(12.12)式代入货币需求方程(12.8),得到短期利率的表达式:

$$i_t = -\left(\frac{1-\gamma}{1+a(1-\gamma)}\right)m_t + \frac{1}{1+a}(2q_t + v_t) \tag{12.13}$$

则两期情形下的长期利率 $I_t = \frac{1}{2}(i_t + E_t i_{t+1})$,可以用下式表示:

$$I_t = \frac{1}{2}\left[-\left(\frac{1-\gamma^2}{1+a(1-\gamma)}\right)m_t + \frac{1}{1+a}(2q_t + v_t)\right] \tag{12.14}$$

显然,这一式子表明了货币供给过程对长期利率的影响。这表现在 γ 对 I_t 的影响上。

三、经验应用

由于利率期限结构的预期理论在实践中的重要应用,对这个理论的实证检验也就成为了一个重要的问题。

我们可以发现,(12.5)式有着直接的实证意义。在式子两边同时减去 i_t,得到:

$$I_t - i_t = \frac{1}{2}(E_t i_{t+1} - i_t) \tag{12.15}$$

这说明,如果目前的两期利率高于一期利率,那么经济人肯定会预期一期利率将上涨,即 $I_t - i_t > 0$,意味着 $E_t i_{t+1} - i_t > 0$。

由于 $i_{t+1} = E_t i_{t+1} + (i_{t+1} - E_t i_{t+1})$ 总是成立,因此我们可以得到:

$$\frac{1}{2}(i_{t+1} - i_t) = I_t - i_t + \frac{1}{2}(i_{t+1} - E_t i_{t+1}) = a + b(I_t - i_t) + \theta_{t+1} \tag{12.16}$$

其中,$a = 0$,$b = 1$,而 $\theta_{t+1} = \frac{1}{2}(i_{t+1} - E_t i_{t+1})$ 是经济主体对未来短期利率的预期误差。如果预期是理性的,那么 $\theta_{t+1} = \frac{1}{2}(i_{t+1} - E_t i_{t+1})$ 应该与 t 时期的信息不相关,因此,对(12.16)式的估计可以使用最小二乘法,最小二乘法估计将会得到一致性的估计方程。

不过,很不幸的是,实证检验通常都拒绝了 $a = 0$ 和 $b = 1$ 的联合假设，关于 $b=1$ 的点估计值，通常也都显著地小于1。鲁德布什（G. D. Rudebusch，1995）和麦卡勒姆（B. T. McCallum，1994）对这类的实证证据进行了部分的总结。

利率和期限结构对货币政策的依赖性表明，对期限结构的实证研究应当取决于中央银行所实际采取的操作规则。因此，对于上面不尽如人意的实证检验结果，一般的解释是，政策的执行方式会影响实际观察到的长短期利率之间的关系以及利率对货币政策的反应方式。所谓政策的执行方式，指的是中央银行所采用的操作规则，比如是盯住利率还是盯住通货膨胀，等等。麦卡勒姆（1994）、鲁德布什（1995）、弗雷（J. C. Fuhrer，1996）以及鲍杜齐等人（P. Balduzzi，1998），对此类关系进行了研究。

鲁德布什（1995）发现，就3～12个月的期间而言，联储调整其目标（盯住联邦基金利率）的方式可以解释为什么长短期利率之差不能很好地预期长期利率的变动，如果3个月利率超过联储基金利率，那么（12.16）式就会预期基金利率会上涨，但是，在盯住基金利率的情况下，联储一般会将基金利率设定在一个预期可维持的水平上，这样，基金利率和其他利率之间的任何差别对基金利率的未来变动都毫无意义；弗雷（1996）提供了关于联储政策规则与长期利率表现之间关系的进一步的证据。鲍杜齐等人（1998）发现，在1989～1996年间，美国采取盯住基金利率的政策时，期限结构符合这样一种制度，即基金利率目标虽然变动较少，但是这些变动却可以部分地预测到。

关于这些发现的详细讨论，请参阅沃尔什（2003）的著作。

第二节 货币政策的时间不一致性

货币政策的规则和相机抉择之争是一个古老的议题。最现代的证据则似乎支持规则，这个证据由基德兰得（F. E. Kydland）和普雷斯考特（E. C. Prescott）（1977）首先以一种正式的方式提出来，巴罗（R. J. Barro）和弋登（D. B. Gordon）（1983）发展了这一论证。他们的基本思想是这样的，规则可能和动机是不相容的，如果政策是相机抉择的，那么经济主体就必须考虑政策制定者违反规则的各种动机。下面我们提供一个简单的模型来说明这些道理，我们的模型建构参照的是巴罗和弋登（1983）的分析框架。

巴罗和弋登（1983）分析的是低通货膨胀政策的时间不一致性。经济体的设定采用的是卢卡斯的意外供给曲线：

$$Y_t = Y^* + \alpha(\pi_t - \pi_t^e) \qquad (12.17)$$

其中,Y_t 代表 t 期的产出,Y^* 代表充分就业的潜在产出,也就是产出的自然率水平,π_t 和 π_t^e 分别代表 t 的实际通货膨胀率和 t 的预期通货膨胀率,$\alpha>0$ 为意外的通货膨胀($\pi_t - \pi_t^e$)的产出效应。为了简单起见,我们将产出的自然率水平标准化为0,并假设 $\alpha=1$,这样(12.17)式就变成:

$$Y_t = \pi_t - \pi_t^e \qquad (12.18)$$

假设政策制定者有一个大于自然率水平的产出目标水平 k,即 $k>0$(这里,0为标准化了的自然率水平)。为了达到这一目标需要一个出乎意外的通货膨胀。我们先写出政策制定者的损失函数:

$$L_t = \frac{1}{2}\pi_t^{\ 2} + \frac{b}{2}(k - Y_t) \qquad (12.19)$$

把(12.18)式代入上式,得:

$$L_t = \frac{1}{2}\pi_t^{\ 2} + \frac{b}{2}(k - \pi_t + \pi_t^e) \qquad (12.20)$$

其中,右边第一项是通货膨胀的成本,我们可以将它理解为所谓的改变价格的菜单成本。在这里,最优的通货膨胀率是0,因为,任何一个正的通货膨胀率都对政策制定者施加了一个正数的成本;参数 b 是制造意外的通货膨胀的收益系数,我们假设 $b>0$。

假设公众的预期是理性的,而且,公众是在政策制定者选择通货膨胀率水平 π 这一政策工具之前进行预期的。最小化政策制定者的损失函数,可以得到任意性选择下的最优通货膨胀率:

$$\pi_d = \frac{b}{2} \qquad (12.21)$$

在理性预期下,公众预期到了这一点,因此有:

$$\pi_t^e = \frac{b}{2} \qquad (12.22)$$

这样,经济的产出水平就为:

$$Y = 0 \qquad (12.23)$$

而政策制定者在任意通货膨胀率的选择中的损失为:

$$L_d = \frac{1}{2}\left[\left(\frac{b}{2}\right)^2 + bk\right] \qquad (12.24)$$

很显然,这一损失随着政策制定者的收益系数 b 的增大而增大,也随着目标产出水平和自然率产出水平之间的差额 k 的增大而增大。(12.21)和(12.23)式证实了基德兰得和普雷斯考特(1977)关于一个正的通货膨胀偏差的发现。在上面的简单例子中,政府宣称的通货膨胀目标是0,但实际上是$\frac{b}{2}$,故存在了一个$\frac{b}{2}$的通货膨胀偏差。在理性预期之下,政府一方面忍受通货膨胀之苦;另一方面又无法获得产出增加的好处,均衡的产出水平仍然是自然率水平 $Y=0$。

第三节　时间不一致性的解决

在这里,仍然以通货膨胀率政策为例,因此,不一致性的解决指的就是通货膨胀误差的解决。巴罗和弋登(1983)首先考虑了这个问题。他们强调了对政策制定者的声誉约束。为此,巴罗和弋登引入了"诱惑"与"强制"的概念。所谓"诱惑"指的是,偏离宣称的政策目标时能够获得的好处;所谓"强制"指的是,私人部门对进行欺骗的政策制定者施加的未来声誉成本。我们仍然用上面的简单模型来说明这些。

假设政府宣称一个零通货膨胀政策,且公众预期通货膨胀为零。这样,政策制定者将面临如下的预期损失函数:

$$E(L_t)=\frac{1}{2}\pi_t^2-\frac{b}{2}(k-\pi_t) \tag{12.25}$$

然后,政策制定者最小化这一损失函数,得到了任意性政策下的最优通货膨胀率$\frac{b}{2}$,这导致产出超过它的自然率水平:

$$Y_t=\frac{b}{2} \tag{12.26}$$

因此,欺骗性的通货膨胀政策的成本是:

$$L_{c,t}=-\frac{1}{2}\left[\left(\frac{b}{2}\right)^2-bk\right] \tag{12.27}$$

如果政策制定者坚持零通货膨胀的规则,那么通货膨胀的成本为:

$$L_{r,t}=\frac{1}{2}bk \tag{12.28}$$

我们定义诱惑为:$T_t=L_{r,t}-L_{c,t}$,则上面的分析显然意味着存在一个正的使偏离零通货膨胀规则的诱惑,这一诱惑的大小为:

$$T_t=\frac{1}{2}\left(\frac{b}{2}\right)^2 \tag{12.29}$$

然而,巴罗和弋登指出,我们忽略了这一欺骗的未来成本。通过在模型中引入声誉的约束,我们可以减小通货膨胀偏差。

为了实现声誉的约束,我们假设,如果政策制定者在 t 时期进行欺骗，那么在 $t+1$ 时期，公众将预期到任意性政策下的最优通货膨胀率。因此，强制成本主要在于提高了未来的通货膨胀预期。

强制成本的现值是实行任意性政策和按规则行事的损失之间差额的贴现。也就是：

$$E_t = \beta(L_{d,t+1} - L_{r,t+1})$$

其中，β 为贴现因子。

在零通货膨胀规则情形下，预期的强制成本为：

$$E_t = \beta \frac{1}{2}\left(\frac{b}{2}\right)^2 \tag{12.30}$$

因此，当存在对未来的贴现时，强制成本意味着将无法保证零通货膨胀规则是可信的。只有不存在对未来的贴现时，零通货膨胀规则才是可执行的。

当存在对未来的贴现时，存在一个最优的可执行规则，它可以通过使诱惑等于强制相等得到。令最优的通货膨胀规则为 π_b，我们先计算诱惑，这是 π_b 被预期并执行时的损失与 π_b 被预期但采用任意性政策时损失之间的差额。我们可以得到诱惑为：

$$T_t = \frac{1}{2}\left(\frac{b}{2} - \pi_b\right)^2 \tag{12.31}$$

强制成本为：

$$E_t = \beta \frac{1}{2}\left[\left(\frac{b}{2}\right)^2 - \pi_b\right]^2 \tag{12.32}$$

当诱惑（收益）大于强制（成本）的时候，政策制定者就有动机偏离原计划的均衡，任意使得强制大于诱惑的通货膨胀率都是可行的均衡，这是因为在强制大于诱惑的时候，政策制定者没有动机偏离原来的均衡。

联立（12.31）和（12.32）式得到两个解：

$$\pi_b = \begin{cases} \dfrac{b}{2} \\ \dfrac{b}{2}\left(\dfrac{1-\beta}{1+\beta}\right) \end{cases} \tag{12.33}$$

假设 $0<\beta<1$，则处于区间 $\left[\frac{b}{2}\left(\frac{1-\beta}{1+\beta}\right), \frac{b}{2}\right]$ 上的所有的通货膨胀率都是可执行的。也就是说，所有的可执行的通货膨胀率都不高于一次性任意性政策下（没有声誉的约束）的均衡的通货膨胀率 $\frac{b}{2}$。这样，在有声誉约束的情况下，通货膨胀偏差同样小于没有声誉约束的一次性均衡下的通货

膨胀偏差。

在 $0<\beta<1$ 时,最优的可执行规则是:

$$\pi_b=\frac{b}{2}\left(\frac{1-\beta}{1+\beta}\right) \tag{12.34}$$

它随着 β 的增加而递减,也就是说,中央银行给予未来的权重越高,可以维持的通货膨胀率就越低。

关于通货膨胀偏差问题之解决的方法不只有巴罗和戈登引进的触发策略下的声誉约束。由于假设中央银行设定的通货膨胀率可以使得通货膨胀的边际成本等于边际收益,所以,从理论上说,凡是可以使边际成本增加的方法都可以降低均衡的通货膨胀水平,我们上面引入的巴罗和戈登的方法是一个例证,声誉的约束使得多了一个强制的成本,这增加了通货膨胀的边际成本。

同样,我们可以假设一种厌恶通货膨胀的政策制定者,在这种情况下,通货膨胀的边际成本增加了。罗格夫(K. Rogoff,1985)第一次明确研究了中央银行(政策制定者)的最优偏好问题。斯温逊(L. E. O. Svensson,1997)将罗格夫的方法称为"权数保守主义",因为他的方法是在损失函数中赋予通货膨胀一个较大的权数。

降低通货膨胀偏差的另一种方法是把政策制定者看做是一个经理人,因此可以通过适当安排薪酬计划和其他合约来增加通货膨胀的边际成本。这在委托－代理的框架下得到了很多的讨论。罗格夫(1985)认为,将货币当局的预算与遵守规则的好坏程度挂钩,可以很好地推行政策规则;加芬凯尔(M. Garfinkel)和俄(S. Oh)(1993)建议通过立法惩罚那些未能实现目标的政策制定者来增强规则的执行;沃尔什(1995)认为,社会的问题可以看做是为政策制定者设计一个最优的激励机制,假设政府向中央银行的领导者提供一份状态依存的工资合约是确定最优激励机制的最为方便的方法。

对于合约方法的一种解释认为,可以将激励机制纳入到政策制定部门的制度结构中。不过,文献中大部分关于制度结构与通货膨胀关系的论述都关注不同的制度结构在抵抗政治压力方面的能力,这一分析的始作俑者是阿莱西纳(A. Alesina,1987)所提出的两党制下的政策模型。

合约方法关注的是政策制定者的动机,只要动机正确,在实际操作中存在灵活性是可以接受的。但另一种方法却是与此相反,它是通过限制政策灵活性来减少由任意性政策引起的种种问题。这就涉及各种各样的目标规则。

关于这一系列继巴罗和戈登之后发展起来的解决通货膨胀偏差的方法，沃尔什(2003)给出了一个详尽而完美的综述，有兴趣的读者可以自己去看。

第四节　货币政策的执行

关于货币政策执行的讨论集中在政策工具、操作目标、中间目标以及政策目标等方面。政策工具是指中央银行可以直接控制的变量，如准备金率和高能货币。中央银行通过操纵政策工具来影响预定的操作目标，如隔夜拆借利率、准备金额度等。政策目标是中央银行最终关心的目标，如就业水平、通货膨胀水平、经济增长水平等。中间目标介于操作目标和政策目标之间，比如利率、货币供给量和汇率等。

政策目标往往要经过很长的时间才能观测到它的变化，而中间目标的变化则很容易较快地观察到，因此中间目标的变化可以为中央银行提供关于政策目标变化的信息。

货币政策执行中的政策工具、操作目标、中间目标以及政策目标体现了从直接受中央银行控制的变量到最终目标的顺序。而政策设计的思路则刚好相反，政策设计首先要确定政策目标，得到与之相匹配的中间目标，然后得出实现中间目标所需的操作目标，最后寻找恰当的政策工具来实现所需的操作目标。

下面我们按照从工具到政策目标的顺序来介绍货币政策执行中的问题。主要的模型构建均参照沃尔什(2003)。

一、工具选择

我们用一个简单的对数化的 $IS-LM$ 模型来描述所要分析的经济体：

$$y_t = -\alpha i_t + u_t \tag{12.35}$$

$$m_t = y_t - c i_t + v_t \tag{12.36}$$

其中，各变量均表示原变量的对数值，即 y_t、i_t、m_t 分别是产出、利率和货币需求的对数。特别需要说明的，u_t 和 v_t 分别为对总需求和货币需求的随机扰动，它们的均值均为 0，方差分别为 σ_u^2 和 σ_v^2，为简单起见，我们还假设它们自身序列不相关以及彼此之间不相关。

假设经济当局的政策目标是最小化产出波动，这也就是，使产出偏差的方差最小化，如下式所示：

$$\min E\,(y_t)^2 \tag{12.37}$$

我们将所有的变量进行标准化处理，以使得在没有受到外在冲击的情况下，经济的均衡产出水平为零。

我们还假设，事件的时间先后顺序（timing）如下：在每一期的期初，中央银行设定利率水平 i_t 或货币供给水平 m_t，从而决定内生变量的值。

现在我们考虑政策制定者的不同的政策工具选择，通过考察它们对产出波动的影响，我们可以以此为标准来权衡最优的政策工具选择。

首先考虑货币变量工具，当政策制定者以货币存量作为政策工具时，由上面的 $IS-LM$ 模型，我们得到均衡的产出水平为：$y_t=\dfrac{\alpha m_t+cu_t-\alpha v_t}{\alpha+c}$。

使得 $E(y_t)=E\left(\dfrac{\alpha m_t+cu_t-\alpha v_t}{\alpha+c}\right)=0$，可以得到 m_t，将 m_t 反代回去，从而得到：

$$y_t=\frac{cu_t-\alpha v_t}{\alpha+c} \tag{12.38}$$

因为 u 和 v 不相关的假设，所以，在货币供给操作规则下，可以得到如下的政策制定者的目标函数值：

$$\min E\ (y_t)^2=\frac{c^2\sigma_u^2-\alpha^2\sigma_v^2}{(\alpha+c)^2} \tag{12.39}$$

现在考虑利率工具，当政策制定者以利率水平作为政策工具时，IS 曲线（12.35）式直接给出了均衡的产出水平：$y_t=-\alpha i_t+u_t$。

选择 i_t 使 $E(y_t)=0$，产出就等于 u_t，将此反代回去，因此，可以得到如下的政策制定者的目标函数值：

$$\min E\ (y_t)^2=\sigma_u^2$$

这样我们就可以利用各自的目标函数值之间的大小的比较来判断哪个政策工具是恰当的。显然，当且仅当下列条件满足时，利率工具优于货币供给工具：

$$\sigma_v^2>\left(1+\frac{2c}{\alpha}\right)\sigma_u^2 \tag{12.40}$$

上面给出了政策工具选择的一个最为简单的例子。它遵循了我们上述的政策设计的思路，即目标决定工具。

事实上，上面的分析讲述的是这样一个简单的事实：中央银行必须在观察到经济的扰动之前做出决定，且关于利率的信息可以随时得到，而关于产出的信息却不能。在这种情况下，中央银行在观测到利率的变动时无法离析出扰动的准确来源，那么，在最小化产出波动的目标下，中央银行就必须考虑这样一个问题，即为了达到目标，到底是应该维持利率的稳定还是维持货币存量的稳定。而这个问题就是我们所说的政策工具的选择问题。

当然，这个例子是相当简单的，它忽略了许多重要的因素，下面我们将进行一个比较一般化的分析。

二、政策规则

政策规则指的就是政策工具的设定方式。在上面的简单模型中，我们实际上忽略了政策规则的问题，因为我们直接给出了一个外生性的 m_t 的数值，而没有说明 m_t 的大小是如何决定的。换句话说，上面我们假设中央银行不依据其他任何的指标而直接决定 m_t，很显然，这并不符合实际经济的情况。在实际经济中，中央银行并不能够直接控制经济体的货币供给量，它能够直接控制的是货币基础 b_t，这个货币基础通过信用体系的货币乘数决定这个经济的货币总供给。因此，一个像下面那样的式子所表示的货币供给过程是更加符合实际的。这个货币供给过程也就是我们所说的政策规则，因为它刻画了作为政策工具的货币量 m_t 的设定和变化的方式：

$$m_t = b_t + hi_t + \omega_t \tag{12.41}$$

现在考虑这个政策规则的效应。很显然，在以利率水平为工具时，这个政策规则并不会对产出产生任何影响，因为 *IS* 曲线直接决定了均衡的产出水平，这个水平与货币量 m_t 无关。但是，在以货币存量作为政策工具时，产出则发生了变化，此时，

$$\min E\ (y_t)^2 = \frac{(c+h)^2\sigma_u^2 + \alpha^2(\sigma_v^2 + \sigma_\omega^2)}{(\alpha + c + h)^2} \tag{12.42}$$

这样，当且仅当下式满足的时候，利率工具才好于货币工具：

$$\sigma_v^2 + \sigma_\omega^2 > \left[1 + \frac{2(c+h)}{\alpha}\right]\sigma_u^2 \tag{12.43}$$

不过，(12.41)式所表示的政策规则仅仅是一个特例。事实上，我们还可以定义如下的一般性的政策规则：

$$b_t = \mu i_t \tag{12.44}$$

这个政策规则的含义是，中央银行会对利率冲击做出反应，即调整货币基础。很显然，μ 的符号和大小决定了具体的操作规则：当 $\mu = 0$ 时，这是货币基础规则，因为此时 $b_t = 0$，保持了一个不变的水平；当 $\mu = -h$ 时，这是货币供给规则，因为此时 $m_t = \omega_t$，货币量随机变化；我们还可以证明，当

$\mu=\infty$ 时,这是利率规则,因为此时 $i_t=0$,利率保持了一个不变的水平。

在一般的政策规则下,由(12.35)、(12.36)和(12.44)式,可以得到经济的均衡产出水平为:

$$y_t=\frac{(c+\mu+h)u_t-\alpha(v_t-\omega_t)}{\alpha+c+\mu+h} \tag{12.45}$$

此时的产出方差为:

$$\sigma_y^2=\frac{(c+\mu+h)^2\sigma_u^2+\alpha^2(\sigma_v^2+\sigma_\omega^2)}{(\alpha+c+\mu+h)^2} \tag{12.46}$$

则使方差最小的最优政策规则为:

$$\mu^*=-(c+h)+\frac{\alpha^2(\sigma_v^2+\sigma_\omega^2)}{\sigma_u^2} \tag{12.47}$$

因此,政策对利率扰动的具体反应方式,也就是具体的政策工具的选择,取决于三种随机扰动的方差的相对大小。

三、中间目标

为了说明政策的中间目标,我们用一个如上面那样进行了对数化了的简单的 *AD - AS - LM* 模型来刻画经济:

$$y_t=a(\pi_t-E_{t-1}\pi_t)+z_t \tag{12.48}$$

$$y_t=-\alpha(i_t-E_t\pi_{t+1})+u_t \tag{12.49}$$

$$m_t-p_t=m_t-\pi_t-p_{t-1}=y_t-ci_t+v_t \tag{12.50}$$

其中,(12.48)式是卢卡斯的意外总供给函数,(12.49)式是总需求函数,(12.50)式是货币需求函数。z_t、u_t 和 v_t 分别代表对总供给、总需求和货币需求的随机冲击,为了分析的方便,我们假设这三种随机冲击均遵守一阶白噪音过程,如下:

$$z_t=\rho_z z_{t-1}+e_t$$

$$u_t=\rho_u u_{t-1}+\varphi_t$$

$$v_t=\rho_v v_{t-1}+\varphi_t$$

假设政策当局使用利率水平 i 作为政策工具,而政策目标是所谓的通货膨胀目标制(Inflation Targeting),即,最小化对目标通货膨胀率的偏离,如下:

$$\min G=E(\pi_t-\pi_t^*)^2 \tag{12.51}$$

其中,π_t^* 是政策制定者预先设定的通货膨胀率的目标水平。

假设事件的时间先后顺序如下:政策制定者在观察到内生变量的滞后值之后、观察到当期冲击之前设定政策工具 i。这样的一个时间顺序的好处是,政策可以对滞后冲击做出反应,即有 $E_{t-1}\pi_t = E_t\pi_{t+1} = \pi^*$,这个结果可以很大地简化下面的计算。

联立(12.48)和(12.49)式,消去 y_t,得:

$$\pi_t = \frac{(a+\alpha)\pi^* - \alpha i_t + u_t - z_t}{a} \tag{12.52}$$

观察到冲击之前的政策制定可以参照当冲击可观察时的情形,也就是说我们可以按照冲击可观察时的最优政策设定方式来估计冲击不可观察时的最优政策设定。因此,我们首先假设冲击是可以观察到的,当冲击可观察时,$\pi_t = \pi^*$ 要求:$i^* = \pi^* + \frac{1}{\alpha}(u_t - z_t)$,因此,当冲击不可观察时,我们估计 i_t 的最优设定方式为:

$$\hat{i} = \pi^* + \frac{1}{\alpha}(\rho_u u_{t-1} - \rho_z z_{t-1}) \tag{12.53}$$

将(12.53)式代入(12.52)式,就得到了这一政策下的通货膨胀率:

$$\pi_t(\hat{i}) = \pi^* + \frac{1}{a}(\varphi_t - e_t) \tag{12.54}$$

此时的目标函数值为:

$$G(\hat{i}) = \left(\frac{1}{a}\right)^2(\sigma_\varphi^2 + \sigma_e^2) \tag{12.55}$$

上面的分析中事实上用到的是这样一种政策制定思路:先求出均衡价格水平关于政策工具的表达式,然后通过对目标函数值的评估来选择最优的政策工具设定。

在上面的例子中,还存在另一种政策设定的方式,即先求出目标通货膨胀率所需的货币供给,然后设定利率水平来实现这一货币供给水平。为了说明这种方式,我们可以联立(12.48)和(12.50)式,通过消去 i_t,得到:

$$y_t = \frac{\alpha}{\alpha + c}(m_t - \pi_t - p_{t-1} - v_t) + \frac{c}{\alpha + c}(u_t - \alpha\pi^*) \tag{12.56}$$

又由(12.48)式,就可以得到均衡的通货膨胀率:

$$\begin{aligned}\pi_t &= \pi^* + \frac{1}{a}\left[\frac{\alpha}{\alpha + c}(m_t - \pi_t - p_{t-1} - v_t) + \frac{c}{\alpha + c}(u_t - \alpha\pi^*) - z_t\right] \\ &= \frac{[a(c+\alpha) + ac]\pi^* + \alpha(m_t - p_{t-1} - v_t) + cu_t - (\alpha + c)z_t}{a(c+\alpha) + a}\end{aligned}$$

同样,我们先假设冲击是可观察的,和上面的思路一样,当冲击可观察时,$\pi_t = \pi^*$ 要求:$m_t = (1-c)\pi^* + p_{t-1} - \frac{c}{\alpha}u_t + (1 + \frac{c}{\alpha})z_t + v_t$。

因此可以估计，当冲击不可观察时，货币量 m 的最优设定方式为：

$$\hat{m}_t=(1-c)\pi^*+p_{t-1}-\frac{c}{\alpha}\rho_u u_{t-1}+\left(1+\frac{c}{\alpha}\right)\rho_z z_{t-1}+\rho_v v_{t-1} \tag{12.57}$$

可以证明，与实现 $\hat{m}_t$ 相称的利率就是 $\hat{i}$。

下面，为了说明中间目标，我们联系上述两种不同的政策设定方式。假设中央银行可以观察到 m_t，并对此做出反应。根据第一个政策设定方法，(12.50)式表明货币供给 $m_t=\pi_t(\hat{i})+p_{t-1}+\gamma(\hat{i})-c\hat{i}+v_t$，将(12.54)式代入(12.48)式，将得到的结果代入(12.53)式，并利用(12.54)式和(12.50)式联立的结果，可以得到：

$$m_t(\hat{i})=\hat{m}_t-\frac{e_t}{a}+\frac{1+a}{a}\varphi_t+\phi_t \tag{12.58}$$

这样，观察到 m_t 相对于 $\hat{m}_t$ 的偏差就可以反映冲击的情况，这一信息可以用来调整利率以使通货膨胀率更接近目标值。通过对货币供给做出反应，使 m_t 保持 $\hat{m}_t$ 的目标水平，我们可以实现使通货膨胀率保持在目标水平 π^* 的目的。

因此，货币供给量 m_t 就成为了一个中间目标。

第五节　结　束　语

西方经济学家在货币政策上的争论主要集中在这样几个方面：(1)货币政策应当是规则的还是相机抉择的？(2)货币政策的中间目标和最终目标应当是什么？或者如米尔顿·弗里德曼所说，中央银行能控制什么，不能控制什么？(3)货币政策在稳定经济(物价)方面是有效的还是无效的？这些争论很大程度上都是由理性预期学派和在此基础上发展起来的新古典宏观经济学挑起的。

本章第一节主要讨论货币政策与利率的期限结构的关系。一般来说，以短期利率为工具的货币政策要产生影响，必须能够影响长期利率。因为货币政策只有通过影响长期利率才能对总需求产生影响。利率期限结构的预期理论认为，长期利率取决于当期短期利率和对未来短期利率的预期值，货币政策就通过影响短期利率来影响长期利率，从而对经济产生影响。

第二节和第三节讨论了货币政策的时间(或动态)不一致性问题以及经济学家们就如何解决这个问题所提出的种种思路(或理论)。可以说,自 1977 年基德兰得和普雷斯考特提出这个问题之后,它就成为此后货币理论和货币政策研究的一个热点问题。与这个问题相关的另一个热点问题是对中央银行独立性与货币政策效果的关系的研究。

本章最后一节主要讨论货币政策实施中的一些理论和技术问题,如中央银行的政策工具、操作目标、中间目标和政策目标等。不难看出,西方经济学家们在对这些问题的认识上,深受货币主义(尤其是米尔顿·弗里德曼)和理性预期学派观点的影响,凯恩斯思想的影响则越来越被淡化了。

本章参考书目

1. Alesina, A., Macroeconomic Policy in a Two-Party System as a Repeated Game, Quarterly Journal of Economics, 102(3), Aug. 1987, 651-678.

2. Nowaihi, A., and D., Garratt, The New Political Macroeconomics, Department of Economics, University of Leicester, Discussion Papers in Economics Series, 98/5, 1998.

3. Balduzzi, P. (et al), Interest Rate Targeting and the Dynamics of Short-Term Rates. Journal of Money, Credit, and Banking, Feb. 1998, 26-50.

4. Barro, R. J., and D. B. Gordon, Rules, Discretion, and Reputation in a Model of Monetary Policy, Journal of Monetary Economics, 12(1), 1983, 101-121.

5. Campell, J. Y., and R. J. Shiller, Yieldr Spreardrs and Interests Movements: A Bird's Eye View, Review of Economic Studies, 58(3), May 1991, 495-514.

6. Cox, J. C., J. E. Ingersol, and S. A. Ross, A Theory of Term Structure of Interest Rates, Econometrica, 53(2), Mar. 1985, 385-407.

7. Fuhrer, J. C., Monetary Policy Shifts and Long-Term Interest Rates, Quarterly Journal of Economics, 111(4), Nov. 1996, 1183-1209.

8. Garfinkel, M., and S. Oh, Strategic Discipline in Monetary Policy with Private Information: Optimal Targeting Horizons, American Economic Review, 83(1), Mar. 1993, 99-117.

9. Kydland, F. E., and E. C. Prescott, Rules Rather Than Discretion: The Inconsistency of Optimal Plans, Journal of Political Economy, 85(3), June 1977, 473-491.

10. McCallum, B. T., Monetary Policy and the Term Structure of Interest Rates, NBER Working Paper No. 4938, Nov. 1994.

11. Rogoff, K., The Optimal Commitment to an Intermediate Monetary Target, Quarterly Journal of Economics, 100(4), Nov. 1985, 1169-1189.

12. Romer, D., Advanced Macroeconomics, The McGraw-Hill Companies, Inc, 1996.

13. Rudebusch, G. D., Federal Reserve Interest Rates Targeting, Rational Expectations, and The Term Structure, Journal of Monetary Economics, 35(2), Apr. 1995, 245-274.

14. Shiller, R. J., The Term Structure of Interest Rates, in B. Friedman and F. Hahn (eds.), The Handbook of Monetary Economics, Vol. 1, Amsterdam: North-Holland, 1990, 626-722.

15. Svensson, L. E. O., Optimal Inflation Contracts, Conservative Central Banks, and Linear

Inflation Contracts, American Economic Review, 87(1), Mar. 1997, 98-114.

16. Walsh, C. E., Optimal Contracts for Central Bankers, American Economic Review, 85(1), Mar. 1995, 150-167.

17. Walsh, C. E., Monetary Theory and Policy, The MIT Press, 2003.

第四篇　开放条件下的宏观经济模型

依照通常的惯例，西方宏观经济学主要限于对封闭经济的讨论而忽略开放部门。从早期来看，这样做的理由主要基于两点：一是对许多国家而言，开放部门只是整个经济活动的一小部分，对整体经济影响不大；二是限于分析工具和人们的认识水平，宏观经济理论对开放经济部门的分析有限，而对一些问题的答案往往是封闭经济条件下理论分析的扩展。然而，伴随着世界金融市场一体化，国内经济受到开放部门影响的程度越来越大，特别是财政赤字与贸易逆差之间存在着密切的依存关系，这为开放部门宏观经济学的发展提出了新的课题。另一方面，宏观经济学的分析方法也取得了长足的进步，基于蒙代尔－弗莱明模型的静态分析已经被扩展到了动态情形。与此同时，在开放条件下，经济当事人面临着更多可供选择的资产，对其行为的刻画使得传统的理论得以建立在合理的微观基础之上。

作为宏观经济理论在开放条件下的扩展，本篇包含第十三章和第十四章两章，第十三章主要讨论传统的蒙代尔－弗莱明－多恩布什模型，第十四章则分析奥伯斯特费尔德（M. Obstfeld）与罗格夫（K. Rogoff）基于开放条件下的一般均衡理论建立的对汇率动态的再检验模型。

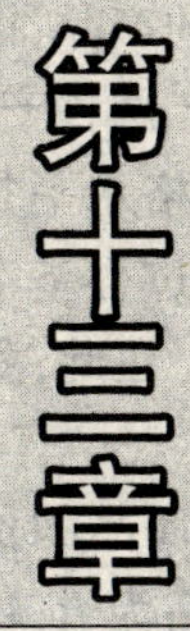

第十三章 开放条件下宏观经济学的基本模型

我们以蒙代尔－弗莱明模型作为开始。尽管这一建立在 *IS*－*LM* 分析基础之上的开放经济模型早已出现，并且从现在的观点来看，其分析框架已经略显陈旧，但该模型的分析思路仍值得我们借鉴，尤其是它在政策分析方面所具备的应用能力令人难以舍弃。此外，蒙代尔－弗莱明模型也是随后在国际经济学中处于重要地位的多恩布什模型的重要基础。在分析这两个模型之前，我们有必要简要分析国际部门被引入一般宏观经济学的方式。

第一节 国际部门的影响

为了得到开放条件下的宏观经济模型，首先需要刻画开放部门的国际影响，以便能对一个封闭经济模型加以扩展。由于一国与外国的交易由国际收支平衡表反映出来，因此刻画国际部门的影响可以借助于国际收支平衡表来完成。

一、现金账户模型

现金账户记录了本国居民与国外居民之间进行的需要支付的各类交易的净值。无论是商品和劳务的净出口，还是从国外获得的要素收入的净值，都与居民的财富净值密切相关。出口增加了居民的净财富，进口则减少居民净财富。因此，进出口度量了国内居民净财富的增加值。同时这也表明，进出口对宏观经济的影响可以借助于财富效应来反映。

刻画现金账户余额的模型主要有两类：其一是假定进行商品和劳务交易的两国所生产的产品是异质的，因而模型具有不完全竞争的特征。在这类模型中，一国只生产一种产品，两国产品之间的相对价格反映了两国货币的比例,即汇率。另外一类模型则假定两国生产同质的产品,因而模型具有完全竞争的特征。在后一类模型中,每个国家均生产两种产品:一种用于对外贸易;另一种则只用于本国的消费。一国的价格水平是两种商品的加权平均。尽管存在某些差异,但两种模型的分析过程基本相同,在大多数西方经济学教科书中,多采用不完全竞争模型。在此,我们遵从这一方式。

一国的现金账户余额可以简单地表示为净出口,即出口商品的价值减去进口产品的价值。以 X 表示出口商品的数量,其市场价格为 P;M 表示进口商品的数量,其在国外市场上的价格为 P^*;以 S 表示用本币表示出来的即期汇率,则以本国货币表示的现金账户余额为:

$$CBOP = P \cdot X - S \cdot P^* \cdot M \tag{13.1}$$

用实际项目表示,则净出口为:

$$NX = X - eM \tag{13.2}$$

其中,$e = SP^*/P$ 为国外商品与国内商品的相对价格,它反映了一国的贸易条件或竞争力,其均衡值给出了两国之间的实际汇率。

一国的出口 X 取决于世界贸易状况,比如其他国家的收入和需求状况,通常这些因素被假定为外生给定。出口取决于国外的收入和实际汇率,即:

$$X = X(Y^*, e) \tag{13.3}$$

在其他条件不变的情况下,实际汇率越高,本国商品相对于国外商品的价格越低,从而出口越多,即 X 与 e 呈同方向变动关系。一国的进口主要取决于国内收入和实际汇率,即:

$$M = M(Y, e) \tag{13.4}$$

本国收入越高,进口越多;汇率越高,则进口就越少;即 M 与 Y 同方向变动,与 e 反方向变动。这样,在国外收入给定的条件下,进出口函数可以表示为:

$$NX = NX(Y, e) \tag{13.5}$$

它随着 Y 的增加而递减,随着 e 的提高而增加。

借助于现金账户,我们可以考察贸易条件或实际汇率变动所产生的供给效应。为此,我们首先说明一国的价格总水平决定。由于一国只消费本国生产的以及由国外进口的两种产品,所以其价格总水平可以简单地表示为国内产品和进口产品价格的加权平均,即:

$$\pi = P^{\alpha} (SP^*)^{1-\alpha} \tag{13.6}$$

其中,π 为国内的价格总水平。假定国内的货币工资率为 W,则国内工资相对于本国产品的价格为：

$$\frac{W}{P}=\frac{W}{\pi}\cdot\frac{\pi}{P}=\frac{W}{\pi}\cdot\left(\frac{SP^*}{P}\right)^{1-\alpha} \qquad (13.7)$$

其中，W/π 表示国内的实际工资。很显然，对应于特定的实际工资，如果实际汇率 $e=SP^*/P$ 提高，则 W/P 相对于 W/π 下降。这意味着，国内生产的边际产量相对于工资而言降低，从而厂商对劳动的需求增加，并最终导致产出 Y 增加。

上述分析说明，国际贸易条件改善，e 提高，将导致经济产出增加。e 与产出 Y 同方向变动的关系，即产出与贸易条件之间的对应关系，也被称为开放经济中的总供给曲线。

二、资本账户与货币供给

资本账户记录了与现金账户相对应的资本项目、借贷之类的不改变居民净财富的交易、对金融资产和物质资产的直接购买等。资本账户余额恰好等于现金账户余额。为了方便，在资本账户中，增加记成负号，以便国际收支余额等于0。

在这里，我们关注中央银行的资产交易对货币供给的影响。通常，在资本账户中，中央银行的交易是单独处理的。中央银行的国外净资产，即外汇储备，可以通过出售或者购买本国的货币加以调整。省略中央银行资本项目中的净利息，外汇储备取决于中央银行对本国货币的购买或者销售，即外汇干预。

为了理解外汇储备变动对货币供给所产生的影响，我们把中央银行与政府结合起来加以考虑。在没有对外部门的情况下，政府投资或消费所造成的赤字需要由政府债券或者货币发行加以弥补。那么，作为中央银行资产项目的外汇储备所发生的变动也需要政府发行债券或货币加以弥补。这一关系用改变量表示为：

$$\Delta M/P+\Delta B=\Delta IR+DEF \qquad (13.8)$$

其中，M/P 是货币量，B 为债券，IR 是外汇储备，DEF 为政府财政赤字。忽略财政赤字对货币供给及政府债券的影响。在存在外汇干预的条件下，(13.8)式意味着，如果存在着公开市场上的对冲机制，那么外汇储备的改变量 ΔIR 需要中央银行出售或购买政府债券加以弥补；否则，中央银行就必须通过改变货币供给量来弥补。

需要指出，外汇储备的改变量与汇率制度密切相关。在固定汇率制下，中央银行的目标是维持汇率固定不变，现金账户和资本账户是否平衡并不是中央银行关注的重点。在这种情况下,现金账户所生产的净收益在扣除了中央银行持有的国外净资产之后的余额,即为外汇储备的改变量。但考虑到国际收支平衡表中有关正负号的约定,则在固定汇率制度下,外汇储备的变动量恰好等于国际收支余额。以 BP 表示现金账户与资本账户余额之和,则在外汇干预的条件下,国际收支余额计量了外汇储备的改变量。于是,我们有:

$$BP = \Delta IR \tag{13.9}$$

上式将通过(13.8)式对货币供给量产生影响。

但在浮动汇率制度下,由于不存在中央银行的干预,汇率的自发波动将使得外汇储备的改变量等于0。

第二节　蒙代尔-弗莱明模型

在了解了由封闭经济向开放经济过渡所需要的基本知识之后,我们转而分析开放条件下宏观经济学中重要的蒙代尔-弗莱明模型。蒙代尔-弗莱明模型(简写为 $M-F$ 模型)可以看成是 $IS-LM$ 模型在开放条件下的推广,因而在本节的分析中我们采用线性的形式,并且约定,除了利息率以外,所有小写字母表示相应变量的对数形式。

一、基本模型

与封闭经济条件下的 $IS-LM$ 模型一样,基本的蒙代尔-弗莱明模型假定国内外的价格总水平保持不变,因而也就不存在预期因素,名义利息率与实际利息率相等。此外,模型中涉及的"本国"被隐含地认为是开放经济体系中的一个小国,因而该模型中国外的相关变量被视为既定不变。$M-F$ 模型由产品市场与货币市场的均衡以及国际收支平衡三部分构成。产品市场上总支出与总收入的均衡由 IS 曲线表示出来,货币市场上货币需求与货币供给的均衡由 LM 曲线表示出来,而国际收支平衡则由 BP 曲线加以表示。因此,蒙代尔-弗莱明模型又被简称为 $IS-LM-BP$ 模型。

我们知道,为了得到 $M-F$ 模型,需要将 $IS-LM$ 扩展到包含开放部门的情况,即在产品市场中加入净出口项目,同时考察国际收支平衡状况,而货币市场的均衡状况则无须进行调整。

首先,从产品市场上来看,在开放条件下,经济中的实际总支出可以表示为:

$$AE = C + I + G + NX$$

其中，C、I、G 和 NX 分别表示经济中的消费、投资、政府购买和净出口的实际数值。我们把居民消费函数、投资以及政府购买分别表示为：

$$C = C(Y_d) \tag{13.10}$$

$$I = I(r) \tag{13.11}$$

$$G = G_0 \tag{13.12}$$

其中，$Y_d = Y - T$。以上三个方程连同(13.5)式一起决定了经济中的总需求。

其次，从货币市场来看，正如我们在上一节中指出的那样，开放经济条件下，货币供给会受到外汇储备的影响。为此，我们把货币供给量简单地表示为货币的基本供给加上变动量的形式，并且集中考察货币供给量的变动。假定经济中的货币供给量为：

$$M_s/P = M_0/P + \Delta M_s/P$$

从资产角度来看，货币供给包括中央银行信用（CBC）和外汇储备（IR），因而货币供给的改变量为：

$$\Delta M_s/P = \Delta CBC + \Delta IR$$

但是，中央银行信用的改变量并非完全与外汇储备的改变相独立，这取决于二者之间是否存在对冲。如果存在对冲，外汇储备的变动，比如增加，就会使得中央银行卖出政府债券，因而导致信用额度反方向变动。因此，我们可以把信用改变量与外汇储备改变量之间的关系简单地表示为：

$$\Delta CBC = \zeta - \mu\Delta IR,\quad 0 \leqslant \mu \leqslant 1 \tag{13.13}$$

在这里，ζ 是中央银行自主的信用改变量，与外汇储备无关，它是中央银行基于其他考虑而对货币供给采取公开市场业务所引起的货币供给量的变动。μ 为对冲系数：如果 $\mu = 0$，则完全不存在对冲，此时中央银行按自主方式改变信用量；如果 $\mu = 1$，则会出现完全的对冲。在完全对冲的情况下，如果一国外汇储备增加，那么，中央银行则以相同的数量减少信用量。在大多数情况下，外汇储备与中央银行的信用改变之间是部分对冲的，此时有 $0 < \mu < 1$。

于是，货币供给的改变量可以表示为：

$$\Delta M_s/P = \zeta + (1 - \mu)\Delta IR \tag{13.14}$$

进一步假定不存在自主的公开市场业务和对冲操作，则有 $\zeta = 0$ 及 $\mu = 0$，此时，

$$\Delta M_s/P = \Delta IR = BP \tag{13.15}$$

在这种情况下，国际收支赤字导致货币供给减少，而国际收支盈余导致货

币供给增加。

基于上述讨论，开放经济中的货币供给可以表示为：

$$M_s/P = \zeta_0 + (1-\mu)\Delta IR \tag{13.16}$$

其中，$\zeta_0 = M_0/P + \zeta$。

最后我们考察国际收支平衡。国际收支余额为现金账户余额与资本账户余额之和。以实际净出口 NX 表示现金账户余额，用实际净资本流动 CF 表示资本账户余额，则实际国际收支余额为：

$$BP = NX + CF$$

净资本流动量取决于本国及国外的名义利息率之间的差额以及预期的汇率变动。由于假定本国及国外的价格总水平保持不变，所以这里的利息率可以理解为实际利息率，而预期的汇率变动则等于0。如果国内利息低于国外利息率，则资本流出；反之，国内利息率高于国外利息率，资本流入。这样，实际净资本流动量表示为：

$$CF = F(r - r^*) \tag{13.17}$$

其中，r^* 为国外利息率，r 为本国利息率。

于是，我们可以把国际收支余额表示为：

$$BP = NX + CF = NX(Y,e) + F(r - r^*) \tag{13.18}$$

当 $BP=0$ 时，一国国际收支处于平衡状态，而当 $BP<0$ 和 $BP>0$ 时则分别出现国际收支赤字和盈余。

基于上述三方面的分析，我们可以把 $M-F$ 模型简单地表示为产品市场和货币市场的均衡以及国际收支平衡。其中：

产品市场：　$Y = C(Y-T) + I(r) + G_0 + NX(Y,e)$

货币市场：　$L(Y,r) = M_s/P = \zeta_0 + (1-\mu)\Delta IR$

国际资产市场：　$NX(Y,e) + F(r-r^*) = 0$

与封闭条件下的 $IS-LM$ 模型相比，在开放条件下，IS 曲线的位置受到汇率的正向影响，在 Y 与 r 的平面内，汇率提高，净出口增加，IS 曲线向右上方移动；LM 曲线的位置与中央银行的外汇储备密切相关，通常外汇储备的增加会导致 LM 曲线向右下方移动；BP 曲线与汇率和国外的利息率直接相关，汇率升高，本币贬值，BP 曲线向右下方移动，而国外利率升高，则情况正好相反。

在理论和应用研究中，为了更好地说明相对变化，通常对模型的变量进行对数化处理。在产品市场上，总支出以正向取决于收入 y，反向取决于利息率 r，正向取决于实际汇率 e。在这里 $e = s + p^* - p$，但在经济活动中，由于本国经济当事人把国外价格视为给定，而国内价格又维持不变，所以为了简单起见取 $p^* = p = 0$，则有 $e = s$。这样，*IS* 曲线表示为：

$$y = \delta e + \gamma y - \sigma r + g \qquad (13.19)$$

其中，g 表示来自外生因素的变动，可以看成是来自财政政策变动的结果，比如政府支出，参数 δ、γ 和 σ 被假定为正数值，并且有 $0 < \gamma < 1$。

在货币市场上，货币需求为 $m - p$，它以正向取决于收入 y，以反向取决于利息率。考虑到 $p = 0$，则 *LM* 曲线表示为：

$$m = \phi y - \lambda r \qquad (13.20)$$

其中，根据(13.16)式，m 不仅取决于自主的政策变量，也受到国际储备的影响，参数 $\phi > 0$。

在国际资产市场上，净出口与利率成同方向变动关系，与收入变动呈反方向变动，而资本流入与本国和国外利息率之间的差同方向变动，于是 *BP* 曲线可以表示为：

$$\kappa e - \eta y + \chi(r - r^*) = 0 \qquad (13.21)$$

其中，参数 κ、η、$\chi > 0$。系数 χ 反映了资本流动程度的大小：χ 越大，资本流动性就越大。特别地，$\chi = \infty$ 意味着存在完全的资本流动性。这里，由于资本处于完全的流动状态，因而(13.21)式退化为等式 $r = r^*$。

二、固定汇率制下的比较静态分析

假定一国采用固定汇率制。由于两国的价格均保持不变，因而实际汇率 e 也就保持不变。在这种情况下，我们考察财政和货币扩张对均衡收入和利息率所产生的影响。为了说明的明确起见，我们以资本在两国之间可以流动但不能完全流动的情况为主。在这种情况下，由(13.21)式给出的 *BP* 线是(y, r)构成的平面中向右上方倾斜的一条曲线。

1. 财政扩张效应

如图 13.1 所示，假设经济最初在 E_0 点处于产品和货币市场以及资本市场的一般均衡。现在由于某种原因，比如政府支出增加，导致 *IS* 曲线由 IS_0 移动到 IS_1，则产品与货币市场在 E_1 点处于均衡。由于汇率保持不变，所以国际收支也就处于非平衡的状态，在图中 E_1 点存在国际收支盈余，即 $BP > 0$。然而，这种状态通常并不能长期维持。如果中央银行针对国际收支盈余而采取完全对冲的公开市场业务，以保证货币供给不变，则这一均衡可能得以维持。但在没有对冲操作的条件下，国际收支盈余导致中央银行的外汇储备增加，从而货币供给增加，结果 *LM* 曲线向右移动，直到国际收支再次平衡为止，如图中的 E_2。

由以上分析可以看出，如果不存在对冲操作，那么在由财政扩张所导

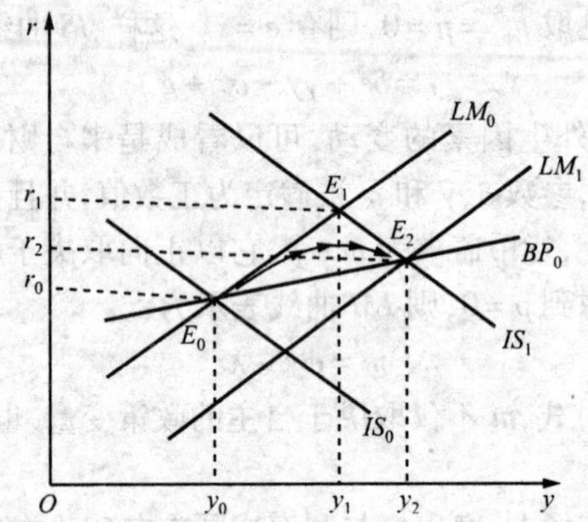

图 13.1　固定汇率下的财政扩张：资本不完全流动

致的均衡变动过程中，伴随着收入的增加，利息率最初会增加，但货币供给的变动会使得利息率在随后降低。

如果资本处于完全的流动状态，财政扩张所产生的均衡变动与上述情况基本相同，只是利息率将维持在一个既定水平上。在资本完全流动的情况下，*BP* 曲线是一条水平直线，此时 $r=r^*$，如图 13.2 所示。财政扩张导致利率上升，但反过来又导致资本迅速流入，直到国内利率与国外利率相一致为止。在这一过程中，由于资本流入而使得国际收支出现盈余，这又会导致货币供给增加，从而使得 *LM* 曲线向右移动到均衡利率水平上。

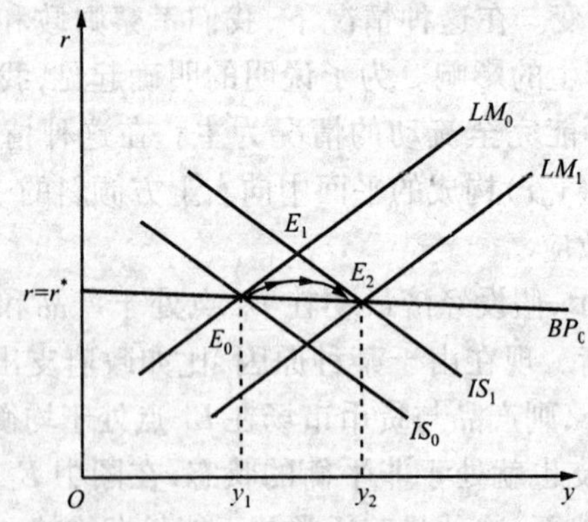

图 13.2　固定汇率下的财政扩张：资本完全流动

由此可见，在固定汇率制下，财政扩张是有效的，而且资本的流动性越强，财政扩张的效应就越大。

2. 货币扩张效应

现在考察货币供给增加对均衡所产生的影响。假设中央银行增加信用,货币供给增加,从而导致 LM 曲线向右下方移动。如图 13.3 所示。

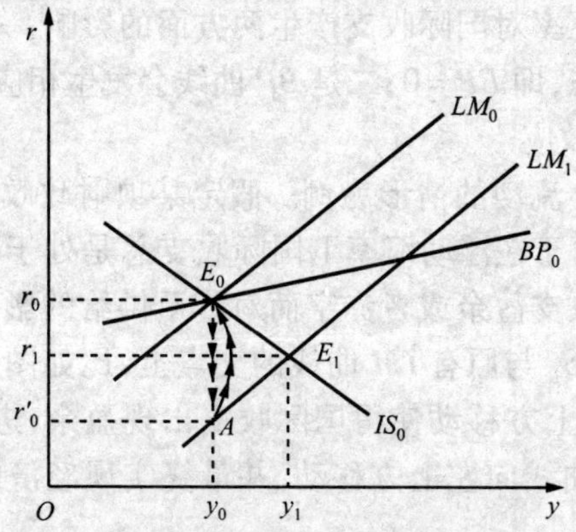

图 13.3　固定汇率下的货币扩张:资本不完全流动

货币供给增加导致 LM 曲线由 LM_0 移动到 LM_1,则产品市场与货币市场在 E_1 点处于均衡,此时国际收支出现赤字,即 $BP<0$。在没有对冲操作的条件下,这种状态也同样不能维持。国际收支赤字导致中央银行的外汇储备减少,从而货币供给减少,LM 会向相反的方向移动,直到均衡点再次回到 E_0 点。事实上,货币供给增加,导致利息率下降到图中 A 点所示的 r_0' 这时两种力量发挥作用:利息率下降,投资增加,从而收入增加;国内利率下降,资本流出增加,国际收支状况恶化。前者导致收入增加,而后者则使得货币供给减少。正是在这两种力量的作用下,伴随的收入增加,利息率沿偏向于 E_1 点的轨迹再次回到了 E_0 点。在这一过程中,中央银行为了使得经济达到 E_1 点而采取对冲操作越多,则经济的运动轨迹越弯曲。

如果资本流动是完全的,经济变动的过程与图 13.3 所示的情况区别不大,只是调整速度倾向于更快。在资本完全流动的情况下,货币供给增加导致的利息率下降会引起国际资本迅速外流,从而外汇储备急剧下降。而外汇储备下降使得货币供给迅速减少,利息率也会快速地回升。

综上所述,与财政扩张的效应不同,在固定汇率制下,货币扩张"基本上"是无效的。

三、浮动汇率制下的比较静态分析

以上分析了固定汇率下均衡的比较静态状况,现在我们转而分析浮动汇率制下的状况。假设汇率是浮动的,这时即期汇率 S 随供求发生变动。由于国内价格 P 与国外价格 P^* 被假定为不变,因而实际汇率 e 也是浮动的。浮动的汇率对国际收支产生两方面的影响:一是保证国际收支总能达到平衡状态,即 $BP=0$;二是 BP 曲线会发生相应的移动。

1. 财政扩张效应

以资本不完全流动的情形为例。假定某项财政政策使得 IS 曲线由 IS_0 移动到 IS_1。由于在浮动汇率下国际收支总是处于平衡状态,所以不会出现因为国际收支盈余或者赤字而对货币供给的影响。这表明,新的均衡点将出现在 IS_1 与原有 LM 曲线的交点上,比如图中的 E_1 点。另一方面,IS 曲线向右上方移动使得国际收支出现盈余,进而导致汇率降低(本币升值),BP 曲线向左上方移动,并最终实现经济的内外均衡,如图 13.4 所示。

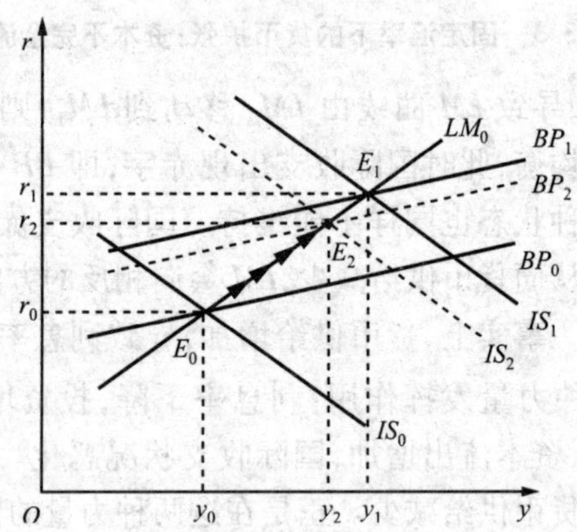

图 13.4　浮动汇率下的财政扩张:资本不完全流动

需要说明,实际中财政扩张引起的均衡变动过程比上述说明要更为复杂。事实上,国际收支盈余所产生的汇率下降必然使得净出口减少,从而使得财政扩张的效应减弱。在图 13.4 中表现为,最初的扩张性财政政策,比如增加政府购买使得 IS 曲线由 IS_0 移动到 IS_1,但 LM_0 曲线上的 E_1 点并不是最终的均衡。随着 BP 曲线由 BP_0 向 BP_2 移动,IS_1 将向 IS_2 移动,并最终在 LM_0 曲线上的 E_2 点实现均衡。

资本完全流动是上述情况在 BP 曲线为水平时的一种极端情形。对应于财政扩张所导致的 IS 曲线向右上方移动,经济的内外均衡与资本不完全流动的情况类似。但是,由于此时 BP 曲线是一条水平的曲线,因而只要 E_2 点对应的利息率高于国外利息率 r^*,国外资本就会不断流入,汇率降低,净出口减少,从而使得 IS 曲线不断地向左移动,直到回到初始状态为止,如图 13.5 所示。

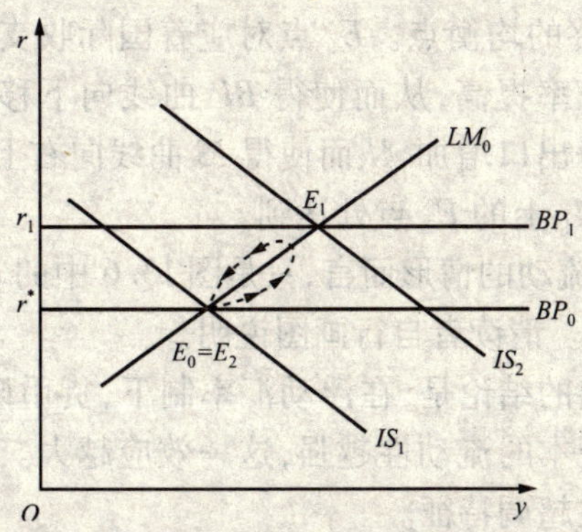

图 13.5　浮动汇率下的财政扩张:资本完全流动

由上述两方面的分析可以知道,在浮动汇率制下,财政政策是否有效取决于资本的流动性。资本的流动性越弱,财政政策的效应越强;反之,资本流动性越强,财政政策的效应则越弱。特别地,当资本具有完全流动性时,财政政策对收入所产生的效应为0。此外,我们也注意到财政扩张产生超调现象。也即,财政扩张最初导致收入、利率以及汇率朝着某一方向调整,而后又发生相反的调整,并且前者超过了后者的效应,从而使得财政扩张所产生的效应具有超调特征。

2. 货币扩张效应

现在考察浮动汇率条件下货币扩张所产生的影响。这种情况下货币供给扩张所产生的影响由图 13.6 表示出来。

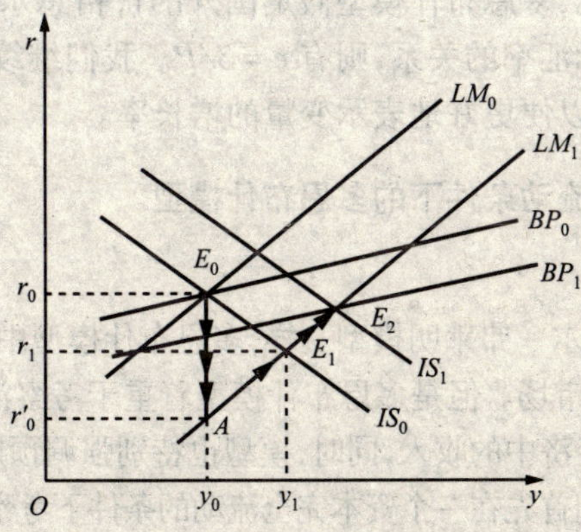

图 13.6　浮动汇率下的货币扩张

正如我们在上一小节中说明的那样,货币供给增加导致 LM 曲线由 LM_0 移动到 LM_1,这时利息率倾向于沿 E_0 到 A 再到 LM_1 上的 E_1 点。但是,E_1 点并不是最终的均衡点。E_1 点对应着国际收支赤字,而在浮动汇率制下,这将导致汇率提高,从而使得 BP 曲线向下移动。与此同时,由于本国货币贬值,净出口增加,从而使得 IS 曲线向右上方移动。结果,经济的内外均衡在 LM_1 上的 E_2 点处达到。

对于资本完全流动的情形而言,只是图 13.6 中的 BP 曲线为水平,并且 BP_0 与 BP_1 重合。请读者自行画图说明。

这样,我们得出的结论是,在浮动汇率制下,货币政策在改变收入方面是有效的,而且资本的流动性越强,这一效应越大。同样,在这种情况下,货币扩张也存在超调特征。

第三节　多恩布什模型

多恩布什模型又称蒙代尔 - 弗莱明 - 多恩布什模型,简记为 $M-F-D$模型,是由多恩布什在 1976 提出来的。与传统的 $IS-LM$ 模型相一致,在蒙代尔 - 弗莱明模型中,国内的价格总水平保持不变。但是,模型实现均衡通常要求汇率完全浮动,而汇率又涉及到价格总水平,因而需要考察价格总水平变动的情形。通过对 $M-F$ 模型的动态化,多恩布什模型集中考察了名义汇率与国内价格总水平之间的关系,说明了汇率过度变动的情况。模型的一个关键性特征是假定资产市场调整迅速,而产品市场的调整则需要较长的时间。

为了简单起见,多恩布什模型假定国外的价格总水平为 1。这样,根据名义汇率与实际汇率的关系,则有 $e=S/P$。我们继续用小写字母表示变量的对数形式,以便更好地表示变量的增长率。

一、资本完全流动条件下的多恩布什模型

1. 基本模型

与原有的蒙代尔 - 弗莱明模型一样,多恩布什模型中包含产品市场、货币市场和国际资产市场。但是多恩布什模型着重于考察汇率及价格总水平之间关系,而不是经济中的收入,同时,模型也特别强调预期汇率的作用。为了说明的方便,我们首先在一个资本完全流动的条件下考察这一模型,至于资本不流动条件下的多恩布什模型将在随后的第三小节中得到说明。

在产品市场上,如上一节所述,经济中的总支出继续由消费、投资、政府购买及净出口给出,其中净出口取决于汇率,以对数的方式则是即期汇率与价格之间的差额。为了表示产品市场可能的非均衡,区分总需求与

总供给,二者之间的偏离导致价格上升。这样,产品市场可以由总支出方程及价格调整方程或者说是菲利普斯曲线来表示:

$$y^{d}=\delta(s-p)+\gamma y-\sigma r+g \tag{13.22}$$

$$\dot{p}=\alpha(y^{d}-y),\quad \alpha>0 \tag{13.23}$$

其中,y^{d} 是(以对数形式表示的)经济中的总支出,s 为即期的汇率;$\dot{p}$ 为通货膨胀率。需要说明,(13.23)式体现了多恩布什模型中有关价格粘性的重要特征。相应于总需求的变动,价格并没有直接跨越到使得供求相等的水平。

如上一节分析,在引入开放部门,货币市场没有太多变动,而且更重要的是我们把注意力集中于价格和汇率变动,因而货币市场简单地表示为供求均衡:

$$m-p=\phi y-\lambda r \tag{13.24}$$

其中,m 是外生的货币供给量。

在国际资产市场上,如果资本是完全流动的,那么汇率的自发波动会使得国际收支自发趋于平衡,而国内利息率与国外利息率之间的差额只与汇率的预期有关。国际资本市场上无抵补的利率平价条件可以表示为:

$$r=r^{*}+\dot{s}^{e} \tag{13.25}$$

其中,$\dot{s}^{e}$ 是对汇率的预期。假定预期形成是前向预期,其预期值的变化取决于均衡汇率与稳定状态汇率之间的差额。以 $\bar{s}$ 表示均衡汇率,则汇率预期表示为:

$$\dot{s}^{e}=\beta(\bar{s}-s),\beta>0 \tag{13.26}$$

该模型的均衡可以借助于 $\dot{p}=\dot{s}^{e}=0$ 及其他均衡条件得到:

$$s=p+\frac{1}{\delta}[(1-\gamma)y+\sigma r-g] \tag{13.27}$$

$$m-p=\phi y-\lambda r \tag{13.28}$$

$$r=r^{*}+\beta(\bar{s}-s) \tag{13.29}$$

类似于 $IS-LM-BP$ 模型,我们可以在(s,p)构成的坐标平面中考察汇率和价格水平的变动。

假定国内投资只取决于国内的利息率,则将(13.28)式代入到(13.27)式之中消去利息率 r 后可以得到(s,p)坐标平面中的产品市场均衡方程:

$$p=\frac{\delta\lambda}{\delta\lambda+\sigma}s-\frac{\lambda(1-\gamma)+\phi\sigma}{\lambda\delta+\sigma}y+\frac{\sigma}{\lambda\delta+\sigma}m+\frac{\lambda}{\lambda\delta+\sigma}g \tag{13.30}$$

它给出了产品市场均衡时汇率与价格总水平之间的关系，我们把它简称为 *GM* 曲线。不难看出，由于相关参数被假定为正，所以 *GM* 曲线是一条向右上方倾斜的直线，而且其斜率值小于 1。如图 13.7 所示。在 *GM* 曲线的下方，价格 p 较低，汇率 s 较高，因而总支出大于总收入，价格总水平倾向于提高，即 $\dot{p}>0$；而在 *GM* 曲线的上方，则有总支出小于总收入，价格总水平倾向于下降，即 $\dot{p}<0$。

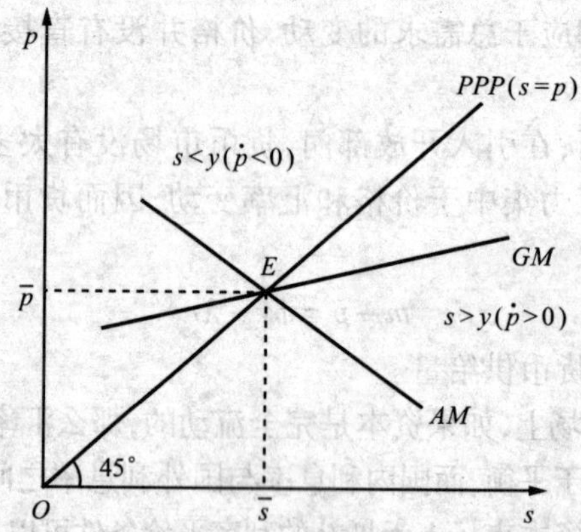

图 13.7　多恩布什模型的均衡：资本完全流动

货币市场受到国际资产市场的影响，其利率受到预期汇率的影响。将(13.29)式代入到(13.28)式之中可以得到表示经济中资产市场的均衡方程：

$$p=-\lambda\beta s+(m-\phi y+\lambda r^{*}+\lambda\beta\bar{s}) \tag{13.31}$$

它给出了资产市场均衡时汇率与价格总水平之间的关系，简称为 *AM* 曲线。在(s,p)坐标平面中，*AM* 曲线向右下方倾斜。*AM* 曲线上的汇率与价格满足货币市场的均衡以及汇率预期条件。在 *AM* 线的左下方，货币供给大于需求，利息率下降，汇率增加；而在 *AM* 线的右上方，货币供给小于需求，利息率提高，汇率减少。

此外，在国际资产市场长期来看购买力平价原则成立。如果假定国外的价格总水平等于 1，那么国际资产市场的长期均衡将意味着 $e=1$，即 $s=p$。我们把 $s=p$ 决定的 45°线称为 *PPP* 线。在 *PPP* 线上方，价格较高，即期汇率大于均衡利率；在 *PPP* 线下方，则有即期汇率小于均衡利率。

当一个经济处于内外长期均衡时，*GM* 曲线、*AM* 曲线以及 *PPP* 线相交于一点，如图 13.7 中的 *E* 点。

2. 比较静态分析

下面对多恩布什模型的均衡进行比较静态分析和动态分析。用一个代数表示式可以很容易地把模型的结果表示出来。为了说明多恩布什模型所包含的超调含义,我们集中考察外生货币供给增加所产生的比较静态效应。

从图形上来看,货币供给增加导致 AM 曲线向右上方移动。继续假定资产市场的反应快于产品市场,则货币供给增加首先使得价格总水平保持不变的条件下汇率增加。如图 13.8 所示,在货币供给增加的作用下,AM 曲线由 AM_0 移动到 AM_1。这时,经济在保持价格 p_0 不变的同时首先移动到 AM_1 上的 C 点,从而使得汇率大幅度提高到 s_2。但是,C 点并不是经济的均衡点,此时存在着价格上涨的压力。同时,由于货币供给增加,使得产品市场上的利息率下降,从而导致 GM 曲线向左上方移动。在产品市场与资产趋向于均衡的过程中,如果汇率偏离了购买力平价所要求的标准,预期汇率就会调整,直到产品市场和资产市场再次同时处于均衡。此时,GM 曲线与 AM 曲线均交于 PPP 线上的一点,如图中的 E_1 点所示。此时,均衡的汇率为 s_1,它低于经济最初达到的 s_2。

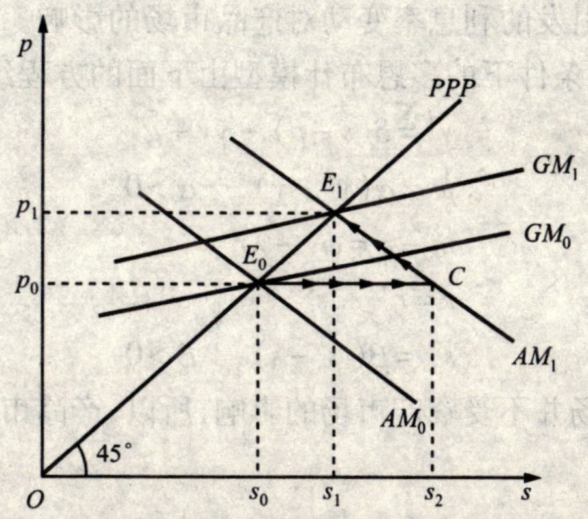

图 13.8　多恩布什模型的比较静态分析:资本完全流动

由以上的比较静态分析可以看出,货币供给量的变动通常会引起汇率的过度调整。最初,价格水平不变,汇率提高,本币大幅度贬值,随后伴随着价格水平的回升,汇率逐渐下降,本币升值。这说明,汇率的超调现象在多恩布什模型中仍然是存在的。

上述思想可以用更简洁的方式表示出来。首先对均衡解而言,$r=r^*$ 成立,则通过对(13.27)式和(13.28)式两边微分并注意到 y 预先被确定的事实,可以很容易得到下面的均衡比较静态性质:$\mathrm{d}\bar{p}/\mathrm{d}m=1$ 和 $\mathrm{d}\bar{s}/\mathrm{d}m=1$。

现在假定存在着价格粘性，p 保持不变。再次对(13.28)式进行微分可以得出：

$$dr = -\frac{1}{\lambda}dm \tag{13.32}$$

视 r^* 为常数，对(13.29)式微分可以得出 $dr = \beta(d\bar{s} - ds)$ 的结论。但由于 $d\bar{s}/dm = 1$ 即为 $d\bar{s} = dm$，则利用(13.32)式可以得出：

$$ds = \left(1 + \frac{1}{\lambda\beta}\right)dm > d\bar{s} \tag{13.33}$$

这就是上述超调的结论，即在价格粘性条件下，货币冲击对汇率产生的短期效应要比长期效应更大。

二、简化的多恩布什模型

由于多恩布什模型的重点在于考察价格与汇率的变动，而非国民收入的决定，因而模型也经常采用简单的形式。在简单的多恩布什模型中，产品市场中的投资被假定为自主投资，因而与利息率无关。这样，模型中省却了货币变动引发的利息率变动对产品市场的影响。在这一简化形式下，资本完全流动条件下的多恩布什模型由下面的方程组成：

$$y^d = \delta(s-p) + \gamma y + g$$

$$\dot{p} = \alpha(y^d - y), \quad \alpha > 0$$

$$m - p = \phi y - \lambda r$$

$$r = r^* + \dot{s}^e$$

$$\dot{s}^e = \beta(\bar{s} - s), \quad \beta > 0$$

由于产品市场并不受资产市场的影响，所以，产品市场的均衡可以表示为：

$$p = s - \frac{1-\gamma}{\delta}y + \frac{1}{\delta}g \tag{13.34}$$

它是(13.30)式在 $\sigma = 0$ 时的情形。这表明，GM 曲线的斜率为 1，它与 PPP 曲线平行。但考虑到长期均衡处于 PPP 线上，所以 GM 曲线与 PPP 线重合。

上一小节得到的国内外资产市场及其均衡条件并没有改变，仍然由(13.31)式加以表示。于是，简化的多恩布什模型的均衡可以表示为：

GM 曲线：$p = s$

AM 曲线：$p = -\lambda\beta s + (m - \phi y + \lambda r^* + \lambda\beta\bar{s})$

这样，完全类似于 $IS-LM$ 模型，我们可以在 (s,p) 构成的平面中利用 GM

曲线和 *AM* 曲线考察汇率和价格水平的变动。

类似于一般的多恩布什模型，在资本完全流动条件下利用简化模型可以很容易地说明产品和资产市场的均衡及比较静态分析，特别是汇率的超调。如图 13.9 所示，比如，货币供给增加使得 *AM* 曲线向右上方移动，则由于价格存在粘性，本币会大幅度贬值，但在供求力量的作用下，伴随着价格水平提高，汇率最终还会升值。因此，简化的多恩布什模型得到与原模型相同的含义。

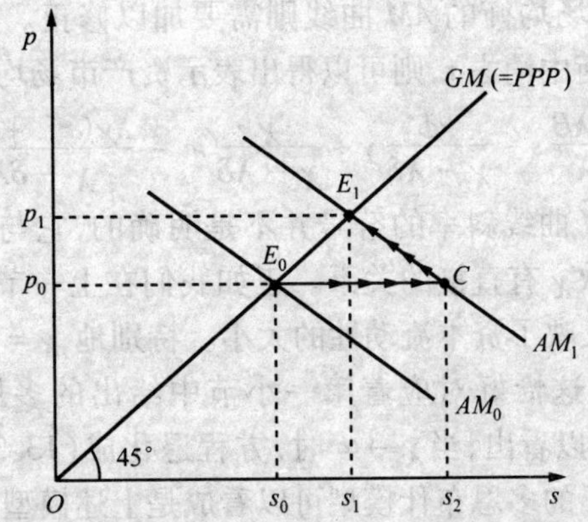

图 13.9　简化的多恩布什模型的比较静态分析

三、资本不流动条件下的多恩布什模型

上面分析的多恩布什模型假定了资本处于完全流动状态，在这种情况下经济中的长期均衡利率与国外水平相一致。即使在货币供给量发生变动的条件下，资本的自由流动也使得汇率在长期内处于均衡水平。但是，如果资本不能自由流动，那么汇率则可能与长期水平偏离。

与上面的模型相比较，在资本不流动情况下，产品市场和国内货币市场并没有发生新的变化，只是需要重新考察国际资产市场。由于汇率可能与长期水平偏离，因而用汇率改变量等于 0 来表示均衡失去了意义，所以有必要用国际收支本身来表示均衡。在包含汇率预期的条件下，表示国际收支平衡状况的 *BP* 曲线方程为：

$$bp = \kappa(s-p) - \chi(r^* + \dot{s}^e - r) \tag{13.35}$$

其中，第一项为净出口，第二项表示净资本流出。如果汇率是完全浮动的，则在经济处于均衡状态时，$bp=0$。这样，资本不完全流动条件下的多恩布什模型由 $\dot{p}=0$、$m_d=m$ 及 $bp=0$ 给出，即

$$y^d = \delta(s-p) + (\gamma-1)y - \sigma r + g$$

$$m-p=\phi y-\lambda r$$
$$\kappa(s-p)-\chi(r^{*}+\dot{s}^{e}-r)=0$$
$$\dot{s}^{e}=\beta(\bar{s}-s),\quad \beta>0$$

与资本完全流动条件下的多恩布什模型相比，表示产品市场的 *GM* 曲线没有什么不同，仍采用(13.30)式给出的形式：

$$p=\frac{\delta\lambda}{\delta\lambda+\sigma}s-\frac{\lambda(1-\gamma)+\phi\sigma}{\lambda\delta+\sigma}y+\frac{\sigma}{\lambda\delta+\sigma}m+\frac{\lambda}{\lambda\delta+\sigma}g$$

但是，表示资产市场均衡的 *AM* 曲线则需要加以修正。在货币市场和国际资产市场的均衡中消去 r，则可以得出表示资产市场均衡的 *AM* 曲线：

$$p=-\frac{\delta\lambda+\chi\lambda\beta}{\chi-\delta\lambda}s-\frac{\chi\phi}{\chi-\lambda\delta}y+\frac{\chi}{\chi-\lambda\delta}m-\frac{\lambda\chi(r^{*}+\beta\bar{s})}{\chi-\delta\lambda}\tag{13.36}$$

不难发现，*AM* 曲线斜率的符号并不是明确的，它与我们引进 *BP* 曲线的利率影响系数 χ 有直接的关系。正如我们在上一节指出的那样，*BP* 方程中的系数 χ 反映了资本流动性的大小。特别地，$\chi=\infty$ 意味着存在完全的资本流动性，这恰好对应着第一小节中给出的多恩布什模型。从(13.36)式中也可以看出，当 $\chi\to\infty$ 时，方程退化成(13.31)式。因此，资本完全流动条件下的多恩布什模型可以看成是上述模型的一个特例。在通常的情况下，资本具有流动性，因而 χ 较大。这说明，(13.36)式的斜率通常为负，*AM* 曲线向右下方倾斜。不过，在这里由于我们假定了资本不流动，所以 χ 较小，故我们认为 *AM* 曲线向右上方倾斜，但由于 $\chi>0$，*AM* 的斜率也大于1。

对应于向右上方倾斜的 *AM* 曲线，产品市场和资产市场的均衡如图13.10所示。

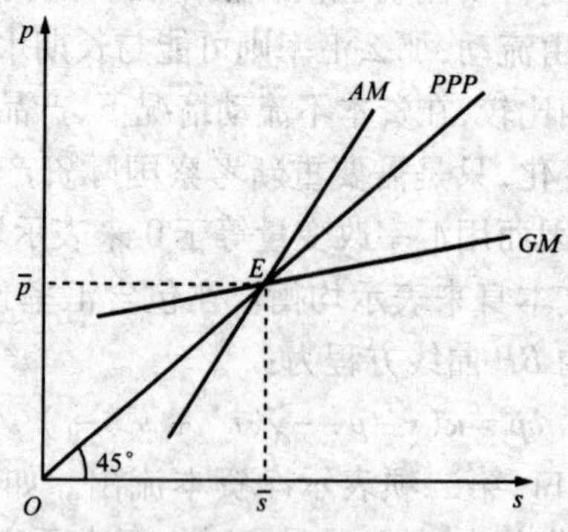

图 13.10　多恩布什模型的均衡：资本不流动

类似于资本完全流动的情况，对资本不流动条件下的多恩布什模型也可以进行比较静态和动态分析。如图 13.11 所示。继续假设货币供给增加,这导致 AM 曲线向右下方移动,由 AM_0 移动到 AM_1。这时,在价格 p_0 不变的同时汇率变动到 AM_1 上的 C 点,表现为汇率大幅度提高,本币贬值。同样,经济在 C 点受到价格上涨的压力,将沿着 AM_1 向右上方移动,表现为汇率小幅度提高,本币继续贬值。而货币供给增加也使得产品市场上的利息率下降,从而导致 GM 曲线由 GM_0 向左上方移动到 GM_1。在国际资产市场上,预期汇率的调整使得汇率处于 PPP 线上。因此,产品市场和资产市场的均衡位于 PPP 线上的一点,比如 E_1 点。

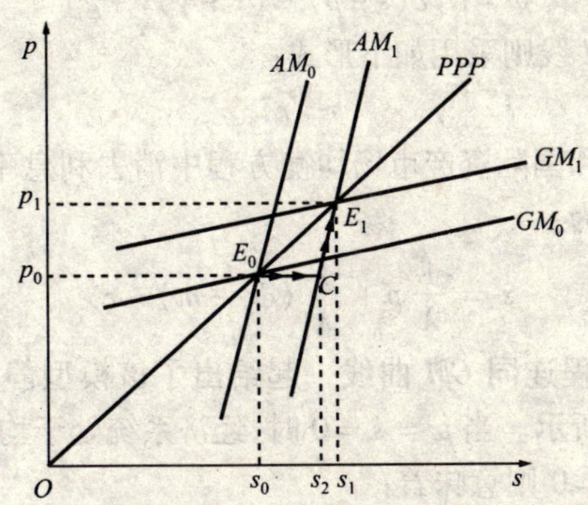

图 13.11　多恩布什模型的比较静态分析:资本不流动

由以上的分析可以看出,在资本不流动的条件下,货币供给量的变动最初会引起汇率的迅速调整,之后会小幅变动,但不会出现超调现象。

四、完全预见的多恩布什模型

为了分析汇率的变动,多恩布什模型引入了汇率的预期,这也为分析不同形式的预期对汇率变动的影响提供了条件。在下面的分析中,我们假定汇率预期是完全预见的。

为了简化分析,继续使用资本完全流动条件下简化的多恩布什模型。由于预期是完全的,这意味着经济中的汇率预期恰好等于实际的汇率变动,即有:

$$\dot{s}^e = \dot{s} = \bar{s} - s \tag{13.37}$$

这样,(简化的)多恩布什模型就可以表示为:

$$y^d = \delta(s-p) + \gamma y + g$$
$$\dot{p} = \alpha(y^d - y), \quad \alpha > 0$$
$$m - p = \phi y - \lambda r$$
$$r = r^* + \dot{s}^e$$
$$\dot{s}^e = \dot{s}$$

在这一模型中，表示产品市场均衡的 *GM* 曲线没有发生变动，它仍由一条通过原点的45°线表示，方程形式为(13.30)式。*GM* 曲线的动态方程可以表示为：

$$\dot{p} = \alpha[\delta(s-p) - (1-\gamma)y + g] \tag{13.38}$$

资产市场上的 *AM* 线则采用如下形式：

$$r = r^* \tag{13.39}$$

在货币供求方程和国际资产市场均衡方程中消去利息率 r，可以得出 *AM* 曲线的动态方程为：

$$\dot{s} = \frac{1}{\lambda}p + \frac{1}{\lambda}(\phi y - m) - r^* \tag{13.40}$$

上述三个方程连同 *GM* 曲线一起给出了该模型静态和动态全部特征。如图13.12所示。当 $\dot{p} = \dot{s} = 0$ 时，经济系统处于均衡状态。$\dot{p} = 0$ 对应着45°线，而 $\dot{s} = 0$ 则意味着：

$$p = \bar{p} = m - \phi y + \lambda r^*$$

即一条平行于汇率轴的直线。两条直线的交点 E 决定了均衡的汇率及价格。

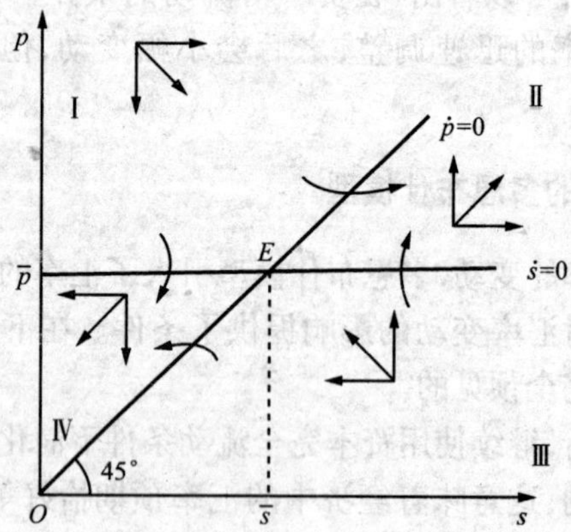

图13.12 完全预见的多恩布什模型的动态特征

(13.36)和(13.38)两式给出了经济系统的动态方程。把这一系统写成矩阵的形式为：

$$\begin{pmatrix} \dot{p} \\ \dot{s} \end{pmatrix} = A \begin{pmatrix} p - \bar{p} \\ s - \bar{s} \end{pmatrix} \tag{13.41}$$

其中,系统的系数矩阵及相应的行列式为:

$$A = \begin{pmatrix} -\alpha\delta & \alpha\delta \\ 1/\lambda & 0 \end{pmatrix} \text{和} \det A = -\frac{\alpha\delta}{\lambda}$$

由于行列式的值小于0,因而系统的均衡点是一个鞍点解。

我们已经知道,在图13.12中PPP线的上方,$\dot{p}<0$,即价格倾向于下降;在PPP线的下方,$\dot{p}>0$,价格倾向于上升。而在AM曲线的上方,$p>\bar{p}$,从而使得$\dot{s}>0$,即汇率倾向于提高;在AM线的下方,$p<\bar{p}$,从而使得$\dot{s}<0$,即汇率倾向于下降。这说明,均衡点E是一个鞍点均衡,即位于Ⅰ、Ⅲ象限的解是一条稳定臂,而位于Ⅱ、Ⅳ象限的解则是不稳定的。假设EP^1是系统的一个稳定臂,而EP^2是另外的那条不稳定臂,则系统的动态调整如图13.13所示。

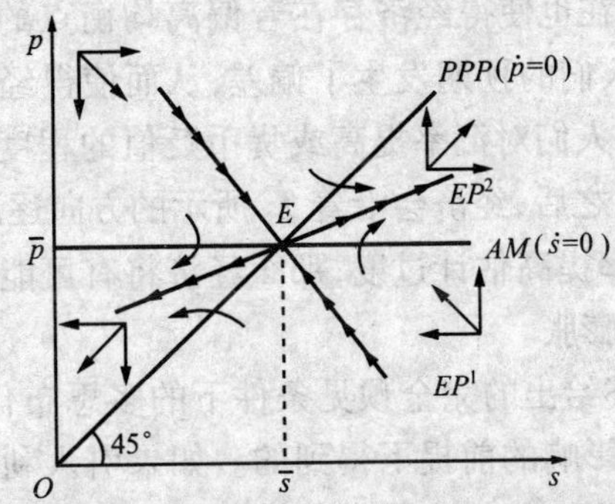

图13.13　完全预见的多恩布什模型的鞍点解

完全预见的多恩布什模型的动态鞍点解对于解释价格与汇率的变动趋势有着重要的意义。如图13.14所示。假设经济最初处于均衡点E_0,相应的均衡汇率和价格分别为s_0和p_0。在E_0点,有两条路径,分别是稳定的EP_0^1和不稳定的EP_0^2。现在由于货币供给增加,$\dot{s}=0$所对应的AM曲线由p_0移动到p_1。对应于新的AM曲线,经济存在一个新的均衡点E_1,相应的均衡汇率和价格分别为s_1和p_1。对应于均衡点E_1,也有稳定臂EP_1^1和不稳定臂EP_1^2。

均衡点E_0移动到E_1过程完全类似于本节第一和第二小节给出的说明。由于预期是完全预见的,对应于货币供给量的增加,经济将在价格维持p_0水平不变的同时迅速移动到C点,从而达到均衡点E_1所对应的稳

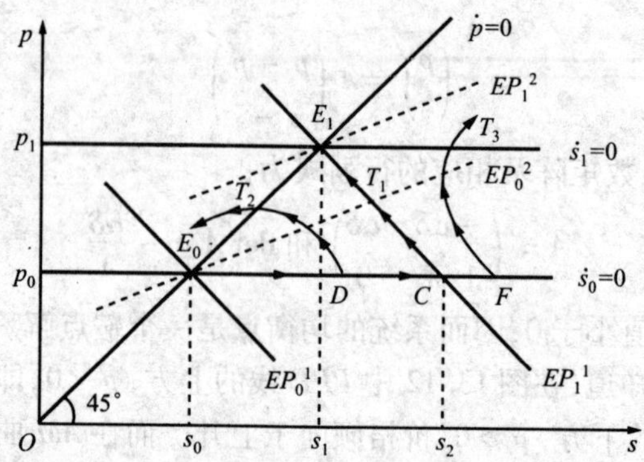

图 13.14　完全预见的多恩布什模型的动态变动

定臂 EP_1^1。在 EP_1^1 上的 C 点，汇率处于超调状态：货币贬值到 s_2。随后，伴随着价格不断上升，汇率将不断回调，经济将沿着稳定臂 EP_1^1 上 T_1 所示的轨迹由 C 点移动到 E_1。

不稳定臂的存在也使得经济存在着偏离均衡点的可能。例如，在货币供给增加之后，人们的预期发生了偏差，从而使得经济并没有由 E_0 点移动到 C 点。如果人们对汇率提高或货币贬值的程度估计不足，那么经济会达到 D 点。这之后，经济会沿着 T_2 所示的方向逐渐走向衰退。类似地，如果人们对汇率提高估计过度，那么经济将有可能从 F 点沿着 T_3 所示的方向逐渐走向膨胀。

需要说明，上述给出的完全预见条件下的多恩布什模型是在假定产品市场不受利息率影响的前提下得到的。如果引入利息率的影响，上述简化的模型将还原为一般的多恩布什模型，只是在说明中需要加入一条向右上方倾斜但斜率小于 1 的 GM 曲线。这里我们予以省略，读者可以参照图 13.13 和图 13.14 给出说明。

第四节　结　束　语

本章讨论了开放条件下的基本模型，主要要点如下：

(1)借助于现金账户，开放部门被引入到宏观经济模型之中。通常引入开放经济部门的方式是假定两国生产不同质的产品。

(2)开放部门中，外汇储备的变化对货币供给产生影响。如果没有对冲操作，外汇储备的变化通过货币供给的变动加以弥补。在固定汇率制下，外汇储备的改变量等于国际收支余额；而在浮动汇率制度下，外汇储备的改变量等于零。

(3)蒙代尔－弗莱明模型由产品市场、货币市场以及国际资产市场的均衡组成。通过该模型可以分析财政政策和货币政策的效应。这种政策效应与汇率制度与资本的流动性有关。在固定汇率制下,财政扩张是有效的,而且资本的流动性越强,财政扩张的效应就越大;而货币政策的效应则是无效的。在浮动汇率制度下,财政政策效应的大小主要取决于资本的流动性:资本的流动性越弱,财政政策的效应越强;反之,资本流动性越强,财政政策的效应则越弱。此外,财政扩张也会产生超调现象。在浮动汇率制下,货币政策对改变收入也是有效的,而且资本的流动性越强,这一效应越大。同样,在这种情况下,货币扩张也存在超调特征。

(4)多恩布什模型集中考察名义汇率与国内价格总水平之间的关系,说明了汇率的超调现象。模型由产品市场的动态菲利普斯曲线、货币市场供求方程以及国际资产市场的利息率与预期汇率变动方程构成。

(5)在多恩布什模型中,当资本处于完全流动状态时,由于价格变动滞后,所以货币供给变动最初引起汇率大幅度变动,之后由于价格水平调整,汇率向相反方向变动。在资本不流动情况下,货币供给变动最初引起汇率大幅度变动,之后汇率会小幅变动,但不会出现超调。

(6)在完全预见的多恩布什模型中,存在一个动态鞍点解。

从以上两个最基本的宏观经济模型可以看出,蒙代尔－弗莱明模型是在凯恩斯主义总需求决定理论基础上发展起来的,模型将 *IS－LM* 分析扩展为 *IS－LM－BP* 分析,从而使得国际因素的变动与国民收入决定联系在一起。*M－F* 模型注意到资本流动对一国经济所产生的影响,借助于汇率分析扩展了总需求分析,而且很自然地与宏观经济政策联系在一起,从而扩大了凯恩斯主义理论分析和政策应用的范围。

多恩布什模型可以看成是 *M－F* 模型的动态化,其中模型中引入预期是最重要的理论创新。模型注意到资本流动快于产品市场调整的事实,而正是由于这一原因使得货币供给冲击在预期的作用下导致汇率迅速上升。但由于价格随后提高,又使得本国货币升值,从而汇率出现所谓的超调现象。这为解释国际宏观经济现象提供了重要的理论基础。同时,由于货币政策在短期和长期中的非中性,这一理论也为国际宏观经济政策制定者所推崇。

然而,*M－F－D* 模型的缺陷也是显而易见的。正如凯恩斯理论本身一样,基于凯恩斯总需求决定理论建立的 *M－F－D* 模型也存在方法论上的缺陷,特别是缺乏微观基础。由于没有考虑到经济单位的跨时预算约束，在市场非出清的条件下，跨期供求缺口如何调整无法得到说明。模型缺少微观基础导致其不能够通过任何自然的福利标准来评估相互可替代的宏观经济政策。这些缺陷构成了随后开放经济条件下宏观经济学发展的方向。

本章参考书目

1. Dornbusch, R. (1976), "Expectations and exchange rate dynamics", Journal of Political Economy, Vol. 84, No. 6, 1161 - 1176.

2. Shone, R. (1997), Economic Dynamics, Cambridge University Press, Ch10 - 11.（中译本参见：[英]罗纳德·肖恩著，吴汉洪等译：《动态经济学》，中国人民大学出版社，2003年版。）

第十四章 新开放经济的宏观经济学

上一章在总需求－总供给框架下讨论了开放条件下的宏观经济理论，但是这一理论存在较为严重的方法论上的缺陷，特别是缺乏跨时最优选择的微观基础，而且一些国际宏观经济现象也与这一理论不相一致。但是，传统的凯恩斯主义理论也有一个非常诱人的特征，那就是它考虑到了名义价格粘性。在跨期最优选择的基础上加入名义价格粘性成为过去几十年中，开放经济条件下的宏观经济学发展的基本方向。以此为主线逐步形成了一个新的理论框架——新开放经济的宏观经济学。这一理论框架的典型特征是以动态一般均衡为模型的微观基础，同时在分析中融入了不完全竞争和某种程度的价格粘性。由于生产者具有市场支配力，因而相应于短期波动，厂商改变产量是最优的。基于这一想法，这类模型说明了在存在名义价格粘性的条件下为什么产出是由需求所决定的。由于建立在特定的微观基础之上，因而新开放经济的宏观经济学具有福利评价的功能。与蒙代尔－弗莱明模蠱以及多恩布什模型不同，新开放经济的宏观经济学模型具有更加坚实的微观基础和现实解释力。

新开放经济的宏观经济学开始于奥伯斯特费尔德（M. Obstfeld）和罗格夫（K. Rogoff）1995年的经典论文[①]，所以也被简称为OR模型或Redux模型。本章我们将以奥伯斯特费尔德－罗格夫模型为线索说明新开放经济的宏观经济学的基本框架和主要结论。

---

① Obstfeld, M. and K. Rogoff(1995), "Exchange Rate Dynamics Redux", Journal of Political Economy 103(June):624－60.

同时参见：Obstfeld, M. and K. Rogoff(1996), "Foundations of international macroeconomics", MIT Press, 1996.

第一节　浮动价格下的 *OR* 模型

OR 模型的基础是基于经济当事人最大化行为的跨时一般均衡分析。本节假定价格自由伸缩，而且经济当事人在确定环境条件下事先形成完全预期。这样将有助于问题的简化。但是需要说明，即使经过一系列的简化，与其他开放经济中的模型一样，由于既涉及到国内市场，又涉及到国外市场，既有名义变量，也有实际变量，因而 *OR* 模型看起来比实际要表达的含义更为复杂。作为开始，我们稍微改变一下行文的顺序，首先把 *OR* 模型中的主要符号所代表的含义罗列在表 14.1 中，以便在叙述的过程中可以随时查阅而不必一一做出说明。

表 14.1　　　　　　*OR* 模型中符号的含义

一般约定	
任意变量 X	
X	该变量的本国数值
X^*	相应变量在外国的数值
X_0	变量 X 的初始值
$\bar{X}$	变量 X 的均衡值
$\hat{X}$	$\hat{X} \equiv dX/\bar{X}_0$，其中 $\bar{X}_0$ 为初始的均衡值，并且 $\bar{X}_0 \neq 0$
$\hat{\bar{X}}$	$\hat{\bar{X}} \equiv d\bar{X}/\bar{X}_0$，其中 $\bar{X}_0$ 为初始的均衡值，并且 $\bar{X}_0 \neq 0$
X^W	X 的世界（平均）数量
特别约定	
B	一国居民持有的外国实际债券的数量
$\hat{B}$	$\hat{B} \equiv dB/\bar{C}_0^W$，其中 $\bar{C}_0^W$ 为世界平均消费在初始稳态下的均衡值
$\hat{\bar{B}}$	$\hat{\bar{B}} \equiv d\bar{B}/\bar{C}_0^W$，其中 $\bar{C}_0^W$ 为世界平均消费在初始稳态下的均衡值
c	一国居民对某种商品的消费量
C	一国居民总的消费量
g	一国政府对某种商品的消费量
G	一国政府对商品的消费总量
$\bar{G}$	$\bar{G} \equiv dG/\bar{C}_0^W$，其中 $\bar{C}_0^W$ 为世界平均消费在初始稳态下的均衡值
$\hat{\bar{G}}$	$\hat{\bar{G}} \equiv d\bar{G}/\bar{C}_0^W$，其中 $\bar{C}_0^W$ 为世界平均消费在初始稳态下的均衡值
i	名义利息率
j	某一消费者以及他所生产的产品，$j \in [0,n]$ 为国内的消费者，$j^* \in (n,1]$ 是国外消费者
M	一国的货币供给量
n	本国人口占世界人口的比例
p	某种商品的价格

续表

特别约定	
P	价格指数
r	实际利息率
S	以本币表示的外币价格,即名义汇率
T	政府征收的定量税,按消费品的组合计量
y	某种商品的产出
z	某一生产者以及他所生产的产品,$z\in[0,n]$为国内的生产者及其所产生的产品,$z^*\in(n,1]$是国外生产者及其所生产的产品
β	主观贴现率
θ	不同商品之间的替代弹性
ε,χ,κ	效用函数中的参数,其中$1/\varepsilon$表示货币需求的消费弹性
δ	$\delta\equiv(1-\beta)/\beta$,为时间偏好率

一、一般均衡的微观基础

OR模型是在世界上只有两个国家的情形下建立起来的。模型假定,世界上有两个国家,每个国家都有若干个经济当事人,他们分布在$[0,1]$之中。用n表示本国居民占世界人口的比重,则本国经济当事人位于区间$[0,n]$之中,用z表示;外国生产者位于区间$(n,1]$之中,用z^*加以表示。世界上每个经济当事人既是生产者也是消费者。假定作为消费者的经济当事人具有相同的偏好,但作为生产者时他们提供一种有差异的产品,以便模型可以把微观基础置于垄断竞争之上。在不引起混乱的前提下,为了减少不必要的符号,本国厂商生产的产品也表示为z,国外厂商生产的产品则表示为z^*。

1. 偏好

让我们首先刻画经济当事人的偏好。由于所有的经济当事人具有相同的偏好,所以在这里我们省略表示经济当事人的指数,并把它理解为本国经济当事人。代表性消费者通过消费商品、闲暇和持有货币余额获得效用。消费者既可以选择本国商品,也可以选择外国商品。

首先,以$c^j(z)$表示代表性消费者j对第z种商品的消费,其消费两国所有的商品数量的总和通过不变替代弹性的指数加总得到:

$$C_t^j=\left[\int_0^1 c_t^j(z)^{(\theta-1)/\theta}\mathrm{d}z\right]^{\theta/(\theta-1)}$$
$$=\left[\int_0^n c_t(z)^{(\theta-1)/\theta}\mathrm{d}z+\int_n^1 c_t(z^*)^{(\theta-1)/\theta}\mathrm{d}z^*\right]^{\theta/(\theta-1)} \tag{14.1}$$

其中，$\theta > 1$，表示不同商品之间的替代弹性。消费者消费商品数量的总和与效用呈同方向变动。

其次，消费者的闲暇直接计入决策者的效用，但为了节省篇幅，省略消费者对闲暇和产出之间的选择过程，认为消费者的效用与闲暇呈同方向变动，从而与劳动时间反方向变动。由于产出与劳动投入量同方向变动，所以，可以用产出直接表示消费者的负效用。进一步，假定家庭代表性的生产者没有物质资本（或者说隐含地假定物质资本保持不变），则生产某种产品的生产函数可以表示为：

$$y = AL^{1/2} \tag{14.2}$$

这一函数满足报酬递减规律。这样，消费者生产某种产品的负效用可以表示为产出 y 的递减函数，比如$(-\kappa/2)y^2$。同时，从消费者的角度来看，关于 y 的决策也就是劳动供给的决策。

最后，假定一国的名义货币量为 M，价格总水平为 P，则实际的货币余额 M/P 直接计入效用函数之中。这样，代表性经济当事人的偏好可以由下面的跨期效用函数加以表示：

$$U_t^j = \sum_{s=1}^{\infty} \beta^s \left[\log C_{t+s}^j + \frac{\gamma}{1-\varepsilon} \left(\frac{M_{t+s}^j}{P_{t+s}} \right)^{1-\varepsilon} - \frac{\kappa}{2} y_{t+s}(j)^2 \right] \tag{14.3}$$

其中，$0 < \beta < 1$ 为主观贴现因子。

我们注意到，效用函数是关于 C 的递增变换，而 C 又具有 CES 形式，因此 CES 效用函数的许多特性仍然可以使用。① 在这里，一个直接的用途是利用 CES 的指数化方法得出一国的价格总水平。以 $p(z)$ 表示商品 z 按本国货币标准衡量的价格，$p^*(z)$ 表示商品 z 按国外货币衡量的价格。根据购买力平价原则，如果 S_t 是以本币表示的外币价格，即名义汇率，那么：

$$p_t(z) = S_t p_t^*(z) \tag{14.4}$$

上式也意味着，名义汇率可以自由波动，从而使得同一种商品在两国之中

① 在静态条件下，通过求解下面的最优化问题：

$$\begin{cases} \max U = [x_1^{(\theta-1)/\theta} + x_2^{(\theta-1)/\theta}]^{\theta/(\theta-1)} \\ \text{s.t. } p_1 x_1 + p_2 x_2 = I \end{cases}$$

可以得到的间接效用函数为：

$$v(p_1, p_2, I) = \frac{I}{(p_1^{1-\theta} + p_2^{1-\theta})^{1/1-\theta}}$$

取价格指数 $p = (p_1^{1-\theta} + p_2^{1-\theta})^{1/1-\theta}$，则利用罗伊等式可以得到对商品 j 的需求分别为 $x_j = (p_j/P)^{-\theta} I$。

具有相同的价格。则,国内的价格指数可以表示为:

$$P_t = \left[\int_0^1 p_t(z)^{1-\theta}dz\right]^{1/1-\theta} = \left\{\int_0^n [p_t(z)]^{1-\theta}dz + \int_n^1 [S_t p_t^*(z)]^{1-\theta}dz\right\}^{1/1-\theta} \tag{14.5}$$

类似的,外国表示价格总水平的指数为:

$$\begin{aligned} P_t^* &= \left[\int_0^1 p_t^*(z)^{1-\theta}dz\right]^{1/1-\theta} \\ &= \left[\int_0^n (p_t(z)/S_t)^{1-\theta}dz + \int_n^1 [p_t^*(z)]^{1-\theta}dz\right]^{1/1-\theta} \end{aligned} \tag{14.6}$$

在这里,如果利用一价定律(14.4)式,则很容易得到:

$$P_t = S_t P_t^* \tag{14.7}$$

2. 预算约束

为了完成代表性个人的局部均衡,接下来我们有必要说明消费者的预算约束条件。假定世界资本市场是完全一体化的,市场上惟一可交易的资产是一期无风险的实际债券,其价值由复合消费品 C 加以衡量。用 r 表示债券的实际利率,则代表性消费者 j 的跨期预算约束可以表示为:

$$\begin{aligned} &p_t(j)y_t(j) + M_{t-1}^j + (1+r_{t-1})P_t B_{t-1}^j - P_t T_t^j - P_t C_t^j \\ &= P_t B_t^j + M_t^j \end{aligned} \tag{14.8}$$

式中,$p_t(j)y_t(j)$是代表性的个人生产第 j 种商品在 t 期所获得的收入,M_{t-1}^j 是消费者 j 上期持有而本期可以使用的货币余额,$(1+r_{t-1})P_t B_{t-1}^j$ 为上期持有而本期到期的债券收益,以上项目构成了消费者在 t 期的总收入;$P_t T_t^j$ 是代表性消费者 j 向本国政府缴纳的定量税收,$P_t C_t^j$ 为消费支出总额,所以等式左边是个人收入扣除税收和消费之后的余额;$P_t B_t^j$ 和 M_t^j 是当事人持有的下期债券和货币余额。

3. 政府

经济中另一个经济单位是政府,与此相关联的三个变量分别是政府购买、税收和货币余额。假定政府与个人具有完全相同的偏好,并且同样消费两国生产的产品,则有关消费者的分析完全适用于政府。在这里,假定本国政府消费第 z 种商品的数量为 $g_t(z)$,则政府总的消费支出为:

$$G_t = \left[\int_0^1 g_t(z)^{(\theta-1)/\theta}dz\right]^{\theta/(\theta-1)} \tag{14.9}$$

政府消费的收入来源是税收和货币余额的改变量。假定政府的税收只向本国居民征收,并且是相应于收入的定量税,而货币由外生因素决

定,则政府的预算约束可以表示为:

$$G_t = T_t + \frac{M_t - M_{t-1}}{P_t} \tag{14.10}$$

注意到我们对 * 号的约定,读者可以很容易地写出外国政府的消费支出和预算平衡表达式,为了节省篇幅,这里省略。

由于假定政府与个人的偏好完全相同,所以增加政府对所有商品的消费对扩大模型的解释范围作用不是很大,适当的扩展是很容易做到的。在这里,取 $G_t=0$,而政府的约束条件就自然变成为 $T_t+(M_t-M_{t-1})/P_t=0$ 的形式。后者表明政府把所有增加货币获得的收入以转移支付的形式返还给了经济系统中的个人。

4. 效用最大化与需求

为了简化均衡的求解过程,*OR* 模型通常采用分段最优化的方式加以处理。这里我们首先考察作为消费者的经济当事人的均衡。消费者均衡表现为,在(14.8)式给出的预算约束条件下实现(14.3)式的最大化。利用效用函数具有不变替代弹性的性质,可以得到代表性消费者 j 对国内外商品的需求为:①

$$c_t^j(z) = \left[\frac{p_t(z)}{P_t}\right]^{-\theta} C_t^j \tag{14.11}$$

$$c_t^j(z^*) = \left[\frac{S_t p_t^*(z^*)}{P_t}\right]^{-\theta} C_t^j \tag{14.12}$$

对外国的经济当事人进行相同的分析可以得出这些消费者对他国和本国产品的需求:

$$c_t^{*j}(z) = \left[\frac{p_t(z)}{S_t P_t^*}\right]^{-\theta} C_t^{*j} \tag{14.13}$$

$$c_t^{*j}(z^*) = \left[\frac{p_t^*(z^*)}{P_t^*}\right]^{-\theta} C_t^{*j} \tag{14.14}$$

其中,C_t^{*j} 是类似于(14.1)式定义的国外经济当事人 j 对所有商品的总消费。

基于(14.11)~(14.14)式,把世界上所有的人对一种商品 z 的需求量相加可以得到世界对商品 z 的总需求量为:

$$y_t^d(z) \equiv \int_0^n c_t^j(z)\,\mathrm{d}j + \int_n^1 c_t^{*j}(z)\,\mathrm{d}j$$

---

① 参见第一小节关于 *CES* 效用函数的注解。

但是注意到，对任意商品 z，(14.4)式和(14.7)式意味着 $p(z)/P = p(z)/SP^* = Sp^*(z)/P = p^*(z)/P^*$。于是，我们可以一般性地得到对商品 z 的世界总需求量为：

$$y_t^d(z) = \left[\frac{p_t(z)}{P_t}\right]^{-\theta} C_t^W \tag{14.15}$$

其中世界消费 C^W 定义为：

$$C_t^W \equiv \int_0^n C_t^j \mathrm{d}j + \int_n^1 C_t^{*j} \mathrm{d}j = n\, C_t + (1-n)\, C_t^* \tag{14.16}$$

利用经济当事人的消费需求进一步得出消费者效用最大化条件下选择 B、M 以及 y 应满足的条件。为此，运用(14.15)式消去 p_t，简化预算约束条件(14.8)式。首先，从(14.15)式中可以得到：

$$p_t(z) y_t(z) = P_t [y_t(z)^{\theta-1} C_t^W]^{1/\theta}$$

把上式代入到(14.8)式之中，省略标记 j，可以得到代表性消费者的预算约束条件为：

$$C_t = (1+r_{t-1})B_{t-1} - B_t - \frac{M_t - M_{t-1}}{P_t} - T_t + [y_t(z)^{\theta-1} C_t^W]^{1/\theta} \tag{14.17}$$

运用这一约束条件求解(14.3)式的最优化就变得容易了。借助于新的预算约束方程(14.17)式消去 C_t，并视 C^W 给定，则可以得出相应的一阶条件：

$$C_{t+1} = \beta(1+r_t)\, C_t \tag{14.18}$$

$$\frac{M_t}{P_t} = \left[\gamma C_t \left(\frac{1+i_t}{i_t}\right)\right]^{1/\varepsilon} \tag{14.19}$$

$$y_t^{(\theta+1)/\theta} = \frac{\theta-1}{\theta\kappa} (C_t^W)^{1/\theta} \frac{1}{C_t} \tag{14.20}$$

其中，i 是本国货币的名义利率，它与实际利率的关系为：

$$1 + i_t = \frac{P_{t+1}}{P_t}(1+r_t) \tag{14.21}$$

在上述等式中，(14.18)式为动态最优化问题的欧拉方程，它给出了消费者在考虑到时间偏好的情况下选择现期消费与债券最优组合的条件；(14.19)式则是在消费与持有现金之间进行选择时需要满足的条件；(14.20)式是有关“劳动供给”的条件，体现了消费者在劳动与闲暇之间的最优选择；而表示实际利率和名义利率之间关系的(14.21)式即为费歇尔方程。

对于外国,存在类似的方程,我们不一一列出。特别的,国内和国外应用费歇尔方程得到的结果与(14.7)式一起意味着,用名义利率表示的非抵补的利率平价条件为:

$$1 + i_t = \frac{S_t}{S_{t+1}}(1 + i_t^*) \tag{14.22}$$

当然,实现均衡的横截条件(Transversality Condition)也是不容忽视的,它迫使消费者不能通过循环债务获取高效用,以便由(14.3)式给出的总效用为有限值。借助于对约束条件循环迭代,这一条件意味着:

$$\lim_{T\to\infty}(r_t)^{t+T}\left(B_{t+T+1} + \frac{M_{t+T}}{P_{t+T}}\right) = 0 \tag{14.23}$$

5. 世界均衡

从由两个国家构成的世界经济整体来看,实现均衡要求商品、货币以及资产的供求相等。商品的总需求由两国的居民及政府对商品消费的总和所决定,商品供给由所有生产者的加总得到。因此,世界均衡要求世界实际总支出等于世界实际收入,即下面的等式成立:

$$C_t^W = Y_t^W \tag{14.24}$$

其中,C_t^W 是由(14.14)式定义的世界总消费;Y_t^W 为世界总产出,它被定义为本国与国外实际产出之和:

$$Y_t^W \equiv n\frac{p_t(z)}{P_t}y_t(z) + (1-n)\frac{p_t^*(z^*)}{p_t^*}y_t^*(z^*) \tag{14.25}$$

货币供求相等的条件由(14.19)式直接给出:等式的左边为货币供给,右边则是货币需求。资产市场的均衡则意味着,全球净资产之和必须等于零,即:

$$nB_t + (1-n)B_t^* = 0 \tag{14.26}$$

二、稳定均衡状态

1. 稳定均衡状态

由于模型的基础是垄断竞争,因而 *OR* 模型并不能轻易地得出消费数量、产出等变量的动态方程以及其稳定状态下的均衡。为了得到稳定状态均衡,模型直接假定了稳定状态存在,因而每个变量在稳定状态下为常数。

重新考察上一小节中给出的均衡条件。在(14.18)式中令 $C_{t+1} = C_t$,可以直接求得稳定均衡状态下的实际利息率为:

$$\bar{r}=\frac{1-\beta}{\beta}(\equiv\delta) \tag{14.27}$$

运用(14.10)式并考虑到 $G=0$，在预算约束方程(14.8)式中消去 M 和 T 可以得到稳定均衡状态下的消费数量为：①

$$\bar{C}=\bar{r}\bar{B}+\frac{\bar{p}(z)\bar{y}}{\bar{P}}=\delta\bar{B}+\frac{\bar{p}(z)\bar{y}}{\bar{P}} \tag{14.28}$$

类似地可以得到在稳定状态下国外的消费。利用(14.26)式，国外的总消费可以表示为：

$$\bar{C}^{*}=-\left(\frac{n}{1-n}\right)\delta\bar{B}+\frac{\bar{p}^{*}(z^{*})\bar{y}^{*}}{\bar{P}^{*}} \tag{14.29}$$

2. 0－稳定状态

一般而言，由上面的稳定均衡状态条件尚不能得出有关消费、产出和国际债务等变量的具体结果。但这两个条件也给出了寻找特殊稳态均衡解的方案。假定一国在初始状态下没有国际债务和政府支出并一直保持这种状况不变，即：

$$\bar{B}_{0}=\bar{B}_{0}^{*}=0 \tag{14.30}$$

利用(14.28)式得到：$\bar{C}_{0}=\bar{p}_{0}(z)\bar{y}_{0}/\bar{P}_{0}$。由于没有国际债务，国际贸易必然平衡，从而国内消费一定等于国内的收入，即 $\bar{C}_{0}=\bar{y}_{0}$，结果 $\bar{p}_{0}(z)/\bar{P}_{0}=1$。对国外采用类似的分析可以得到：$\bar{C}_{0}^{*}=\bar{y}_{0}^{*}$ 和 $\bar{p}_{0}^{*}(z)/\bar{P}_{0}^{*}=1$。于是，我们首先得到下面的结果：

$$\frac{\bar{p}_{0}(h)}{\bar{P}_{0}}=\frac{\bar{p}_{0}^{*}(h)}{\bar{P}_{0}^{*}}=1 \tag{14.31}$$

把(14.31)式代入(14.16)式中可以得到：

$$C_{0}^{W}\equiv n\bar{C}_{0}+(1-n)\bar{C}_{0}^{*}=n\bar{y}_{0}+(1-n)\bar{y}_{0}^{*}$$

通过上述结果连同(14.20)式一起，马上可以得出：

$$\bar{y}_{0}^{(2\theta+1)/\theta}=\left(\frac{\theta-1}{\theta\kappa}\right)(C_{0}^{W})^{1/\theta}$$

同样的，有下面的结果：

---

① 事实上，将(14.28)式称为稳定状态下本国的预算约束更恰当。

$$(\bar{y}_0^*)^{(2\theta+1)/\theta} = \left(\frac{\theta-1}{\theta\kappa}\right)(C_0^W)^{1/\theta}$$

通过以上三式,可以求得:

$$\bar{y}_0 = \bar{y}_0^* = \left(\frac{\theta-1}{\theta\kappa}\right)^{1/2}$$

这些结果概括为:

$$\bar{C}_0 = \bar{C}_0^* = \bar{C}_0^W = \bar{y}_0 = \bar{y}_0^* = \left(\frac{\theta-1}{\theta\kappa}\right)^{1/2} \tag{14.32}$$

在这一特殊的稳定状态下,名义利率与实际利率相等,因而由(14.27)式知道:$\bar{i}_0=\delta$。把这一结果代入到(14.19)式之中则可以进一步得出这一稳定状态下的货币量。连同国外一起,我们得到的结果是:

$$\frac{\bar{M}_0}{\bar{P}_0} = \frac{\bar{M}_0^*}{\bar{P}_0^*} = \left[\gamma\left(\frac{1+\delta}{\delta}\right)\right]^{1/\varepsilon}\left(\frac{\theta-1}{\theta\kappa}\right)^{1/2\varepsilon} \tag{14.33}$$

根据购买力平价原则,$S=P/P^*$,并利用(14.33)式,则该稳定状态下的名义汇率为:

$$\bar{S}_0 = \frac{\bar{M}_0}{\bar{M}_0^*} \tag{14.34}$$

(14.30)~(14.34)式连同(14.27)式一起,构成了"0-稳定状态"均衡解。在这一均衡中,国内外相应变量的数值是完全对称的,因而也被称为 *OR* 模型的对称稳定状态解。

三、福利特征

利用0-稳定状态得出的一个非常重要的副产品是运用 *OR* 模型进行福利分析。对应于这种稳定状态,货币项为常数,所以可以在(14.3)式给出的代表性个人的效用函数中省略货币量,而把社会目标直接表示为$\left(\log C-\frac{\kappa}{2}y^2\right)$。这一目标可以理解为扣除了劳动的负效用之后的消费最大化。注意到 $C=y$ 的条件,则社会目标可以表示为:

$$\max_y \left(\log y-\frac{\kappa}{2}y^2\right)$$

上述问题的最优产出量为$(1/\kappa)^{1/2}$,显然要大于(14.32)式给出的产出均衡解。这表明,由于模型是垄断竞争,那么在开放经济条件下,也会导致低效率。同时我们也注意到，θ 是导致社会福利最大化的产出与均衡产出不相等的数量表现。由于 θ 表示不同商品之间的替代弹性，或者说模型中厂商的垄断程度。很显然，θ 越大，商品之间的替代越强，市场越接近于竞争，上述二者之间的产量就越接近。

第二节　*OR* 模型的线性近似与比较静态分析

OR 模型的一个重要工作是要分析货币冲击对经济所产生的影响，但由于难以得到相关变量的动态方程，因而近似线性化是必要的。本节考察其线性近似形式，并在此基础上进行比较静态分析。

一、*OR* 模型的对数线性化

在不能得到模型相关变量动态方程的条件下，为了分析外生变量对均衡的影响，在 0－稳定状态附近对稳定状态路径进行对数线性化是 *OR* 模型的重要简化。在下面的简化中，对模型中重要的函数 X_t 求解 $\log(X_t/\bar{X}_0)$ 在 $\bar{X}_0$ 附近的一阶线性近似，并定义 $\hat{X}_t = \mathrm{d}X_t/\bar{X}_0$，也用它来近似地表示 $(X_t - X_0)/\bar{X}_0$，其中 $\bar{X}_0$ 为变量 X 在 0－稳态均衡时的数值。

我们知道，静态最优化模型通常由一阶条件和预算约束方程构成。在这里，为了建立微观基础，采用了分段最优化的方法。此外，由于存在两国之间的联系，汇率均衡条件也必须被考虑在内。这样，*OR* 模型的基本方程包括：国内外价格总水平的定义式和代表性消费者对某种商品的需求，这两组方程来源于 *CES* 效用函数在既定收入约束条件下的效用最大化；代表性个人的预算约束方程；偏好最大化的一阶条件；购买力平价方程。下面我们分别对这些方程进行对数线性简化。

第一，考察国内外价格总水平。视两国所有的商品对称，则(14.5)式给出的国内价格指数可以简化为：

$$P_t = \{np_t(z)^{1-\theta} + (1-n)[S_t p_t^*(z^*)]^{1-\theta}\}^{1/(1-\theta)}$$

在 $[\bar{p}_0(z), \bar{S}_0, \bar{p}_0^*(z^*)]$ 附近求上式的一阶线性近似，并利用 $\bar{p}_0(z) = \bar{S}_0\bar{p}_0^*(z^*)$ 这一条件则可以得到：

$$\hat{P}_t = n\hat{p}_t(z) + (1-n)[\hat{S}_t + \hat{p}_t^*(z^*)] \tag{14.35}$$

对(14.6)式采取同样的方式，可以得到：

$$\hat{P}_t^* = n[\hat{p}_t(z) - \hat{S}_t] + (1-n)\hat{p}_t^*(z^*) \tag{14.36}$$

第二,对代表性消费者的需求函数对数线性化。对(14.15)式在[$\bar{p}_0(z)$, $\bar{P}_0$, $\bar{C}_0^W$]周围求对数线性化后得到:

$$\hat{y}_t = \theta[\hat{P}_t - \hat{p}_t(z)] + \hat{C}_t^W \tag{14.37}$$

类似的,国外对产品的典型需求为:

$$\hat{y}_t^* = \theta[\hat{P}_t^* - \hat{p}_t^*(z^*)] + \hat{C}_t^W \tag{14.38}$$

第三,考察世界预算约束方程。在(14.8)式给出的本国家庭预算约束(以及相类似的外国家庭预算约束)中,利用政府的预算约束消去 G、T 和 M,则可以得到:

$$C_t = \frac{p_t(z)}{P_t} y_t(z) - B_t$$

$$C_t^* = \frac{p_t^*(z^*)}{P_t^*} y_t^*(z^*) + \left(\frac{n}{1-n}\right) B_t$$

利用 $C^W = nC + (1-n)C^*$ 这一定义,则可以得到:

$$C_t^W = n\frac{p_t(z)}{P_t} y_t(z) + (1-n)\frac{p_t^*(z^*)}{P_t^*} y_t^*(z^*)$$

对上式进行对数线性化后得到:

$$\begin{aligned}\hat{C}_t^W &= n\hat{C}_t + (1-n)\hat{C}_t^* \\ &= n[\hat{p}_t(z) + \hat{y}_t(z) - \hat{P}_t] \\ &\quad + (1-n)[\hat{p}_t^*(z^*) + \hat{y}_t^*(z^*) - \hat{P}_t^*]\end{aligned}$$

或者写成为:

$$\hat{C}_t^W = n\hat{C}_t + (1-n)\hat{C}_t^* = n\hat{y}_t + (1-n)\hat{y}_t^* \equiv \hat{y}_t^W \tag{14.39}$$

第四,考察一阶条件。对(14.18)~(14.20)式进行对数线性化,同时考虑国外相对应的情形,则有:

$$\hat{C}_{t+1} = \hat{C}_t + \frac{\delta}{1+\delta}\bar{r}_t \tag{14.40}$$

$$\hat{C}_{t+1}^* = \hat{C}_t^* + \frac{\delta}{1+\delta}\bar{r}_t \tag{14.41}$$

$$\hat{M}_t - \hat{P}_t = \frac{1}{\varepsilon}\left[\hat{C}_t - \frac{\bar{r}_t}{1+\delta} - \frac{\hat{P}_{t+1} - \hat{P}_t}{\delta}\right] \tag{14.42}$$

$$\hat{M}_t^* - \hat{P}_t^* = \frac{1}{\varepsilon}\left[\hat{C}_t^* - \frac{\bar{r}_t^*}{1+\delta} - \frac{\hat{P}_{t+1}^* - \hat{P}_t^*}{\delta}\right] \tag{14.43}$$

$$(\theta+1)\,\hat{y}_t(z) = -\theta\,\hat{C}_t + \hat{C}_t^W \tag{14.44}$$

$$(\theta+1)\,\hat{y}_t^*(z^*) = -\theta\,\hat{C}_t^* + \hat{C}_t^W \tag{14.45}$$

以上线性过程中运用了 $\hat{r}_t \equiv dr_t/\bar{r}$ 及 $\bar{r} = \delta$ 的结论。

第五，考察购买力平价方程。方程(14.7)式的对数形式已经是线性方程了，即：

$$\hat{S}_t = \hat{P}_t - \hat{P}_t^* \tag{14.46}$$

(14.35)～(14.46)式给出了 *OR* 模型的线性形式，也为我们分析模型的有关结论提供了必要的条件。

二、线性模型的解

假定经济最初从0－稳定状态出发，由于某些外生因素的变动而偏离原来的均衡，并最终达到另外一个稳定状态的均衡。为了比较两个稳态之间的关系，我们希望得到外生变量与均衡解之间的关系，为此需要求解上述线性模型。

为了求解模型，我们考察对数线性化的均衡在稳定状态下的情形。由于上面(14.35)～(14.46)式对所有的时间 t 都成立，则对稳定状态也一定成立。特别的，从(14.37)～(14.39)式以及(14.44)和(14.45)两式中可以得到：

$$\hat{\bar{y}}(z) = \theta[\hat{\bar{P}} - \hat{\bar{p}}(z)] + \hat{\bar{C}}^W \tag{14.47}$$

$$\hat{\bar{y}}^*(z^*) = \theta[\hat{\bar{P}}^* - \hat{\bar{p}}^*(z^*)] + \hat{\bar{C}}^W \tag{14.48}$$

$$\hat{\bar{C}}^W = n[\hat{\bar{p}}(z) + \hat{\bar{y}}(z) - \hat{\bar{P}}] + (1-n)[\hat{\bar{p}}^*(z^*) + \hat{\bar{y}}^*(z^*) - \hat{\bar{P}}^*] \tag{14.49}$$

$$(\theta+1)\,\hat{\bar{y}}(z) = -\theta\,\hat{\bar{C}} + \hat{\bar{C}}^W \tag{14.50}$$

$$(\theta+1)\,\hat{\bar{y}}^*(z^*) = -\theta\,\hat{\bar{C}}^* + \hat{\bar{C}}^W \tag{14.51}$$

其中，类似于上面的约定，$\hat{\bar{X}} = d\bar{X}/\bar{X}_0$，上式中所有变量都是在稳定状态下得到的，故没有时间下标 t。

同时，对稳定状态下的消费应满足的(14.28)和(14.29)两式进行对数线性化，则可以得到：

$$\hat{\bar{C}} = \delta \hat{\bar{B}} + \hat{\bar{p}}(z) + \hat{\bar{y}}(z) - \hat{\bar{P}} \tag{14.52}$$

$$\hat{\bar{C}}^* = -\left(\frac{n}{1-n}\right)\delta \hat{\bar{B}} + \hat{\bar{p}}^*(z^*) + \hat{\bar{y}}^*(z^*) - \hat{\bar{P}}^* \tag{14.53}$$

其中,由于 $\bar{B}_0 = 0$, $\hat{\bar{B}}$ 被定义为 $\hat{\bar{B}} \equiv d\bar{B}/\bar{C}_0$。

(14.47)～(14.53)式共7个方程给出了求解7个变量[$\hat{\bar{y}}$, $\hat{\bar{y}}^*$, $\hat{\bar{C}}$, $\hat{\bar{C}}^*$, $\hat{\bar{C}}^W$, $(\hat{\bar{p}} - \hat{\bar{P}})$, $(\hat{\bar{p}}^* - \hat{\bar{P}}^*)$]的联立方程组。尽管复杂,但可以从中解得这些变量的数值:①

$$\hat{\bar{y}} = -\frac{\theta}{1+\theta}\hat{\bar{C}} = -\frac{1}{2}\delta \hat{\bar{B}} \tag{14.54}$$

$$\hat{\bar{y}}^* = -\frac{\theta}{1+\theta}\hat{\bar{C}}^* = \frac{n}{1-n}\delta \hat{\bar{B}} \tag{14.55}$$

$$\hat{\bar{C}} = \frac{1+\theta}{2\theta}\delta \hat{\bar{B}} \tag{14.56}$$

$$\hat{\bar{C}}^* = -\frac{n(1+\theta)}{2\theta(1-n)}\delta \hat{\bar{B}} \tag{14.57}$$

$$\hat{\bar{C}}^W = 0 \tag{14.58}$$

$$\hat{\bar{p}} - \hat{\bar{P}} = \frac{1}{2\theta}\delta \hat{\bar{B}} \tag{14.59}$$

$$\hat{\bar{p}}^* - \hat{\bar{P}}^* = -\frac{n}{2\theta(1-n)}\delta \hat{\bar{B}} \tag{14.60}$$

从(14.54)～(14.57)式中可以看出,随着国际债务 B 由国外流入国内,国内消费增加,产出减少;同时,这也导致国外消费减少,产出增加。在(14.59)式中我们注意到,伴随着 B 的增加,$\hat{\bar{p}} - \hat{\bar{P}} > 0$,这说明国内产品的相对价格较高。

同时我们也注意到,在上述稳定状态均衡中并不包含货币因素,这表明,在价格自由波动的条件下,货币只对名义量产生影响,与实际量无关。货币量对名义量产生的影响可以由下面的关系得到说明。对(14.42)式和(14.43)式对数线性化可以得到:

① 在《国际宏观经济学基础》一书中,作者采用了先计算两个国家同一变量差额,再计算总量,最后求解每个变量数值的方式。参见:Obstfeld, M. and K. Rogoff(1996),"Foundations of international macroeconomics", Ch10. The MIT Press.

$$\hat{\bar{P}} = \hat{\bar{M}} - \frac{1}{\varepsilon}\hat{\bar{C}} \tag{14.61}$$

$$\hat{\bar{P}}^* = \hat{\bar{M}}^* - \frac{1}{\varepsilon}\hat{\bar{C}}^* \tag{14.62}$$

把以上两式代入到由(14.46)式给出的购买力平价方程中可以得到：

$$\hat{\bar{S}} = \hat{\bar{P}} - \hat{\bar{P}}^* = (\hat{\bar{M}} - \hat{\bar{M}}^*) - \frac{1}{\varepsilon}(\hat{\bar{C}} - \hat{\bar{C}}^*)$$

或者写成为：

$$\hat{\bar{S}} = (\hat{\bar{M}} - \hat{\bar{M}}^*) - \frac{1}{\varepsilon}\frac{1+\theta}{2\theta(1-n)}\delta\hat{\bar{B}} \tag{14.63}$$

这就是汇率相应于货币和国际债务的反应方程。

第三节　名义粘性与货币冲击

在以上分析的 *OR* 模型中，价格自由伸缩，因而货币冲击只对名义变量产生影响。下面在上述基本框架中引入名义价格粘性，形成具有名义粘性的 *OR* 模型，进而分析货币冲击的影响。

一、粘性价格条件下的短期均衡

假设国内和国外商品的价格具有粘性，为了简单起见，令 $p(z)$ 和 $p^*(z^*)$ 是按生产国当地货币提前一期确定的，在这一期中这些价格不能变动，但一期之后在未发生新冲击的情况下，价格调整到弹性价格水平。这就是说，粘性价格模型的动态变化体现在三个时期。在 $t-1$ 期，经济处于 0 - 稳定状态均衡；在 t 期，经济受到某种外生因素的冲击，变量 X 做出调整，偏离初始状态的百分比用 $\hat{X}_t$ 表示；到 $t+1$ 期，经济达到新的稳定状态，其长期调整是 $\hat{X}_{t+1} = \hat{\bar{X}}$。这就是说，线性化模型中，$t$ 期变量短期内出现偏差，而 $t+1$ 期所有的变量都处于一个新的稳定状态均衡。

由于在 t 期内，$p_t(z)$ 及 $p_t^*(z^*)$ 保持不变，因而在(14.35)～(14.46)式给出的线性模型中有些方程无法成立，有些则需要调整。下面我们依次加以简要说明。

第一，由于 $p_t(z)$ 和 $p_t^*(z^*)$ 固定，则 $\hat{p}_t(z) = \hat{p}_t^*(z^*) = 0$，(14.35)式和(14.36)式变为：

$$\hat{P}_t = (1-n)\hat{S}_t \tag{14.64}$$

$$\hat{P}_t^* = -n\hat{S}_t \tag{14.65}$$

第二,在价格给定的条件下,垄断厂商并不能按边际收益等于边际成本的条件自由决定产量和价格,相反,产量完全由需求所决定。这样,线性模型中的(14.44)式和(14.45)式不能成立,而由(14.37)式和(14.38)式直接决定产量。利用 $\hat{p}_t(z)=\hat{p}_t^*(z^*)=0$ 的条件,这时(14.37)和(14.38)两式变为:

$$\hat{y}_t = \theta\hat{P}_t + \hat{C}_t^W$$

$$\hat{y}_t^* + \hat{C}_t^W$$

将(14.64)式和(14.65)式代入到以上两式中,得到:

$$\hat{y}_t = \theta(1-n)\hat{S}_t + \hat{C}_t^W \tag{14.66}$$

$$\hat{y}_t^* = -n\theta\hat{S}_t + \hat{C}_t^W \tag{14.67}$$

第三,由于价格项在加总过程中被消除,所以以实际量表示的世界约束条件仍然成立,无需修改:

$$\hat{C}_t^W = n\hat{C}_t + (1-n)\hat{C}_t^* = n\hat{y}_t + (1-n)\hat{y}_t^* \equiv \hat{y}_t^W \tag{14.68}$$

第四,在一阶条件中,除了(14.44)式和(14.45)式不再成立以外,其他条件保留。注意到,在 $t+1$ 期经济达到稳态均衡,则这些条件变为:

$$\hat{\bar{C}} = \hat{C}_t + \frac{\delta}{1+\delta}\hat{r}_t \tag{14.69}$$

$$\hat{\bar{C}}^* = \hat{C}_t^* + \frac{\delta}{1+\delta}\hat{r}_t \tag{14.70}$$

$$\hat{M}_t - \hat{P}_t = \frac{1}{\varepsilon}\left[\hat{C}_t - \frac{\hat{r}_t}{1+\delta} - \frac{\hat{\bar{P}} - \hat{P}_t}{\delta}\right] \tag{14.71}$$

$$\hat{M}_t^* - \hat{P}_t^* = \frac{1}{\varepsilon}\left[\hat{C}_t^* - \frac{\hat{r}_t}{1+\delta} - \frac{\hat{\bar{P}}^* - \hat{P}_t^*}{\delta}\right] \tag{14.72}$$

此外购买力平价方程(14.46)式仍然成立且不需要进行修改,但它可以看成是(14.64)和(14.65)两式的结果,所以省略。

还需要说明,由于价格不能马上调整到长期稳定状态均衡,因而一国收入与支出可以不相等。利用个人的预算约束 $C_t=[p_t(z)/P_t]y_t(z)-B_t$ 对数线性化的结论,并把(14.64)式给出的结果代入其中,可以得到:

$$\hat{B}_t = \hat{y}_t - \hat{C}_t - (1-n)\hat{S}_t$$

类似的,国外的国际债务为:

$$\hat{B}_t^* = \hat{y}_t^* - \hat{C}_t^* + n\hat{S}_t = \left(\frac{-n}{1-n}\right)\hat{B}_t$$

在这一特定模型中,上面的两个方程还可以进一步简化。事实上,由于 t 期持有的是 $t+1$ 期的债券,在 $t+1$ 期需要偿还,但这时所有的变量都达到新的稳定状态均衡,因此期末的国际债务的持有量就只能是其稳定状态的数值,即 $\hat{B}_t = \hat{\bar{B}}$。结果,上面的本国和外国持有的国外资产就可以表示为:

$$\hat{\bar{B}} = \hat{y}_t - \hat{C}_t - (1-n)\hat{S}_t \tag{14.73}$$

类似的,国外的国际债务为:

$$\hat{\bar{B}}^* = \hat{y}_t^* - \hat{C}_t^* + n\hat{S}_t = \left(\frac{-n}{1-n}\right)\hat{\bar{B}} \tag{14.74}$$

(14.64)~(14.74)式给出了价格粘性条件下 OR 模型的线性形式。对于模型的处理分两步:第一步是把稳定状态下的相关变量表示成政策变量和前定变量的函数,这一点已经在上一节最后阶段完成;第二步则是借助于这些结果,利用上述11个方程求解未知量($\hat{C}$,$\hat{C}^*$,$\hat{C}^W$,$\hat{y}$,$\hat{y}^*$,$\hat{P}$,$\hat{P}^*$,$\hat{S}$,$\hat{r}$,$\hat{B}$,$\hat{B}^*$)。正如我们在上面曾经提到的,尽管直接求解这11个未知量的值是可能的,但由于 OR 模型的目的在于考察外生因素的冲击对稳态均衡的影响,所以,下面的分析侧重于政策变量等外生因素对国内外同一变量所产生影响的比较。

二、货币冲击与汇率动态

下面我们分析货币因素变动对稳定状态均衡所产生的影响。之所以关注货币,一方面是因为货币因素与名义价格粘性密切相关;另一方面则是因为,这一分析也与多恩布什模型中货币变动引起汇率超调的特征有关。

为了考察货币变动与汇率动态之间的联系,我们从分析(14.71)式和(14.72)式作为开始。由这两个等式及购买力平价方程 $\hat{S}_t = \hat{P}_t - \hat{P}_t^*$ 可以知道:

$$\hat{M}_t - \hat{M}_t^* - \hat{S}_t = \frac{1}{\varepsilon}(\hat{C}_t - \hat{C}_t^*) - \frac{1}{\varepsilon\delta}(\hat{\bar{S}} - \hat{S}_t) \tag{14.75}$$

首先为了化简上式,回想我们在推导(14.63)式时使用过的等式:

$$\hat{\bar{S}} = (\hat{\bar{M}} - \hat{\bar{M}}^*) - \frac{1}{\varepsilon}(\hat{\bar{C}} - \hat{\bar{C}}^*) \tag{14.76}$$

将该式代入到(14.75)式中可以得到：

$$\hat{S}_t = (\hat{M}_t - \hat{M}_t^*) - \frac{1}{\varepsilon}(\hat{C}_t - \hat{C}_t^*) \tag{14.77}$$

再让我们考察($\hat{C}_t - \hat{C}_t^*$)项。由(14.69)和(14.70)两式可以得到：

$$\hat{\bar{C}} - \hat{\bar{C}}^* = \hat{C}_t - \hat{C}_t^* \tag{14.78}$$

在上式中，左边是两国间长期消费变化之间的差额，右边则是短期消费的变动之差。这意味着，在粘性价格下，国内外的消费水平相对变化具有持久性。因此，如果实际利率相对于稳定均衡状态发生了偏离，那么消费者无须为此而改变消费计划。但是，由于利率对消费的影响在两国之间是对称的，因而外国的消费也会变动。结果(14.78)式也就意味着消费的相对差异服从随机游走。把上述条件代入到(14.77)式中可以得到：

$$\hat{S}_t = (\hat{M}_t - \hat{M}_t^*) - \frac{1}{\varepsilon}(\hat{\bar{C}} - \hat{\bar{C}}^*) \tag{14.79}$$

最后假定在时间 t 时本国出现了未预期到的货币供给的永久性变动，使得下式成立：

$$\hat{\bar{M}} - \hat{\bar{M}}^* = \hat{M}_t - \hat{M}_t^* \tag{14.80}$$

把这一冲击代入到(14.79)式之中并观察所得出的结果与(14.76)式之间的差异，从中我们不难发现一个有意思的结论，那就是：

$$\hat{S}_t = \hat{\bar{S}} \tag{14.81}$$

这说明，即使价格具有粘性，在 *OR* 模型中汇率也并未出现超调特征。从(14.79)式中可以看出，如果预期的货币供给和消费差异都是不变的，则预期汇率也就不会发生变动。

当然，到此为止我们还没有得到汇率的解，原因是($\hat{\bar{C}} - \hat{\bar{C}}^*$)仍是由内生因素决定的。为了得到($\hat{\bar{C}} - \hat{\bar{C}}^*$)的解，我们用(14.53)式减去(14.54)式，得到：

$$\hat{\bar{C}} - \hat{\bar{C}}^* = \frac{1+\theta}{2\theta}\frac{\delta\hat{\bar{B}}}{1-n} \tag{14.82}$$

进一步，用(14.73)式减去(14.74)式，并利用 $n\hat{\bar{B}} + (1-n)\hat{\bar{B}}^* = 0$ 和

(14.81)式的结论,下面的等式成立:

$$\frac{\hat{\bar{B}}}{1-n}=(\hat{y}_t-\hat{y}_t^*)-(\hat{C}_t-\hat{C}_t^*)-\hat{\bar{S}} \tag{14.83}$$

但根据(14.66)和(14.67)两式可以知道:

$$\hat{y}_t-\hat{y}_t^*=\theta\hat{\bar{S}} \tag{14.84}$$

把上式连同(14.83)式一起代入到(14.82)式之中,可以得到:

$$\hat{\bar{C}}-\hat{\bar{C}}^*=\frac{\delta(\theta^2-1)}{\delta(1+\theta)+2\theta}\hat{\bar{S}}$$

或者写为:

$$\hat{\bar{S}}=\frac{\delta(1+\theta)+2\theta}{\delta(\theta^2-1)}(\hat{C}-\hat{C}^*) \tag{14.85}$$

现在将(14.79)与(14.85)两式联立,从中求得:

$$\hat{\bar{S}}=\frac{\varepsilon[\delta(1+\theta)+2\theta]}{\delta(\theta^2-1)+\varepsilon[\delta(1+\theta)+2\theta]}(\hat{\bar{M}}-\hat{\bar{M}}^*) \tag{14.86}$$

$$\hat{C}_t-\hat{C}_t^*=\hat{\bar{C}}-\hat{\bar{C}}^*=\frac{\varepsilon\delta(\theta^2-1)}{\delta(\theta^2-1)+\varepsilon[\delta(1+\theta)+2\theta]}(\hat{\bar{M}}-\hat{\bar{M}}^*) \tag{14.87}$$

由以上两式不难看出,伴随着货币供给的增加,汇率提高,本国货币贬值,消费增加。不过由(14.86)式给出的方程斜率也可以知道,汇率提高的幅度小于货币供给的变动幅度。由于在价格自由伸缩的情况下,$\hat{\bar{S}}=\hat{\bar{M}}-\hat{\bar{M}}^*$,所以(14.86)式说明,在价格粘性条件下,汇率具有粘性。同时,这一方程也预示了货币长期非中性的特征。

上述分析可以借助于图形得到进一步的说明。图 14.1 类似于分析 $M-F-D$ 模型时所使用的图形。在这里,横轴表示国内消费相对变动的百分比,纵轴表示汇率相对变动的百分比。MM 表示由(14.79)式给出的向下倾斜的直线,其斜率为$(-1/\varepsilon)$。该方程来源于货币供求和消费的欧拉方程,因而也就给出了因货币相对变动引起的消费相对变动和汇率变动之间的关系。曲线向下倾斜是因为国内相对消费水平的提高增加了国内的货币需求,所以,国内的相对价格水平下降,汇率升值。GG 表示由(14.85)式给出的一条经过原点向右上方倾斜的直线,斜率为$[\delta(1+\theta)+2\theta]/[\delta(\theta^2-1)]$。曲线来源于产品市场上的支出与收入均衡,它表明,对应于国内相对消费水平的永久性增加,需要国内货币贬值,以便使得国内产出量相对于国外产出量上升。

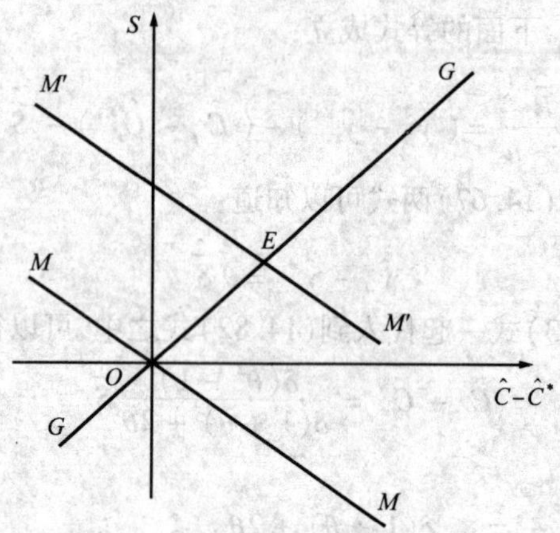

图 14.1　粘性价格模型中的汇率动态

MM 曲线最初与 *GG* 线在原点处于均衡，但是在货币供给变动的冲击下向右上方移动到 *M′M′* 曲线的位置。*M′M′* 曲线与 *GG* 曲线的交点 *E* 决定了新的均衡状态。假定偏好参数保持不变，则货币供给增加对汇率和消费产生的效应取决于决定 *GG* 线斜率的参数 θ。θ 反映了需求的价格，而需求被假定为富有弹性，即 $\theta>1$，因而 *GG* 线的斜率小于 1。这表明货币供给增加的汇率效应较小。即使在长期内，这一结论也成立。特别的，随着 $\theta\to\infty$，*GG* 曲线趋向水平，货币供给对汇率不产生效应。

三、货币冲击的其他效应

对这里给出的模型进一步求解还可以分析货币冲击的其他长期效应。由(14.54)～(14.60)式知道，实现这一目标关键是要求得国外净资产。因此，我们从求解 $\hat{\bar{B}}$ 开始。

国外净资产可以直接从(14.82)和(14.87)两式中求得：

$$\hat{\bar{B}}=\frac{2\varepsilon\theta(1-n)(\theta-1)}{\delta(\theta^2-1)+\varepsilon[\delta(1+\theta)+2\theta]}(\hat{M}-\hat{M}^*)\qquad(14.88)$$

很自然，一国越大，即 n 越大，本国货币冲击对自身经常项目的影响就越小。在求得 $\hat{\bar{B}}$ 之后，其他所有变量在长期稳定状态的均衡值都可以表示为($\hat{M}-\hat{M}^*$)的形式，从而说明货币冲击导致的所有长期稳定状态的变化，请读者把(14.88)式代入到(14.54)～(14.60)式给出的各个方程中自行完成。这里将把注意力集中于贸易条件和利息率的短期和长期比较上。

首先考察两国的贸易条件。由(14.59)和(14.60)两式可以得到两国的贸易条件为：

$$\bar{\hat{p}} - \bar{\hat{p}}^* - \bar{\hat{S}} = \frac{\varepsilon\delta(\theta - 1)}{\delta(\theta^2 - 1) + \varepsilon[\delta(1 + \theta) + 2\theta]}(\hat{M} - \hat{M}^*) \tag{14.89}$$

这里，货币供给增加在长期使得本国贸易条件朝着改善的方向变动，其改善的幅度与参数 δ 呈同方向变动。

由以上两式不难看出，由于货币冲击改变了两国长期的贸易条件，因而货币是非中性的。一国货币冲击产生经常项目余额，改善了本国的财富状况，并因此使得贸易条件得到改善。指出这一结果的两点比较性结论是有益的：第一，上述结论应用于国外的情形恰好相反。这就是说，就经常账户和贸易条件而言，本国货币供给增加对本国是有利的，这产生了贸易国政策协调问题。第二，上述结论与短期效应不相一致。我们注意到，增加货币供给马上会使得名义汇率提高，但由于价格保持不变，名义汇率提高意味着贸易条件恶化。而且，比较(14.89)和(14.86)两式不难发现，短期内贸易条件恶化程度的绝对值大于长期的改善。或许短期效应和长期效应之间的比较又成为制约一国试图制造货币供给冲击的重要因素。

其次考察货币供给冲击对利率的影响。为了得到利息率的短期变动，需要借助于与利息率相关的消费的欧拉方程以及消费与货币供给之间的关系。由欧拉方程(14.40)和(14.41)两式按人口加权得到：

$$\bar{\hat{C}}^W = \hat{C}_t^W + \frac{\delta}{1 + \delta}\hat{r}_t$$

这里应用了 $t+1$ 期变量处于稳定状态均衡的结论。但(14.58)式意味着 $\bar{\hat{C}}^W = 0$，因而：

$$\hat{C}_t^W = -\frac{\delta}{1 + \delta}\hat{r}_t \tag{14.90}$$

为了求解 $\hat{C}_t^W$，引入货币需求方程(14.42)式和(14.43)式，并将其中 $t+1$ 期相应的价格用长期稳定状态下的价格(14.61)式和(14.62)式代替，而 t 期的价格则用具有粘性的价格(14.64)式和(14.65)式替代。这样，货币需求方程变为：

$$\hat{C}_t + \frac{1}{\varepsilon\delta}\bar{\hat{C}} - \left(\varepsilon + \frac{1}{\delta}\right)[\hat{M}_t - (1-n)\hat{S}_t] = \frac{1}{1+\delta}\hat{r}_t \tag{14.91}$$

$$\hat{C}_t^* + \frac{1}{\varepsilon\delta}\bar{\hat{C}}^* - \left(\varepsilon + \frac{1}{\delta}\right)[\hat{M}_t^* + n\hat{S}_t] = \frac{1}{1+\delta}\hat{r}_t \tag{14.92}$$

$$\mathrm{d}\,U_t^R = \frac{1+\varepsilon\delta}{\theta(1+\delta)}\hat{M}_t^W \tag{14.102}$$

结论显示,货币供给量增加所产生的冲击使得国内福利水平提高。这一结论与封闭经济中粘性价格条件下货币冲击会提高福利的结论相类似。

只要注意到公式记号上存在的微小差别,有关国外福利变动度量进行分析所得到的结论相同。事实上,在上面最终得出的(14.102)式中,$\hat{M}_t^W$ 的变动并不必然来源于国内。

与传统的理论相比,*OR* 模型的结论是令人惊异的。粘性价格模型显示,尽管未预期到的货币供给冲击短期和长期均显示非中性特征,并且对两国而言是不对称的,但并不产生福利变动的非对称。传统理论侧重于分析经常账户和贸易条件,但在 *OR* 模型福利分析的结论中,这成为次要问题。尽管一国货币供给冲击会使得本国在经常账户和贸易条件上得到"好处",但福利增加的原因并非来源于国外的转移。福利增加的根本原因是,由于市场上垄断厂商存在扭曲,厂商把价格确定在边际成本之上,产量小于社会最优水平,货币供给扩张通过需求提高了价格水平,增加了厂商的产量,从而促进了福利水平提高。同时,福利水平提高在两国之间的转移具有"对称性"。一国增加货币供给使得本国产品在国外的相对价格降低,需求增加,从而需要生产者生产更多的产出,但他们也因此损失了闲暇。这就是说,消费商品数量上的增加和闲暇增加在福利上相互抵消。

二、税收变动的福利影响

OR 模型应用于分析外生因素的变动所产生的福利效应并不局限于货币冲击,这种方法具有一般性。现在假定政府对劳动收入征收所得税,为了简单,假设两国政府对劳动力收入按相同的固定税率 τ 征税,而且政府均通过定量转移支付的方式把所有的税收收入退还给本国的经济当事人。与(14.8)式相对照,在这种情况下,代表性经济当事人的跨时预算约束条件变成为:

$$(1-\tau)\,p_t y_t + M_{t-1} + P_t(1+r_{t-1})B_{t-1} - P_t T_t - P_t C_t = P_t B_t + M_t \tag{14.103}$$

政府的预算约束条件(14.10)式变为:

$$G_t = T_t + \frac{\tau}{nP_t}\int_0^n p_t(z)\,y_t(z)\,\mathrm{d}z + \frac{M_t - M_{t-1}}{P_t} \tag{14.104}$$

这里,T 是转移支付,数值为负。式中税收收入除以 n,目的在于按人均收

入表示税收。类似于前面的分析,继续取 $G_t=0$,并令 p 和 y 标准化,则(14.104)式简化为:

$$0=T_t+\frac{\tau p_t(z)y_t(z)}{P_t}+\frac{M_t-M_{t-1}}{P_t} \tag{14.105}$$

由于两个国家的税率 τ 完全相同,注意到我们对 * 的约定,外国代表性个人和政府的预算约束完全类似。

在(14.103)和(14.105)两式给出的约束条件下重新考虑(14.3)式的最大化问题。注意到(14.17)式变为:

$$C_t=(1+r_{t-1})B_{t-1}-B_t-\frac{M_t-M_{t-1}}{P_t}-T_t+(1-\tau)\left[y_t(z)^{\theta-1}C_t^W\right]^{1/\theta} \tag{14.106}$$

则一阶条件中的(14.20)式变为:

$$y_t^{(\theta+1)/\theta}=(1-\tau)\frac{\theta-1}{\theta\kappa}(C_t^W)^{1/\theta}\frac{1}{C_t} \tag{14.107}$$

相应的,0-稳定状态下均衡结果中(14.32)式变为:

$$\bar{C}_0=\bar{C}_0^*=\bar{C}_0^W=\bar{y}_0=\bar{y}_0^*=\left[\frac{(\theta-1)(1-\tau)}{\theta\kappa}\right]^{1/2} \tag{14.108}$$

以上对原有模型求解所进行的简要回顾告诉我们,在模型中增加税率改变了0-稳定状态均衡解,从而产生了某种形式的扭曲。为了加入税收对福利效应产生的影响,像上一小节那样计算(14.97)式。我们注意到,尽管税收使得稳定状态发生了移动,但模型的对数线性化方程仍然可以使用。这意味着(14.99)~(14.101)式成立,只是其中的0-稳定状态均衡值要由(14.108)式所代替。

把(14.108)式给出的结果带入到(14.97)式之中可以得到:

$$\mathrm{d}U_t^R=\left[\frac{1+\tau(\theta-1)}{\theta}\right]\hat{C}_t^W+\tau(1-n)\left[\frac{(1+\delta)(\theta^2-1)}{\delta(1+\theta)+2\theta}\right]\hat{S}_t \tag{14.109}$$

类似的,对国外进行相同的运算,得到:

$$\mathrm{d}U_t^{*R}=\left[\frac{1+\tau(\theta-1)}{\theta}\right]\hat{C}_t^W-\tau n\left[\frac{(1+\delta)(\theta^2-1)}{\delta(1+\theta)+2\theta}\right]\hat{S}_t \tag{14.110}$$

比较(14.109)和(14.110)两式不难发现,在存在税收扭曲的条件下,世界消费需求的增加会使得两国潜在地获得利益,但这种福利增加在两国之间的分配是不对称的,伴随着汇率的调整,福利增加被重新分配。原因很简单,由于税率相同,增加货币供给导致本国的产出和消费增加,同时也使得税收增加，但在模型中税收增加又全部返还给了本国居民，因此产生货币供给冲击的国家获得更多的利益。

第五节　结　束　语

本章分析了开放部门中占重要地位的 *OR* 模型。相对于蒙代尔－弗莱明－多恩布什模型，*OR* 模型的典型特征是融入了微观经济基础。在 *OR* 模型中，每个生产者只生产一种产品，而世界产品之间存在替代但不完全替代，因而模型的微观基础是垄断竞争的。每个经济当事人消费世界上生产的产品，同时持有实际货币余额与效用正相关，而对闲暇的消费由产出负效用反映出来。在跨时预算约束条件下，每个经济当事人选择最优的消费数量、货币持有量以及闲暇数量。连同经济当事人的一阶条件，世界市场的均衡是模型最终的结果。所以，*OR* 模型的基础是动态一般均衡在开放条件下的应用。

从模型化方法来看，除了标准的动态最优化方法之外，*OR* 模型采用的对数线性化方法为模型的求解提供了便利。此外，模型中对两国稳定状态均衡的对称化处理方案，对简化模型的求解过程也起到了重要的作用。

OR 模型的结论是具有启发意义的。由于模型中没有贸易壁垒，一价定律对所有的商品成立，所以，对价格总水平，购买力平价成立。货币冲击的效应是 *OR* 模型最重要的内容。在完全弹性价格条件下，未预期的永久性货币冲击不会产生实际影响，货币是中性的。但在粘性价格条件下，货币供给增加，汇率贬值，外国产品相对于国内产品更加昂贵，对国内产品的短期需求上升，导致本国产量增加，收入增加。在本国居民增加的收入中，部分地被用于消费，而另一部分则因长期消费平缓的需要而被用于储蓄，所以货币供给冲击在短期内会造成本国经常账户盈余。一国货币冲击对外国产生的影响表现为，国外消费和产出相应地增加，数量较小，但国际收支状况会受到负面影响。这恰好印证了非货币中性条件下的一般结论。

OR 模型有两点结论与众不同，一是无论是在弹性价格下还是在粘性价格下，这一模型中的汇率都不存在超调特征；二是具有非中性特征的货币冲击对两国福利所产生的影响却是相同的。这后一个结论对国际政策冲突起到了调和作用。

应该说，*OR* 模型是继多恩布什模型之后开放部门宏观经济学中最重要的成果,它在动态一般均衡基础上综合了跨期选择、现金账户、货币冲击等典型的国际宏观问题,为相关理论分析提供了一个工作“母机”。所以,我们要更多地从方法论上理解这一模型。之所以如此,另外一个原因是模型的结论在很大程度上取决于模型设定。在随后发展的一系列模型中,比如两国存在贸易和非贸易部门的模型,若干结论又回到了多恩布什模型的情形之中。此外,福利特征与政策选择之间的关系也使得关注国际宏观经济政策的人们不能就此松口气,因为税收政策所产生的非对称效应就具有一定的吸引力。

本章参考书目

1. Lane, Philip R. (2001), “The New Open Economy Macroeconomics: A Survey”, Journal of International Economics, 54(2), pp. 235 - 266.

2. Obstfeld, M., and K. Rogoff(1995), “Exchange Rate Dynamics Redux”, Journal of Political Economy, 103(3), pp. 624 - 660.

3. Obstfeld, M., and K. Rogoff(1996), “Foundations of international macroeconomics”, Ch9 - 10, Cambridge, MA: MIT Press.(中译本参见:奥伯斯特费尔德、罗格夫:《高级国际金融学教程》,第9~10章,刘红忠等译,中国金融出版社2002年版。)

附录:汉英术语对照表

一　画

一阶条件	First-order condition
一般均衡	General equilibrium
一般均衡状态	General equilibrium position
一般均衡的存在性	Existence of general equilibrium
一般均衡的惟一性	Uniqueness of general equilibrium
一般均衡的最优性	Optimality of general equilibrium
一般均衡稳定性	Stability of general equilibrium
一般等价物	Numeraire

二　画

二元劳动市场	Dual labor markets
二次型	Quadratic form
二阶条件	Secend order condition
厂商	Firm
人力资本	Human capital
人口增长	Population growth

三　画

干中学	Learning-by-doing
工人	Workers
工会	Unions
工作分享与解雇	Work-sharing vs. layoffs
工作空缺	Vacancies
工具(政策制定)	Instruments(policymaking)
工具	Instruments

工具变量	Instrumental variables
工资	Wages
工资调整	Wage adjustment
大萧条	Great Depression

四 画

习惯形成	Habit formation
子博弈精炼	Subgame perfection
无限期界模型	Infinite-horizon models
专利	Patents
专利竞赛	Patent races
支出	Expenditures
不完全竞争	Imperfect competition
不断上升的增长	Ever-increasing growth
太阳黑子	Sunspots
匹配函数	Matching function
瓦尔拉斯模型	Walrasian model
(中央银行)对外汇市场的干预	Exchange-market intervention
中央银行独立性	Central-bank independence
中间目标(政策制定)	Intermediate targets (policymaking)
贝弗里奇曲线	Beveridge curve
长期总供给(LRAS)曲线	Long-run aggregate supply(LRAS)curve
反应函数	Reaction function
公开市场业务	Open-market operations
公平工资-努力假说	Fair wage-effort hypothesis
风险回避	Risk aveision
水平效应	Level effect

五 画

古典二分法	Classical dichotomy
可排他性	Excludability
平衡预算乘数	Balanced budget multiplier
平衡增长路径	Balanced growth path
卢卡斯-费尔普斯模型	Lucas-Phelps model

卢卡斯不完美信息模型	Lucas imperfect-information model
卢卡斯批判	Lucas critique
卢卡斯供给曲线	Lucas supply curve
卢卡斯资产定价模型	Lucas asset-pricing model
目标(政策制定)	Objectives(policymaking)
目标区	Target band
生产函数	Production function
生产率增长的放慢	Productivity slowdown
生命周期/持久收入假说	Life-cycle/permanent income hypothesis
生活水平	Standards of living
失业	Unemployment
失业-通货膨胀交替	Unemployment-inflation trade-off
失业保险	Unemployment insurance
代际联系	Intergenerational links
代理成本	Agency costs
代理问题	Agency problems
白噪声扰动	White-noise disturbances
外部性	Externalities
市场	Markets
市场规模	Market size
半衰期	Half-life
汇率	Exchange rates
汇率预期	Exchange-rate expectations
汇率超调,汇率调整过度	Exchange-rate overshooting
汉密尔顿函数	Hamiltonian
出售工作	Job selling
加成	Markup
加速数	Accelerator
边际成本	Marginal cost
边际收益	Marginal revenue
发币收入	Seignorage
对异质性建模	Heterogeneity,modeling of
对特定部门的冲击	Sector-specific shocks

六　画

交叠世代模型	Overlapping-generations model
动态一致性	Dynamic consistency
动态无效率	Dynamic inefficiency
动态不一致性	Dynamic inconsistency
动态效率	Dynamic efficiency
动态规划	Dynamic programming
芒德尔－弗莱明模型	Mumdell-Fleming model
芒德尔效应	Mumdell effect
协调失灵	Coordination failures
有限期界模型	Finite-horizon models
有效劳动	Effective labor
有效劳动需求	Effective labor demand
存货	Inventories
托宾的 q	Tobin's q
过度识别约束	Overiddentifying restrictions
刚性	Rigidity
朱格拉周期	Juglar cycles
价格	Prices
价格外部性	Pecuniary externalities
价格刚性	Price rigidity
价格制定者	Price-setters
价格调整	Price adjustment
自动稳定器	Automatic stabilizers
自回归过程	Autoregressive process
自我实现的预言	Self-fulfilling prophecies
自然失业率	Natural rate of unemployment
自然实验	Natural experiments
自然资源	Natural resources
自然率假说	Natural-rate hypothesis
血气冲动	Animal spirits
后向移位算子	Backshift operator
行业间工资差异	Interindustry wage differences

合同	Contracts
合同模型	Contracting models
企业家－投资者合同	Entrepreneur-investor contracts
创新者	Innovators
名义调整	Nominal adjustment
多重均衡	Multiple equilibria
交保证金	Bonding
交错工资调整模型	Staggered wage adjustment models
交错价格调整模型	Staggered price adjustment models
产权	Property rights
产量	Output
产量－通货膨胀交替	Output-inflation trade-off
产量变动	Output movements
产量税	Output taxation
军事开支	Military spending
寻租	Rent-seeking
收入	Income
收入效应	Income effect
收敛	Convergence
收敛散点图	Convergence scatterplot
观测等价	Observational equivalence
回报率	Rate of return

七　画

劳动,劳动力	Labor
劳动力市场	Labor market
劳动力供给	Labor supply
劳动力窖藏	Labor hoarding
劳动合同	Labor contracts
劳动者的工作热情	Labor-force attachment
劳动的有效性	Effectiveness of labor
李嘉图等价	Ricardian equivalence
两阶段最小平方法	Two-stage least squares
两位数行业	Two-digit industries

技术	Technology
技术冲击	Technology shocks
技术进步	Technological progress
扰动	Disturbances
抢生意效应	Business-stealing effect
投资	Investment
投资税收优惠	Investment tax credit
时间平均问题	Time-averaging problem
时间依赖	Time dependance
财政问题	Fiscal problems
财政改革	Fiscal reform
利率	Interest rates
利率平价	Interest-rate parity
利率的期限结构	Term structure of interest rates
利率变动	Interest-rate movements
每工人平均产量	Output per worker
体制变动	Regime changes
住宅	Housing
库兹涅茨周期	Kuznets cycles
庇古效应	Pigou effect
社会保障	Social security
社会福利	Social Welfare
局内人	Insiders
局内人－局外人模型	Insider-outsider models
局外人	Outsiders
阿吉翁－豪伊特模型	Aghion-Howitt model

八 画

现金流量	Cash flow
规则	Rules
规模报酬	Returns to scale
规模经济	Economies of Scale
欧拉方程	Euler equation
欧洲货币体系	European Monetary System

拉姆齐-卡斯-库普曼斯模型	Ramsey-Cass-Koopmans model
拉姆齐模型	Ramsey model
转移动态学	Transitional dynamics
非一次性税收	Non-lump-sum taxes
非瓦尔拉斯理论	Non-Walrasian theories
非均衡模型	Disequilibrium models
非竞争性的	Nonrival
非预期效用	Nonexpected utility
国家间收入差异	Income differences cross-country
迪基-富勒单位根检验	Dickey-Fuller unit-root test
帕累托有效	Pareto efficiency
凯恩斯主义波动观	Keynesian view of fluctuations
凯恩斯主义模型	Keynesian models
凯恩斯主义稳定化政策	Keynesian stabilization policy
凯恩斯交叉	Keynesian cross
知识	Knowledge
知识积累	Knowledge accumulation
委托	Delegation
供给	Supply
供给冲击	Supply shocks
版权法	Copyright laws
货币	Money
货币-产量回归	Money-output regressions
货币存量	Money stock
货币先行约束	Cash-in-advance constraint
货币冲击	Monetary shocks
货币政策	Monetary policy
货币增长	Money growth
征收通货膨胀税带来的收入	Inflation-tax revenues
金融	Finance
金融市场	Financial markets
金融市场不完美性	Financial-market imperfections
金融体制	Financial systems
股票升水	Equity premium

股票升水之谜 Equity-premium puzzle
股票市场 Stock market
变分法 Calculus of variations
变量 Variables
单位根 Unit root
泊松过程 Poisson processes
泡沫路径 Bubble paths
波动 Fluctuations
实物资本 Physical capital
实验 Experiments
建造时间 Time-to-build
线性增长模型 Linear growth models
经济衰退 Recessions
经济增长 Economic growth

九 画

政府 Government
政府购买 Government purchases
政府债务 Government debt
政治经济周期 Political business cycles
政策 Policy
政策制定 Policymaking
政策制定者 Policymakers
标准产业分类法(SIC) Standard Industrial Classification(SIC)
柯布-道格拉斯生产函数 Cobb-Douglas production function
相对风险回避系数 Coefficient of relative risk aversion
相对成本冲击 Relative cost shocks
相图 Phase diagram
研究和开发(R&D) Research and Development(R&D)
研究和开发(R&D)效应 R&D effect
指标(政策制定) Indicators(policymaking)
指数化 Indexation
挤出效应 Crowding effects
战争 Wars

哈罗德 - 多马模型 Harrod-Domar model
贴现率 Discount rate
选择观望的期权价值 Option value to waiting
科学研究 Scientific research
重复预测法则 Law of iterated projections
贷款 - 价值比 Loan-to-value ratio
信号 - 噪声比 Signal-to-noise ratio
信号提取 Signal extraction
信贷配给 Credit rationing
待定系数法 Method of undetermined coefficients
美国联邦储备委员会 Federal Reserve
逆向选择 Adverse selection
总供给(AS)曲线 Aggregate supply(AS)curve
总供给 Aggregate supply
总供给冲击 Aggregate supply shocks
总需求(AD)曲线 Aggregate demand(AD)curve
总需求 Aggregate demand
总需求外部性 Aggregate demand externality
总需求冲击 Aggregate demand shocks
测量误差 Measurement error
费希尔模型 Fischer model
费雪恒等式 Fisher identity
费雪效应 Fisher effect

十 画

泰勒级数近似 Taylor-series approximations
泰勒模型 Taylor model
莫迪利亚尼 - 米勒定理 Modigliani-Miller theorem
恶性通货膨胀 Hyperinflation
真实工资 Real wages
真实刚性 Real rigidity
真实经济周期模型 Real-business-cycle model
格罗斯曼 - 赫尔普曼模型 Grossman-Helpman model
校准 Calibration

核心通货膨胀 Core inflation
样本选择 Sample selection
索洛剩余 Solow residual
索洛模型 Solow model
配给 Rationing
夏皮罗 - 斯蒂格利茨模型 Shapiro-Stiglitz model
乘数 Multiplier
乘数 - 加速数 Multiplier-accelerator
债务合同 Debt contracts
债务紧缩 Debt deflation
债券 Bonds
高才者 Talented individuals
效用 Utility
效率工资 Efficiency wages
离散时间 Discrete time
竞争性的 Rival
资本(在收入中)所占份额 Capital's share(in income)
资本 Capital
资本 - 产量比 Capital-output ratio
资本 - 资产定价模型(CAPM) Capital-Asset Pricing Model(CAPM)
资本市场 Capital markets
资本存量 Capital stocks
资本品 Capital goods
资本积累 Capital accumulation
资本流动 Capital flows
资本流动性 Capital mobility
资本调整成本 Capital adjustment costs
资产定价 Asset pricing
资产定价中的泡沫 Bubbles in asset prices
消费 Consumption
消费 β Consumption beta
消费行为的经验法则(拇指规则) Rule-of-thumb consumption behavior
消费者剩余效应 Consumer-surplus effect
消费的过度平滑性 Excess smoothness of consumption

消费的过度敏感性	Excess Sensitivity of Consumption
消费变动	Consumption movements
消费函数	Consumption function
消费资本—资产定价模型	Consumption capital-asset pricing model
流动性约束	Liquidity constraints
流动性效应	Liquidity effect
流动性陷阱	Liquidity trap
流量方法	Flow approach
家庭	Households
家庭生产	Home production
被体现的技术进步	Embodied technological progress
调整	Adjustment
调整不足	Undershooting
调整过度,超调	Overshooting.
谈判	Bargaining

十一画

通论(凯恩斯)	*General Theory*(Keynes)
通货膨胀	Inflation
通货膨胀偏倚	Inflationary bias
通货膨胀惯性	Inflation inertia
通货膨胀税拉弗曲线	Inflation-tax Laffer curve
通货膨胀的磨鞋底费	Shoe-leather costs
预防性储蓄	Precautionary saving
预期通货膨胀	Expected inflation
预算赤字	Budget deficits
理性预期	Rational expectations
基钦周期	Kitchin cycles
基德兰德-普雷斯科特模型	Kydland-Prescott model
黄金律资本的存量	Golden-rule capital stock
菲利普斯曲线	Phillips curve
菜单成本	Menu costs
萨缪尔森交叠世代模型	Samuelson overlapping-generations model
偏好冲击	Taste shocks

康德拉惕夫周期　Kondratiev cycles
商品市场　Goods markets
密集市场效应　Thick-market effects
随机游走假说　Random-walk hypothesis
隐微分法　Implicit differentiation

十二画

替代效应　Substitution effect
博弈论　Game theory
期权定价理论　Option-pricing theory
期限升水　Term premium
联邦基金利率　Federal funds rate
确定性等价行为　Certainty-equivalence behavior
搜寻和匹配模型　Search and matching models
遗产　Bequestes
税收　Taxes
等待性失业　Wait unemployment
储蓄　Saving
储蓄率　Saving rate
奥肯定律　Okun's law
惩罚均衡　Punishment equilibria
就业变动　Employment movements
普雷斯科特模型　Prescott model
道德风险　Moral hazard
滞后　Hysteresis
滞后算子　Lag operators
缓冲存货式储蓄行为　Buffer-stock saving
缓慢的名义调整　Sluggish nominal adjustment

十三画

蒙特卡洛实验　Monte Carlo experiment
跨期替代　Intertemporal substitution
跨期替代弹性　Elasticity of substitution, intertemporal
简化型　Reduced form

微分方程　Differential equations
解雇　Layoffs
新凯恩斯主义理论　New Keynesian theories
新增长理论　New growth theory
福利经济学第一定理　First welfare theorem

十四画

模型　Models
需求　Demand
稳定化政策　Stabilization policy

十五画

增长的因素分析　Growth accounting
增长效应　Growth effect
鞍点路径　Saddle path
横截性条件　Transversality condition
稻田条件　Inada conditions

十六画

霍德里克－普雷斯科特滤波器　Hodrick-Prescott filter
激励性合同　Incentive contracts

十七画

戴蒙德模型　Diamond model

责任编辑:吕亚亮　凌　敏
责任校对:杨　海　王肖楠
技术编辑:李长建

研究生用西方经济学

(宏观部分)

高鸿业　吴易风　吴汉洪　主编
经济科学出版社出版、发行　新华书店经销
社址:北京海淀区阜成路甲28号　邮编:100036
第三编辑中心电话:88191307　发行部电话:88191540
网址:www.esp.com.cn
电子邮件:espbj3@esp.com.cn
北京密兴印刷厂印装
787×1092　16开　25.75印张　420000字
2006年7月第一版　2008年3月第二次印刷
印数:3001—6000册
ISBN 978-7-5058-5780-3/F·5038　定价:45.00元
(图书出现印装问题,本社负责调换)